suhrkamp taschenbuch 2213

Es war der 12. Juni 1939. Auf dem Bahnhof. »Ein riesiger Bahnhof mit grünem Glas: ein angsteinflößender Garten – was wächst nicht alles darin! – Zum Abschied saßen Mur und ich, nach alter Sitte, und bekreuzigten uns an der leeren Stelle, wo die Ikone gehangen hatte ... Ein Leben von 17 Jahren geht zu Ende ...« – Die russische Dichterin Marina Zwetajewa und ihr Sohn verlassen Paris und kehren nach 17 Jahren in der Emigration nach Moskau zurück. An diesem Wendepunkt in Zwetajewas Biographie setzen *Die letzten Jahre der Marina Zwetajewa* an. In Briefen, Augenzeugenberichten und eigenen Erinnerungen gibt Marija Belkina einen fesselnden Einblick in dieses tragische Dichterinnenschicksal. Bald nach Zwetajewas Rückkehr nach Moskau werden ihr Mann und ihre Tochter verhaftet, und ihr Leben wird von den Realitäten des Alltags bestimmt. Für eigenes Schreiben bleibt wenig Zeit, sie muß Geld verdienen. Der Wohnraum in der Stadt ist knapp, Mutter und Sohn ziehen von einer Übergangsbehausung in die nächste. Viele Bekannte von früher fürchten den Kontakt mit der ehemaligen Emigrantin und wenden sich von ihr ab. Nach Kriegsende läßt sie sich nach Elabuga evakuieren und beendet dort, völlig verzweifelt, ihr Leben. Im Abschiedsbrief an den Sohn schreibt sie: »Das bin schon nicht mehr ich.«

»Marija Belkina zeigt durch ihre bewundernswerte Recherchierarbeit, wie sich das Netz um die Zwetajewa immer enger zusammenzog, und gleichzeitig entwirrt sie die komplexen Fäden von Epoche, Geschick und Charakter.«
*Ilma Rakusa, Neue Zürcher Zeitung*

Marija Belkina lebt als Schriftstellerin und Journalistin in Moskau.

# Marija Belkina
# Die letzten Jahre der Marina Zwetajewa

Aus dem Russischen übertragen
von Schamma Schahadat
und Dorothea Trottenberg

Suhrkamp

Titel der Originalausgabe: Skreščenie sudeb.
Diese Biographie erschien erstmals 1988 im Verlag Kniga, Moskau.
Umschlagfoto: Marina Zwetajewa in den
frühen dreißiger Jahren in Frankreich.

suhrkamp taschenbuch 2213
Erste Auflage 1993

Lizenzausgabe mit freundlicher Genehmigung des
Insel Verlags Frankfurt am Main und Leipzig
Suhrkamp Taschenbuch Verlag

Druck: Nomos Verlagsgesellschaft, Baden-Baden
Printed in Germany
Umschlag nach Entwürfen von
Willy Fleckhaus und Rolf Staudt

1 2 3 4 5 6 – 98 97 96 95 94 93

# *Inhalt*

*»Plötzlich erinnerte sich Lida Bat' an eine Geschichte, die Vera Inber über Mama erzählt hatte: In den ersten Revolutionsjahren verbrachten sie den letzten Tag des Jahres zusammen. Sie schlugen Lermontov auf und sagten mit Zitaten die Zukunft voraus. Mama war an der Reihe: ›Ich habe zwei Pfosten mit einem Querbalken.‹ Später sind sie gemeinsam nach Hause gegangen. Die Straßen waren dunkel, mit Schnee bedeckt, sie unterhielten sich und lachten. Und plötzlich wurde Mama ganz still, dachte nach und sagte: ›Ich habe zwei Pfosten mit einem Querbalken ...‹«*[1]

*(Ariadna Ėfron)*

## *Niemals nahe, niemals hier*

Was in Erinnerung blieb, war ihr Blick – nicht ihre Augen. Die Augen merkte man sich bei ihrer Tochter Alja, der sie nicht ohne Grund *Das Ende Casanovas*[2] widmete, ihren »venezianischen Augen«. Aber bei ihr war es eben der Blick. Es war wie ein Schnitt mit einem kalten Skalpell. Keine angenehme Operation, aber eine schnelle. Danach konnte man den ganzen Abend mit ihr in einem Zimmer verbringen und nicht ein einziges Mal auf ihre Augen treffen. Nicht, daß sie sie absichtlich verbarg, den Blickkontakt mied, sie sah einfach niemanden an. Sie schaute auf die Zigarette, die ihr ständiger Begleiter war. Auf das Feuer des Streichholzes. Es war, als versuche sie, in die Zukunft zu blicken: Es wird sein – es wird nicht sein, es erlöscht – es erlöscht nicht.

Ein Treffen mit Marina Ivanovna bestand vor allem aus ihrem Monolog. Einen Monolog kann man halten, indem man im Zimmer auf und ab geht, sich halb oder sogar ganz dem Feuer zuwendet, auf brennende Holzscheite oder aus dem Fenster blickt. Dabei muß man niemandem in die Augen sehen. Es ist kein Gespräch mit einem anderen Menschen, sondern mit sich selbst. Der andere hört zu und ist anwesend, doch er ist nur der Vorwand, ein Mensch, dem man im Moment vertraut, dem man erlaubt, dabei zu sein.

»Jedes Gespräch beginnt tastend, die Menschen bewegen sich blind, und es gibt, so meine ich, keinen schlimmeren Augenblick ...«, hat Marina Ivanovna geschrieben.

Ihre Tragik lag darin, daß sie kurzsichtig war und häufig nicht einmal die äußeren Umrisse eines Menschen erkennen konnte. Vielleicht war ihr erster Blick eben deshalb so unangenehm und schroff, weil sie den anderen mit ihren sehr hellen, durchsichtigen Augen so durchdringend ansah, nicht sehend zu sehen versuchte, und sich dabei mit ihrem Inneren, mit übermenschlicher Kraft bemühte, den anderen zu erkennen. Doch das verstand man nicht gleich beim ersten Mal, denn sie verriet ihre Kurzsichtigkeit durch nichts. Sie kniff die Augen nicht zusammen, holte sich die Gegenstände nicht nahe heran und beugte sich nicht zu ihnen hinunter. Sie tat, als könne sie ausgezeichnet sehen. Stolz, den Kopf leicht zurückgelehnt, hielt sie sich sehr gerade. Auch ich begriff nicht gleich, daß sie kurzsichtig war.

»Sie hat die Augen eines Nachtvogels, der durch das Tageslicht geblendet wird«, sagte Zinaida Šachovskaja einmal in Paris über sie, und sie hatte recht.

»Matte, lodernde Augen, in denen ab und zu grüne Funken sprühten«, erinnerte sich Fëdor Stepun an die junge Cvetaeva aus ihrer Zeit in Koktebel'.

»Ich pflücke von den Sträuchern die grüne (wie meine Augen, nicht mein Vergleich) Stachelbeere«, schrieb Marina Ivanovna 1926 an Boris Leonidovič Pasternak.

Im Winter lagen auf der Moskva frühmorgens Eiswürfel, die gerade erst aus einem Eisloch herausgebrochen worden waren und die noch ihre Unterwasserfarbe, ihre grünliche Durchsichtigkeit bewahrt hatten – das war die Farbe von Marina Ivanovnas Augen, oder so schien es mir zumindest damals, 1940 und 1941.

Sie schaute und sah nichts – doch anfangs schrieb ich das keineswegs einer physischen Schwäche zu, sondern erklärte es mir eher als einen besonderen Charakterzug. Sie war immer sehr konzentriert, in sich vertieft, in ihre eigene Welt, die ihrer Umgebung unverständlich und nicht zugänglich war. Ihre Gedanken und Gefühle waren ständig in Bewegung, und es schien, als habe sie selbst nachts keine Ruhe. Diese Spannung übertrug sich unwillkürlich auch auf alle anderen. Es war, als stehe man vor einer dicken Wand, durch die kein Laut, kein Blick dringen konnte, und die doch das Tosen des Ozeans spüren ließ, Ebbe und Flut, Windstille, Stürme, entstehende Winde. Marina Ivanovna war nicht den Gesetzen einer äußeren, sondern ihrer eigenen inneren Welt ganz und gar ergeben. Daher schien es, als ob auch ihre Augen nicht von dieser Welt waren, als ob sie nicht nach außen, sondern nach innen blickten.

Sie war da, und zugleich war sie auch immer nicht da. Sie war niemals nahe, niemals hier, immer *dort*, und was dort geschah, war hinter halbgeschlossenen Augenlidern, hinter dem angespannten, scharf gezeichneten Profil verborgen.

»In meiner Erinnerung sehe ich Mutter meistens im Profil«, sagte Alja.

Doch bleibt sie auch von vorn im Gedächtnis, aber von vorn wirkte sie irgendwie verschwommen, und das Gesicht schien etwas zu groß geraten. Das Profil dagegen war gemeißelt, scharf, konturiert. Und während man dem Profil die polnischen oder deutschen Vorfahren ansah, stammte das Gesicht von vorn ganz und gar von ihren russischen Großmüttern.

Diejenigen, die Marina Ivanovna schon in den Jahren vor der Emigration kannten, erzählten mir, daß sie auch damals schon die Angewohnheit gehabt habe, halb abgewandt von den anderen zu sitzen. Vielleicht glaubte sie, daß ihr Profil bedeutsamer war. Vielleicht ärgerte sie sich auch über ihr rundes Gesicht, das »kindliche Oval der Wangen«. Das entsprach nicht dem romantischen Antlitz des Dichters, wie es gemeinhin gezeichnet wurde. »Die Konfrontation zweier Spiegel: Hefte, die ihre Seele spiegeln, und Spiegel, die ihr Gesicht und das Gesicht ihres Alltags abbilden. Hefte, in denen sie sich ähnlich ist, und Spiegel, in denen sie sich nicht ähnlich ist« – vielleicht lassen sich diese Worte in bestimmtem Maße auch auf sie selbst beziehen. Alja sagte, daß ihre Mutter sich von Jugend an selbst gestaltete, daß sie sich mit der ihr eigenen Bestimmtheit und Energie, wider der Natur, aufs neue schuf. Sie aß wenig, erschöpfte sich durch lange Fußmärsche. Sie versuchte, ihrem Antlitz einen Anflug von Askese zu verleihen, indem sie ihre Haare so trug, daß die Wangen bedeckt waren. Sie rauchte ohne Unterlaß, und die Zigarette wurde zum festen Bestandteil ihres Profils. Sie warf ihre Brille weg. Das letzte Photo, das sie mit Kneifer zeigt, stammt wahrscheinlich aus dem Jahre 1912, das genaue Datum ist auf der Photographie nicht vermerkt. Sie versuchte, ihren Rücken nicht zu krümmen und sich äußerst gerade zu halten, und sie unterließ es, sich die Gegenstände genau anzusehen, die sie in ihrer Kurzsichtigkeit nicht sehen konnte.

War sie zufrieden damit? Gelang es ihr, den »Fehler« der Natur zu korrigieren? Stimmten das Ich aus dem Heft und das Ich aus dem Spiegel jetzt überein? Und wie konnte diese Harmonie bei ihrer völligen Widersprüchlichkeit aussehen: Die verfeinerte, verschärfte Wahrnehmung ihrer Umgebung und zugleich – »Gott hat mich mit einer äußerst demokratischen Natur ausgestattet. Ich liebe alles – das Allereinfachste«. Ihr ewiges Hinstreben zu den Menschen – und ihre Abwendung von ihnen. Der so weibliche Kern ihrer Gedichte und deren so männliche Schale.

Vielleicht hatte die Natur sich auch gar nicht geirrt, sondern zielte auf den Kontrast, die absolute *Nichtübereinstimmung* ab, da sie die Unmöglichkeit einer Lösung erkannt hatte.

Pasternak stimmte mit sich überein, auf ganz erstaunliche Weise. Seine Gedichte könnten kein anderes Gesicht haben, sein Gesicht keine anderen Gedichte. Zwar hat er Marina Ivanovna betrübt nach Paris geschrieben, daß sein

Sohn Ženja ihm ähnelt (»vielleicht wird er genauso häßlich wie ich, vielleicht auch einfach anders häßlich ...«), doch er irrte sich – er war schön in seiner scheinbaren Häßlichkeit. Wenn man ihn irgendwo in der Metro oder auf der Straße sah, so war es unmöglich, ihn zu vergessen, selbst wenn man nicht wußte, daß *er* es ist. So bedeutsam war sein Gesicht, wie eine Skulptur, so sehr hob es sich aus den anderen vorbeihuschenden Gesichtern hervor. Hartnäkkigkeit, Schmerz, kindliche Schutzlosigkeit, ständige Sehnsucht, das Mal der Erleuchtung – in seinem Gesicht konnte man lesen wie in einem Buch. Es war ein wirkliches Kunstwerk.

Die Cvetaeva dagegen ging leicht in der Menge unter, sie fiel nicht auf, da sie keinerlei *besondere* Züge hatte. Vielleicht der Blick, doch der glitt hinweg, blieb an nichts und niemandem hängen, zerstreut, zerrieben. Sie haßte Menschenmengen, was sie auch selbst sagte, denn sie konnte die Menge nur hören, sie sah sie nicht. Marina Ivanovna war nicht sehr groß, hager, mit eckigen, scharfen Bewegungen, schlecht gekleidet, wie übrigens die meisten von uns in jenen Vorkriegsjahren. Sie war vor kurzem aus Europa, aus Paris, gekommen, doch ihre Kleidung war nicht von dort. Alles an ihr war wie bei uns, russisch, sowjetisch, paßte schlecht zusammen, war abgetragen, achtlos angezogen. Irgend etwas mußte man ja anziehen. Doch diese Nachlässigkeit, *was* sie trug und *wie* sie es trug, zeugten weniger von ihrer Einstellung zur Kleidung als von der Armut, der ewigen Not.

»Und 100 silberne Ringe – an meiner Arbeiterhand ...« Als ich mir ihren Schmuck ansah, der in einer alten Schatulle zusammengehäuft war, sagte Marina Ivanovna ganz nebenbei: »Ich werde mich nie von meinen Ringen trennen, selbst in schwersten Zeiten nicht! Verschenken – meinetwegen, aber verkaufen – niemals.«

Sie sprach von ihnen, als seien sie lebendig. Das Gespräch fand auf dem Pokrovskij bul'var statt, wo sie vorübergehend wohnte. (Wir trafen uns übrigens immer in einer vorübergehenden Behausung von ihr, denn sie hatte keine *eigene* Bleibe.) Es herrschte die Ungemütlichkeit eines fremden Zimmers, das lang und eng war, mit einem Fenster am Ende, vor dem Fenster ein Tisch, vollgestellt und überhäuft mit allem, was sich ansammelte – Töpfe und Teller mit Essensresten, Bücher, die Schulbücher ihres Sohnes Georgij, genannt Mur, ihre Hefte, jene Schatulle mit den wertlosen Kostbarkeiten: grob gearbeitete Ringe und Armbänder mit unbearbeiteten Steinen, silberner Zigeunerschmuck, der, wie sie selbst sagte, wohl kaum von einem Juwelier stammte, sondern eher von einem geschickten Laien. Ich habe nie ein einziges goldenes Schmuckstück an ihr gesehen. Doch all diese Schmuckstücke schmückten sie nicht, ließen sie nicht weiblicher erscheinen. Die Ringe unterstrichen allenfalls die Grobheit ihrer Hausfrauenhände, die ans Wäschewaschen gewöhnt waren, ans Kartoffelschälen, an das Schrubben des Fußbodens, doch, wie es schien, überhaupt nicht an die Feder. Die kurzgeschnittenen Haare waren noch nicht völlig grau, doch hatten sie ihre ursprüngliche Färbung schon verloren; sie waren »helles Fell«, wie sie ihrer Tochter schrieb: »Das helle Fell des Weidenzweigs, helles Fell habe auch ich ...«

»Sie waren kastanienfarben-goldfarben«, sagte Alja.

»Dünne, goldene Haare mit einem Pony in der Stirn«, schrieb Slonim.

Einen Pony hatte sie nicht, sehr selten fiel ihr eine Haarsträhne in die Stirn, denn die Haare wurden rechts mit einer Haarnadel oder einem Kämmchen zusammengehalten. Früher trug sie die Haare glatt, jetzt hatte sie eine schlecht gemachte Dauerwelle, oder vielleicht waren die Haare mit der Zeit von selbst dünner geworden und hatten angefangen, sich zu kringeln. Dadurch wirkte sie einfacher, sie sah aus *wie alle anderen*, denn damals trugen alle Frauen kurzgeschnittene Haare mit einer schlechten Heißdauerwelle, die gerade in Mode gekommen war. Ihr Gesicht war müde, nicht gepflegt, es hatte kleine, trockene Fältchen. Grau-erdfarben – »diese Farbe, Nicht-Farbe hat mein Gesicht, es ist wenig wahrscheinlich, daß ich mich irgendwann einmal von ihr trenne – bis zur letzten Nicht-Farbe ...«

Meist trug sie ein Kostüm mit einem weiten, halblangen Rock, einer Bluse und einer Jacke, eine Baskenmütze und Schuhe mit niedrigem Absatz.

Ihre Bewegungen prägten sich deutlich ins Gedächtnis. Einmal ging ich die ulica Gor'kogo entlang, ich kam vom Ochotnyj rjad, und auf der anderen Seite kam Marina Ivanovna aus einem Buchladen – es war einer der Läden, die sich halb im Keller befinden. Ich glaube, er war an der Stelle, wo sich heute der Neubau des Hotel »National« befindet. Marina Ivanovna zögerte und ging dann in Richtung Ochotnyj rjad. Ich blieb stehen und beobachtete, wie sie ging. Ich war schon häufig mit ihr spazierengegangen, und wir besuchten uns gegenseitig, doch so wie jetzt, aus der Distanz, hatte ich sie noch nie gesehen. Es war etwas Fliegendes in ihrem Gang. Ihr Schritt war breit und leicht, sie ging sehr sicher, fast wie ein Mann, doch wirkte das keineswegs grob, im Gegenteil, es paßte sogar zu ihrer kleinen, leichten Figur. Ein fester und sicherer Schritt, und das bei ihrer Kurzsichtigkeit und ihrer Angst vor den Moskauer Straßen, ja vor Straßen überhaupt! Sie sagte, sie liebte es, unter ihrem Fuß nicht Asphalt, sondern Erde zu spüren, und nicht den Lärm der Stadt, sondern die Stille der Vororte zu hören. Als sie an der Kreuzung angekommen war, blieb sie stehen und trat unentschlossen auf der Stelle, dann ging sie geschäftig in die eine Richtung los, dann in die andere, und schließlich stürzte sie über die Straße, ähnlich, als wenn man mit dem Kopf durch die

Wand will. Doch sie kam glücklich auf der anderen Straßenseite an, und sicheren und schnellen Schrittes verschwand sie um die Ecke. Ich wußte, daß sie eine panische Angst vor Autos hatte und auch die Metro nach Möglichkeit nicht betrat, weil sie sich vor Rolltreppen fürchtete.

In jenen Jahren, 1940 und 1941, trafen wir* uns sehr häufig mit Marina Ivanovna: bei den Vil'monts, bei uns in den Konjuški** oder bei ihr. Doch schon damals konnte und wollte ich kein Tagebuch führen – so ist es auch heute noch, und deshalb sind meine Aufzeichnungen chaotisch, nachlässig, häufig fehlt das genaue Datum. Ich muß mich mit diesen Aufzeichnungen zufriedengeben und mit dem, was mir in Erinnerung blieb. Weiteres habe ich später aus Briefen erfahren, die mir in die Hände fielen, aus Dokumenten und aus Gesprächen mit Alja und mit Menschen, die in jener Zeit auch mit Marina Ivanovna zusammentrafen, die ich damals jedoch noch nicht kannte.

Sehr häufig wird mir ein und dieselbe Frage gestellt: »Wie war sie?« *Wie*! Und obwohl ich begreife, daß es keine Antwort gibt, antworte ich doch wie aus der Pistole geschossen »schwierig!« Schwierig und immer wieder anders. Sie konnte einfach sein, umgänglich, sogar zärtlich und aufmerksam, so war sie zumindest mir gegenüber. Doch ich erinnere mich an eine Begegnung, als sie an mir vorbeiging, als sei ich Luft, und dabei strafte sie mich mit solch einer Hochmütigkeit, daß ich vor Beleidigung fast angefangen hätte zu weinen, denn ich verstand nicht, was ich falsch gemacht hatte, ob ich vielleicht etwas Falsches gesagt hatte.

Dieser Zwischenfall ereignete sich im Schriftstellerclub in der ulica Vorovskogo, in dem alten Gebäude, das frü-

* Die Autorin und ihr Mann, der Literaturkritiker Anatolij Tarasenkov.

** Gegend um den ploščad' Vosstanija.

her der Freimaurerloge gehört hatte. In dem Eichensaal mit der knarrenden Treppe, die zur Empore führte, fand der traditionelle Bücherbasar im letzten Frühjahr vor Kriegsbeginn statt. Es war sehr voll, dort trafen sich Schriftsteller, Frauen von Schriftstellern, Schauspieler, Filmstars, Maler und Musiker.

Die Cvetaeva betrat den Saal. Niemand kannte sie, fast niemand, ihre Gedichte wurden nur in Abschriften gelesen, und auch diese nur von Lyrikkennern und von Dichtern. Doch irgend jemand sagte zu irgend jemandem: »Das ist die Cvetaeva, eine Dichterin, eine Emigrantin aus Paris.« Es wurde unruhig, man begann zu flüstern. »Dichterin« sagte nichts aus, aber »Emigrantin« – das war interessant. Im Saal befand sich auch der damals sehr populäre Autor des aufsehenerregenden Buches *Fünfzig Jahre in der Armee*, der ehemalige Gardekavallerist, General der Zarenarmee, zaristische Kriegsattaché, Graf und jetzige Brigadekommandeur Ignat'ev mit seiner Frau, der ehemaligen Tänzerin Natali Truchanova. Die Truchanova war schon längst nicht mehr jung, sie war sehr bunt gekleidet und sehr grell geschminkt, betont laut und nicht weniger intrigant als ihr Gatte. Einst hatte Debussy Musik für sie geschrieben, und in ihrer Jugend hatte sie einen Sproß der Rothschilds bezaubert.

Beide, sowohl Ignat'ev als auch seine Frau, waren sehr gesellig, fröhlich, das, was man weltmännisch nennt; wo immer das Ehepaar auftauchte, sammelte sich um es herum sofort ein belebter Menschenauflauf an. Irgend jemand ging auf Ignat'ev zu und sagte: »Da ist die Dichterin Cvetaeva, sie kommt auch aus Ihrem Paris.« »Solche wie sie kannten wir in Paris nicht«, antwortete der adelige Kommandeur lässig und führte das begonnene Gespräch weiter.

Ich fühlte mich für Marina Ivanovna beleidigt, aber Tarasenkov überzeugte mich, daß es dumm sei, vom Grafen (wir alle nannten ihn hinter seinem Rücken und sogar in seiner Anwesenheit so, was ihm durchaus schmeichelte) zu erwarten, daß er Gedichte lese, geschweige denn, sie verstehe.

Marina Ivanovna befand sich am anderen Ende des Saales, wo sie nervös die Bücher durchsah. Ich lief zu ihr hin, oder genauer, ich drängte mich durch die Menge, und sie strafte mich mit Eiseskälte. Damals versuchte ich es mir so zu erklären, daß alle sie wie ein Ausstellungsstück in einer Vitrine betrachteten, was sie sicher spürte und was sie natürlich nervös machte. Vielleicht war ihr auch die Antwort des Grafen zu Ohren gekommen. Doch als ich einige Tage später einer gemeinsamen Bekannten, der Übersetzerin Jakovleva, davon erzählte, da winkte diese nur ab und erklärte, alles, was ich mir da ausgedacht habe, sei Unsinn. Es war so, daß sich in der Menge im Saal ein junger Dichter befand, in den Marina Ivanovna eine Zeitlang verliebt gewesen war. Er war nicht auf sie zugegangen und hatte ihr noch nicht einmal zugenickt, denn er war mit seiner Frau da. Marina Ivanovna war außer sich vor Zorn, was sie später selbst erzählte.

Marina Ivanovna konnte sich lebhaft mit dem Wachposten auf den Sperlingshügeln* unterhalten, wo wir häufig spazierengingen, oder mit unserer Nachbarin in den Konjuški, der gottgläubigen Närrin Saša. Sie hörte sogar meinen Geschichten von den Konjuški und von dem alten Haus, in dem wir lebten, interessiert zu. Sie stellte die einfachsten, alltäglichsten Fragen und ging darauf ein, obwohl sie mit den Gedanken zwischen Frage und Antwort schon ganz woanders sein konnte. Doch mit ihren Dichterkollegen, den Intellektuellen, ging sie oft sehr grob um. Ich hatte den Eindruck, daß sie ungeduldig gegen Meinungen war, die ihrer eigenen entgegenstanden.

* heute: Leninberge.

Ich erinnere mich zum Beispiel an einen Zwischenfall bei den Vil'monts. Einer der Gäste, die am Tisch saßen, begann, Thomas Manns Roman *Lotte in Weimar* zu loben, den die Gastgeberin vor kurzem übersetzt hatte. Plötzlich unterbrach Marina Ivanovna den Sprechenden, dieses Werk sei nicht nach ihrem Sinn, hier sei Goethe nicht *ihr* Goethe. Und ohne ihren deklamatorischen und scharfen Ton zu bemerken und die Peinlichkeit, die am Tisch aufkam, ließ sie sich in ihren Beweisen ergehen.

Sie sprach sehr zielstrebig, und jeder Monolog war ein Höhenflug. Das Wort war zu langsam für ihre Gedanken, noch hatte sie den einen Satz nicht beendet, und schon sprang sie zum nächsten über. Ihr schien es wohl, daß sie alles gesagt hatte, und sie unterbrach sich selbst, sie beeilte sich, warf häufig nur einen Hinweis ein, denn sie rechnete damit, daß man sie auch so, durch ein halbes Wort, eine halbe Anspielung, verstehen würde, daß man schon völlig in ihrer Macht war, ihrer Logik unterworfen, und daß man ihr und ihrem stürmischen Flug folgte, folgen mußte. Dem Gang, oder besser: dem Flug ihrer Gedanken zu folgen war verführerisch und zugleich unglaublich schwierig. Sie hatte etwas von einer Wahrsagerin an sich, die mit Tontöpfen und Gußeisen um sich warf, die Gesetze der Menschen verachtete und sich um Gerüchte nicht scherte. Und zugleich war sie einfach eine unglückliche Frau, gequält und gejagt vom Kummer und vom Schicksal.

»Der schöpferische Zustand ist ein Zustand der Betörung ...«, behauptete sie. Auch der Monolog war ein schöpferischer Zustand. Der Monolog war für sie ein Mittel, sich auszudrücken, so wie es auch die Gedichte waren, die Prosa, die Briefe, die sie mit derselben völligen Selbstaufgabe schrieb, die sie sogar vorschrieb und die sie aus beliebigem Anlaß, zu beliebiger Zeit, an jeden beliebigen Adressaten schrieb, der gerade verfügbar und manchmal völlig unpassend war. Das ständige Bedürfnis, *sich auszudrücken*. Sie beeilte sich, in der kurzen Zeit, die ihr gegeben war, unbedingt alles zu sagen, und sie brauchte den Zuhörer genauso dringend wie den Leser, vielleicht sogar noch dringender.

Ich erinnere mich an eine Geschichte, die mir jemand erzählt hat – wie Marina Ivanovna in Paris zu Freunden aufs Land fuhr. Es waren sehr viele Menschen da. Sie tranken im Garten Tee. Marina Ivanovna setzte sich an den Tisch neben eine Frau, die sie nicht kannte, und redete über Gedichte, über Kunst, über die ewige Tragödie des Lebens. Dabei ließ sie sich so hinreißen, daß sie die ganze Zeit mit ihr redete, bis sie aufbrach, um in die Stadt zurückzufahren. Dabei bemerkte sie nicht, daß diese Frau überhaupt nichts verstand, weil sie so gut wie kein Russisch konnte! Als sie ging, sagte Marina Ivanovna zu ihrer Gastgeberin, daß sie schon lange keine so aufmerksame Zuhörerin gehabt hätte.

Sie erzwang den Monolog nicht, er kam ganz natürlich, von selbst, wenn sie einen dankbaren Zuhörer fand. Und dann, mit wem hätte sie einen Dialog führen können? Wer war ihr denn gewachsen? – vielleicht Pasternak. Doch auch er »sündigte«, indem er Monologe hielt, und auch seine Monologe waren sehr schwierig. Auch er sprang von einem Thema zum anderen, unterbrach sich, verschluckte sich an den Wörtern. Es war nicht einfach, dem komplizierten logischen Gang seiner Gedanken zu folgen. Doch er verzauberte seine Zuhörer mit seinem Näseln, das an eine Orgel erinnerte, mit der Dehnung seiner Worte, an deren Klang er sich berauschte, und er zog sie absichtlich in die Länge, wie zähflüssigen Nektar. Er schaukelte den Satz und drehte ihn irgendwie, wiederholte sich, versuchte, etwas zu erklären, ermunterte mit einem zärtlichen, schuldbewußten Lächeln, als wolle er darum bitten, ihn zu entschuldigen, daß er *so* ist.

Vor unserer Bekanntschaft mit Marina Ivanovna ereignete sich folgender Vorfall. Im Winter des Jahres 1940 trafen Tarasenkov und ich Pasternak in der Nähe der Nikitskie vorota. Er kam vom Tverskoj bul'var, wo im Seitenflügel des berühmten Herzen-Hauses* – dort befindet sich heute das Literaturinstitut, wo ich studiert habe – seine erste Frau, die Malerin Ženja Lur'e-Pasternak, mit ihrem gemeinsamen Sohn Ženja wohnte. Boris Leonidovič hatte sie besucht und war auf dem Nachhauseweg, er wohnte in der Lavrušinskij pereulok. Unser Gespräch drehte sich um die Cvetaeva, und er sagte – nicht zu mir, natürlich, sondern zu Tarasenkov, ich war immer nur dabei –, daß er sie vor kurzem getroffen habe. Ich schrieb in mein Notizheft:

»Sie vermeidet es, ihn zu Hause zu besuchen, aus irgendwelchen Gründen mag sie Z. N.** nicht, obwohl diese eine wunderbare Frau ist. Doch sie mag sie nicht, so wie sie im allgemeinen die Ehefrauen nicht mag ... Sie hatte ihn angerufen. Er holte sie ab, und bis Mitternacht sind sie durch die ruhigen Moskauer Gassen gegangen. Sie übernachtete in der Merzljakovskij pereulok bei der Schwester ihres Mannes, und sie sind in der Gegend um die Povarskaja ulica spazierengegangen, die Skatertnyj pereulok, Chlebnyj pereulok und Trubnikovskij pereulok entlang.

Es herrschte strenger Frost, so daß ihm fast die Ohren abgefroren sind, und dann wurde er wahnsinnig müde. Marina ermüdete ihn immer ... Und dann, als fiele es ihm plötzlich ein, fügte er mit schuldbewußtem Lächeln hinzu: Natürlich, wie übrigens auch er sie ermüdete. Sie ermüdeten einander gegenseitig, wie zwei Bären in einer Höhle traten sie einander auf die Pfoten. Sie brauchten viel

* Tverskoj bul'var 25: Geburtshaus von Aleksandr Gercen (= Alexander Herzen).

** Zinaida Nikolaevna, Pasternaks zweite Frau.

Platz ... In ihren Briefen kamen sie besser miteinander klar!

Sie sei eine erstaunliche Dichterin, eine Dichterin von ungewöhnlicher Kraft, doch sie lebe auch ihr Leben durch Übertreibungen: Bei ihr lodere sogar der Petroleumkocher mit der Flamme Siegfrieds, so gehe es nicht! So könnte man ein Feuer entfachen, das Haus abbrennen lassen ... Und dann, was den geistigen Bereich anbelange – sie sei eine Anhängerin der absoluten Monarchie, und als Monarchin erkenne sie alleine sich selbst an! – ›Ich mache sie mit Ihnen bekannt, unbedingt‹, sagte B. L. zu Tarasenkov. ›Sie müssen sie unbedingt kennenlernen. Ich habe ihr schon von Ihnen erzählt, sie wohnt in Golicyno, sie hat dort irgendwo ein Zimmer gemietet. In Moskau kann sie nirgends wohnen. Manchmal übernachtet sie in der Merzljakovskij pereulok, aber das Kämmerchen dort ist nicht größer als die Kajüte auf einem Wolgadampfer! Sie hat an Fadeev geschrieben, aber er hat abgelehnt, ihr zu helfen, er wollte es nicht ...‹

Es fiel Schnee, und über unseren Köpfen flatterten aufgeschreckte Dohlen. B. L. schaute auf das Timirjazev-Denkmal und sagte, es sei sicher ungemütlich, so zu stehen, als steinerne Säule, mitten auf dem Platz, im Wind, und die Dohlen setzen sich auf deinen Scheitel, aus irgendeinem Grund gäbe es hier besonders viele Dohlen. Aber, nebenbei, das drohe ihm und Marina wohl nicht, ihnen würde man keine Denkmäler errichten.

Er war traurig, obwohl er behauptete, glücklich zu sein, so glücklich wie ein Mensch nur sein kann, der eine Arbeit abgeschlossen hat. Er hatte die *Hamlet*-Übersetzung fertig, ganz fertig. Und er wollte gerne über *Hamlet* und über Shakespeare allgemein und über die verschiedenen Übersetzungen des *Hamlet* schreiben. Über den *Hamlet* von Lozinskij, den *Hamlet* der Radlova, über seinen *Hamlet*. Er habe sich so viel überlegt, während er übersetzte. Aber wer würde das drucken? Für wen sollte er es schreiben? Während bei uns den einen das Denken erlaubt ist, dürfen die anderen nur reimen.

Auf Tarasenkovs Einwand, daß er es schreiben sollte, unbedingt, ganz egal, ob man es drucken würde oder nicht, und warum er denke, daß niemand es drucken würde?! antwortete B. L. irgendwie matt, zerstreut, ganz so, als denke er an etwas anderes, und sagte plötzlich: ›Und wissen Sie, wen ich zuerst anrufen wollte, als ich den *Hamlet* fertig hatte – Vsevolod Emil'evič!‹*

Doch hier unterbrach er sich, er bemerkte, daß er sich wohl wiederholte. Er hatte Tarasenkov schon davon erzählt, daß Mejerchol'd ihn vor langer Zeit, als man ihm das Theater noch nicht weggenommen hatte, überredet hatte, den *Hamlet* zu übersetzen. Er wollte *Hamlet* unbedingt in seiner, Pasternaks, Übersetzung aufführen.

Dann kamen sie auf Mejerchol'ds Frau, Zinaida Rajch, zu sprechen. Boris Leonidovič sprach über ihren furchtbaren Tod. Am Anfang hatte sich in Moskau das Gerücht verbreitet, daß auch sie verhaftet worden sei, doch wenig später wurde bekannt, daß sie auf grausamste Weise umgebracht worden war. Bald nach Mejerchol'ds Verhaftung wurde sie nachts in ihrem Schlafzimmer erstochen. Ihr wurden fast 15 Stichwunden zugefügt. Es war kein Raubmord: Ihre Ringe, eine goldene Uhr und einige Armbänder lagen so, wie sie sie ausgezogen hatte, auf dem Tischchen neben dem Bett. Auch aus dem Haus war nichts verschwunden.

›... Wie furchtbar man mit dieser Familie umgegangen ist‹, sagte B. L., ›was für eine unglaubliche Ungerechtigkeit! Welch ein tragisches Schicksal sie beide erlitten haben!‹ Und er erinnerte sich, wie Mejerchol'd es liebte zu sagen:

* Mejerchol'd.

›Sie kennen Shakespeare schlecht! Lesen Sie Shakespeare aufmerksam!‹

Ich sagte, es gebe das Gerücht, daß die Spuren des Mörders von Zinaida Rajch trotzdem verfolgt würden. Daß die Haushälterin verhaftet worden sei, eben die, die bewußtlos im Korridor gefunden worden war, und daß man sie der Mittäterschaft verdächtige. Aus irgendeinem Grund erhitzte B. L. sich, sagte, natürlich, die Kleinen hängt man, die Großen läßt man laufen. Die Menschen mögen Unklarheiten nicht, und am Ende müsse unbedingt ein Punkt stehen, auf keinen Fall dürften es mehrere Punkte sein. Er hielt einen ganzen Monolog darüber, daß der Mensch sein Schicksal nicht kenne und daß diese arme Haushälterin, eine einfache Frau vom Lande, auch in irgendeiner anderen Familie hätte arbeiten können, und alles in ihrem Leben hätte normal verlaufen können. Aber nein, sie hat nun ausgerechnet bei Mejerchol'd gearbeitet. Welch verhängnisvolle Verkettung der Schicksale!«

Ich schrieb damals vieles rein mechanisch auf, ohne weiter darüber nachzudenken. Ich war zu beschäftigt mit meinem eigenen Leben und verstand nicht und konnte auch gar nicht verstehen, was vorging.

Es vergingen viele, viele Jahre und seltsamerweise kamen wir erneut auf die Haushälterin Mejerchol'ds zu sprechen, die ich nie gesehen habe. Dieses Mal fand das Gespräch nicht mit Boris Leonidovič statt, sondern mit Alja. Es war im Jahre 1957. Ich wohnte damals schon in der Lavrušinskij pereulok, es war nach Tarasenkovs Tod. Alja kam oft bei mir vorbei, sie hatte die Gabe, einem Menschen in seinem Elend zu helfen, und mir ging es damals sehr elend. Irgendwann im Winter, als sie bei Boris Leonidovič im Lavrušinskij pereulok gewesen war, kam sie danach bei mir vorbei. Wir sprachen über Boris Leonidovič und über Marina Ivanovna, und ich erinnerte mich an jenes Treffen am Timirjazev-Denkmal und holte mein

Notizheft zur Hilfe. Ich begann, meine Aufzeichnungen zu entziffern, und als ich bei den letzten Zeilen angekommen war, sagte ich, daß hier irgend etwas Unverständliches über irgendeine Haushälterin von Mejerchol'd stehe. Alja wollte unbedingt, daß ich es ihr vorlese, und als ich fertig war, lächelte sie geheimnisvoll: »Wollen Sie, daß ich Ihnen erzähle, was weiter mit Lidija Anisimovna passierte?«

»Mit welcher Lidija Anisimovna?« fragte ich.

»Mit eben jener Haushälterin von Mejerchol'd, sie hieß Lidija Anisimovna.«

Und Alja erzählte mit dem für sie typischen Humor, der sie wie ein Schutzschild umgab, wie sie zu der Zeit, als wir mit Boris Leonidovič am Timirjazev-Denkmal standen, mit Lidija Anisimovna in einer Zelle saß. Und wie Lidija Anisimovna, eine schon nicht mehr junge, kräftige Frau, die man im Krankenhaus kahlgeschoren hatte, nach den Verhören in die Zelle kam, sich auf die Pritsche fallen ließ und verständnislos die Arme verschränkte:

»Was wollen sie nur von mir, ich begreife es einfach nicht, jede Nacht sage ich ihnen dasselbe! Woher soll ich denn wissen, worüber Vsevolod Emil'evič und Zinaida Nikolaevna gesprochen haben? Ich habe ihnen doch nur das Essen gebracht und bin dann in die Küche gegangen, sonst nichts!«

Nachdem Alja mir die Geschichte von Lidija Anisimovna erzählt hatte, drehte sie sich von mir weg, schaute sich die Bücher im Schrank an und sagte:

»Nein, das war nicht Shakespeare, das war furchtbarer als Shakespeare, das war einfach das Leben. Ich glaube, Vsevolod Emil'evič hatte das begriffen.«

Damals, im Winter 1940, kannte ich Alja noch nicht, und am Timirjazev-Denkmal, wo wir, Boris Leonidovič, Tarasenkov und ich, standen, wurde nicht von ihr gesprochen. Über Marina Ivanovna sagte er damals noch:

»Sie hätte nicht zurückkommen sollen, es ist nicht die rechte Zeit. Doch wann wäre die rechte Zeit?!«

Und noch etwas habe ich mir notiert – er sagte, er hätte sie damals davon abbringen müssen, 1935 in Paris. Doch er sei krank gewesen und habe sich in einem furchtbaren Zustand befunden. Und dann, woher solle man wissen …

## »Bis meinen Gedichten die Zeit anbricht«

Zuerst waren ihre Gedichte da, dann erst sie selbst. Die Gedichte standen in den Regalen, in helles Kattun gebunden, mit der Schreibmaschine abgetippt, mit der Hand abgeschrieben. Tarasenkov hatte nur wenige richtige Buchausgaben von Marina Ivanovna. Den eigentlichen Reichtum machten die abgetippten Bücher aus, die Auszüge aus den Emigrantenzeitschriften – auch sie waren wie Bücher gebunden, in Kattun gekleidet. Samizdat* – dieses Wort existierte damals noch nicht, es kam in unserem Land erst in den sechziger Jahren auf. Die Gedichte kursierten in Moskau, Tarasenkov geizte nicht damit. Ein Buch aus seinem Regal gab er niemals weg, doch Gedichte ließen sich auf der Schreibmaschine abtippen. Eine eigene hatte er nicht, solch ein Luxus war in jenen Jahren nicht jedem Kritiker zugänglich, doch konnte er nach der Arbeit in der Redaktion bleiben und sie auf einer Dienstmaschine abtippen oder mit der Hand wenigstens einen Zyklus abschreiben – das dauerte dann einen ganzen Abend.

Doch woher tauchten hier, in Moskau, Ende der dreißiger Jahre, diese Manuskripte auf, die Gedichte, die niemals in der sowjetischen Presse erschienen sind und auch in der Emigrantenpresse nur dann und wann in einer Zeitung oder in einer dünnen, kurzlebigen Zeitschrift abgedruckt wurden?

Das Poem *Der Rattenfänger* beendete Marina Ivanovna im November 1925 in Paris, in der Rue Rouvet, und es verging kein Jahr, bis Semën Kirsanov in Moskau an einen Freund schrieb: »Aseev, Pasternak, ich und auch andere

* »Selbstverlag«: Mitte der sechziger Jahre gebildeter Begriff für private Produktion und Verbreitung von inoffiziellen literarischen und publizistischen Werken.

vertreten die Meinung, daß ihre Poeme das Beste sind, was in den letzten fünf Jahren geschrieben wurde. *Das Poem vom Ende* ist etwas ganz Geniales, verzeih die Begeisterung! *Der Rattenfänger* ist der Gipfel jeden möglichen Schaffens ...«

Die Gedichte kursierten in Rußland.

Nach Rußland gebracht wurden sie durch Ėrenburg, durch Ekaterina Pavlovna Peškova, durch Bekannte, Bekannte von Bekannten, durch Fremde. Die Gedichte wurden auswendig gelernt, monatelang in Erinnerung behalten, immer wieder rezitiert, abgeschrieben, falsch wiedergegeben, Worte und Strophen wurden verwechselt, die besondere, Cvetaevasche Interpunktion wurde durcheinander gebracht. Die Originale wurden gestohlen, und oft gelangten nur Abschriften von Abschriften bis zum Adressaten.

»Ich habe es zufällig erhalten, mit der Maschine getippt, ohne Interpunktionszeichen«, schrieb Boris Leonidovič über das *Poem vom Ende*. Genau genommen war er der hauptsächliche Adressat in Rußland, in Moskau. Er war es, dem Marina Ivanovna alles schicken, alles zukommen lassen wollte, was ihrer Feder entsprang, seine Meinung war ihr wichtig. »Wenn ich schreibe, denke ich an nichts anderes als die Sache.[3] Dann, wenn ich sie zu Ende schreibe – denke ich an Dich ...«

1922, als sie in die Emigration ging, entdeckte Boris Leonidovič sie für sich als Dichterin. Er schrieb ihr sofort:

»Wie konnte es geschehen, daß ich, als wir langsam dem Sarg von Tat'jana Fëdorovna [Skrjabina] folgten, nicht wußte, neben wem ich gehe?

Wie konnte es geschehen, daß ich, obwohl ich Sie viele Male gehört habe, einen Fehler machte und wir einander verfehlten ...

... wie seltsam und dumm es im Leben geschieht! ...«

Damals, in den zwanziger Jahren, druckte Boris Leonidovič Marina Ivanovnas Gedichte in Moskau in der Zeitschrift *Russkij sovremennik* (Der russische Zeitgenosse) ab. Er rezitierte sie bei seinen und bei anderen Dichterlesungen.

»Ich trage Ihnen jetzt besser die Gedichte der großartigen russischen Dichterin Marina Cvetaeva vor! Das wird ein außerordentlicher Genuß für Sie sein, ein sehr viel größerer, als meine eigenen Gedichte Ihnen bereiten könnten. Ich schwöre Ihnen, sie erfüllen mich selbst mit so viel Freude, daß ich nicht knausrig sein will, ich kann nicht, habe nicht das Recht dazu, sie für mich zu behalten, ich muß sie mit Ihnen teilen.«

Boris Leonidovič redete lange, etwas konfus, und schließlich begann er zu lesen.

Das erzählte mir ein Freund, der in jenen Jahren nicht eine einzige Lesung verpaßte, bei der Pasternak auftrat, und er bestätigte mir, daß die Gedichte von Marina Ivanovna begeistert aufgenommen wurden und die Gedichte der anderen vortragenden Dichter in den Schatten stellten.

»Übrigens habe ich Ihre dort vorgelesen. ›Cvetaeva, Cvetaeva!‹ rief das Publikum und forderte mehr ...«, schrieb Boris Leonidovič 1924 an Marina Ivanovna in die Tschechoslowakei und 1926 nach Paris: »Den vierten Abend stopfe ich ein Stück neblig-schlammiges, rauchig-dunstiges Prag mit der Brücke in die Manteltasche, mal ist es weit in der Ferne, mal stehst Du unerwartet direkt vor mir – ich gehe irgendwohin, zu einer geschäftlichen Verabredung oder zu jemandem, an den ich mich gerade erinnere, und mit versagender Stimme weihe ich sie in diesen Abgrund verletzender Lyrik, in die Breite Michelangelos und die Taubheit Tolstojs ein, die *Poem vom Ende* heißt.«

Damals, in den zwanziger Jahren, sah Boris Leonidovič

den Bruch mit Rußland für Marina Ivanovna als verhängnisvoll an, er meinte, sie müsse sofort nach Hause zurückkehren.

»Diesen Fehler des Schicksals zu korrigieren, ist in unseren Tagen noch eine Herkulestat. Aber es ist die einzige, eine andere kenne ich nicht ...«, schrieb er ihr. Dasselbe schrieb er auch Gor'kij nach Sorrent. Und als sie selbst noch nicht zurückkehren konnte, versuchte er, ihre Verse nach Rußland zu bringen. Als Marina Ivanovna dann endlich kam – da sagte er, daß es nicht die richtige Zeit zur Rückkehr sei.

In den zwanziger Jahren, vor allem Mitte der zwanziger Jahre, schrieb Marina Ivanovna sehr viele Gedichte. Sie produzierte ohne Unterlaß, aus ihr sprudelten Gedichte wie aus einem Springbrunnen. Sie schrieb das *Poem vom Berg*, das *Poem vom Ende*, das *Poem von der Treppe*, den *Versuch zur Eifersucht*, den *Rattenfänger* und viele andere großartige Gedichte.

Und alle, fast alle standen sie in Tarasenkovs Regal. Noch war ich mir dessen nicht bewußt, welche Reichtümer wir besaßen. Dann ihre Bücher: das *Königsmädchen*, der *Recke* – ihre Bylinen, die so russisch, so volksnah sind, wohl durch ihr Sujet und durch die russische Umgangssprache, die sie irgendwo in einer Schlange, die im hungrigen Moskau in den ersten Jahren nach der Revolution nach Brot anstand, gehört hatte.

In den dreißiger Jahren schrieb sie bei weitem weniger – es begann die Prosa. Ein Prosawerk folgte auf das andere, sie schrieb Essays, Erzählungen, kurze Porträts und Erinnerungen. Der lakonische Ton, die anschauliche Darstellung, die präzisen, scharfen Sätze sind spezifisch für die Cvetaevasche Prosa. Jeder Satz ist eine Formel.

*Die Geschichte einer Widmung* – über Mandel'štam, *Ein gefangener Geist* – über Andrej Belyj, *Das Lebendige im Lebendigen* – über Vološin, *Mutter und die Musik* und *Mein*

Puškin, *Das Haus beim Alten Pimen*, das ich immer und immer wieder las. *Das Ende Casanovas* – ein Drama, das Tarasenkov Freunden viele Male vorlas. Die antiken Tragödien – *Phädra, Ariadne* – und vieles anderes galt es noch zu erkennen. Dann ihre hervorragenden Essays: *Die Kunst im Lichte des Gewissens, Der Dichter und die Zeit* – noch waren die Leser dem nicht gewachsen, oder zumindest mir ging es so.

Die Prosawerke gelangten nicht so schnell nach Moskau wie die Gedichte, und Tarasenkov besaß damals nur sehr wenig Prosa von ihr. Die anderen wohl auch, denn alles, was die anderen hatten, besaß unbedingt auch er. Und als wir Marina Ivanovna kennenlernten, war sie für uns nur *Dichterin*.

In den dreißiger Jahren schrieb sie dort, in Paris, neben der Prosa natürlich auch Gedichte, nicht so viele wie früher, aber doch wunderbare (Cvetaevasche!) Gedichte. Und obwohl zu der Zeit die Romanze zwischen Marina Ivanovna und Boris Leonidovič schon lange vorbei war und ihr Briefwechsel nur noch von Zeit zu Zeit auflebte, und obwohl schon seit langem die Bekannten und die Bekannten von Bekannten verschwunden waren, die in den zwanziger Jahren ohne Probleme ins Ausland reisten, und die, die noch unversehrt waren, reisten schon lange nirgendwo mehr hin, und obwohl jeder Kontakt mit der Emigration, selbst ein indirekter, über dritte und vierte, je nach Belieben als Hochverrat gelten konnte – trotz allem kamen die Gedichte weiterhin, mit Verspätung, selten, aber dennoch kamen sie und landeten in den Regalen der Lyrikliebhaber, der Dichter, und in den Kattunheften in Tarasenkovs Regalen. Sie warteten darauf, daß »Meinen Gedichten ... die Zeit anbricht«.

Die Zeit brach an, und schon sehr bald – 1940, als Marina Ivanovna in Moskau auftauchte. Da fingen Tarasenkovs Hefte an zu sprechen, man schrieb ihre Gedichte ab, tippte sie ab. Während bei den meisten Anhängern der Cvetaevaschen Lyrik die Gedichte aus verschiedenen Jahren auf einzelnen Blättern in den Schubladen verlorengingen, war bei Tarasenkov alles chronologisch sortiert, zusammengerollt, sorgfältig überprüft, wo es nur ging, wie es nur ging. Und 1940, als Marina Ivanovna selbst kam, war alles vorbereitet, jetzt mußten die Gedichte nur noch gedruckt werden.

Damals, 1940, 1941, als sich ihre Tragödie allmählich zuspitzte, begannen ihre Gedichte mit neuer Kraft durch Moskau zu wirbeln. Natürlich, es war ein kleiner Kreis, wie Boris Leonidovič sagte, aber wie hätte es auch anders sein können? Ihre Gedichte wurden nicht gedruckt, und öffentliche Lesungen gab es nicht.

Zu diesem kleinen Kreis gehörte damals auch ich. Marina Ivanovnas Gedichte trafen mich mit ganzer Kraft, ich verschlang diese *verletzende Lyrik* buchstäblich.

Pasternaks Gedichte berührten mich zu Anfang fast gar nicht, er faszinierte mich als Persönlichkeit, seine Gedichte kamen erst später. Bei Marina Ivanovna war es ganz anders.

Seltsam, an das erste Zusammentreffen mit Boris Leonidovič kann ich mich überhaupt nicht erinnern. In Erinnerung geblieben sind mir nur die Sonnenflecken auf seiner Terrasse in Peredelkino und die Fenster, die zum Garten hin geöffnet waren. Ich glaube, es hatte gerade aufgehört zu regnen, natürlich, es hatte geregnet, und die Blätter waren noch naß. ».. . Der Tropfen hat die Schwere einer Manschette, und der Garten blendet wie ein Flußabschnitt ...« Boris Leonidovič war in Weiß gekleidet, sein Hemdkragen war weit geöffnet. Er war sehr lebhaft, erregt. Er redete viel, rezitierte Gedichte. Doch wenn ich ihn niemals mehr wiedergesehen hätte, hätte ich ihn nicht beschreiben können. Es blieb kein Bild zurück, sondern ein Gefühl. Das Kindliche an seinem Lächeln, an ihm selbst.

Das herzliche, stotternde, schnelle Sprechen, das ich damals ebensowenig verstehen konnte wie seine Gedichte. Das war alles. Und in meinem Notizbuch nur ein einziger Satz: »Der Geschmack der Unsterblichkeit auf den Lippen.« Dieser Satz stammt eindeutig von ihm, ich habe ihn in Anführungszeichen gesetzt, doch warum er ihn ausgesprochen hat, was ihm voranging, was ihn begleitete – das läßt sich nicht mehr rekonstruieren. Damals war ich davon überzeugt, daß das Gedächtnis alles auf ewig behält und daß eine Andeutung genügt.

Ich habe mich vom ersten Augenblick an in Boris Leonidovič verliebt, so wie man sich in eine Landschaft verliebt, in ein Bild, in eine Skulptur, in ein schöpferisches Werk – egal, ob von Menschenhand geschaffen oder von göttlicher Hand, auf jeden Fall ein geniales Werk. Und dazu war er selbst ein genialer Schöpfer. Es war unmöglich, sich seinem Zauber zu entziehen. Ähnlich ist es auch Tarasenkov ergangen, nur war das lange vor meiner Zeit.

Die erste Begegnung mit Marina Ivanovna hat sich mir dagegen in allen Einzelheiten ins Gedächtnis eingeprägt. Es war im Juli 1940. Von ihrer Rückkehr aus der Emigration hatte ich ungefähr im Dezember 1939 gehört, Tarasenkov wußte es früher, Boris Leonidovič hatte es ihm erzählt. In seinem Notizbuch findet sich eine Aufzeichnung vom 2. November 1939:

»B. L. und ich gingen aus dem Haus, er begleitete mich zur Straßenbahn. Unterwegs erzählte er mir:

›Ich möchte Ihnen ganz im Vertrauen mitteilen, daß Marina Cvetaeva sich in Moskau befindet. Sie hat die Genehmigung zur Rückkehr bekommen, weil ihren Familienangehörigen verziehen wurde, denn sie haben in Spanien gekämpft und in Frankreich für die Volksfront gearbeitet. Sie kam kurz vor dem deutsch-sowjetischen Pakt hier an. Man hat sie nach dem Prinzip ›ist man mit der Kutsche unterwegs, kann auch eine Schnur von Nutzen sein‹ einreisen lassen. Doch jetzt ist man den Weg gegangen, Spanien und Frankreich interessieren uns nicht mehr. Deshalb kann man sich nicht nur der Schnur und auch der Kutsche entledigen, sondern man kann auch den Kutscher niederschlagen und gesalzenes Rindfleisch aus ihm machen. Ihr wurde befohlen, in strengstem Inkognito zu bleiben. Sie hat mich nur einmal besucht und hat mir ein Buch mit wunderbaren Gedichten und Aufzeichnungen gebracht. Es sind Gedichte darunter, die sie während der Besetzung der Tschechoslowakei durch die Deutschen geschrieben hat. Denn sie hat in der Tschechoslowakei gelebt, und sie fühlte sich dort wohl. Diese Gedichte sind so antifaschistisch, daß man sie zu ihrer Zeit bei uns hätte veröffentlichen können. Obwohl die Cvetaeva Deutschland liebt, fordert sie die Deutschen in diesen Gedichten zornig auf, keinen Krieg gegen die Tschechen zu führen. Die Cvetaeva ist ein wahrhaft großer Mensch, sie hat das furchtbare Leben einer Soldatenfrau geführt, ein Leben voller Entbehrungen. Sie hat Hunger, Kälte und Schrecken erlebt, doch selbst in der Emigration war sie aufrührerisch. Sie stellte sich gegen die Ihren, die Weißen, auch ihnen hat sie sich nicht angepaßt.

Ihr Notizheft, das bei mir zu Hause liegt, enthält Gedichte, Auszüge aus ihren Briefen an mich, an Vildrac. Sie nimmt das, was sie schreibt, sehr ernst – sie sieht es als Faktum, als Dokument an. Darin ist nichts von unseren literarischen Wichtigtuern …

Der sowjetische Literaturwissenschaftler Pavlenko hat einmal gesagt, daß man nicht Kuprin, sondern Bunin und die Cvetaeva in die Sowjetunion holen sollte. Das zeugt von einem feinen Geschmack. Aber Kuprin hat man ehrerbietig mit Blumen empfangen, und die Cvetaeva hält man inkognito. Wer braucht sie denn auch? Für sie interessiert sich, wie auch für mich, ein kleiner Kreis, sie steht alleine da, und ihre Rückkehr in die Sowjetunion wurde nicht auf Initiative der Führung, der Regierung bewirkt, sondern durch den erfolgreichen Abschlußbericht eines Angestellten.[4] Darin liegt die Ironie des Schicksals eines Dichters ...‹«

Dieses Gespräch fand, wie wir schon wissen, am 2. November 1939 statt, und Marina Ivanovnas Familie – ihre Tochter und ihr Mann – waren zu der Zeit schon im Gefängnis, aber das wußte Boris Leonidovič offensichtlich noch nicht. Marina Ivanovna war nur einmal im Sommer bei ihm gewesen, kurz nach ihrer Rückkehr. Boris Leonidovič wußte nur wenig über sie, über die tatsächliche Situation ihrer Familie, und er irrte sich, als er erzählte, daß »ihre Familienangehörigen in Spanien gekämpft haben.« Dieses Gerücht verbreitete sich dann in Moskau. Doch wie Alja mir versichert hat, sind weder sie noch ihr Vater jemals in Spanien gewesen. Sergej Jakovlevič hatte in Paris die Organisation von Freiwilligenbrigaden, die in Spanien gegen Franco kämpfen wollten, unterstützt und mit Waffen versorgt.

Als Tarasenkov sich mit Boris Leonidovič traf, wohnte Marina Ivanovna noch in Bolševo, sie blieb den ganzen Sommer über dort und hatte fast zu niemandem Kontakt, und erst am 10. November zog sie nach Moskau um. Dann, gegen Ende November, im Dezember, verbreitete es sich in der Stadt – Marina Ivanovna ist aus der Emigration zurückgekehrt!

»Aus Murs Tagebuch läßt sich schließen, daß Mama Tarasenkov im Juli 1940 kennengelernt hat«, hat Alja mir geschrieben. Mur notiert in französisch am 29.7.40.: »... Gestern habe ich einen angenehmen Abend verbracht. Wir waren gemeinsam mit Mamas neuem Bekannten, Tarasenkov, im ›Park für Kultur und Erholung‹.* Dieser Tarasenkov sammelt Mamas Sachen und war na-

* heute: Gor'kij-Park.

türlich froh, sie kennenzulernen. Er ist ein kultivierter, sympathischer, ziemlich kluger (aber nicht zu kluger) Mensch. Seine Frau ist sehr hübsch, äußerst *select*. Ich habe mich gestern recht gut mit ihr unterhalten, sie ist blond, groß und hat eine angenehme Stimme – sie interessiert sich für Kunst und hat einen scharfen Verstand.«

Was die Beschreibung meines Äußeren und meiner Scharfsinnigkeit betrifft, so muß man Mur hier sein jugendliches Alter zugute halten – durch Scharfsinnigkeit habe ich mich nie hervorgetan, wie ich übrigens auch niemals blond war.

Tarasenkov traf früher mit Marina Ivanovna zusammen, denn irgendwann im Juni führte er sie in eine Buchhandlung in der ulica Gor'kogo, wo sein Freund Boris Šiperovič arbeitete. Tarasenkov hatte ihn vorher angerufen, und Boris, der schon viel von Tarasenkov über Marina Ivanovna gehört hatte und sie selbst nur durch ihre Bücher kannte, wartete mit klopfendem Herzen auf sie.

Nicht ohne Humor erzählte er mir, wie aufgeregt er war, wie er ungeduldig auf sie wartete, die Bücher in den Regalen hin- und herstellte, sie sogar mit einem Taschentuch abputzte – allein die Vorstellung, daß die Cvetaeva sie berühren würde! Endlich ging die Tür auf, und mit strahlendem Gesicht trat Tarasenkov ein. Er ließ eine nicht sehr große, hagere Frau in einem dunklen Kostüm und mit einer Baskenmütze vorgehen. »Und, und ...«, ermunterte ich Šiperovič. Doch er murmelte irgend etwas Unklares, nuschelte, zuckte mit den Schultern, und wie eine kaputte Schallplatte wiederholte er ein und dasselbe: Sie sei nicht sehr groß, eher mittelgroß, dünn, trug ein dunkles Kostüm, er glaubte, ein braunes, und eine Baskenmütze in derselben Farbe – im ganzen nichts Besonderes. Von Tarasenkov konnte ich damals noch nicht einmal soviel Information bekommen.

Ich war gerade erst in die literarischen Kreise gekommen und beobachtete mit naiver, übertriebener Ernsthaftigkeit, wer wer war. Tarasenkov fuhr mit mir nach Leningrad, wo mich die Wohnung von Lavrënov stark beeindruckte. Die riesigen Zimmer mit den hohen Stuckdekken, den weißen, geöffneten Türen. Kristallüster, Bilder, ein Arbeitszimmer, vollgestellt mit Bücherschränken, ein riesiger Schreibtisch, der mit Manuskripten und Korrekturfahnen überhäuft war, eine schwere Schreibgarnitur aus Marmor und Bronze. Besonders das Eßzimmer imponierte mir: ein sehr langer Tisch mit einer gestärkten, schneeweißen Tischdecke, gestärkten Servietten, einer niedrigen Kristallvase mit Blumen. Makelloses Marmor. Die Ehefrau war eine kalte Schönheit, die zum Mittagessen in langem Abendkleid erschien; der Hausherr, dessen Brille genauso glänzte wie sein scharfer Verstand, saß am Kopf des Tisches, und hinter ihm an der Wand hing in voller Größe Peter der Große in Kanonenstiefeln.

Ich war auf der Datscha bei Pasternak, von der mir nichts in Erinnerung blieb, nur er selbst und die sonnenüberflutete Terrasse. Und noch Zinaida Nikolaevna, die im Gegensatz zu ihm sehr bodenständig war, alltäglich, sie saß in einem Sessel, wickelte sich in ein graues Daunentuch, und ihre Worte, die sie zu irgend jemandem gesagt hatte, prägten sich mir ins Gedächtnis ein.

»Man sagt über mich, daß ich mich gut verheiraten kann! Mein erster Mann war Nejgauz, mein zweiter – Pasternak. Dabei bräuchte ich wohl etwas Einfacheres.«

Und die Datscha von Aleksej Nikolaevič Tolstoj war in Barvich, wohin ich vom VOKS* geschickt wurde, um ihn zu interviewen. Ich hatte Glück, unterwegs am Bahnhof traf ich Aleksej Alekseevič Ignat'ev, und als er hörte, wohin ich fuhr und warum, wirbelte er los, wobei er das »r« nicht rollte, sondern französisch aussprach:

* Vsesojuznoe obščestvo kul'turnoj svjazesi zagranicej (Allunionsgesellschaft für kulturelle Kontakte zum Ausland).

»Alëška ist ein Schurke, er wird Sie nicht empfangen, ich kenne ihn! Und was für ein Graf ist er schon? Er ist überhaupt kein Graf«, sagte Aleksej Alekseevič, der so stolz auf seinen Stammbaum und so mißtrauisch gegen die Stammbäume anderer war. »Ich werde ihn anrufen, fahren Sie hin, ich werde ihm befehlen, Sie zu empfangen!«

Aleksej Nikolaevič wollte mich tatsächlich nicht empfangen, obwohl ich angemeldet war und er sich einverstanden erklärt hatte. Er kam aus seinem Arbeitszimmer heraus, schaute mich von oben, vom Treppenabsatz herab, an und verschwand dann wieder, wobei er die Tür zuknallte. Ich stand unten, unter der Treppe, und hatte mit meinen Filzstiefeln schmutzige Spuren auf dem Spiegelparkett hinterlassen. Draußen lag Schnee, es tobte ein Schneesturm. Ich trug einen alten Lammfellmantel, eine Mütze, die am Kinn zusammengebunden wurde, und sah sehr jung aus. Offensichtlich war ich nicht aus den Kreisen, zu denen man gehören mußte, um mit diesem ehrwürdigen Schriftsteller ein Gespräch zu führen, oder vielleicht hatten ihn auch die Spuren auf dem Parkett erzürnt. Auf jeden Fall lehnte er kategorisch ab, sich mit mir zu unterhalten. Seine junge Frau, Ljudmila Il'inična, die mit glänzenden Brillanten behangen war und eine Pelzpelerine über die Schultern geworfen hatte, lief die Treppe hinunter, ihre Absätze klapperten, und sie plapperte irgend etwas und versuchte, die peinliche Situation dadurch zu entspannen. Sie erkannte mich, wir waren uns schon einmal im Haus einer Dame begegnet, die als tonangebend in der Mode galt und die mein Vater noch von vor der Revolution aus dem Theater kannte. Das Klingeln des Telefons rettete mich: Ljudmila Il'inična nahm den Hörer ab, und ich hörte, daß es Aleksej Alekseevič war.

»Ja, ja, natürlich, wir freuen uns sehr, sie ist schon da, ich selbst bringe sie mit dem Auto nach Hause, ich muß heute abend sowieso nach Moskau.«

Sie sagte mir, ich solle ablegen, meine unglückseligen Filzstiefel ausziehen, und Aleksej Nikolaevič empfing mich sehr freundlich, und wir unterhielten uns anderthalb oder zwei Stunden, wobei er seine Pfeife rauchte.

Auch mit Lilja Brik war ich gut bekannt. Als ich sie das erste Mal auf Majakovskijs Beerdigung sah, war ich enttäuscht, daß er eine Frau, die so fuchsrote Haare hatte und die, wie mir schien, so wenig schön war, in seinen Gedichten besang! Was ich ihr auch fast bei unserem ersten Zusammentreffen gesagt hätte, doch gewann sie mich sofort durch ihr bezauberndes Wesen.

Einmal war ich auch bei Tvardovskij, der erst vor kurzem aus Smolensk nach Moskau gekommen war. Er wohnte in einem kleinen Zimmer in einer Kommunalwohnung, wo die Fenster bis zum Boden gingen und wo Maria Illarionovna den Holzfußboden so lange abgeschrubbt hatte, bis er glänzte. Dort stand ein vernickeltes Bett, unter der Decke schaute ein Spitzenrand hervor, und auf dem Bett lag ein Berg aufgeschüttelter Kissen. Aleksandr Trifonovič trug ein russisches Hemd. Er saß auf einem Hokker, mit dem Rücken zum Fenster, dünn und sehr anmutig, irgendwie jugendlich, obwohl er schon Familienvater war und schon das berühmte Poem *Wunderland Muravija* geschrieben hatte. Er schob seine Beine unter den Hokker, schaute mir sehr gerade und aufmerksam in die Augen und redete mir ein, daß ich mich verstelle und nur aus Höflichkeit so tue, als hätte mir sein *Wunderland Muravija* gefallen – ich sei aus der Stadt, aus dem Asphalt geboren und könne Nekrasov nicht lieben und seine, Tvardovskijs, Gedichte nicht spüren. Von Nekrasov könnten mir höchstens *Russische Frauen* gefallen, und er, Tvardovskij, habe noch keine *Russischen Frauen* geschrieben.

Jetzt sollte ich also auch die Cvetaeva kennenlernen.

Was wußte ich von ihr, außer daß ich ihre Gedichte gelesen hatte? Eigentlich gar nichts. Ich hatte noch nicht einmal ein Bild von ihr gesehen. Ich wußte nur, daß sie eine Emigrantin war und jetzt zurückgekehrt ist. Igna-t'ev, Bilibin, Kuprin sind zurückgekehrt, und sie ist eben auch zurückgekehrt. Die Maler brachten ihre Bilder mit, das waren materielle Werte. Kuprin war alt und gebrechlich, er war gekommen, um in der Heimat zu sterben. Es hieß, daß irgendein hohes Tier in seiner Jugend für Kuprins Romane *Gruft* und *Das Duell* geschwärmt hatte.

Weiter wußte ich, daß Marina Ivanovna nach der Verhaftung ihres Mannes und ihrer Tochter in Golicyno wohnte und jetzt ein Zimmer in Moskau gemietet hatte. Und daß sie Gedichte übersetzt und ein Buch vorbereitete, das vom Goslitizdat* herausgegeben werden sollte. Das war eigentlich alles.

Eines Tages sagte Tarasenkov, als er nach Hause kam: »Heute gehen wir zu Marina Ivanovna.«

»Wir? Du.«

»Nein, wir. Sie hat uns beide eingeladen.«

Ich war ganz aufgeregt. Wie lächerlich und dumm es auch gewesen sein mag, ich war nicht nur aufgeregt, weil ich sie bald kennenlernen sollte, sondern auch deshalb, weil ich nicht wußte, wie ich zu diesem Treffen gehen sollte, was ich anziehen sollte! Mich mit Tarasenkov zu beraten hätte nichts genutzt, er verstand nichts davon und hielt es für Unsinn. Dabei war es doch so, daß ich nicht nur zu einer Dichterin ging, die ich verehrte, sondern auch zu einer Frau, die erst vor kurzem aus Paris gekommen war! Dieses »aus Paris« hat mir den Kopf verdreht.

Dann suchte ich lange an einem Kiosk an den Nikitskie vorota Blumen aus, ich wußte nicht, welche ich kaufen sollte und ärgerte mich über Tarasenkov, der unbeteiligt

* Gosudarstvennoe literaturnoe izdatel'stvo (Staatlicher Literaturverlag).

daneben stand und rauchte. Als ich mich endlich entschieden hatte, sagte er:

»Weißt du, ich glaube, sie kann mit Blumen nichts anfangen!«

»Weshalb hast du dann nichts gesagt?«

»Weil du sowieso nicht auf mich gehört hättest.«

Und mit endgültig verdorbener Laune – zuerst das Kleid, alle hatten entweder nicht den richtigen Schnitt oder waren nicht so, wie ich es wollte, und jetzt noch die Blumen – ging ich mit Tarasenkov die ulica Gercena hinunter.

Marina Ivanovna öffnete die Tür, und das erste war ihr Blick, eben dieser durchdringende Blick, von dem einem eiskalt wurde und durch den ich sofort das Kleid und auch die Blumen vergaß. Ich wollte direkt wieder rückwärts aus der Tür gehen, doch hinter mir stand Tarasenkov. Alles dauerte nur eine Sekunde, sofort wandte sie ihren Blick von mir ab und, ohne dabei zu lächeln, grüßte sie mich sehr freundlich. Sie nahm den Blumenstrauß entgegen, als wäre es ein Stock (sie hielt die Blumen mit den Köpfen nach unten) und warf ihn auf eine Kiste, die in der Diele stand. Dort lag er dann den ganzen Abend unbeachtet. Tarasenkov hatte recht gehabt.

Die Diele war hell erleuchtet, und gerade dort, in dieser engen, mit Sachen vollgestellten Diele, erfaßte ich Marina Ivanovna mit einem Blick von ihren grauen Haaren bis zu ihren abgetretenen, alten Hausschuhen. Vor allem ihre Hände fielen mir auf, grobe Hausfrauenhände mit geschwollenen Fingern, an denen sie viel zu enge Ringe trug. Eine Ecke der Schürze hatte sie in den Gürtel gestopft, aus der Tasche guckte ein Lappen hervor. Sie trug einen weiten, langen Rock, eine sackartige Bluse, am Hals einen dunklen, kleinen Bernstein.

In meinen Aufzeichnungen steht: »Ein fremdes Zimmer, vollgestopft mit fremden Möbeln, die ihr nicht gehören, ein paar Regale, Vasen ... Doch die Dinge prallen an ihr ab, wie auch die Wände, sie haben nichts mit ihr zu tun, sie ist sie selbst. So ist sie – in der Diele, die Ärmel der Bluse hochgekrempelt, große, eisige graugrüne Augen, die aussehen, als hätten sie Millionen von Jahren ins Eis geschaut und sind dann erstarrt, – sie zieht auf einer Barkasse Fischfangnetze aus dem Meer, irgendwo bei Murmansk, sie ist eine Nordländerin, eine Fischerin. Oder sie kocht in der Steppe auf einem Feuer eine Graupensuppe für die Schnitter, gebräunt von der Sonne, den Steppenwinden. ›Beiden Großmüttern bin ich Enkelin – die Drecksarbeit tun und sie scheuen.‹ Nein, als ich sie traf, war nichts von einem Menschen an ihr, der Drecksarbeit scheut, sie war ganz wie eine Frau vom Lande. So viele Jahre hatte sie im Ausland, in Paris gelebt – und nichts Westliches war an ihr. Alles war echt russisch, und dabei war es überhaupt nicht städtisch, sie hatte eher etwas von der Steppe an sich, vom Boden – vielleicht steckt daher soviel Kraft in ihren Versen.«

Später, als ich über diese Aufzeichnung nachdachte, verstand ich, daß Marina Ivanovna mich verblüfft hatte. Ich hatte sie mir ganz anders vorgestellt. Wie? Ich weiß es nicht. Aber anders. Und doch war sie dort, in dieser vollgestopften Diele, ihren Gedichten so ähnlich wie sonst nie.

Später traf ich sie dann in anderer Kleidung, unter anderen Umständen. Natürlich war sie eine Städterin, kam aus der Intelligenz und war zerbrechlicher, als es mir in ihrer Diele schien. Sie hatte unverhältnismäßig breite Schultern bei einer sehr schmalen Taille und einer schmalen Hüfte. Ihre Kostüme, ihre Blusen – sie waren alle von dort, aus Paris, aber wie ich schon sagte, alles sah aus, als wäre es von hier, und nicht nur deshalb, weil es billige Sachen waren, die sie schon lange trug, sondern auch dadurch, wie sie sie trug. Ich glaube, selbst wenn sie ein Kleid von Poquin angehabt hätte, hätte sie es auf ihre Weise umgemodelt. Sie hätte sich den ersten besten Gürtel, der ihr in die Hände gefallen wäre, umgebunden, und von Poquin wäre nichts mehr übriggeblieben.

Ich erinnere mich an die Beutel aus Leder (oder aus Lederimitat), in denen sie ihre Sachen verstaut hatte, bei uns reiste man nicht mit solchen Beuteln. Sie hingen in den Zimmern ihrer vorübergehenden Behausungen an der Wand, sowohl in der ulica Gercena als auch auf dem Pokrovskij bul'var. Doch zeugten sie nicht davon, daß sie von dort waren, sondern eher, wie ungemütlich und heimatlos ihr Leben hier bei uns war. Das einzige wirkliche Pariserische war Mur. Durch seine Haltung, seine Geschniegeltheit, die Art, wie selbstverständlich er seinen Anzug trug, seine Krawatte band, war er ganz und gar nicht »von hier«, sondern eher wie ein Pariser.

Als wir Marina Ivanovna ins Zimmer folgten, erhob sich Mur ohne Hast und begrüßte uns mit einem sorglosen Nicken, wobei er das Fenster verstellte. Er war groß, kräftig, blond, hatte graue Augen und ein ebenes und feines Gesicht. Er war schön, man spürte das polnische oder deutsche Blut, das auch in Marina Ivanovnas Adern floß. Er war ein wenig hochmütig und hatte einen arroganten Gesichtsausdruck. Man konnte ihn auf zwanzig oder zweiundzwanzig Jahre schätzen, dabei war er tatsächlich erst am 1. Februar 1925 geboren – das heißt im Juli 1940 war er fünfzehn Jahre und fünf Monate alt.

Marina Ivanovna und Tarasenkov begannen sofort, über Gedichte zu reden, über fremde Gedichte, nicht über ihre eigenen. Tarasenkov hatte ein Lieblingsspiel: Er warf eine Strophe, eine Zeile in den Raum, die sein Gesprächspartner auffangen konnte, und Marina Ivanovna machte sofort mit, so daß die Verse zu fliegen begannen, wie Tennisbälle, von einem zum anderen. Beide waren vom Ehrgeiz gepackt, und sie warfen die Gedichte mit einer solchen Schnelligkeit hin und her, daß man denken konnte, sie spielten um die Meisterschaft.

Mur und ich saßen in verschiedenen Ecken des Zimmers und schwiegen. Ich konnte mich nur schwer an die Schriftstellerkreise gewöhnen, wo alle, wenn sie schon keine Genies waren, so doch zumindest Talent hatten, und wenn sie kein Talent hatten, so waren sie berühmt, Menschen, die gelesen wurden, über die man schrieb. Ich fühlte mich immer etwas niedergeschlagen und konnte mich nicht dazu überwinden, auch nur einen Ton zu sagen. Mur schien mein Leidensgenosse zu sein, ich dachte, er fühlte dasselbe wie ich. Doch ich täuschte mich, später stellte ich fest, daß er sich leicht in jedes Gespräch mit Erwachsenen als Gleicher unter Gleichen einmischte, überzeugt, wie ein Fünfzehnjähriger nun mal ist, auch wenn er älter aussah. Er unterbrach Marina Ivanovna sogar: »Sie reden Unsinn, Marina Ivanovna!« Marina Ivanovna zuckte wie ein Vögelchen zusammen, schwieg eine Minute lang, ganz erstaunt, durcheinander, dann riß sie sich zusammen und sprach weiter, als wäre nichts geschehen. Oder sie versuchte sehr sanft und hartnäckig, ihn von ihrem Recht zu überzeugen. Er redete sie immer mit »Marina Ivanovna« an, und wenn er von ihr sprach, hieß es: »Marina Ivanovna hat gesagt, Marina Ivanovna hat darum gebeten, eine Nachricht zu übergeben!« Viele Leute hat das schockiert, aber mir schien, daß »Mama« oder »Mutter« nicht zu ihr paßte, Marina Ivanovna – das war angebrachter.

Ich beobachtete sie heimlich. Übrigens war es überflüssig, sie heimlich zu beobachten, da sie mir nicht die geringste Aufmerksamkeit schenkte. Sie saß da, hatte den Kopf ein wenig nach vorn geneigt, runzelte die Stirn, hob die Braunen, sie war sehr konzentriert. Sie rauchte, blickte zur Seite; die Gedichte trug sie laut und deutlich vor. Wenn sie eine Strophe beendet hatte, die Tarasenkov begonnen hatte, spielte sie ihm ohne innezuhalten eine neue zu. Sie hatte keine Ahnung, mit wem sie es zu tun hatte: Tarasenkov mit Gedichten zum Schweigen zu bringen war nicht möglich. Er konnte vierundzwanzig Stunden lang Gedichte rezitieren, ohne Atem zu holen, viele gingen Wetten mit ihm ein, doch niemals hielt ihm jemand stand. In meinen Aufzeichnungen steht: Sie rezitierten Blok, Puškin, Tjutčev, Pasternak, die Achmatova.

»Marina Ivanovna, Sie haben den Teekessel vergessen«, sagte Mur.

»Ach ja!«

Sie ging in die Küche und holte einen riesigen Teekessel.

»Es ist ein hervorragender Teekessel«, sagte sie, »das kochende Wasser kann nie ganz verdampfen ...«

Auf dem Tisch waren Gläser mit Untersetzern, eine Tasse aus seltsamem, dunklem Metall mit einer Untertasse und eine offene Packung Kekse gedeckt. Marina Ivanovna sagte, daß sie mir den Tee in ihre Lieblingstasse eingießen würde, und sie selbst würde aus einem Glas trinken. Ich war zerstreut und immer noch verlegen und dachte nicht daran, daß Metall durch heißes Wasser erhitzt wird, und als ich den Tee trank, verbrannte ich mir am Rand der Tasse die Lippen.

Mur bemerkte das.

»Ich habe es Ihnen doch gesagt, Marina Ivanovna«, sagte er, »kein normaler Mensch kann aus dieser Tasse trinken.«

»Ja?« Marina Ivanovna zuckte mit den Schultern, »Aber auch Nina* sagt, daß sie den Tee ganz besonders gerne aus dieser Tasse trinkt.«

»Das sagt sie ausschließlich deshalb, um Ihnen eine Freude zu bereiten«, sagte Mur deutlich akzentuiert,

* Nina Pavlovna Gordon, Aljas Freundin.

streckte die Hand aus, nahm vom Fensterbrett ein Glas und stellte es vor mich hin:

»Gießen Sie den Tee hier hinein.«

Aber ich entschloß mich, diese mir damals noch unbekannte Nina und vor allem Marina Ivanovna zu unterstützen und beteuerte, daß auch ich gerne aus einer solchen Tasse Tee tränke und daß ich zu Hause auch so eine Tasse hätte. Das stimmte sogar, mein Vater hatte mir eine ähnliche Tasse geschenkt, als ich noch klein war. Wahrscheinlich waren solche Tassen modern, doch konnte man unmöglich Tee daraus trinken, und da unsere Tasse außen silbern und innen vergoldet war, befand sie sich die meiste Zeit in einem Pfandhaus.

Dann trug Marina Ivanovna eigene Gedichte vor. Es ergab sich von selbst, niemand bat sie darum, sie trug sie einfach vor. Sie sprach ruhig, ohne Emotionen, ohne die Stimme zu erheben oder besonders zu atmen, wie viele Dichter es tun, sie sprach gleichmäßig, deutlich, verschluckte das Ende der Strophen nicht und sah niemanden an. Mur vergrub sich in ein Buch, er hörte diese Gedichte offensichtlich nicht zum ersten Mal und fand es nicht so spannend.

Dann gingen wir ein bißchen spazieren, im Zimmer war es stickig. Tarasenkov, der hinter Marina Ivanovna und Mur ging, machte mir ein Zeichen, so daß ich Geld aus meiner Tasche holte und es ihm gab. Er lud uns ins Café National zum Kaffeetrinken und Eisessen ein. Wir holten Marina Ivanovna noch einige Male in der ulica Gercena ab und führten sie in dieses Café, weil es nur zwei Schritte entfernt war, und dann schlenderten wir durch die Straßen. Doch häufiger trafen wir uns bei uns in den Konjuški.

## *»Das zarte Klirren alter Uhren«*

Die Konjuški – »Das Leben kehrte ebenso unvermutet zurück, wie es früher einmal gewaltsam unterbrochen wurde. Ich bin in dieser alten Straße, wie damals, an jenem Sommertag zu jener Stunde ...« Die Konjuški. Man darf sie nicht mit der Starokonjušennyj pereulok am Arbat verwechseln. Die Starokonjušennyj pereulok gibt es noch, die Konjuški nicht mehr. Sie lagen am Fuße eines Hochhauses, des Hauses, das jetzt am ploščad' Vosstanija steht. Wenn man vor diesem Haus steht, dann gibt der Blick nach links, zur Balustrade hin, unten eine riesige Baustelle frei. Nichts ist mehr geblieben von der ursprünglichen Planung der alten Straßen – alles ist ausnahmslos mit hohen Häusern vollgebaut, die einen sind schon fertig, die anderen ragen gerade nach oben. Von den ehemaligen Konjuški zieht sich nur noch ein schmaler Bürgersteig vom ploščad' Vosstanija nach unten – es ist ein Teil der krummen Kudrinskij pereulok, er biegt in die Malyj Konjuškovskij pereulok ein und stößt hier auf die Baustelle. Und plötzlich, zwischen dem Haufen riesiger Platten, Ziegel, Rohre – eine Pappel! Sie steht noch da, von allen Seiten eingeengt, schwächlich, kränklich, dort, wo sie früher an der Kreuzung der beiden Konjuškovskijgassen – der Großen und der Kleinen – so üppig über den Villen wucherte.

An der Ecke zur ulica Vorovskogo befand sich früher ein Petroleumladen. Er grenzte an einen Hof, hinter dessen Toren sich der Schriftstellerverband befindet. Gas gab es in Moskau hauptsächlich im Zentrum, in den großen, gutgebauten Häusern, aber in den Konjuški und in der Presnja* kochte man auf Petroleum- und Primuskochern.

* Wohnbezirk im Westen Moskaus, ab 1918 »Krasnaja Presnja« (Rote Presnja).

Als im Schriftstellerverband Majakovskijs Sarg aufgestellt war, ging die Schlange derer, die von dem Dichter Abschied nehmen wollten, an diesem Petroleumladen vorbei, sie zog sich bis zum ploščad' Vosstanija und bog dann in die ulica Gercena ein. Die Hausfrauen der Konjuški, die an den ewigen Mangel und die Schlangen gewöhnt waren und nicht wußten, worum es ging, stürzten damals in Panik mit Blechkannen und Viertelliterbehältern los, weil sie fürchteten, daß das ganze Petroleum aufgekauft und dann rationiert werden würde.

Der zweite Petroleumladen befand sich ebenfalls auf dem Platz, in der Häuserreihe zwischen der Kudrinskij pereulok und dem ploščad' Vosstanija. Es waren ehemalige Kaufmannshäuser, unansehnliche einstöckige Gebäude. An der Ecke befand sich ein Lebensmittelgeschäft, daneben eine Apotheke, dann der Petroleumladen, und direkt neben der Kirche stand ein dreistöckiges Haus, vor dessen Torbogen Marina Ivanovna und ich später während eines Bombenangriffs stehenblieben, weil wir es nicht mehr schafften, den Platz zu überqueren und das Witwenhaus zu erreichen, in dem sich der Luftschutzkeller befand. Die Konjuški hatten keinen eigenen Luftschutzkeller.

Das Witwenhaus ist die einzige Zierde des Platzes. In *Krieg und Frieden* ließ Lev Tolstoj Nataša Rostova 1812 dort vorbeifahren, als sie aus Moskau floh, das den Franzosen in die Hände zu fallen drohte. Sie verließ ihr Haus, die Villa von Sollogub auf dem Hof hinter den Gittertoren in der ulica Povarskaja. Heute ist dort der Schriftstellerverband untergebracht und in den zwanziger Jahren war es der Palast der Künste, wo Blok, Belyj, Bal'mont und die Cvetaeva aufgetreten sind, und wo Marina Ivanovna im Jahre 1918 im Volkskommissariat für nationale Angelegenheiten zum ersten und zum letzten Mal in ihrem Leben eine Anstellung hatte. An einem trüben Tag im Frühjahr 1922 fuhr sie mit der kleinen Alja in einer vierrädrigen

Mietskutsche hier vorbei. Sie verließ ihre letzte Moskauer Wohnung in der Borisoglebskij pereulok und begann ihr lebenslanges Wanderleben. Die Kutsche fuhr über den Kudrinskaja ploščad', am Witwenhaus vorbei, zum Vindavsker Bahnhof.*

Wenn sie alleine zu uns kam, ohne Mur, trafen wir sie gewöhnlich an der Ecke der ulica Vorovkogo oder der ulica Gercena, je nachdem, woher sie kam. Sie kam immer zu Fuß, sie fuhr nie, öffentliche Verkehrsmittel mochte sie nicht. Und wenn wir sie über den Platz führten, klammerte sie sich krampfhaft an uns fest, dann ließ sie uns manchmal fast rennend los, dann wieder blieb sie an einem unpassenden Ort wie angewurzelt stehen. Ihr schien, daß alle Autos ausgerechnet auf sie zielten. Wenn wir dann endlich in unsere ruhige Kudrinskij pereulok kamen, atmete sie erleichtert auf.

»Nun, Gott sei Dank haben wir es endlich hinter uns! Endlich sind wir dieser Asphalthölle entkommen!«

Die Konjuški waren grün, mit eingezäunten Vorgärten und wunderschönen alten Moskauer Höfen, wo Löwenzahn blühte und verblühte und Kletten heftig wucherten. Hier standen stuckverzierte Holzvillen mit Mezzaninen und mit überdachten Galerien. Ehemalige Wagenschuppen und Pferdeställe waren nach der Revolution zu Wohnungen umgebaut worden. Selten traf man auf zwei- oder dreistöckige Häuser, wie die Stadt sie baute. Die Konjuški bestanden aus Pflastersteinen, ihre Bürgersteige waren ungleichmäßig, uneben, und auf dem Fahrdamm schob sich zwischen den Pflastersteinen Gras hervor. In den Vertiefungen der Bürgersteige wuchs Wegerich. Die Pappeln – aus irgendeinem Grund gab es hier sehr viele Pappeln – streckten ihre Zweige über die Zäune hinaus und spendeten der schmalen Gasse Schatten. Gegen Ende

* heute: Rižskij vokzal (Rigaer Bahnhof).

Juni, Anfang Juli fegten die weißen Samen der Pappeln durch die Konjuški.

Einmal führten wir Marina Ivanovna über den gepflasterten Hügel zu uns, und sie sagte:

»Mein Mann und ich wollten unbedingt in irgendein Provinznest ziehen. Wo es keine Straßenbahnen, keine Busse und keine Metro gibt, irgenwo im Süden, damit man den Ofen nicht so oft heizen muß. ›Ich möchte mit Ihnen in einer kleinen Stadt wohnen, wo es ewige Dämmerung und ewiges Glockengeläut gibt. In einem kleinen Landgasthaus – Das zarte Klirren Alter Uhren – wie Tropfen der Zeit ...‹ Die Kinder brauchen Moskau natürlich.«

Sie rezitierte häufig Gedichte – einfach so – ein Wort, ein Zufall regte sie an, doch war mir nicht immer klar, ob sie eigene oder fremde Gedichte vortrug, und jedes Mal fragte ich Tarasenkov später und stellte so meine Unwissenheit zur Schau.

Die Konjuški waren tatsächlich ruhige Provinz – ein Städtchen, und dabei nur ungefähr drei Minuten vom zentralen Gartenring, vom ploščad' Vosstanija entfernt.

Unsere Wohnung hatte einen kalten, winzigen Vorraum mit einem schmalen Fenster, vor dem ein Gitter angebracht war. Aus dem Vorraum führte eine Tür in die Wohnung: eine kleine Küche, in der nicht mehr als eine Person Platz fand und wo die Wanne neben dem Herd stand, und auf der Wanne lag ein Holzbrett, das uns als Küchentisch diente; ein kleiner Korridor, der einen Meter breit war. Und durch eine gläserne Schiebetür gelangte man direkt ins Arbeitszimmer meines Vaters. Dort war in das Bücherregal ein Tisch eingesetzt, der mit rotem Tuch bespannt war. Das Tuch hatte uns der Hausbesitzer, ein Kaufmann, besorgt; früher spielte man auf solchen Tischen Karten. Der Tisch ließ sich zusammenklappen, und dann konnte man einen Ohrensessel aus der Ecke hervorholen, das einzige, was außer zwei Stühlen in diesem winzigen Arbeitszimmer Platz fand. Unter dem Sessel befand sich eine Falltür, die in den Keller führte – in Tarasenkovs Bücherlager. Unser Zimmer und das Arbeitszimmer reichten für die Bücher nicht aus, und deshalb mußten wir sie im Keller lagern. In diesem Keller konnte man sich zwar nicht zu voller Größe aufrichten, doch konnte man sich in einen alten, eingedrückten Sessel setzen und die Bücher ansehen oder lesen. Wir hatten dort sogar elektrisches Licht. Es gab in diesem Keller sehr viele Spinnen, und es war unmöglich, sie zu verjagen, egal, wie viele Angriffe wir unternahmen. In einer einzigen Nacht konnten sie eine ganze Ecke mit unsichtbaren Netzen vollspinnen, in denen man sich dann verfing. Durch den erdigen Boden brachen Champignons hervor. Unsere Freunde lachten uns aus und rieten uns, sie auf dem Markt zu verkaufen, denn wir hatten immer wenig Geld.

Aus irgendeinem Grund gab es in diesem Keller keine Leiter, unten stand ein Hocker, auf den man springen mußte. Noch komplizierter war es allerdings, wieder herauszukommen, besonders für sportlich ungeübte Damen, und in jenen Jahren war es noch nicht üblich, Sport zu treiben. Doch kam auch nicht jeder Mann leicht mit dieser Gymnastikübung zurecht. Ich entsinne mich, wie ein wohlbeleibter Besucher lange überlegte, ob seine Ausmaße durch das nicht sehr große, quadratische Loch im Boden passen würden, bis er es schließlich wagte, den Bauch einzog, die Ärmel hochkrempelte und sich stückchenweise durch die Luke preßte. Ich glaube, es gab niemanden, der dieser Verführung widerstehen konnte, in Tarasenkovs *Keller* zu gehen, denn dort wurden Zeitschriften vom Anfang des Jahrhunderts und vor allem die heißbegehrten Zeitschriften aus den zwanziger Jahren gelagert. Obwohl die zwanziger Jahre damals noch nicht so in Mode waren wie heute, war die große Auswahl dieser

Zeitschriften mit ihrer abwechslungsreichen Aufmachung und ihren freien Diskussionen nach der Farblosigkeit und der Einheitlichkeit, die in unserer Presse seit den dreißiger Jahren herrschten, sehr verlockend.

Marina Ivanovna sprang leichtfüßig durch die Luke, ohne fremde Hilfe, und verschwand für eine ganze Weile. Sie versicherte uns, daß sie sich dort sehr wohl fühlte und daß sie es sogar gemütlich fand, im Sessel zu sitzen, in Gesellschaft der Spinnen im Spinnennetz, aber vielleicht hat sie sie auch einfach nicht bemerkt.

Wenn sie gemeinsam mit Tarasenkov hinunterstieg, hörte man von unten ein dumpfes Grummeln. Sie rezitierten Gedichte, und aus der Luke zogen Rauchschwaden nach oben. Mein Vater, der bei geöffneter Luke nicht mehr genug Platz hatte, um in seinem Arbeitszimmer zu sitzen, ging ins Durchgangszimmer zu seinem Sofa. Er ließ einen elektrischen Ventilator durch die Luke hinunter, und von Zeit zu Zeit klopfte er mit einem Stock auf den Boden, um Tarasenkov daran zu erinnern, daß er den Ventilator anstellte. Mein Vater befürchtete, daß sie dort im Zigarettenrauch ersticken würden.

Einmal, als Marina Ivanovna kam, griff ich nach dem Besen und wollte hinuntergehen, um das Spinnennetz wegzufegen, aber sie protestierte. Sie sprach von irgendeinem Dachboden, auf dem sie so gerne las, und wie sehr sie diesen Dachboden liebte, und hier, in dieser unterirdischen Höhle, käme sie zum ersten Mal auf den Gedanken, unter der Erde zu lesen. Ich wollte von ihr wissen, was das für ein Dachboden war, auf dem sie las, und warum auf einem Dachboden? Die Verse kannte ich: »Die Dachboden-Kajüte, der göttliche Aufstand meiner Blätter ...«. Doch ich war davon überzeugt, daß es nur ein poetisches Bild war. Ich hatte keine Ahnung, wie ihre Wohnung in der Borisoglebskij pereulok ausgesehen hatte, und auch Tarasenkov konnte mir dabei nicht helfen. Erst viele

Jahre später, als ich selbst dort war, überzeugte ich mich davon, daß es diesen Dachboden wirklich gab.

Marina Ivanovna sprang nach unten, in das erleuchtete Loch. Ich hatte schon das Licht eingeschaltet, und mir schien, als hörte ich schon das Knistern des Spinnennetzes, das sie zerriß, als sie sich bückte, um sich zum Sessel und zum Bücherregal vorzukämpfen. Sie bat mich, ihr einen Aschenbecher zu geben, den, der eigentlich eine Schöpfkelle war.

Wegen dieser Kelle hatte sie uns anfänglich gescholten, es war eine echte Schöpfkelle aus dunklem Kupfer mit angeknackstem Griff, die offensichtlich bei irgendwelchen Ausgrabungen gefunden worden und dann auf Umwegen in einem Komissionsgeschäft gelandet war. Dort hatte mein Vater, der alte Dinge mochte, sie dann gekauft.

»Das ist doch eine Lästerung«, sagte Marina Ivanovna, »aus dieser Kelle wurde selbstgebrautes Bier getrunken, sie wurde im Kreis herumgereicht, von Hand zu Hand! Wieviele Menschen berührten sie mit ihren Mündern! Wieviele Menschen hat sie gesättigt! Den Durst gelöscht! ... Und Sie benutzen die Kelle als Aschenbecher!«

Tarasenkov versicherte ihr, daß die Kelle nur deshalb, weil er seine Zigaretten in ihr löschte, nicht verdorben würde, und da bei uns im Haus nicht getrunken, dafür aber geraucht würde, ginge die Kelle auch hier reihum und diene einem Zweck, anstatt nutzlos in einem Regal zu verstauben.

Marina Ivanovna hat sich zu guter Letzt damit abgefunden, und wenn sie kam, suchte sie die Schöpfkelle, stellte sie neben sich und füllte sie allmählich mit Zigarettenstummeln und Asche, unterstützt von Tarasenkov.

Im Keller war es warm, ein riesiger holländischer Ofen, der fast ein Drittel des winzigen Arbeitszimmers einnahm, wärmte unsere ganze Wohnung – den »Salon« und das »Gastzimmer« der ehemaligen Kaufmannsvilla. Solche

Umbauten waren für Moskau in jenen Jahren typisch, alle alten Villen, Pferdeställe und Scheunen wurden in Wohnungen verwandelt.

Durch einen komischen Zufall hieß der Besitzer der Villa, in der wir wohnten und für die mein Vater Anfang der zwanziger Jahre die Bezugsgenehmigung für zwei Zimmer bekommen hatte, auch Belkin, allerdings war sein Vorname Ivan Sergeevič. Mein Vater fand es allerdings gar nicht komisch, als der Hausmeister ihn nach Ivan Sergeevičs Tod denunzierte, daß er »eben jener Belkin« sei, der in Moskau ein Beerdigungsinstitut auf der Sadovo-Kudrinskaja gehabt hatte, Pferdeställe, eine Villa in den Konjuški usw., usw. Daraufhin wurden meinem Vater seine Wahlrechte und die Lebensmittelkarten entzogen. Das war die Zeit der Hungersnot, und jedes Mal mußte er beweisen, daß er nicht »eben jener Belkin« war.

Als ich in die Schule kam, wurde mir beigebracht, daß Ivan Sergeevič mein Klassenfeind war und daß ich ihn hassen mußte, doch das gelang mir irgendwie nicht. Er war für mich wie ein Großvater, und er schützte mich vor den Kniffen der Närrin Saša und vor den Klapsen seiner Mutter, einer kleinen, bösen alten Frau. Abends im Eßzimmer zeigte er mir alte Exemplare der Zeitschrift *Budil'nik* [Der Wecker], die zu dicken Bündeln zusammengebunden waren. Mir prägten sich die bunten Bilder fest ins Gedächtnis ein, auf denen ein schnurrbärtiger Geck mit steifem Hut und dünnem Spazierstock sich beim besten Willen nicht daran erinnern konnte, ob Sof'ja an der Barbarastraße oder Barbara an der Sofienstraße auf ihn wartete.

Eines Tages war Marina Ivanovna beim Schriftstellerverband in der ulica Vorovskogo und rief an, daß sie vorbeikommen wollte. Tarasenkov ging ihr entgegen, und ich schaffte es gerade noch, aus dem kalten Vorraum Holz zu holen und es auf den Fußboden vor dem Kamin zu legen. Wir versuchten immer, den Kamin zu heizen, wenn sie kam, sie fühlte sich offensichtlich wohl, wenn sie vor dem Feuer saß. Für uns alleine waren wir zu bequem, ihn anzuzünden, wir gaben uns mit der elektrischen Heizung zufrieden. Denn das Haus, in dem wir wohnten, war beim Umbau zweigeteilt worden, und zum Heizen des Kamins mußte man über die Straße in die abgetrennte Hälfte des Hauses gehen und dort im Korridor den Rauchfang öffnen. Die Hausbesitzer baten meinen Vater, den Rauchfang so zu lassen, als er den Umbau vornahm, denn nach altem russischen Aberglauben durfte man den Rauchfang nicht verändern, das würde Unglück bringen. Mein Vater tat ihnen den Gefallen, außerdem war er selbst abergläubisch. Deshalb war unser Zimmer feucht, und an den Fenstern tropfte es ständig, so daß wir schichtweise Mullbänder auf die Fensterbretter legten. Ihre Enden stopften wir in Champagnerflaschen, die an den Ecken der Fensterbretter aufgehängt waren. In der Nacht liefen die Flaschen dann über, auf dem Parkett sammelten sich Pfützen an, und an den Tapeten wuchsen Schimmelpilze.

Tarasenkov kam mit Marina Ivanovna, und ohne den Mantel auszuziehen ging er los, um den Rauchfang zu öffnen. Ich legte das Holz in den Kamin, d. h. eigentlich stapelte ich es, denn die Öffnung war sehr schmal, und die Holzscheite ließen sich nicht legen, sondern nur stellen. Offensichtlich war der Kamin vor allem zum Heizen mit Kohle gedacht.

»Ha-a-ll-o-o«, hörte ich Tarasenkovs Stimme aus der Öffnung des Kamins. Ich spritzte aus einer kleinen Flasche Petroleum auf das Holz und zündete das Papier an. Marina Ivanovna wunderte sich über das komplizierte System, den Kamin zu heizen, und ich erklärte ihr, warum mein Vater den Rauchfang nicht umgebaut hat.

»Wenn es ein solches Vorzeichen gibt, hätte ich ihn

auch nicht angerührt«, sagte sie. »Ich glaube an Vorzeichen, an vorgezeichnete Schicksale, an Zahlen.«

Der Kamin fing an zu rauchen, das kam öfter vor. Wir mußten die Fensterklappe öffnen, ich war schon ganz durcheinander, und es scheint, daß ich vor lauter Verwirrung das Holz nicht so aufgestellt hatte, wie es sein mußte, so daß immer mehr und mehr Rauch aufstieg. Marina Ivanovna ergriff die Initiative und stellte die Holzscheite selbst um. Ich bot ihr alte Handschuhe von meinem Vater an, mit denen wir gewöhnlich den Kamin anzündeten, doch sie strafte mich mit einem Blick, daß ich diese Handschuhe danach nie wieder in ihrer Gegenwart trug.

Über diesen unglückseligen Abend, der auf dem Hof unseres Hauses im Mondlicht endete, habe ich recht ausführliche Aufzeichnungen.

Marina Ivanovna sprach darüber, wie viele Öfen sie schon anzünden mußte. Und jeder Ofen hätte seine eigenen Gewohnheiten, seinen eigenen Charakter, an jeden müßte man sich gewöhnen, und man müßte sie, die Öfen, achten, sonst ätzten sie einem mit ihrem Rauch die Augen aus. Dann sprach sie davon, daß sie niemals genug Geld für Holz gehabt hätte, daß sie mit ihrer Tochter in den Wald ging und daß sie auf dem Buckel Reisigbündel getragen hätten. Sie gewöhnte sich so sehr daran, Äste zu sammeln, daß sie es verlernte, einfach im Wald spazierenzugehen.

Ich erinnere mich daran, daß diese Reisigbündel und die Tatsache, daß sie selbst den Ofen heizen mußte, mich damals nicht weniger erstaunten als die Erzählung von Tata Man darüber, wie sie einmal mit Marina Ivanovna die Vspol'nyj pereulok entlangging und diese eine Zwiebel vom Bürgersteig aufhob, die jemand fallengelassen hatte, und sie in die Tasche steckte. Marina Ivanovna bemerkte Tatas verwunderten und fragenden Blick und sagte:

»Gewohnheit ... In Paris gab es Tage, an denen ich für die ganze Familie eine Suppe aus den Zutaten kochte, die ich auf dem Markt aufsammeln konnte.«

Wir wußten damals eigentlich gar nichts über ihr Leben.

Marina Ivanovna und ich warteten immer noch auf Tarasenkov, und ich konnte nicht verstehen, was ihn dort zurückhielt. Hoffentlich war nichts mit den alten Leuten passiert? Damals lebte die Mutter von Ivan Sergeevič noch, sie muß wohl an die hundert Jahre alt gewesen sein. Winzig, vertrocknet, mit weißem Häubchen, lag sie im Bett, sortierte Rüschen an ihrem Bettjäckchen und teilte ihrer Ziehtochter, der verkrüppelten Saša, ganz im Vertrauen mit, daß heute aus der Hauptstadt Sankt Nikolaus zu ihr gekommen sei und daß sie zusammen Tee getrunken hätten. Worauf Saša ausspuckte, mit dem Fuß aufstampfte und schrie: »Wagen Sie nicht, Gott zu lästern! Gott wird Sie strafen! Wie hätte Sankt Nikolaus zu Ihnen kommen können?« Die Alte daraufhin boshaft: »Zu dir ist er nicht gekommen, aber zu mir ist er gekommen, Tee haben wir zusammen getrunken!« Und aus dem Ikonenkasten flogen Seraphe zu ihr hinab, und sie verjagte sie wie Küken: »Husch, ihr Verfluchten, seid verdammt!« Und wieder stampfte Saša mit den Beinen auf und spuckte aus. Saša war eine Braut Christi, sie war siebzig Jahre alt. Die Natur hatte sich auf jede mögliche Weise an ihr vergangen: Ihr Hals war zur Seite gedreht, eine Schulter war nach oben gezogen, die andere nach unten, das Bein schleifte sie über den Boden. Ihr Kopf war winzig, ihre Augen waren zinnfarben, die untere Lippe hing schlaff herunter, sie sabberte, und sie hatte sehr wenig Haare, die sie mit Lampenöl einschmierte. Sie trug immer das schwarze Tuch der Nonnen und zog ihren schwarzen Rock durch Schnee und Schmutz. Die Jungen in den Konjuški verfolgten Saša mit Spottliedern und versuchten, ihr auf den Saum zu treten, und sie drängte sich an ihnen vorbei, stieß ihre eine Schulter nach vorne und lief, wobei sie das eine Bein hinterherzog.

Irgendwann einmal, als ich fünfzehn Jahre alt war, zog sie mich zu sich hinter die Trennwand. Man hatte ihr ein Stückchen vom ehemaligen Eßzimmer des Kaufmanns abgetrennt, in der Ecke hing der Heilige Nikolaus, darunter stand eine vertrocknete Palme. Hinter der Trennwand standen ein Bett und eine Kiste. Saša hob den Deckel der Kiste hoch und begann, mir ihre »Aussteuer« zu zeigen – ein weißes Kleid und weiße Pantoffeln, die Ivan Sergeevič ihr aus seinem Beerdigungsinstitut besorgt hatte. Und in diesem »Hochzeitskleid« sollte sie vor ihrem himmlischen Bräutigam erscheinen! Sie erklärte mir, daß sie eine Jungfrau sei und ein Keuschheitsgelöbnis abgelegt habe und daß sie bereit sei, eher zu sterben als einen Mann zu sich zu lassen, denn sie mußte rein und unbefleckt vor ihren Bräutigam treten. Und mit der Grausamkeit der Jugend fragte ich sie, ob sie nicht fürchte, daß die Bräute sich dort mit den Haaren aneinanderbinden und einander hin- und herziehen würden, denn sie seien doch so viele, und er sei allein?! Und dann, würde er sie alle gemeinsam nehmen, oder wird er eine auswählen? »Du bist ein Dummchen, Mus'ka«, seufzte Saša, »da gehst du zur Schule und verstehst doch nichts. Ich mache hier nur eine Prüfung durch, meine Zeit auf der Erde ist befristet. Mein Leben wird erst dort beginnen! Und dort, weißt du, werde ich mich in eine Schönheit verwandeln, ich werde schöner sein als du.«

Weil Tarasenkov immer noch nicht zurückkam, erzählte ich Marina Ivanovna von diesen alten Frauen und auch davon, daß, als ich noch ganz klein war, im Nachbarzimmer, dessen Tür jetzt mit Tapeten zugeklebt und mit einem Bücherschrank zugestellt war, der Köchin des Hausbesitzers die letzte Ölung gegeben wurde. Zwei

Geistliche in vollständigem kirchlichem Ornat, in bestickten goldenen und silbernen Gewändern nahmen fast das ganze Zimmer ein, und ich war zwischen ihnen eingequetscht, wie zwischen zwei Glocken, von denen die eine golden war, die andere silbern. Die Kerzen brannten, sie schwenkten die Weihrauchgefäße, gedämpft ertönte der Baß der Geistlichen, begleitet von den dünnen Frauenstimmen. Die Köchin lag auf dem Sofa, ganz in Weiß gekleidet. Sie war riesig groß, dick, und in ihren großen Händen, die über der Brust zusammengefaltet waren, hielt sie eine Wachskerze. Die Köchin lag so ruhig, so zufrieden da, und mir schien es sogar, daß sie lächelte, als sie auf das Feuer der Kerze blickte. Als sie jeden mit ihrer gewöhnlichen Stimme um Vergebung bat und dabei mit Namen nannte, und als die Reihe an mich kam und sie sagte: »Marusen'ka, verzeih mir«, da wollte ich mich auf sie werfen, doch die krüpplige Saša kniff mich rechtzeitig, und ich sagte, wie alle anderen: »Gott wird Ihnen vergeben.« Dieses ruhige, friedliche und so wenig schreckliche Sterben hat sich mir für immer ins Gedächtnis eingeprägt.

»Ja«, sagte Marina Ivanovna, die mir geduldig zugehört hatte, »man muß eine große Fähigkeit haben, um zu leben, aber vielleicht noch mehr – um zu sterben! Vom Menschen wird viel zuviel verlangt!... Leben konnte und wollte ich niemals, ich habe mich im Leben verloren, es hat mir nicht gepaßt, schon seit meiner Jugend!« Und sie ergoß sich in einem ganzen Monolog über das Leben, über den Tod. Ich erinnere mich nur an einen Satz:

»Ich hasse dieses christliche ›Gott hat gegeben – Gott hat genommen‹. Wenn er es mir einmal gegeben hat, so bedeutet es, daß es *meins* ist! Das heißt, ich habe das Recht, *selbst* darüber zu verfügen!« Und dann fragte sie mich, ob ich eben dieses Leben wollte.

Aus der Öffnung des Kamins ertönte Tarasenkovs Stimme:

»Komm mit Marina Ivanovna hierher, hier sind so viele Bücher! Bring viel Schnur mit.«

»Was können da schon für Bücher sein! Sie haben doch nie im Leben etwas gelesen, außer dem *Budil'nik* und der *Neva*«, sagte ich.

»Es ist trotzdem interessant, kommen Sie«, sagte Marina Ivanovna lebhaft.

Wir zogen unsere Pelzmäntel an und gingen auf die Straße. Unter unseren Füßen knirschte es, am Himmel klebte ein riesiger Mond, der wie eine Attrappe aussah. Wir gingen zum Tor. Es war eine hohe Pforte aus ganzen Brettern, an der Pforte hing ein Kupferring. Marina Ivanovna faßte diesen Kupferring an, die Türklinke rasselte, und die Pforte öffnete sich.

»Ganz wie zu den Heiligendreikönigen! Hinter dem Tor liegt ein Schuh, den jemand ausgezogen und weggeworfen hat«, sagte Marina Ivanovna.

Wir fanden Tarasenkov in der verglasten Galerie, eingehüllt in Staub und Spinnennetze. Dort stand eine riesige Truhe. Auf dieser Truhe lag ein Haufen Bücher, und die krüppelige Saša zerrte gerade die letzten Bücher aus der Vorratskammer. Es stellte sich heraus, daß Tarasenkov, als er das Ofenrohr öffnen wollte, Saša gebeten hatte, ihm eine Zeitung zu geben, weil er vergessen hatte, eine mitzubringen, und er fürchtete, sich die Ärmel durch den Ruß schmutzig zu machen. Saša gab ihm Blätter, die sie aus einem Buch herausgerissen hatte, und es waren Gedichte.

Als man Ivan Sergeevič sein Beerdigungsinstitut weggenommen hatte, begann er, auf dem Smolensker Markt alle möglichen Kleinigkeiten zu verkaufen: Knöpfe, Reißnägel, Nadeln – und um diese Ware einzupacken, kaufte er Bücher nach Gewicht. Diese Bücher waren in der Vorratskammer angehäuft, und Saša heizte damit den holländischen Ofen im Zimmer der Alten. Tarasenkov strahlte – er hatte irgendein winziges Buch mit nur wenigen Seiten entdeckt, das nicht auf seiner Bestandsliste verzeichnet war. Er führte seine Bestandsliste immer bei sich.

Ich ließ Marina Ivanovna zurück und lief nach Hause, denn ich sorgte mich um den Kamin, meine Eltern waren nicht zu Hause. Ich bereitete das Abendessen zu, und Marina Ivanovna und Tarasenkov kamen immer noch nicht. Deshalb entschloß ich mich, sie zu holen und zur Eile anzutreiben, und dabei auch gleich das Rohr zu schließen. Tarasenkov schnürte schon die letzten Bücher zusammen. Marina Ivanovna fand ich bei Saša hinter der Trennwand. Sie saßen beide auf der Kiste, Saša erzählte irgendetwas, und Marina Ivanovna hörte aufmerksam zu, den Kopf leicht nach vorne gebeugt, in der Hand eine nicht angezündete Zigarette und eine Schachtel Streichhölzer. In der Ecke brannte ein Lämpchen auf schwacher Flamme, und dort hing der gestrenge Sankt Nikolaus mit vorwurfsvoll erhobenem Finger, den ich in meiner Kindheit so gefürchtet hatte und vor dessem Antlitz Marina Ivanovna sich offensichtlich entschlossen hatte, nicht zu rauchen. Als wir mit Büchern bepackt über den Hof zurückgingen, blieb Marina Ivanovna plötzlich stehen und sagte:

»Und das wollten sie ihr wegnehmen! Es wäre interessant zu wissen, mit welcher Losung sie ihr diesen Glauben ersetzen wollten?! Wodurch würde sie leben? Wie würde sie leben? ... Denn der Glaube – das ist ein sehr seltenes, ein göttliches Geschenk!«

Und Marina Ivanovna ließ sich von ihrem Monolog forttragen, in dem Saša selbstverständlich nicht mehr vorkam. Wir standen, traten von einem Fuß auf den anderen und trauten uns nicht, sie zu unterbrechen. Ich hielt den *Budil'nik* aus meiner Kindheit im Arm, der sich als sehr schwer erwies.

Marina Ivanovna blieb nicht mehr zum Abendessen. Sie stopfte etwas davon in ihre Tasche – eine Pirogge, Kekse –, denn wenn sie ohne Mur kam, vergaß sie nie, ihm ein Geschenk mitzunehmen: »Das ist für Mur.« Und sie eilte nach Hause.

Es war der 12. Juni 1939. Auf dem Bahnhof. »Ein riesiger Bahnhof mit grünem Glas: ein angsteinflößender grüner Garten – was wächst nicht alles darin! – Zum Abschied saßen Mur und ich, nach alter Sitte, und bekreuzigten uns an der leeren Stelle, wo die Ikone gehangen hatte (ich habe sie in gute Hände gegeben, seit 1918 hat sie bei mir gelebt und ist mit mir gereist – nun, irgendwann einmal wird man sich von allem trennen müssen – *ganz*! Das hier ist eine Übung, damit es dann nicht furchtbar sein wird – und es war noch nicht einmal seltsam! ...) Ein Leben von 17 Jahren geht zu Ende ...« Die Emigration ging zu Ende, Marina Ivanovna verließ Paris, kehrte nach Rußland zurück. »Jetzt ist es nur noch – Schicksal ...«

Wollte sie zurückkehren oder wollte sie es nicht? Mir scheint, daß man darüber zwei völlig entgegengesetzte Abhandlungen schreiben könnte – je nachdem, *wer* sie schreibt, für *wen*, für *was*. Denn fast die ganzen Jahre in der Emigration quälte Marina Ivanovna ein und dieselbe Frage – fahren, nicht fahren?! Sie lebte in einem ständigen Zweikampf – »mit mir selbst, mit mir selbst!«

Rußland liebte sie, Rußland war immer da. »Die Heimat ist kein willkürlich festgelegtes Territorium, sondern das, was der Erinnerung und dem Blut unabänderlich verbunden ist. Nicht in Rußland sein, Rußland vergessen – das kann nur der fürchten, der Rußland außerhalb seiner selbst denkt. Der, in dem es ist – der verliert Rußland nur, wenn er sein Leben verliert.«

In Frankreich, in Paris, hat Marina Ivanovna sich nie eingelebt. »Ich liebe das Bewunderte nicht!« Sie liebte Paris nicht, sie liebte Frankreich nicht. »Wir sind zu unterschiedlich!« Doch Rußland, ihr Rußland, das alte Rußland gab es nicht mehr. »Wie auch mich ...«! Ihr schwebte die Tschechoslowakei vor, die kleinen Dörfer bei Prag, *ihr* Berg, dort ging es ihr gut. Doch auch das war nur ein Trugbild. Sergej Jakovlevič zog es schon lange zurück, nach Rußland, und auch Alja wollte zurück. »S. Ja. wird zwischen seinem Land – und der Familie zerissen: Ich gehe *ganz sicher nicht*, und mit einem zwanzigjährigen Zusammensein zu brechen, selbst mit ›neuen Ideen‹, ist sehr schwer ...« »Ich gehe deshalb nicht, weil ich schon einmal *weggegangen* bin ...«

Doch Mur wuchs heran, schon ahmte er den Vater und die Schwester nach. Sie mußte an Murs Zukunft denken, an sein Schicksal. Hier, in Frankreich, würde er ein ewiger Emigrant bleiben. Und 1936: »Ich lebe unter einer Wolke – der Abreise. Noch ist nichts real, doch ich brauche – um etwas zu spüren – keine Realität.

Ich spüre, daß mein Leben in Hälften zerfällt und daß das – sein letztes Ende ist.

Morgen oder in einem Jahr – so oder so bin ich schon nicht mehr hier ...«

»Ich kann S. Ja. hier nicht mehr länger festhalten – und ich halte ihn auch nicht fest, ohne mich fährt er nicht, er wartet auf irgend etwas (meine ›Erleuchtung‹) und versteht nicht, daß ich *als solche* sterbe. Wäre ich an seiner Stelle: entweder – oder. Ich fahre im Sommer. Kommt ihr mit?

Ich würde natürlich ja sagen, wir können uns doch nicht trennen. Außerdem würde ich hier allein mit Mur untergehen.

Doch das nimmt er nicht auf sich, er wartet darauf, daß ich *freiwillig* alle Zelte abbreche (er würde sagen: alle Segel hisse) ...«

Und früher: »S. Ja. und Alja und Mur wollen zurück. Um uns herum – die Bedrohung des Krieges und der Revolution, allgemein katastrophaler Ereignisse. Hier gibt es nichts, von dem ich – alleine – leben könnte. Die Emigration *liebt* mich nicht.«

»Mur hat hier keine Perspektiven ...« »Mur wird dort glücklich sein. Aber – wird er seine lebendige Seele bewahren (die ganze!)?

Der französische Schriftsteller Malraux ist zurückgegangen – er ist begeistert. M. L. [Slonim] zu ihm: ›Und die Freihheit des Schaffens?‹ Er: ›Oh, jetzt ist nicht die Zeit dazu ...‹

Wie viele Ungerechtigkeiten und Verbrechen sind im Namen jenes *Jetzt* begangen worden: dieser – Stunde!«

Doch Marina Ivanovna fürchtet sich, nach Moskau zu fahren – »ich mit meiner *Furchtlosigkeit*,* ich, die ich nicht *nicht antworten* kann und die ich ein Willkommensschreiben an den großen Stalin *nicht* unterschreiben kann, denn nicht ich habe ihn groß genannt, und – selbst wenn er groß ist – so ist es nicht meine Größe, und vielleicht vor allem – ich hasse jede feierliche, staatliche Kirche ...«

Sie fürchtete, daß sie dort, in Rußland, Mur verlieren könnte: »Mir bleibt von ihm *nichts*, erstens, weil er völlig in ihrer Zeit ist: hier gehört er nach der Schule mir, er ist bei mir, dort gehört er ihnen, allen: den Pionieren, den Brigadieren, den Jugendgerichten, im Sommer dem Lager, und alles mit Verlockungen: Trommelschlagen, Leibesübungen, Klubs, Flaggen usw. usw. ...!«

»Kennen Sie nicht, liebe Anna Antonovna«, schreibt sie 1936 an Anna Tesková, »eine gute Wahrsagerin in Prag? Denn ohne Wahrsagerin, so scheint es, komme ich nicht zurecht. Alles hat zu einem geführt: fahren oder nicht fahren. (Wenn fahren – dann für immer.)«

Doch all diese Zweifel, die Qualen – all das lag weit zurück, denn sowohl Alja als auch Sergej Jakovlevič befanden sich schon in Moskau.

* Im Original deutsch.

Es war also der 12. Juni 1939. Auf dem Bahnhof. Und in dem Abschiedsbrief an Anna Tesková schreibt Marina Ivanovna: »Sie rufen – En voiture, Madame – ausgerechnet mir zu, dabei löse ich mich von allen früheren Plätzen meines Lebens. Es gibt nichts zu rufen – ich weiß es selbst ...«

Der Brief wurde am selben Tag in Le Havre abgeschickt.

Und am 18. Juni holte Alja Marina Cvetaeva und Mur schon in Moskau ab.

»Mama ist mit dem Schiff mit spanischen Flüchtlingen von Le Havre nach Leningrad gefahren, und von dort mit dem Zug nach Moskau. Sie hat denselben Weg genommen wie auch mein Vater. Sie ist nicht über Negoreloe gefahren, wie viele in Paris dachten ... Mein Vater war krank und konnte sie nicht abholen. Ich habe sie abgeholt«, erzählt Alja.

Dann kam *das Dorf*, wie Marina Ivanovna jenen Ort bei Moskau in ihren Briefen an die Tesková nannte, wo man Sergej Jakovlevič und Alja eine Datscha zugewiesen hatte. »Dort sind Kiefern, das ist das einzige, was ich weiß ...«

»Das Dorf« erwies sich als die Datschensiedlung Bolševo an der nördlichen Eisenbahnlinie, nicht weit von Moskau, und die Datscha war nicht weit vom Bahnhof. Dort gab es tatsächlich Kiefern – »ein halber Kilometer Kiefern ...«

Ein rostfarbener Pfad, der mit trockenen Nadeln bedeckt war, führte von der Pforte in den Garten, zu den Kiefern, bis hin zur Terrasse. Auf der Terrasse standen ein Tisch, eine Bank, Korbsessel. Zwei kleine, aneinander angrenzende Zimmer, in die Sergej Jakovlevič und Marina Ivanovna einzogen. Eine Kammer, in der eine Klappliege auf Geißfüßen stand, wo manches Mal Mulja Gurevič übernachtete, wenn es spät geworden ist – der Mann, den Alja liebte und den sie heiraten wollte. Im Korridor war eine kleine verglaste Terrasse, schon auf der fremden

Hälfte – sie teilten sich die Datscha mit noch einer Familie –, dort wohnten Alja und Mur.

Die wenigen Bekannten, die die Familie in dieser Datscha in Bolševo besuchten, erzählen, daß es dort sehr armselig und unpersönlich war.

»... Ungemütlichkeit ...«, schrieb Marina Ivanovna in ihr Notizheft.

Alja versuchte, diese vom Staat gestellten Wände etwas wohnlicher und gemütlicher zu machen: Kattunvorhänge an den Fenstern, Bücherregale, selbstgebastelte Lampenschirme. Die verglaste Terrasse verhängte sie mit Vorhängen aus Gaze, auf die Regale stellte sie Nippes aus Uralstein, die Mulja ihr geschenkt hatte. Aber es half alles nichts. Und vor allem – es war eine Sommerdatscha, und sie lebten auch im Winter dort.

»... Meine Freunde leben in vollständiger Einsamkeit, wie auf einer Insel, ständig, sommers wie winters. Das Fräulein [Alja] fährt zur Arbeit in die Stadt«, schreibt Marina Ivanovna der Tesková aus Paris.

»Meine Freunde« – Sergej Jakovlevič und Alja lebten wohl den ganzen Winter 1938 auf dieser Datscha. Alja hat Paris schon im Frühjahr 1937 verlassen. Sie hat mir erzählt, daß sie, als sie volljährig wurde, nach französischem Recht eine der beiden Staatsangehörigkeiten auswählen konnte, und natürlich schwankte sie keine Minute lang und nahm die sowjetische an. Am 18. März wurde sie dann von Moskau, das den Tag der Pariser Kommune feierte und die Marseillaise und Märsche aus den Lautsprechern dröhnen ließ, empfangen.

»Ich wußte, wann ich ankommen wollte! Ich liebe Massenumzüge, Feiertage, Volksfeste! Das, was Mama nicht ertragen konnte ...«

Im Herbst desselben Jahres, am 10. Oktober, verließ auch Sergej Jakovlevič Paris.

Am Anfang wohnte Alja in der Merzljakovskij pereulok

bei Tante Lilja, der Schwester des Vaters, Elizaveta Jakovlevna Ėfron. Diese bewohnte mit Zinaida Mitrofanovna Širkevič ein Zimmer, das sie durch eine Trennwand unterteilt hatten. Sie lebten fast ihr ganzes Leben zusammen, und Zina führte Elizaveta Jakovlevna den Haushalt.

»Ich bin bei Lilja und Zina untergekommen«, schrieb Alja später, schon in den sechziger Jahren, »in ihrer winzigen und dunklen und dennoch immer freundlichen Höhle – um ehrlich zu sein, hatten schon die Tanten weder Platz zum Leben noch zum Atmen, die Sachen der vielen Menschen und vielen Generationen verdrängten sie und nahmen ihnen die letzte Luft, diese unrealen Sachen, die sich ganz real immer weiter in die Höhe und in die Breite ausdehnten.«

In dieser halbdunklen, halbhellen »Höhle« standen zwei Schlafplätze, und zwischen ihnen war ein schmaler Durchgang. Dort standen ein Schrank, ein kleiner Sekretär, und überall, wo es nur möglich war, stand Familienporzellan, das noch von Großvater Durnovo aufbewahrt worden war. Es gab Bücherregale, Familienphotos an den Wänden und einen antiken Spiegel in einem hufeisenförmigen Rahmen, die Mitgift von Zinaida Mitrofanovna. Ein Eßtisch wurde, wenn nötig, zwischen diesen Schlafplätzen aufgeklappt. *Schlafplätze* – denn es waren weder richtige Betten, noch waren es richtige Sofas. Auf Kisten und auf Truhen, in denen sie Manuskripte, Bücher und Familienalben aufbewahrten, wurden Matratzen hergerichtet.

Alja schlief in der dunklen Durchgangskammer, unter Bücherregalen, wo man an die beiden aneinander angrenzenden Wände schmale Liegen aufstellen konnte und wo wohl auch Sergej Jakovlevič schlief. Gleich, nachdem er angekommen war, bemühte er sich um eine Wohnung, doch wurden diese Bemühungen nicht sofort von Erfolg gekrönt. Alja erzählte gerne, wie die hohe Obrigkeit, mit der Sergej Jakovlevič es zu tun hatte, einmal zu ihm sagte:

»Sie wohnen doch dort, wo auch ihre Tochter wohnt, bleiben Sie doch bei ihr wohnen.«

»Ja, aber meine Tochter wohnt selbst im Alkoven«, wandte Sergej Jakovlevič ein.

»Alkoven?« fragte der Beamte nach. »Was ist das, ein Moskauer Bezirk?«

Doch zu guter Letzt wurde Sergej Jakovlevič eben diese Sommerdatscha in Bolševo zur Verfügung gestellt. Jetzt stand es auch Marina Ivanovna und Mur bevor, den Winter in dieser Datscha zu verbringen.

In der anderen Hälfte der Datscha wohnte die Familie Klepinin. Sie hatten, oder genauer gesagt: Nina Nikolaevna Nasonova hatte aus erster Ehe zwei Söhne, mit einem davon freundete Mur sich an – Dima Sezeman, der andere hieß Aleksej, er war schon verheiratet. Dann gab es noch eine gemeinsame Tochter und eine rosafarbene Bulldogge mit weißem Brustlatz. Die Klepinins kannte Marina Ivanovna schon aus Paris, sie gingen zur gleichen Zeit wie Sergej Jakovlevič zurück, und jetzt trafen sie sich alle auf einer Datscha wieder. Marina Ivanovna hoffte auf eine Trennwand, und der Kommandant versprach ihr eine, so daß sie, wenn sie schon in einer Sommerdatscha wohnen würde, so doch wenigstens in einer eigenen.

Marina Ivanovna führte in Bolševo kein Tagebuch. Es läßt sich vermuten, daß sie wartete – jeden Tag sollte ihr Gepäck herausgegeben werden, und dann würde sie ihr Notizheft weiterführen, das sie bei der Abreise aus Paris abgebrochen hatte. Erst im Herbst 1940 kehrte sie zu jenem Pariser Notizheft zurück und schrieb über die Tage in Bolševo:

»18. Juni Ankunft in Rußland. 19. in Bolševo, Wiedersehen mit dem kranken S. Ungemütlichkeit. Petroleum holen. S. kauft Äpfel. Allmählich Herzschmerzen. Quälende Telefongespräche. Rätselhafte Alja, ihre künstliche Fröhlichkeit ...«

»Quälende Telefongespräche« – das bezog sich natürlich auf den Zoll, wo ihre Sachen zurückgehalten wurden. Und was die »künstliche Fröhlichkeit« Aljas anbetrifft, so war Alja tatsächlich fröhlich und glücklich, und dieses kurze Glück wurde ihr durch das Schicksal für das ganze Leben genommen. »Ich war dort wirklich glücklich und bekannte mich dazu, daß ich glücklich war. Nicht später, indem ich verglich, erfuhr ich, daß das das Glück war, sondern einfach so – ich lebte, und jeder Tag war sich seines Glückes bewußt, oder richtiger, erkannte es.«

Marina Ivanovna fragte sie hartnäckig aus: liebte sie *ihn*? Alja, sich überstürzend, sprach nur in Superlativen, und Marina Ivanovna unterbrach sie wütend und sagte, kategorisch, wie sie war, daß die Liebe *Abstufungen* nicht ertrage und keine Epitheta nötig habe. Wichtig sei nur – ja oder nein!

Doch kehren wir zurück zu dem Zitat über Bolševo aus Marina Ivanovnas Tagebuch:

»... Ich lebe ohne Papier, zeige mich keinem. Katzen. Mein liebster, unzärtlicher Jüngling ist ein Kater. (Das alles ist für *mein* Gedächtnis, sonst für niemanden: Mur wird es nicht erkennen, selbst wenn er es durchliest. Und außerdem wird er es nicht durchlesen, denn er vermeidet – so etwas.) Torten, Ananas – davon wird es nicht leichter. Spaziergänge mit Mila. Meine *Einsamkeit*. Spülwasser und Tränen. Der Oberton – der Unterton von allem ist – Grauen. Sie versprechen uns eine Trennwand – die Tage vergehen, sie versprechen Mur die Schule – die Tage vergehen. Die nicht mehr gewohnte dörfliche Landschaft, die Abwesenheit von Stein: von Pfeilern. S.s Krankheit. Seine Furcht vor dem Herzen. Auszüge aus seinem Leben ohne mich – ich schaffe es nicht, zuzuhören: alle Hände voll zu tun, höre ich zu und bin auf dem Sprung. In den Keller – 100 mal am Tag. Wann – schreiben?

Das Mädchen Šura. Zuerst – das Gefühl der *fremden* Küche. Wahnsinnige Hitze, die ich nicht bemerke: ein Strom von Schweiß und Tränen im Spülbecken. Niemand, an dem ich mich festhalten kann. Ich beginne zu verstehen, daß S. kraftlos ist, völlig, in allem. (Ich nehme etwas heraus: ›Haben Sie gesehen? Solche wunderbaren Hemden!‹ – ›Ich habe Sie angesehen!‹) ...«

»In den Keller – 100 mal am Tag. Wann – schreiben?« Doch vielleicht war es nicht das, was jenen Strom von Gedichten zum Stoppen brachte, der noch vor kurzem auf dem Boulevard Pasteur in dem schmutzigen und engen Zimmer floß, in dem schmutzigen und engen Hotel, in dem Marina Ivanovna die letzten Monate ihres Aufenthalts in Paris wohnte. Sie hatte nicht weniger Arbeit, und es war brütend heiß, und trotzdem schrieb sie. »Gerade heute habe ich sie in mehreren Ex. erhalten (Schreibmaschine), gleich (12 Uhr nachts, Mur schläft schon lange) werde ich sie Korrektur lesen, und dann beginnt ihre Wanderschaft. Alja hat sie schon bekommen ... Es (könnte) ein ganzes Buch werden, aber ich kann mich jetzt unmöglich damit beschäftigen. Ich lege sie beiseite, bis zum Dorf ...«

Und auf dem Dorf – »der Oberton – der Unterton von allem ist – Grauen«. Das notierte Marina Ivanovna ein Jahr später, als alles schon geschehen war, und sie sah jene Tage durch das Prisma der Tragödie. Machte sie sich Sorgen um das Schicksal Sergej Jakovlevičs, Aljas, um ihr eigenes? Wo sie doch wußte, daß Juz – Iosif Davidovič Gordon, der Mann von Aljas Freundin Nina – schon 1937 verhaftet wurde. Alja hatte sich schon in Paris mit Juz angefreundet, und er kehrte früher als sie nach Moskau zurück. Eigentlich war er gar kein Emigrant, denn es war ihm offiziell erlaubt worden, in Paris zu studieren, wo seine Tante lebte. Als sein sowjetischer Paß abgelaufen war, kehrte er in die Heimat zurück und heiratete. Marina Ivanovna mußte auch davon gehört haben, daß Michail Kol'cov schon lange im Gefängnis saß, denn Alja arbeitete in der Villa auf dem Strastnoj bul'var, wo sich die Redaktion der Zeitschrift *Za rubežom* (Im Ausland) befand, und Kol'cov war der Chefredakteur dieser Zeitschrift. Außerdem arbeitete Mulja dort, und Nina Gordon war Kol'covs Sekretärin. Dann, mitten im Sommer, wurde Moskau, das sich, wie es schien, schon an alles gewöhnt hatte, von der Nachricht erschüttert, daß Mejerchol'd verhaftet wurde!

Sergej Jakovlevič hatte vielleicht wirklich schon alles begriffen und wartete auf sein Los, wie Aleksej Vladimirovič Ėjsner mir versicherte, der Efron aus Paris kannte und ihn sehr mochte. Ein gemeinsamer Bekannter aus der Emigration erzählte ihm Jahrzehnte später, daß er Sergej Jakovlevič zufällig 1939 in Moskau auf der Straße traf, und dieser hatte ihm wohl zu verstehen gegeben, was sie beide erwarten könnte.

Doch das Leben in dieser Datscha in Bolševo verlief äußerlich so wie auch in allen anderen Datschen. Es war sehr schwül. Das Thermometer zeigte 32 Grad im Schatten an – für die Moskauer Vororte eine ungewohnte Hitze. Auch der vergangene Sommer war heiß gewesen, und der Winter war hart, und auch der kommende Winter würde hart werden. Doch noch war es Sommer, und es war unerträglich heiß. Selbst der Schatten der Kiefern bot keinen Schutz. Mur und Dimka schmachteten in der Hitze in der Hängematte. Der Hund lag auf der Terrasse, mit hängender Zunge, und schlummerte mit geschlossenen Augen vor sich hin.

Am frühen Morgen wischte Alja den Terrassenboden und hängte die Wäsche im Garten auf, dann mußte sie sich beeilen, um ihren Zug nicht zu verpassen. Und den ganzen Tag lief Marina Ivanovna vom Keller in die Küche, von der Küche in den Keller, dann auf die Terrasse, dann zurück in die Küche, vergaß, weshalb sie dort hinging, blieb auf halbem Wege stehen. Im Keller lagen noch Schneeinseln, und vorsichtig stellte sie Töpfe, Dosen, Fläschchen in den Schnee. Alles wurde sauer, nichts ließ sich im Haus aufbewahren. Schon war die Küche voller Ruß, Marina Ivanovna vergaß ständig den Petroleumkocher, so daß der Kochtopf mit Ruß beschlug, der sich dann in der ganzen Küche verteilte. Dreimal am Tag mußte sie für Sergej Jakovlevič und Mur Essen zubereiten, und dreimal am Tag setzte sich die Familie zum Essen an den Tisch auf die Terrasse. Dann mußte das Geschirr gespült werden. Später, wenn die Hitze nachließ, gingen alle drei zum Bahnhof, um Alja abzuholen: groß, krank, im weißen Hemd mit offenem Kragen, von der Hitze gebräunt, mit schönem grauem Kopf, mit fließenden, weichen Bewegungen – Sergej Jakovlevič, neben ihm eine ungestüme, dünne Frau mit kurzgeschorenen, grauen Haaren, mit einer Zigarette im Mund, in der niemand die geniale Cvetaeva erkannte. Und der rundliche, plumpe Mur. Sie gingen zwischen den anderen Datschenbewohnern auf dem Bahnsteig hin und her, ein Zug nach dem anderen fuhr durch, bis schließlich die strahlende Alja auftauchte, bepackt mit Schachteln, Bündeln und Taschen. Oft kam sie nicht allein, sondern in Begleitung eines schlanken, brünetten jungen Mannes. Dann kehrten sie alle fünf zur Datscha zurück.

Es kam der August. Marina Ivanovna bekam einen Paß, und einige Tage später besuchte sie mit Alja die Landwirtschaftsausstellung. Die Ausstellung war erst vor kurzem eröffnet worden, und es war noch schwer, Karten zu bekommen, doch Alja hatte sie wohl durch die Zeitschrift *Revue de Moscou*, wo sie arbeitete, besorgt. Orchester dröhnten. Springbrunnen plätscherten. Karusells drehten sich. Gigantische vergoldete Garben strebten gen

Himmel. Kolchosbäuerinnen, von denen jede das Ausmaß von drei Männern hatte, ebenfalls vergoldet oder versilbert, erstarrten auf ihren Sockeln. Aus Blumen, Äpfeln und Pfirsichen hatte man Stalins Porträts gelegt. Überfluß, Zufriedenheit, Segen!

Auf den Tribünen waren die Dichter mit Eifer bei der Sache: Surkov, Žarov, Gusev, Altauzen, Bezymenskij, Utkin! Und in der Menge, von niemandem erkannt, schlenderte die Cvetaeva. »Ich vergaß: das letzte glückliche Zusammensein mit ihr (mit Alja – *M. B.*) – vier Tage vorher – auf der Landwirtschaftsausstellung, als ›Kolchosbäuerin‹, mit rotem tschechischen Tuch – mein Geschenk. Sie strahlte ...«, schreibt Marina Cvetaeva dann, ein Jahr später.

Es kam der 26. August, ein Samstag. Alja brachte Mulja mit, bis spät abends gingen sie in der schon schlafenden Datschensiedlung spazieren, wie immer. Irgendwann im August, als sie wie jetzt nachts spazieren gegangen waren, ließ Mulja Alja plötzlich vor der Datscha mitten auf dem Weg stehen und ging geradewegs auf die Büsche zu – aus den Büschen kam, als wäre es das Normalste von der Welt, ein kräftiger Bursche heraus und ging dann, leise vor sich hin pfeifend, seiner Wege.

»Die Datscha wird bewacht«, sagte Mulja damals.

Alja und Mulja schlichen leise ins Haus. Marina Ivanovna las gerne noch, wenn sie schon im Bett lag – ob sie ihr Licht schon gelöscht hatte oder noch las, ob Alja und Mulja schon eingeschlafen waren – plötzlich hielt an der Pforte ein Auto, auf dem Weg waren Schritte zu hören, dann ein Getrampel auf der Terrasse und das verzweifelte Bellen der französischen Bulldogge. Dann ein rücksichtsloses Klopfen an Tür und Fenster.

»(Ich reiße die Wunde auf. Lebendiges Fleisch. Kurz:)

In der Nacht zum 27. Aljas Verhaftung. Alja ist fröhlich, hält sich tapfer. Tut es mit einem Scherz ab.

... Sie geht weg, ohne sich zu verabschieden. Ich – Was machst du, Alja, verabschiedest du dich von niemandem? Sie ist in Tränen aufgelöst, winkt ab – mit der Schulter. Der Kommandant (alt, wohlmeinend) – So ist es besser. Langer Abschied bringt überflüssige Tränen ...«

Alja ging, oder genauer, man führte sie den rostfarbenen Pfad zwischen den Kiefern bis zur Pforte. Es war derselbe Pfad, den sie jeden Morgen entlanglief, um zur Arbeit zu fahren. Mulja lief ihr hinterher und blieb an der Pforte stehen.

Und wieder bremste nachts vor der Datscha in Bolševo ein Auto, doch schlief wohl kaum jemand mehr in dieser Datscha, vielleicht die Jungen – Dimka und Mur und die Bulldogge. Das lauschende Ohr hörte sofort das leise heranrollende Auto, das Knarren der Pforte und die Schritte, wohl lange, bevor der Hund zu bellen anfing.

Dieses Mal war Sergej Jakovlevič an der Reihe.

Das war am 10. Oktober. Ganz früh am Morgen ging er dieselbe kleine Allee zwischen den Kiefern entlang, die auch Alja gegangen ist. Diesmal ging er endgültig und für immer aus Marina Ivanovnas Leben.

Und weiter? Was passierte weiter auf der Datscha in Bolševo? Es war schon Herbst, und nachts gab es leichten Frost. In der Sommerdatscha war es kalt und feucht, und der Ofen mußte geheizt werden. Marina Ivanovna und Mur sammelten auf dem Grundstück Reisig und Zweige. Die Tage waren kurz, zu schnell wurde es vor dem Fenster dunkel, und diese Herbstnächte waren zu dunkel, zu lange mußte man auf die Dämmerung warten.

»Nächtliche Laute und Ängste ...« – wartete Marina Ivanovna darauf, daß sie sie abholen würden? Sie wartete darauf. Ein Jahr später notiert sie: »Ich gratuliere mir (toi, toi, toi), daß ich unversehrt geblieben bin.«

Und wieder bremste an der Pforte ein Auto, und wieder in der Nacht, wie eine Halluzination, Füßestampfen und

Hundegebell, und ein Klopfen an Fenster und Tür. Das war vor dem Revolutionsfeiertag, vor dem 7. November, dem 22. Jahrestag der Großen Oktoberrevolution.

Zu wem kamen sie?

Sie holten die Klepinins.

»In diesen furchtbaren Jahren konnte jeder verhaftet werden. Sie haben uns gemischt wie ein Kartenspiel«, sagte Boris Leonidovič zu Tarasenkov.

Auf der Datscha blieben Marina Ivanovna und Mur zurück. Aber sie hielt es nicht aus und lief aus Bolševo davon. Von ihren Sachen nahm sie nur das mit, was sie und Mur tragen konnten.

Zuerst zur Merzljakowskij pereulok. Wohin sonst, zu wem sonst hätte sie fliehen können! Bei Lilja hatte Alja Unterschlupf gefunden, als sie aus Paris kam, dann auch Sergej Jakovlevič, jetzt Marina Ivanovna und Mur. Zwei Schlafplätze an der Ecke, ein ganz kurzer, ein anderer in Murs Länge, und zwei Türen, einander schräg gegenüber, die eine führte in Elizaveta Jakovlevnas Zimmer, die andere in den Korridor. Wenn Mur las und nicht daran dachte, wie eng es ist, und natürlich dachte er nicht daran und streckte seine Beine aus – dann konnte man schon nicht mehr ins oder aus dem Zimmer von Elizaveta Jakovlevna gehen.

»Es ist eine Höhle – richtiger: eine Viertel Höhle, ohne Fenster und ohne Tisch, und wo man – das ist die Hauptsache – nicht rauchen darf...«, sagte Marina Ivanovna.

Elizaveta Jakovlevna und Zinaida Mitrofanovna waren beide krank, beide ertrugen sie keinen Tabakrauch, und Marina Ivanovna mußte unbedingt rauchen. Außerdem unterrichtete Elizaveta Jakovlevna Schauspieler, professionelle und nicht professionelle Vorleser in künstlerischem Lesen, und tagsüber hatte sie immer Schüler, so daß Marina Ivanovna und Mur entweder in der Küche sitzen mußten (einer Gemeinschaftsküche, die mit fremden Tischen vollgestellt war), oder sie mußten aus dem Haus gehen, um den Unterricht nicht zu stören. Doch trotz allem war es eine *Höhle*, in die sie sich vor dem Warten und dem Erstarren in Bolševo retten konnten.

Jetzt stand Marina Ivanovna vor einer unaufschiebbaren und schwierigen Aufgabe – sie mußte eine Wohnung besorgen, Geld auftreiben. Sie mußte darüber nachdenken, *wovon, wo* und *wie* sie leben würden.

Sie begann zu handeln. Sie wandte sich an Fadeev und bat ihn um Hilfe. An wen hätte sie sich sonst wenden sollen? Er war Vorsitzender des Schriftstellerverbandes, und sie war Schriftstellerin.

Darüber gibt es bisher keine Dokumente oder Augenzeugenberichte. Bekannt ist nur, daß es einen Brief von Marina Ivanovna an Fadeev gab und eine Antwort Fadeevs. Auch erinnere ich mich daran, daß Boris Leonidovič erzählt hat, wie er mit Fadeev über Marina Ivanovna gesprochen hat. Er meinte, daß man sie in den Schriftstellerverband aufnehmen sollte, und wenn nicht in den Verband, so doch wenigstens in den Litfond,* was ihr einige materielle Privilegien bringen würde. Es stellte sich heraus, daß weder das eine noch das andere möglich war. Fadeev lehnte ab. Er war sehr verärgert über Boris Leonidovič; wie konnte er so etwas überhaupt zur Sprache bringen, als ob er tatsächlich nicht verstehe, daß das in der jetzigen Situation unmöglich war! Boris Leonidovič äußerte sich damals nicht sehr schmeichelhaft über Fadeev.

Marina Ivanovna bat nicht darum, daß man sie in den Verband oder in den Litfond aufnahm. Sie bat nur darum, daß man sie bei der Zimmersuche unterstützte und ihr half, ihre Manuskripte, Bücher und Sachen vom Zoll zu bekommen. Die Sache war die, daß sie, als sie aus

* Literaturnyj fond (Literaturfond).

Paris wegging, ihr Gepäck an ihre Tochter Ariadna Efron schickte. Nach ihrer Ankunft wurde das Gepäck zurückgehalten, und jetzt, nach der Verhaftung ihrer Tochter, wollte der Zoll es überhaupt nicht mehr herausgeben.

Marina Ivanovna ging zum Schriftstellerverband, in jenen ehemaligen »Palast der Künste«, an der Ecke Povarskaja und Kudrinskaja – heute ulica Vorovskogo und ploščad' Vosstanija –, wo sie in den zwanziger Jahren so oft mit ihrer Tochter Alja gewesen war. Hier gab es Zimmerfluchten mit Stuckdecken, mit Kaminen und antiken Möbeln, und die Wände waren mit Stoff bezogen. Hier hatte Bal'mont sein Jubiläum gefeiert, und auf der kleinen Waldwiese vor dem Haus hat Andrej Belyj in wehendem Mantel die Ničevoki* *übertanzt.*** »Zwei Flügel, eine Aureole von Locken, Strahlen ...« – er versuchte ihnen, den Ničevoki, zu erklären, daß die Lyrik immer *etwas* ist, *über etwas*, daß sie nie *nichts* sein kann.

Marina Ivanovna traf Fadeev nicht an, so daß sie ihren Brief wohl dem Sekretär übergab. Sie ging zum Litfond. Man sah sie im Goslitizdat. Moskau brodelte, das literarische Moskau, natürlich: Haben Sie die Cvetaeva gesehen? – Die Cvetaeva ist gekommen! – Die Cvetaeva ist aus der Emigration zurückgekehrt! – Die Cvetaeva ist in Moskau!

Aber es war so, wie Boris Leonidovič sagte: Kuprins Rückkehr wurde auf Initiative der Regierung beschlossen, der obersten Stellen, und die Cvetaeva wurde auf Veranlassung eines untergeordneten Funktionärs ins Land gelassen. Kuprin empfingen sie mit Blumen und in Ehren. Sie bemühten sich, ihm und seiner Frau eine Wohnung zu besorgen. Und für den Sommer – er war im Mai gekommen – richteten sie ihm extra eine Datscha ein.

Die Leiterin des Schriftstellerhauses in Golicyno, Sera-

* Abgeleitet von »ničego« (nichts): Name einer Dichtervereinigung.
** Im Original deutsch.

fima Ivanovna Fonskaja, erhielt eine Anweisung, unverzüglich alles für Kuprin vorzubereiten. Was sie auch tat.

»Mittags – am 10. Mai 1937 – bekam ich einen Anruf vom Schriftstellerverband, man teilte mir mit, daß in den nächsten Tagen der aus der Emigration zurückgekehrte Aleksandr Ivanovič Kuprin mit seiner Frau, Elizaveta Moricevna, nach Golicyno kommen würde«, erinnerte Serafima Ivanovna sich später. »Ich sollte für Kuprin eine schöne und gemütliche Datscha mieten, wenn möglich, in der Nähe vom Schriftstellerhaus. Es müsse, so sagte man mir, eine Atmosphäre geschaffen werden, die den Schriftsteller spüren läßt: Ich bin nach Hause zurückgekehrt. Den ganzen Tag bin ich durch die Siedlung gelaufen und habe nach einer ruhigen und friedlichen Datscha gesucht. Auf dem prospekt Lunačarskogo, hatte der alte Eisenbahner Zvjagincev eine sehr hübsche Datscha mit drei Zimmern und einer großen Terrasse. Vor der Terrasse standen Sträucher mit kleinen Rosen, und im Garten blühten Apfelbäume und Kirschbäume. Diese Datscha haben wir dann auch gepachtet. Jetzt mußte sie noch herausgeputzt werden. Wir deckten den Tisch mit einer Tischdecke, die mit einem Kreuz bestickt war, an die Fenster hängten wir dazu passende Vorhänge, und wir stellten weiße Korbmöbel auf, wie sie für die hiesige Gegend typisch sind. Doch der schönste Schmuck, so dachte ich mir, wird der Samovar sein; die Teekanne und das Wärmegerät hatten die Form eines Hahns mit Kamm. Dieses einfache Wärmegerät verlieh der Terrasse eine wohnliche, häusliche Atmosphäre.«

So war es mit Kuprin. Und mit Marina Ivanovna? Ihr Brief an Fadeev ließ sich nicht auffinden, doch haben wir Fadeevs Antwort:

»Gen[ossin] Cvetaeva!

Hinsichtlich Ihrer Archive werde ich versuchen, etwas in Erfahrung zu bringen, obwohl das nicht einfach ist, wenn man die Umstände berücksichtigt. Auf jeden Fall werde ich versuchen, etwas zu unternehmen.

Doch ist es mir absolut unmöglich, Ihnen in Moskau ein Zimmer zu besorgen. Es gibt bei uns viele sehr gute Schriftsteller und Dichter, die Wohnraum brauchen. Und wir haben ihnen jahrelang keinen einzigen Quadratmeter besorgen können.

Der einzige Ausweg für Sie: Sie können mit Hilfe der Direktorin vom Erholungsheim in Golicyno (sie ist Mitglied des örtlichen Dorfsowjets) ein oder zwei Zimmer in Golicyno mieten. Das wird Sie 200–300 Rubel im Monat kosten. Das ist natürlich teuer, aber bei Ihrer Qualifikation können Sie allein durch Übersetzungen viel verdienen – für Verlage und Zeitschriften. Bei der Arbeitsbeschaffung wird Ihnen der Schriftstellerverband behilflich sein. Bei der Zimmersuche in Golicyno wird Ihnen der Litfond helfen. Ich habe schon mit Gen. Os'kin (Direktor des Litfonds) gesprochen, an den Sie sich bitten wenden möchten.

A. Fadeev«

Der Brief ist vom 17. Januar 1940 datiert.

Zu der Zeit wohnte Marina Ivanovna jedoch schon seit mehr als einem Monat in Golicyno. Fadeev hatte tatsächlich mit dem Direktor des Litfond, Os'kin, über Marina Ivanovna gesprochen, und ihr ganzes weiteres Schicksal hing davon ab, *wie* er von ihr sprach. Und Os'kin, der genau hinhörte, wie Fadeev von ihr sprach, gab jener Serafima Ivanovna Fonskaja weitere Anordnungen, und diese, die genau hinhörte, wie Os'kin von ihr sprach, suchte für Marina Ivanovna die passende Unterkunft.

Das Zimmer war klein, hinter einer Trennwand, die nicht bis zur Decke reichte. Hinter der Trennwand wohnten die Besitzer selbst. Es gab keine Elektrizität. Serafima Ivanovna legte für Marina Ivanovnas Ankunft keine Tischdecke auf den Tisch, hängte keine Vorhänge auf, und selbst um einen so elementaren Gegenstand wie eine Petroleumlampe bemühte sie sich nicht. Fast hätten Marina Ivanovna und Mur den ersten Abend im gastfreundlichen Golicyno im Dunkeln verbringen oder sich einen Span anzünden müssen, doch Ljudmila Veprickaja, die zu der Zeit im Schriftstellerhaus wohnte, rettete die Situation. Sie war alles andere als zimperlich und veranstaltete einen Skandal, so daß man dieses einfache Gerät beschaffte.

Unter den harten, ärmlichen Bedingungen in der Emigration, in der Tschechoslowakei, hatte Marina Ivanovna sich an Blechlampen und auch an Blechöfen gewöhnt. »Diese gießen wir voll, jene erhitzen wir. Und die einen wie die anderen machen wir sauber ...« Was den Alltag in Golicyno betraf, so unterschied er sich wenig von dem in der Emigration, nur daß Sergej Jakovlevič und Alja nicht da waren.

Das Wasser holten sie in Eimern aus dem Brunnen, doch zuerst mußten sie das Eis zerschlagen. Der Brunnen fror über Nacht zu. Es herrschte grimmiger Frost, bis zu minus 40 Grad und mehr. Und um das Maß vollzumachen, weigerte sich die Hausbesitzerin plötzlich, den Ofen zu heizen, wovon ein verzweifelter Brief Marina Ivanovnas an die Šaginjan zeugt, die damals in Golicyno wohnte.

»Liebe Marietta Sergeevna, ich weiß nicht, was ich tun soll. Die Hausbesitzerin, die 250 R[ubel] im voraus für das Zimmer nimmt, hat mir eröffnet, daß sie meinen Ofen nicht mehr heizen kann – weil sie kein Holz mehr hat, und Seraf. Iv. will ihr keins verkaufen.

Ich weiß nicht, wie es in den Zimmern ist, in denen die Schriftsteller wohnen, und *wer* stellt das Holz zur Verfügung??? Ich weiß nur, daß mein Zimmer sehr teuer ist (das sagen mir alle), daß S. I. mir dieses Zimmer ausgesucht hat und daß es für Mur gefährlich ist, in einem ungeheizten Zimmer zu wohnen. Wie läßt sich das klären? Die Besitzerin braucht einen Kubikmeter.«

»Ein neues ungemütliches Heim – wieder schlafe ich nachts nicht – ich habe Angst – zu viel *Glas* – Einsamkeit – nächtliche Geräusche und Ängste: mal ein Auto, weiß der Teufel, was es sucht, mal eine unmenschliche Katze, mal knacken die Bäume, ich springe auf, klettere zu Mur unter die Decke (ohne ihn aufzuwecken) – und lese dann wieder ...«

Das schrieb Marina Ivanovna einer Frau, die sie kaum kannte, die sie seit 1917 nicht gesehen hat, und auch damals war sie keine gute Bekannte, eher eine zufällige. Aus Einsamkeit, aus seelischem Kummer, aus Furcht war sie bereit, sich jedem beliebigen Menschen zu öffnen, der ihr zuhörte. Ihr ganzes Leben lang brauchte sie einen Menschen, zu dem sie »zu jeder beliebigen Stunde Tag und Nacht gehen konnte – und nicht nur Tag und Nacht – sondern zu jeder beliebigen Stunde der Seele ...«, einen Menschen, der auf sie wartete, der gut und weise war, der keine Verpflichtungen hatte und nirgendwohin eilte.

Jetzt in Golicyno brauchte sie vielleicht dringender als sonst jemanden, zu dem sie am Abend gehen konnte, – »den Tag von den Schultern *werfen*.« Doch die einzigen Menschen, die ihr nahe standen, denen gegenüber sie ganz offen sein konnte, waren Elizaveta Jakovlevna und Boris Leonidovič. Doch beide waren sie weit weg, in Moskau, und sie versuchte, so selten wie möglich nach Moskau zu fahren. Sie ertrug die Kälte in den Zügen so schlecht, die Rolltreppen in der Metro, das Gedränge auf den Moskauer Straßen, die rasenden Autos und das Durcheinander der Straßenbahnen. Außerdem hatte sie immer Angst, Mur alleine zu lassen, als wäre er noch klein und als würde ihm ohne sie etwas zustoßen.

Doch trotzdem mußte sie, unabhängig von ihrer Verlagstätigkeit, zweimal im Monat nach Moskau fahren, und dann auch noch mit dem Nachtzug. Sie machte die ganze Nacht kein Auge zu, weil sie Angst hatte, ihn zu verpassen, dabei konnte sie sowieso nicht einschlafen. Sie las, ohne zu verstehen, was sie las, und arbeiten – arbeiten konnte sie nachts nicht, »nachts kann ich nicht, bringe ich es nicht fertig«, und die Zeit verging quälend langsam.

Wie gut kann man sich dieses enge Zimmerchen in Golicyno vorstellen. Mur schläft, die Blechlampe auf dem Tisch brennt, und Marina Ivanovna, angezogen, liegt auf dem Bett und wartet auf die *Stunde* ... Schließlich kommt sie – diese Stunde. Marina Ivanovna steht auf, und hinter ihrem Rücken erhebt sich an der Wand ihr Schatten, in zwei Teile gespalten, streckt er sich an der niedrigen Decke, wiederholt unbeholfen und spöttisch ihre Bewegungen. Sie zieht warme Strümpfe über warme Strümpfe an, eine warme Jacke über eine warme Jacke, zieht sich Schuhe an, quetscht sich mit Mühe in den Pelz, hüllt sich in den Schal, kontrolliert (zum wievielten Mal schon!), ob sie das Geld, den Paß hat, zieht die Decke über Murs Bett gerade, dreht den Docht in die Lampe, bedeckt das Glas mit einer Streichholzschachtel und wartet, bis die Flamme verlöscht. In der Dunkelheit, vorsichtig, um nirgendwo hängenzubleiben, schleicht sie aus dem Zimmer.

Draußen im Frost stockt ihr der Atem, natürlich stockt er ihr – denn in jenem Winter kam es vor, daß es nachts kälter als minus 45 Grad war. Die reifbedeckten Zweige der Büsche klirren wie Glas, wenn sie sie mit ihren Schultern streift. Der hartgefrorene Bretterweg knirscht unter ihren Füßen. Auf der Straße brennt kein Licht. Es gibt keine Laternen. In den Häusern sind alle Fenster dunkel. Sie ist ganz allein auf dem Kommunističeskij prospekt. Sie beeilt sich, geht schnell, denn sie fürchtet, ihre ganze Wärme unterwegs zu verlieren. Sie geht auf gut Glück, sieht nichts, ist betäubt von dem verzweifelten Knirschen ihrer eigenen Schritte, und ihr scheint, daß sie verfolgt wird. Dieses Gefühl verläßt sie die ganze Zeit über nicht, und auch in Moskau wird sie glauben, daß ihr jemand folgt. Endlich leuchtet irgendwo dort, weiter vorne, bei den Eisenbahngleisen, der gelbe Punkt der Laterne auf.

Dann die *eisige Hölle*, der Eisenbahnwagen. Von der gefrorenen Sitzbank wird der Rücken kalt, die Finger erstarren vor Kälte. Die Wärme läßt sich nicht länger halten. Marina Ivanovna friert allmählich ein. Der Waggon ist leer, er wird nicht durch menschlichen Atem erwärmt. Wenn an einer Haltestelle einer oder mehrere junge Männer hineinstürzen, zuckt Marina Ivanovna zusammen, sie hat Angst, daß sie ihr das Geld und den Paß wegnehmen. Und so, im Halbtraum, im Halbschlummer, vergeht die Zeit. Endlich kommt Moskau, Weißrussischer Bahnhof. Sie klettert mit ihren steifen, starr gewordenen Beinen auf die Straße und taucht in den weißen Rauchschwaden unter, die aus den Türen der schon geöffneten Metro ziehen. Mit der Rolltreppe fährt sie nach unten und klammert sich panisch an das Geländer, um nicht verlorenzugehen. Aber hier ist es warm, sie kann sich aufwärmen, denn sie wird gleich noch genug frieren.

Ploščad' Majakovskogo, dann ploščad' Sverdlova. Dort muß sie umsteigen, die nächste Haltestelle ist ploščad' Dzeržinskogo.

Der Platz ist leer. Das Denkmal für den »eisernen Feliks«,* den ersten Čekisten, ist noch nicht errichtet. Im grauen Morgennebel fahren klirrend die leeren Straßenbahnen vorbei. Die Laternen sind noch dunkel. Die Fenster in den Häusern sind noch schwarz. Fußgänger gibt es keine. Moskau ist noch nicht erwacht. Und nur in dem riesigen, schmutzig-grünen Gebäude mit der Uhr an der Vorderseite, das düster den Platz beherrscht (die Häuser

* Feliks Edmundovič Dzeržinskij, 1877–1926, erster Leiter der Čeka (Črezvyčajnaja komissija = Außerordentliche Kommission, ab 1922 GPU).

ringsherum sind niedrig, ein, zwei Etagen, das Kaufhaus »Kinderwelt« ist noch nicht gebaut), brennt Licht. Dort, am Haupteingang, sind die unermüdlichen Wachposten in ihren fast bodenlangen ungefütterten Pelzmänteln festgefroren, gegen das Bein pressen sie die Gewehrkolben ihrer Bajonette. Dort, in diesem Gebäude, hinter diesen Mauern, wird die ganze Nacht über gearbeitet.

Marina Ivanovna blickt nicht in diese Richtung, und bei ihrer Kurzsichtigkeit würde sie auch nicht viel sehen. Sie eilt durch den Teatral'nyj proezd, biegt in die Pušečnaja ulica ein, überquert sie und verschwindet in dem ersten Torbogen – in einem dunklen, langen Tunnel, an dessen Ende ein Stück Hof und ein verschlafenes fünfstöckiges Haus zu sehen sind. Dann ein zweiter Torbogen und ein kürzerer Tunnel. Links steht ein seltsames, niedriges Gebäude mit Fenstern an der ganzen Front, die vergittert sind, und kurz vor der Ecke, am dritten Torbogen, der zur Kuzneckij most führt, befindet sich ein niedriger, überdachter Hauseingang mit zwei Stufen und einer verschlossenen Tür. Vor dieser Tür, vor diesem Eingang pressen sich unbeholfene, in Tücher und Schals eingewickelte dunkle Figuren aneinander. Die Schlange zieht sich die ganze Fensterfront entlang. Man kann nicht erkennen, wer ein Mann ist, wer eine Frau, wo der Rücken, wo das Gesicht ist; das heißt eigentlich kann man das Gesicht nur am aufsteigenden dampfenden Atem erkennen. Marina Ivanovna schließt sich dieser Schlange schweigend an, wobei sie sich nur mit einer Seite an ihren Vordermann preßt, die andere wird kalt, bis durch den Torbogen noch jemand auftaucht, eingewickelt, warm angezogen, und sich an ihre kalt gewordene Seite drückt.

Doch es kann auch sein, daß Marina Ivanovna die dunklen Tunnel fürchtet, durch die sie gehen muß, wenn sie von der Pušečnaja kommt. Vielleicht steigt sie lieber an der Kuzneckij most aus und geht dort an einer Tür vorbei, an der die Tafel »Empfangszimmer des NKVD«* hängt. Dann biegt sie in einen Torbogen ein, und das niedrige Gebäude mit der vergitterten Glaswand und der Menschenschlange taucht rechts auf. Dieser Hof hat die Adresse Kuzneckij most 24.[5]

Die Schlange wartet lange, ab und zu zittert sie, ab und zu bewegen sich die Filzstiefel, ab und zu rühren sich die Fäustlinge. Sie wartet geduldig und stumm, bis Moskau erwacht, bis das geschäftige Leben der Stadt beginnt. Bis Fußgänger an dem Torbogen der Kuzneckij most vorbeieilen, bis Autos vorbeirasen. Dann kommen durch diesen Durchgang von der Kuzneckij most Armeeangehörige in der Uniform des NKVD, gehen die Stufen zum Eingang nach oben, schließen die Tür auf und verschwinden dahinter. Die Glaswand hinter den Gittern wird erleuchtet, doch was dort drinnen vorgeht, kann man nicht sehen, denn die Fenster sind mit Dampf beschlagen. Die Schlange wird lebhaft, alle stellen sich ordentlich in einer Reihe auf und warten weiter. Endlich erscheint der Wachhabende und erlaubt ihnen einzutreten.

Ein leeres Zimmer. Abgenutzte Wände, an den Wänden stehen Stühle und Bänke. Am Ende eine Tür mit einer Fensterluke aus Sperrholz. An diese Luke werden sie der Reihe nach treten, den Paß vorzeigen und die schon vorbereitete schriftliche Erklärung abgeben, mit der Bitte, das Geld für Soundso anzunehmen, der/die sich in Untersuchungshaft im Gefängnis in der Lubjanka befindet, damit er oder sie, der oder die sich in Untersuchungshaft Befindende sich im Gefängnisladen Tabak oder Lebensmittel kaufen kann. Andere Gegenstände zu übergeben war nicht üblich. Diejenigen, die die Erklärung abgegeben haben, setzen sich auf eine Bank oder einen Stuhl. Die Tücher und Schals werden abgewickelt, im Gebäude ist es

* Narodnyj komissariat vnutrennych del (Volkskommissariat des Inneren).

warm, und jetzt kann man genau erkennen, wer ein Mann und wer eine Frau ist, wer alt und wer jung ist, doch das interessiert niemanden. Alle sitzen schweigend da, belastet mit ihrem Kummer, in gespannter Erwartung, und sie zittern, wenn der Wachhabende, der die Auskünfte erteilt, ihren Namen aufruft. Niemand weiß, welche Antwort ihn erwartet, und ob es nicht ein kurzes, abgehacktes Bellen sein wird: »Wird nicht geführt!« – und auf die verzweifelten Fragen, Bitten, wieder ein Bellen: »Wird nicht geführt!« und »Verlassen Sie das Gebäude!« – und der nächste Name wird aufgerufen. Viele halten es nicht aus, fallen in Ohnmacht, beginnen zu weinen, und die Wartenden, die erfahrener sind, die in dieser Beziehung hart geworden sind, trösten sie, erklären, daß das noch nicht das Ende bedeute, daß noch nicht alles verloren sei. Vielleicht ist er in einem anderen Gefängnis oder er ist schon zu einer Haftstrafe verurteilt worden, und jetzt müsse man zur Kuzneckij most, zum Empfangszimmer des NKVD gehen, um dort weiteres beim Wachhabenden zu erfahren. Doch auch dort wird die lakonische Antwort lauten: zehn Jahre weit entfernte Lagerhaft ohne Recht auf Briefkontakt, oder acht Jahre, oder fünf Jahre Arbeitslager. Und auf alle verzweifelten – *weshalb, warum, wohin* – wird es keine Antwort geben.

Es gibt noch einen weiteren nächtlichen Weg für Marina Ivanovna: entlang der Lesnaja ulica bis zur Novoslobodskaja, zum Butyrki-Gefängnis, wo Sergej Jakovlevič sich befindet. Dort drängen sich die gleichen gequälten, zermürbten Menschen aneinander, stehen die langen Nachtstunden ab, wärmen sich aneinander, warten darauf, daß die Pforte an dem Gefängnistor sich öffnet und sie einläßt. Und ebenso wie dort, an der Kuzneckij most, weiß auch hier niemand, welche Antwort ihn an der Fensterluke erwartet.

Und wenn sie die vorgesehenen 50 Rubel für Sergej

Jakovlevič und die 50 Rubel für Alja abgegeben hatte (das bedeutete also, daß sie zweimal im Monat nach Moskau fahren mußte, an einem Tag schaffte man es nicht), verließ Marina Ivanovna diese hoffnungslosen Orte so schnell wie möglich.

Schnell zurück, nach Golicyno, zu Mur. Und nach den eisigen Waggons, den quälenden nächtlichen Warteschlangen, erschien es ihr in diesem winzigen Zimmer hinter der Trennwand, wo Mur bei ihr war, dann und wann durchaus erträglich.

»Wie immer bei allgemeinem Elend ...«, sagte sie.

Das allgemeine Elend war groß – fast ganz Europa war schon vom Zweiten Weltkrieg erfaßt. Doch vielleicht meinte Marina Ivanovna mit »allgemeinem Elend« auch das Elend in der Lubjanka und im Butyrki-Gefängnis, es war damals tatsächlich *allgemein*, zu jeder Zeit konnte es jeden von uns treffen, und unser Glück lag darin, daß nicht jeder von uns sich dessen bewußt war.

Der Tag war verloren, zwanzig Zeilen sind nicht übersetzt worden, und jede Zeile bedeutete Geld, und das Geld reichte nicht aus, es reichte nie aus, oder richtiger, es war einfach nicht da. Und jeden Monat mußte für die Verpflegung bezahlt werden, für das Zimmer, jeden Monat mußte das Geld geschickt werden.

»Zwischen den geduldigen Spalten der Übersetzung waren Notizen über die Geldsendungen an meinen Vater und mich eingeflochten«, schrieb Alja später.

Dann noch die Worte: »Ich werde keine Gedichte mehr schreiben.«

»Gedichte schreiben sich nicht von selbst ...«, für Gedichte braucht man Zeit, aber den ganzen Winter über, Tag für Tag, übersetzte Marina Ivanovna Važa Pšavela aus dem Grusinischen. Sie beklagte sich, wie langsam es gehe, wie zum Verzweifeln langweilig es sei, diese Gedichte zu übersetzen, daß sie für jeden Vierzeiler vier bis fünf Varianten habe, und wer bräuchte das alles! Doch anders konnte sie nicht arbeiten, dazu war sie nicht fähig.

Sie schrieb an Viktor Gol'cev, der die Anthologie grusinischer Lyrik für den Goslitizdat herausgab und ihr diese Übersetzungen von Važa Pšavela besorgt hatte – *Gogotur und Apšina, Der verwundete Schneeleopard, Eteri.* Sie kannte Gol'cev noch aus den zwanziger Jahren, aus dem Vachtangov-Studio in der Mansurovskij pereulok, wo seine Schwester, Vera Gol'ceva, spätere Jablonskaja, arbeitete. Er war damals häufig im Studio, und aus dieser Zeit hatten er und Marina Ivanovna viele gemeinsame Freunde und Bekannte: Pavlik Antokol'skij, Sonečka Holliday, Volodja Alekseev und Jurij Zavadskij.

»Golicyno, Schriftstellerhaus, 2. Februar 1940.

Lieber Viktor Viktorovič.

Den Vertrag habe ich bekommen, aber in dieser Form kann ich ihn auf keinen Fall unterschreiben.

Erstens – der Termin: der 25. Februar für *beide* Sachen – ich fürchte, das schaffe ich nicht, und wenn ich ihn unterschreibe – dann schaffe ich es mit Sicherheit vor lauter Panik nicht. Gogotur habe ich zu 3/4 fertig, mit dem Schneeleoparden habe ich überhaupt noch nicht angefangen, von den noch bleibenden 23 Tagen – fallen sicher einige weg – für meine Fahrt in die Stadt, wenn Bekannte kommen, Hausarbeit, usw. Berücksichtigt man, wie langsam ich arbeite (nicht mehr als 20 Zeilen pro Tag, manchmal auch weniger, und 330 fertige Zeilen ergeben schon ein ganzes dickes Konzeptheft, ich kann es Ihnen zeigen), kann ich für den Termin nicht garantieren – um so mehr, als ungefähr fünf Tage für die *Korrektur* von Gogotur draufgehen werden.

Zweitens: in dem Vertrag ist die Anzahl der Zeilen nicht richtig angegeben: Gogotur hat nicht 424 Zeilen, sondern *442*, der Schneeleopard – nicht 140, sondern *169, – insgesamt 47 Zeilen mehr, als im Vertrag angegeben.* Lassen Sie es uns so machen: entweder der 25. Februar für Gogotur *allein*, oder der 10. März – für *beide* Sachen, wie Sie wollen, nur nicht der 25. Februar für beide. Ich will es nicht Hals über Kopf übersetzen, von Panik gejagt. Es ist überhaupt nicht nötig, mich zu treiben: Ich gebe immer mein Äußerstes, es ist nicht meine Schuld, daß es so niedrig liegt.

Es ist *durchaus* möglich, daß ich beides vor dem 10. März fertig habe – das ist dann schon *Glück* –, dann gebe ich die Sachen früher ab, aber bevor sie sehr gut sind, werde ich sie nicht abgeben, und deshalb bin ich mit dem Termin nicht einverstanden.

Bis zu Ihrer Antwort werde ich den Vertrag behalten – und weiter arbeiten. Wenn Sie nicht schreiben wollen – rufen Sie in Golicyno an, im Schriftstellerhaus, wo ich täglich von 1 Uhr 30 bis 2 Uhr 30 und von 6 Uhr bis 7 Uhr und etwas später bin (am 9. abends und am 10. tagsüber werde ich nicht hier sein).

Ich sende Ihnen einen herzlichen Gruß und hoffe, daß Sie die *Ernsthaftigkeit* meiner Argumente verstehen werden. Der erste, der davon profitiert, ist Ihr (oder: unser) Autor.

M. C.«

Trotzdem schaffte sie es, den Termin einzuhalten, und um den 10. Februar beendete sie die Übersetzung von *Gogotur*.

Jetzt kam der *Schneeleopard* an die Reihe.

»Golicyno, 12. Februar 1940.

Lieber Viktor Viktorovič.

(Ich habe den Schneeleoparden angefangen.)

Am 14., gegen 11 Uhr morgens, werde ich Sie anrufen, um zu erfahren, was mit dem Geld ist – haben sie am 14. Geld für mich, damit ich für meinen und Murs Unterhalt für den nächsten Monat bezahlen kann (unsere Kurkarte[6] ist heute abgelaufen, am 12., die Leiterin hat versprochen, bis zum 14. zu warten).

Ich brauche 800 R. für Essen und – doch hier habe ich die Hoffnung, ob nicht der Literaturfond für mein Zimmer bezahlen könnte, weil 250 R. furchtbar viel sind. Diesen Tip gab mir die Leiterin, die *bisher* noch kein Geld für das Zimmer verlangt hat, da sie selbst findet, daß es sehr teuer ist.

Wenn Sie mir – bis zum 14. – tausend Rubel für Gogotur besorgen könnten (ich habe, genau genommen, keine einzige Kopeke) und etwas wegen des Zimmers in Erfahrung bringen würden – das wäre wunderbar.

Also, ich werde Sie am 14. anrufen, gegen 11 Uhr.

Einen herzlichen Gruß, danke für die Hilfe, der Schneeleopard ist gut.

M. C.«

Und am 26. Februar:

»Lieber Viktor Viktorovič.
Hier ist der Schneeleopard. Ich habe bis zur letzten Minute daran gearbeitet – 40 kleine Seiten in einem riesigen Konzeptheft – einige Stellen kamen mir *im Schlaf*.

Ich habe davon geträumt, ihn Ihnen morgen selbst auszuhändigen – aber Mur ist ernsthaft krank geworden: er hat sich im kalten Eisenbahnwaggon eine Grippe geholt, was er selbst nicht gemerkt hat, und kehrte mit 39,6 Grad Fieber zurück – die hiesige Ärztin hat mich erschreckt, sie hört kein Atmen – sie hat Schröpfköpfe angesetzt – jetzt liegt er im Bett – er hat einen schlimmen Husten – so daß ich morgen nur sehr kurz in der Stadt sein werde.

Mit dem Schneeleoparden ist ein Unglück passiert: Ich habe alles auf seine Streifen ausgerichtet, denn in der wörtlichen Übersetzung ist er *eindeutig* und immer gestreift, und dann hat sich herausgestellt, daß er nicht gestreift ist – sondern gesprenkelt, und ich mußte alle gestreiften (verführerischen!) Stellen herausnehmen.

Jetzt – eine Bitte. Wie soll ich es mit dem Abtippen machen? Gogotur hat jemand aus Freundlichkeit für mich getippt, aber dieser Mensch ist weggegangen, und ich hätte mich ohnehin nicht an ihn gewandt – zum zweiten Mal. Haben Sie keine Bekannte, die Typistin ist? Das würde die Sache beschleunigen, – ich werde bis zu Murs völligen Genesung nicht nach Moskau fahren, und außerdem habe ich sowieso keine Typistin. Ein Freundschaftsdienst ist kein Ausweg aus dieser Lage, ich bräuchte jemanden, der immer für mich tippen könnte. Wie soll ich das anstellen? Ich werde gerne bezahlen, was nötig ist. Der Schneeleopard ist kurz, er läßt sich schnell tippen, so daß Sie ihn bis zu Ihrer Abfahrt jedem zeigen können, wenn es nötig ist. Gut wären 3 Ex.

Rufen Sie mich in Golicyno an – entweder gegen 1 Uhr 30 – 2 Uhr, oder gegen 6 Uhr 30 – 7 Uhr, ich bin sehr gespannt, wie Ihnen der Schneeleopard gefallen hat.

Auf Wiedersehen! Danke für alles.

M. C.«

Wenn Marina Ivanovna eine Übersetzung fertig hatte, begann sie die nächste. Gerade hat sie den *Schneeleoparden* abgegeben: »Hier ist der Schneeleopard«, am 26. Februar, und am 22. März heißt es schon: »Ich beende nach Plan Robin Hood – den Kämpfer – und langsam, aber sicher gehe ich zum Fuß des Anderthalbtausenders vor – des Eteri. Diese Važa (es ist eine sie – Pšavela) wird mich eines Tages – umbringen.« Važa Pšavela ist Marina Ivanovna fremd, sie quält sich mit der Übersetzung. Und der Berg – Eteri – besteht aus einer 1352 Zeilen langen Interlinearübersetzung, die ihr nicht gelingen will. Sie bewältigte diesen »Berg« mit Mühe Zeile für Zeile. Aus alter Gewohnheit, die schon fest in ihr verwurzelt war, schrieb sie alle Gedanken auf, die ihr hinsichtlich der Übersetzung in den Kopf kamen, und faßte diese Gedanken in genaue Formulierungen. Hier sind einige Auszüge aus ihren Heften, die Alja gemacht hat: »›Der Dichter‹ (das Original) sucht – findet – zu zwei Gegebenheiten (ihm durch Gott, den Herrn, in Zeilen gegeben) zwei Möglichkeiten, die jenseits das Gegebenen liegen. Er sucht sie im Arsenal des *Möglichen*, geführt von der schicksalhaften Notwendigkeit der Reime – jener, die vom Herrn gegeben sind, die – Imperativ sind.

Der Übersetzer sucht – findet – zu zwei (ihm vom Dichter) *gegebenen* grundlegenden: dichterischen, gottgegebenen Zeilen zwei Lösungen, er sucht sie im Arsenal *des Möglichen*, geführt von der schicksalhaften Notwendigkeit des Reims – ausgerichtet auf jenen ersten, geführt durch den Herrn (den Dichter) der gegebenen Reime, die – Imperativ sind.«

Und weiter:

»Der Dichter ist ein Medium. Wir hören ein Ding an seiner Quelle – und schaffen wunderschöne Dinge. Doch (Talentlosigkeit des Autors) zwischen dem Ding und mir gibt es *ein Drittes*. Doch in dem Fall höre ich nicht das Ding, sondern sein mißratenes, halbhörendes taubes Medium, dem ich mich, weil ich selbst Dichter-Medium bin, nicht unterwerfen kann ...«

»... und das ist meine ganze Arbeit ...«

Vor langer Zeit, schon 1926, hatte Marina Ivanovna aus Medon an Boris Leonidovičs Vater geschrieben: »Ich beklage mich nicht, ich suche nur eine Erklärung dafür, warum gerade ich, die ich meiner Arbeit so ergeben bin, mein ganzes Leben andere, *nicht meine* Arbeit tun muß ...«

Damals beklagte sie sich darüber, daß soviel Zeit für die Hausarbeit verloren ging, daß sie sechzehn Stunden am Tag auf den Beinen war: »Den ganzen Tag laufe ich hin und her, trete auf der Stelle, drehe ich mich, vom Gas zum Waschbecken, vom Waschbecken zum Wäscheschrank, vom Schrank zum Kohleneimer; von den Kohlen zum Gas – hätte ich doch ein Taxameter!« Sie muß die Milch abkochen, muß Murs Brei kochen, muß ihn anziehen, muß ihn ausziehen, muß mit ihm spazierengehen, muß waschen, stopfen, muß »4 mal in der Woche auf den Markt, das darf ich nicht verpassen.«

»Mir ist – Jahr um Jahr (1917-1927) – nicht der Verstand abgestumpft, sondern die Seele. Eine erstaunliche Beobachtung: gerade für Gefühle braucht man Zeit, nicht für Gedanken. Der Gedanke ist ein Blitz, das Gefühl ist ein Strahl von einem sehr weit entfernten Stern. Für das Gefühl braucht man Muße, es kann unter Angst nicht leben. Ein einfaches Beispiel: Wenn ich 1 1/2 Kilo kleinen Fisch mit Mehl bestäube, kann ich denken, aber fühlen – nein: der Geruch stört mich! Der Geruch stört mich, die klebrigen Finger stören mich, das spritzende Fett stört mich, *der Fisch* stört mich: jeder einzelne und die ganzen 1 1/2 Kilo zusammen. Das Gefühl ist offensichtlich anspruchsvoller als der Gedanke.«

Doch jetzt in Golicyno, wo sie verhältnismäßig frei von täglicher Hausarbeit, vom Kochen war, jetzt, wo sie die Hände frei hatte, war sie den ganzen Tag beschäftigt, war ihr Kopf unfrei. Denn wieder mußte sie, die ihrer Arbeit so ergeben war, eine andere, *nicht ihre eigene* Arbeit tun, die dieses Mal *ihre eigene Arbeit* ganz ausschloß. »Ich werde keine Gedichte mehr schreiben ... Ich habe *das Meine* schon geschrieben. Ich könnte natürlich noch mehr schreiben, aber ich kann *nicht*.«

Viele meiner Zeitgenossen haben behauptet, Marina Ivanovna habe nach ihrer Rückkehr in die Heimat wegen eines seelischen Traumas keine Gedichte mehr geschrieben. Die Gedichte kamen nicht, wurden nicht geschrieben, es gab sie nicht. Doch mir scheint, daß dem nicht so war. Es *gab* die Gedichte, sie *kamen*, und sie selbst hat sie verjagt, ließ sie nicht eintreten. »So viele Zeilen, die vergehen! Ich schreibe nichts auf ...« »Warum schreiben Sie nicht? Weil ich nur eine Zeit habe, und davon wenig, und etwas in mein Heft zu schreiben, ist *Luxe*. Weil für Übersetzungen bezahlt wird, für das Eigene nicht ...« »Eigenes schreibe ich nicht – *keine Zeit* ...«

Zwanzig Zeilen pro Tag, manchmal auch weniger, aus dem Tschechischen, Serbischen, Kroatischen, Bulgarischen, Georgischen, Polnischen, Spanischen, Hebräischen – sie übersetzte aus mehr als zehn Sprachen ins Russische. Sie freute sich, wenn eine Übersetzung leicht ging, wenn die fremden Laute ihr entgegenkamen: »Geschafft – alle 3 – in drei Tagen, d. h. 76 Zeilen: 3 x 25 = 25 Z. am Tag, *spielend leicht* (gestern – 36 Zeilen). Etwas ganz anderes als Važa Pšavela ...«

»Jedes Volkslied, sei es russisch, deutsch, französisch usw. – spüre ich immer als *das Meine*.«

Schon 1929 schrieb Marina Ivanovna an Anna Tesková: »(überzeugt, daß R[ilke] Sie geliebt hätte – warum ›geliebt hätte‹ – *liebt*.) Weiter überzeugt, daß er mir folgen wird – wenn ich sterbe. Er wird sich in jene Welt *übersetzen*, so wie ich ihn jetzt (an der Hand haltend) in die russische Sprache *übersetze*. Nur so verstehe ich – eine Übersetzung.« Doch so übersetzen – »an der Hand haltend« – konnte sie wohl Rilke, Baudelaire, Shakespeare, Lorca, die Balladen und Volkslieder, die sie so liebte. »Ich übersetze nach Gehör – und nach dem Geist (des Dinges). Das ist mehr als der ›Sinn‹.« »Wenn ich auf den Spuren eines Dichters wandle, lege ich den ganzen Weg noch einmal zurück, den er zurückgelegt hat. ...« Sie legte diesen Weg zurück, als sie 1936 Puškin übersetzte, den sie bis zur Vollkommenheit kannte, und Lermontov. Lermontov hat sie übrigens in der Datscha in Bolševo übersetzt.

Damals konnte sie sich diesen Luxus noch erlauben – »für mich und für Lermontov« zu übersetzen, aber von Dezember 1939 an wurde das Übersetzen für sie zum täglichen Brot – es war ihre einzige Existenzquelle. Sie konnte es sich nicht aussuchen, sie übersetzte der Reihe nach alles, was man ihr anbot, ohne die Sprache zu kennen. Es waren dumpfe Wort-für-Wort-Übersetzungen, mit vielen Fehlern, häufig von nicht existenten Dichtern, die ihr Talent zerstörten. Sie wollte und konnte nicht wie die professionellen Übersetzer arbeiten, schnell, ohne besondere Vergeudung ihrer Kraft und ihrer Zeit zum Geldverdienen übersetzen. Und so fertigte sie ihre Übersetzungen mit dem gleichen Einsatz an, mit dem das Original entstanden ist.

Boris Leonidovič hat einmal an seine Frau geschrieben: »Du schaffst etwas Vortreffliches, legst Deinen Gedanken, Deine Individualität, Deine Verantwortung und Deine Seele in etwas hinein. Das Manuskript wird mit Anmerkungen vollgeschrieben, sie übersäen es mit Fragezeichen, sperren die Augen weit auf. Im besten Fall, wenn sie mit hundert Einschränkungen einen kleinen Teil des Werks annehmen, zahlen sie dir 5 R. pro Zeile. Und da habe ich zwei Tage lang einige Seiten mittelmäßiger Übersetzungen für die Literaturka* hingeschmiert [...] ohne jede Mühe und jeden Schmerz, und plötzlich haben sie mir 10 R. für eine Seite mit diesem Unsinn gegeben. Wo liegt hier die Logik, was sagst Du dazu! Die ganze regnerische Nacht über habe ich darüber nachgedacht. Wie soll man leben, wonach streben und was opfern?« Sie wurde zornig, wenn andere ihr den Rat gaben – auch Boris Leonidovič sagte uns, daß er es ihr mehr als einmal geraten hat –, diese gereimten Eintagsfliegen ohne seelische Verausgabung, einfach als Arbeit, für Geld zu übersetzen.

Marina Ivanovna führte genau Buch über ihre ganzen Einnahmen, und in das Heft mit den Übersetzungen trug sie die Anzahl der von ihr übersetzten Zeilen ein, wieviel Prozent von dem Honorar ihr gezahlt wurde und welche Summe sie bar auf die Hand bekommen hat. Für Važa Pšavela – *Gogotur und Apschina* – 1190 R. (Vorkriegsrubel!), bisher 60 Prozent, 100 Prozent für den *Schneeleopar-*

* Literaturnaja gazeta (Literaturzeitung), vom Schriftstellerverband herausgegebene Literaturzeitung, die einmal wöchentlich erscheint.

*den* – 600 R., 60 Prozent für *Robin Hood* – 200 R. Und so weiter und so weiter. Die Gesamtsumme belief sich im Durchschnitt auf 800-1000 Rubel im Monat. 800 davon mußte sie dem Literaturfond allein für die Verpflegung bezahlen, dann 250 für das Zimmer, 100 für die Geldsendung, und dann noch für die Lehrer: Mur las zwar Montesquieu, Verlaine und André Gide im Original, doch kannte er die elementaren Regeln der Mathematik nicht, hatte keine Ahnung von Physik, Chemie und wußte viel von dem nicht, was ein Mittelschüler wissen sollte. Geld brauchte sie außerdem für die Fahrten nach Moskau, für Holz und Petroleum, sie mußte auch noch den Schuhmacher bezahlen. Dann fiel ihr noch eine »Haut« ins Auge, und Marina Ivanovna konnte nicht widerstehen: »... grau, passend zu meiner Hautfarbe, die Farbe von getautem Schnee, ich habe sie für 70 Rubel im hiesigen Dorfladen gekauft.« Geld ... Geld ... »Wer haßt wen, ich das Geld, das Geld mich?« Sie brauchte fast doppelt soviel Geld, wie sie verdienen konnte, und ständig hatte sie Schulden: Bei dem einen lieh sie sich etwas, dem anderen gab sie es zurück, irgendwie schlug sie sich durch. Und zu allem Überfluß wurden ihr im Zug, als sie aus Moskau zurückkam, oder vielleicht schon in Moskau, 250 Rubel gestohlen, die sie für eine Übersetzung beim Verlag bekommen hatte, oder sie hatte sie verloren.

Riesige Schollen unerforschlicher Wort-für-Wort-Übersetzungen. Mehr als alles fürchtet sie, daß der Tag kommen würde, an dem diese Übersetzungen ausblieben, daß sie die letzte Übersetzung beendet und dann nichts mehr zu übersetzen hat, und zwangsläufig würde es dann auch keine Bezahlung mehr geben – das erzählte sie uns später in den Konjuški. Doch die Übersetzungen blieben nicht aus, und während sie die eine Sache übersetzte, lag die nächste Übersetzung schon da und wartete darauf, daß die Reihe an sie kam.

Jeden Tag, wenn Mur in die Schule ging, setzte sie sich an den Schreibtisch. Und sicher hat sie, wie auch damals, als ich sie einmal auf dem Pokrovskij bul'var besuchte, ärgerlich und gereizt die Tassen, die Teller, den Zucker, das Brot, Murs Schulbücher mit dem Ellenbogen und dem ganzen Arm zur Seite geschoben – alles, was auf dem Tisch stand und lag, sie schaffte sich Platz für die Arbeit, stellte das Tintenfaß vor sich hin, legt das Heft hin.

Das kleine Fenster warf nur wenig Licht auf den Tisch, der gleichzeitig als Eßtisch, als Küchentisch, als Schulbank, als Geschirrschrank und als Bücherregal diente. Hinter der Wand klapperte die Wirtin mit Kochtöpfen, und der Hauswirt grummelte etwas vor sich hin, über die Ziege, über die Hühner, über den Sauerkohl, darüber, daß für Ende des Monats im Dorfladen Hering versprochen wurde. In der Ecke auf dem Boden lagen Kartoffeln auf einer Zeitung. An der gekalkten Wand, dort, wo der Ofen stand, trocknete auf einer Leine die von Marina Ivanovna gewaschene Wäsche. Zwei Liegen. Über den Liegen an Nägeln die Kleidung. Ein Tisch, ein Stuhl, ein Hocker, außerdem stand dort wohl noch eine Kommode.

Ich selbst war nicht in Golicyno, Ekaterina Vinogradskaja hat mir von diesem Zimmer erzählt. Und Marina Ivanovna behauptete, sie fände es »sogar gemütlich ...«. Doch selbst für diese erbärmliche »Gemütlichkeit« in Golicyno mußte Marina Ivanovna jeden Monat mit dem Litfond kämpfen. Kaum hatte sie sich in Golicyno niedergelassen, als sie schon wieder Anträge schreiben mußte, Briefe mit der Bitte um Verlängerung ihrer Kurkarte für das Schriftstellerhaus für den nächsten Monat, ständig mußte sie anrufen, sich erkundigen, bangen – genehmigen sie es, genehmigen sie es nicht. Sie genehmigten es. Im nächsten Monat ging dann alles wieder von neuem los, wieder mußte sie bangen, wieder warten. Dann das Zimmer – nur bis zum 1. April, ab April sollte das Zimmer an den Kindergarten des Litfonds übergehen, doch Mur mußte die Schule beenden. Noch zwei Monate bis zum Ende des Schuljahres. Natürlich, sie hätte auf die Kurkarte pfeifen können und sich zu Hause verpflegen können – nur wovon? Kaum hatte man Moskau hinter sich gelassen, waren die Geschäfte leer, es gab keine Lebensmittel. Jetzt war auch noch Krieg mit Finnland, und Brot war nicht immer aufzutreiben.

Sie bekam diese beiden Kurkarten für die erbärmliche Kantine im Schriftstellerhaus. Und das Zimmer? Es gelang ihr, es bis zum 7. Juni zu verlängern, bis Mur das Schuljahr beenden und in die nächste Klasse kommen würde. Warum hat der Literaturfond es nicht gleich gestattet?

Marina Ivanovna verlor die Hoffnung nicht, ein Zimmer in Moskau zu finden, und den ganzen Winter über suchte sie dieses Zimmer, während sie in Golicyno wohnte. Sie fragte alle, die im Schriftstellerhaus ankamen, ob sie nicht etwas wüßten – vielleicht vermietete irgend jemand irgendwo irgend etwas. Doch es war schwer, etwas zu finden: Diejenigen, die etwas vermieteten, bevorzugten alleinstehende Männer, weil diese nicht waschen und nicht kochen, und sie hatte noch dazu einen Sohn. Im Februar gab Marina Ivanovna eine Anzeige in der Zeitung auf. Sie fand eine Maklerin – eigentlich war es gar keine Maklerin, sondern irgendeine Betrügerin, die das Geld im voraus forderte, bevor sie ein Zimmer hatte. Marina Ivanovna kratzte aus Vertrauensseligkeit und aus völliger Unkenntnis, wie man sich unter Menschen zurechtfindet, diese 750 Rubel zusammen und gab sie ihr, doch sie bekam weder ein Zimmer noch erhielt sie das Geld zurück.

»Zwischen die geduldigen übersetzten Spalten waren ständig [...] Auszüge aus hoffnungslosen Anträgen an alle möglichen Leute eingeflochten, von Stalin bis zu Fadeev …«

Dort, in Golicyno, hinter dem Hühnerhof, im Hause der Lisycins, im Winter 1939/40, schrieb Marina Ivanovna einen Brief an Stalin, sie schrieb über ihren Mann: »Ich versichere als Zeugin: Dieser Mensch liebt die Sowjetunion und den Kommunismus mehr als sein Leben …«

»Auf welche Weise konnte er, der Nachkomme von Revolutionären, der Sohn von Narodniki,* in den Reihen der Weißen auftauchen und nicht in der Roten Armee? Sergej Ėfron hat das als den Kardinalfehler in seinem Leben angesehen. Ich füge hinzu, daß nicht nur er sich so getäuscht hat, er, der damals noch ein ganz junger Mann war, sondern viele Menschen, die schon sehr viel reifer waren. In der Freiwilligenarmee sah er die Rettung Rußlands, und doch, als er nicht mehr daran glaubte, trennte er sich von ihnen, voll und ganz, und blickte nie mehr zurück …«[7]

Nein, Boris Leonidovič hatte Unrecht, als er schrieb:

»Marina Cvetaeva schützte sich das ganze Leben lang durch ihre Arbeit von der Alltäglichkeit, und als ihr schien, daß das ein unerlaubter Luxus sei und daß sie ihre verführerische Leidenschaft für eine Weile wegen ihres Sohnes opfern müsse und sich nüchtern umsehen müsse, da sah sie das Chaos, das sie durch ihr Werk nicht hatte zu sich dringen lassen, unbeweglich, ungewohnt starr. Von Panik gepackt, wich sie zurück, wußte nicht, wohin sie sich vor dem Grauen retten sollte, und atemlos verbarg sie sich im Tod, hat den Kopf in die Schlinge gesteckt wie unter ein Kopfkissen …«

Sie hat den Kopf *nicht* atemlos in die Schlinge gesteckt, sie war schon lange zum Tod bereit. Sie kämpfte noch

* Russische Bewegung in der zweiten Hälfte des 19. Jh., die einen Übergang zum Agrarkommunismus anstrebte.

über anderthalb Jahre weiter (von November 1939 bis Ende August 1941), und erst dann trat sie ab, als sie begriff, daß es sinnlos war, noch weiterzukämpfen, daß sie keine Kraft mehr hatte.

## *»Von Mund zu Mund und von Auge zu Auge«*

Hier, in Golicyno, kam Marina Ivanovna zum erstenmal seit ihrer Rückkehr in die Sowjetunion mit literarischen Kreisen in Kontakt. Hier wurden alte Bekanntschaften erneuert, hier erreichten sie die Briefe von Moskauern, die sie aus der Zeit vor der Emigration kannte. Hier, in Golicyno, machte sie neue Bekanntschaften.

Mittagessen um zwei, Abendessen um sieben, das Frühstück nicht inbegriffen, jeder frühstückte irgendwann, und jeder eilte zurück in sein Zimmer, an den Schreibtisch, ließ sich nicht aufhalten, unterhielt sich nicht lange. Es gab nur wenige, kleine Zimmer, und die Schriftsteller kamen meistens allein, ohne Ehefrau – um zu arbeiten. Natürlich gab es auch Ausnahmen. Zum Mittagessen versammelten sich in der Kantine etwa zwölf bis fünfzehn Menschen um die gemeinschaftliche Tafel. Es war eine familiäre Runde, die Suppenschüssel wurde auf den Tisch gestellt, wenn alle vollzählig versammelt waren. Deshalb versuchten die Bewohner, einander nicht warten zu lassen.

Pünktlich zur festgelegten Zeit, nachdem sie ihre Mäntel in der kleinen und engen Diele abgelegt hatten, wo ein alter Trumeau mit einem mit Pelzmützen überladenen Spiegeltischchen stand, wo der Garderobenhaken sich krümmte und unter der Last der Pelze knirschte, erschienen Marina Ivanovna und Mur in der Kantine.

Sie reichte ihm bis zur Schulter, nein, sie war etwas größer, dünn, nervös. Allgemeines Nicken, sie setzten sich an ihre Plätze. Jeder hatte seinen Platz an diesem Tisch, seine Serviette in einem Serviettenring.

Damals sprach man in Moskau mit Entrüstung über einen Vorfall, der sich in der Kantine in Golicyno mit dem Dramatiker V. M. Vol'kenštejn zugetragen hatte. Marina Ivanovna kannte ihn schon aus vorrevolutionärer Zeit, er war früher mit Sof'ja Parnok verheiratet gewesen, die sie sehr mochte. Im Herbst 1921 gingen sie zusammen in den Kreml zu Lunačarskij und stellten ein Gesuch für die hungernden Schriftsteller auf der Krim. Mit einem Wort, sie waren alte Bekannte. Und jetzt, im Dezember 1939, als Marina Ivanovna und Mur zum ersten Mal den Fuß über die Schwelle der Kantine im Schriftstellerhaus setzten, da wies ihnen die Wirtin des Hauses, Serafima Ivanovna, zwei freie Plätze zu, die sich zufällig neben Vol'kenštejn befanden. Aber nicht nur, daß Vol'kenštejn nicht auf Marina Ivanovnas Gruß antwortete und so tat, als kenne er sie nicht, er verließ auch noch den Raum und forderte, daß die Wirtin ihm einen anderen Platz zuwies.

Viele hatten Angst vor Marina Ivanovna und gingen einem Treffen mit ihr aus dem Weg. Vor kurzem hat mir die Dichterin Nadežda Pavlovič, die jetzt schon eine sehr alte Dame ist, traurig erzählt, daß sie sich damals, in jenen Jahren, gerne mit Marina Ivanovna getroffen hätte. Doch sie fürchtete sich und wunderte sich über den Mut der Übersetzerin Nina Jakovleva, die sich nicht nur allein mit Marina Ivanovna traf, sondern sogar Gäste zu sich einlud, wenn diese bei ihr war. Elizaveta Tarachovskaja, die sich mit Marina Ivanovna in Golicyno traf, sagte, daß viele Schriftsteller sie ignorierten und sie noch nicht einmal grüßten.

Und trotzdem hatte Marina Ivanovna viele gute Bekannte und Freunde in Moskau, die sie häufig besuchte. Vielleicht setzten einige von denen, die mit ihr Kontakt hatten, sich über ihre Furcht hinweg, und andere hatten einfach keine Ahnung, daß es einen Grund gab, sich zu fürchten. Auf jeden Fall machten weder die Asmusens noch die Vil'monts, weder Nina Jakovleva noch Pasternak je eine Bemerkung darüber. Auch Tarasenkov sagte nie etwas, und was mich anbetrifft, so gehörte ich eben zu jenen, die nicht ahnten, daß man sich Sorgen machen müßte.

In der Kantine in Golicyno hielt Marina Ivanovna sich manchmal noch etwas auf, um mit denen zu plaudern, die ihr wohlgesinnt waren. Das Geschirr wurde schnell vom Tisch abgeräumt. Manche stellten ein Schachspiel auf, andere sahen neue Zeitungen durch, wieder andere zogen sich in eine Ecke zurück. Einen Aufenthaltsraum oder eine Bibliothek, wo man seine Zeit hätte verbringen können, gab es damals nicht – nur diese Kantine.

Man diskutierte über das Leben, über Literatur. Bei Marina Ivanovna findet sich eine interessante Notiz aus jenen Tagen:

»... Es gab noch einen Streit (aber hier stritt ich – *innerhalb* meines Mundes) – mit Gen. Sannikov, ob es ein Poem über synthetischen Kautschuk geben könne. Er behauptete – ja, und er schreibt ein solches Poem, weil *alles* ein Thema ist. (›Mir scheint, Kautschuk braucht man nicht in Poemen, sondern in Fabriken‹, habe ich in Gedanken erwidert.) In der Lyrik braucht man nur Dinge, die niemand braucht. Es ist der allerärmste Ort in der ganzen Welt. Und dieser Ort ist heilig. (Ich kann mir nur schlecht vorstellen, wie man ein solches Poem schreiben kann – in völliger Reinheit des Herzens, aus der Seele und für die Seele.)«

Doch meistens ging Marina Ivanovna nach dem Essen im Wald spazieren, mit Noj Grigor'evič Lur'e, mit Ljudmila Veprickaja, mit Tager, mit Elizaveta Tarachovskaja oder mit Moskvin und seiner Frau Tanja Kvanina. Mur machte inzwischen seine Hausaufgaben, oder er ging hinter ihnen her, schweigend, konzentriert. Von Zeit zu Zeit mischte er sich gleichberechtigt in das Gespräch ein.

»Während meines Aufenthaltes in Golicyno führte ich

ein recht interessantes Leben, in der Nähe des Erholungsheims für Schriftsteller (von Dezember - Sommer 1939-1940)«, schrieb Mur später, schon im Herbst 1941, an Alja ins Lager. »Ich bin dort in die Dorfschule gegangen, nahm Mathematikunterricht beim Direktor, und gleich nach der Schule ging ich ins Schriftstellerhaus, wo ich mit einem ganzen Chor von Schriftstellern, Kritikern, Dramatikern, Drehbuchautoren, Dichtern usw. frühstückte und Mittag aß. Dieser Salto mortale (von der Schule zum Schriftsteller) war recht malerisch und gab mir reiche Nahrung für interessante Beobachtung und Bekanntschaften. Es kamen ständig neue Menschen ins Schriftstellerhaus, es war ein bunter Cocktail, ein Reigen verschiedener Menschen. Das alles bot mir bisweilen ein interessantes Schauspiel.«

Viele Menschen, die nicht immer eine Bekanntschaft wert waren, kamen und gingen in diesen Monaten, die Marina Ivanovna in Golicyno verbrachte. Wie verwöhnt war sie früher gewesen: Welche Persönlichkeiten – nicht Personen – hatte sie in ihrem Leben getroffen. Sie hat einmal gesagt:

»Mein Gott, sich vorzustellen, daß an einem Tisch Blok, Belyj, die Achmatova, Mandel'štam, Majakovskij, Bal'mont, Esenin, Pasternak saßen! Welch ein Gelage! ...«[8]

Natürlich, in Golicyno fand ein solches »Gelage« damals nicht statt. Doch trotzdem traf man unter den Bewohnern dieses Hauses auch interessante Intellektuelle. Darunter war z. B. Ivan Kaškin, der Hemingway-Übersetzer, er war klug, sensibel, belesen. Und Kornelij Zelinskij, der ihr aus irgendeinem Grunde riesig groß zu sein schien. Er war ein ausgezeichneter Lyrikkenner, und in privaten Gesprächen sagte er offen, wen er mochte und wen nicht. Dann lebte dort noch Noj Grigor'evič Lur'e, der Marina Ivanovna sehr am Herzen lag. Sie beklagte sich, daß »wir in letzter Zeit wenig zusammen waren, und zusammen bedeutet für mich – zu zweit, ich kann es auch zu dritt, aber nicht mit einer so moralisch belehrenden Ehefrau ...«

Noj Grigor'evič hat uns Erinnerungen aus jener Zeit hinterlassen:

»Den Winter 1939–1940 verbrachte ich in Golicyno, und ich traf mich täglich mit Marina Ivanovna, die, wie ich, eine Weile im Schriftstellerhaus gelebt hatte[9] und später noch ihre Mahlzeiten dort einnahm. Marina Ivanovna liebte es, sich zu unterhalten. Mitunter konnte sie sehr bissig sein. Ich erinnere mich an ihre improvisierten, schonungslosen Porträts von Andrej Belyj und Remizov. Sie hatte den bösen Biß eines Meisters, ihre Stimme war laut und scharf. Doch hinter diesem selbstbewußten Ton und den festen Ansichten spürte man ihre Verlorenheit und ihre furchtbare Einsamkeit. Ihr Mann und ihre Tochter saßen im Gefängnis, mit dem Sohn verband sie, so schien mir, keine gemeinsame Sprache. Die Schriftsteller mieden ihre Bekanntschaft, weil sie eine ehemalige Emigrantin war. In den Augen dieser grauhaarigen Frau mit dem ungewöhnlichen Gesicht kam manchmal ein solcher Ausdruck der Verzweiflung und der Qual auf, der deutlicher als alle Worte ihren Zustand ausdrückte.

Nach dem Mittagessen oder nach dem Abendessen setzte ich mich häufig zu ihr.

Sie sprach von dem Leben russischer Schriftsteller im Ausland, über ihre Treffen mit Majakovskij, den sie für einen großen ›organisch-revolutionären Dichter‹ hielt, der aber ›aus irgendeinem Grund nicht sehr glücklich war, obwohl er, so scheint es, alles hatte, was man brauchte, um glücklich zu sein: Talent, Wagemut, und sogar einen so alltäglichen Zug wie mangelnde Kleinlichkeit. Und er befand sich im Einklang mit seiner Zeit.‹

Marina Ivanovna schätzte unsere Gespräche offensichtlich sehr, und sie war betrübt, wenn ich, wie es vorkam, meine Zeit nicht mit ihr verbrachte; wenn ich Schach spielte usw.

An ein Treffen erinnere ich mich besonders gut. Nachdem ich seit dem Morgen drei Stunden gearbeitet hatte, schlug ich Marina Ivanovna nach dem Frühstück vor, spazierenzugehen.

Es war ein wunderschöner Tag: sonnig, windstill, es herrschte leichter Frost. Wir machten einen langen Spaziergang, anfangs über die Terrasse, dann durch den verschneiten Wald, und nur selten wechselten wir einige Worte. Da ich von mir selbst wußte, welch heilsame Ruhe ein solcher Spaziergang der Seele bringt, versuchte ich, meine Gefährtin nicht durch Gespräche abzulenken. Doch die seelische Unordnung, die diese außergewöhnliche Frau beherrschte, war offensichtlich zu groß, als daß sie sich dadurch beruhigen ließ.

›Mir geht es nicht gut, Noj Grigor'evič‹, sagte sie so unerwartet, aufrichtig und deutlich, wie es typisch für sie war. ›Ich bin also zurückgekehrt. Die schwüle, vergiftete Atmosphäre der Emigration war mir schon seit langem unerträglich geworden. Ich habe versucht, meine Bekannten mehr unter den Franzosen zu finden. Sie sind freundlich, der Umgang mit ihnen ist leicht, aber das war mir zuwenig. Es zog mich nach Hause, ich weiß selbst nicht, was ich mir darunter vorgestellt habe. Doch sehen Sie, was geschehen ist. Hier bin ich fremder als dort. Den Mann haben sie mir weggenommen, die Tochter haben sie mir weggenommen, alle gehen mir aus dem Weg. Ich verstehe nichts von dem, was hier vorgeht, und mich versteht niemand. Als ich noch dort war, hatte ich wenigstens in meinen Träumen eine Heimat. Jetzt bin ich hierher gekommen, und man hat mir meinen Traum weggenommen.‹

So ungefähr waren ihre Worte. Ich versuchte, sie zu beruhigen. Die Lage sei schwer, angespannt. Wachsamkeit drückte sich oft in einem vagen und für andere schmerzlichen Mißtrauen aus. Man müsse hoffen, daß es mit der Zeit vergehen würde. Sie ließ sich nicht trösten.

›Ich befürchte, daß ich mit diesem Wirrwarr nicht zurechtkomme. Es wäre klüger gewesen, so jemandem wie mir überhaupt nicht die Erlaubnis zur Rückkehr zu geben.‹«

Über ihre Zeit in Golicyno gibt es sonst nur wenige Dokumente. Doch hier kommt Marina Ivanovna selbst zur Hilfe: Sie hat Briefe an Gol'cev geschrieben, und sie hat Marietta Šaginjan Zettel unter der Tür durchgeschoben, wenn sie diese nicht in ihrem Zimmer antraf:

»Liebe Marietta Sergeevna, heute haben Sie mir in meinem Traum unentwegt vorgehalten, daß *alles* (jedes Ding) Sie 10 Rub. kostet.

Als ich aufwachte, überlegte ich, ob das teuer oder billig ist.

2) Geben Sie mir Ihre unklaren Stellen (Nizami), ich warte im Moment auf eine Übersetzung und bin mehr oder weniger frei. Geben Sie mir den Text und das Versmaß, aber markieren Sie das Versmaß nicht, sondern schreiben Sie es auf – mit irgendwelchen, selbst sinnlosen russischen Wörtern.«

Hier, in Golicyno, direkt nach Marina Ivanovnas Ankunft aus Moskau, begannen ihre Affären. Damals habe ich dem nicht so ganz geglaubt und hielt sie eher für Gerüchte, die die literarischen Kreise so sehr lieben, und obwohl ich selbst Zeugin dieser Affären war, habe ich versucht, sie nicht zu beachten. Ich wurde böse, wenn man in meiner Anwesenheit plötzlich zu flüstern und zu tratschen begann. Dabei wurden ihre früheren Romanzen gleich mitdiskutiert. Für mich war Marina Ivanovna eine geniale Dichterin und eine alte Frau, ich empfand diese Gespräche und diese Andeutungen als Beleidigung gegen sie.

Jetzt, wo viel Zeit vergangen ist und alles Geschichte

geworden ist, wo Bände mit ihren Briefen an viele oder über viele von denen veröffentlicht wurden, für die sie schwärmte – sie schwärmte sehr oft für jemanden – und wo diese Briefe Literatur geworden sind, wo sie nicht mehr am Leben ist, sondern selbst nur noch eine Erscheinung der Literatur ist – jetzt scheinen mir ihre Affären in Golicyno und in Moskau natürlich und gesetzmäßig für sie, und alt erschien sie mir und meinen Altersgenossen damals nur, weil wir selbst so jung waren.

Leben bedeutete für sie – lieben. »Ohne sie (die Liebe) lebe ich überhaupt nicht ...«; »Zwischen Liebe und Liebe gekreuzigt / Ist mein Augenblick, meine Stunde, mein Tag, mein Jahr, mein Jahrhundert.« Das ist bei weitem keine poetische Übertreibung, so verlief ihr ganzes Leben.

»Ich habe nichts über Menschen geschrieben, aber im *Endeffekt* habe ich in diesem Sommer niemanden sehr geliebt, und nur das ist wichtig ...« Nur das war wichtig, denn nur so entstanden Gedichte. »Jede Zeile von mir – ist Liebe.« Liebe bedeutete auch Schaffen, denn sie schuf diese Liebe mit der Kraft ihrer Phantasie, ihres Temperaments, ihres Talents. Häufig schuf sie einen Menschen aus der Ferne, in Briefen, ohne ihn überhaupt zu kennen, und eigentlich war ihr das auch gar nicht wichtig. Erinnern wir uns an das Gespräch in *Eine Erzählung von Sonečka*, als Sonja das Lied »Der Kavalier will das Fräulein stehlen ...« singt. Dazu sagt Marina Ivanovna:

»Er *hat* sie schon gestohlen, und dann erst gesehen, daß – es sich nicht lohnte.

Sonečka, eifersüchtig: Weshalb?

Ich: Deshalb, weil er ein Dichter war, der es nicht nötig hatte, zu stehlen, um zu besitzen. Er hatte es nicht nötig – zu besitzen ...«

»Meine liebste Art der Verständigung ist die jenseitige: der Traum: im Traum sehen.

Die zweitliebste – der Briefwechsel. Der Brief, als eine

Art jenseitiger Verständigung ist weniger vollkommen als der Traum, doch die Gesetze sind dieselben ...«

Sie trieb ihr magisches Spiel mit Worten so weit, bis sie eine *elementare Eingebung* hatte, und eigentlich ging es ihr nur um diese Inspiration. In einem ihrer hervorragenden Essays zur Literatur, wo sie darüber spricht, was das Genie ist, formuliert sie sehr präzise, was sie selbst ist:

»... die höchste Stufe der Anfälligkeit für die Inspiration – erstens, die Fähigkeit, mit dieser Inspiration umzugehen – zweitens. Die höchste Stufe seelischer Zerstreuung und höchste Anspannung. Höchstes Leiden und höchste Tätigkeit.

Sich zerstören lassen bis zu einem letzten Atom, aus dessen Unversehrtheit (Widerstand) die Welt erwächst.«

In einem Brief von 1923 an Aleksandr Bachrach drückt sie sehr klar und offen ihr Credo aus, sie spricht von der Tragödie des *Nicht-Findens* dessen, was sie sucht, was viele suchen und ebensowenig finden, so daß sie sich mit dem versöhnen, was ihnen das Leben bietet. Doch Marina Ivanovna gehörte nicht zu jenen, die sich versöhnen lassen.

»Lieber Freund, das letzte Jahrzehnt meines Lebens ist mit drei, vier Ausnahmen eine einzige Prager Diele.*[10] Ich habe eine grausame Schule durchgemacht und habe alles an eigener Haut erfahren (vielleicht hat man an meinem Schicksal gelernt, ich weiß es nicht). Mit zwanzig Jahren, großartig und siegessicher, habe ich laut und deutlich verkündet: ›Wenn ich die Seele eines Menschen liebe, so liebe ich auch seinen Körper. Wenn ich die Worte eines Menschen liebe, so liebe ich auch seine Lippen. Und wenn man ihm diese Lippen abschneiden würde, so würde ich ihn trotzdem lieben.‹

Zehn Jahre später ist die Antwort unwiderlegbar:

›Das ist Romantik. Das hat mit der Liebe nichts gemein.

* Café-Restaurant in Berlin. Vgl. hierzu Anm. 10.

Man kann den Gedanken eines Menschen lieben – und die Form seiner Nägel nicht ertragen, auf seine Berührungen eingehen – und sich nicht auf seine geheimsten Gefühle einlassen. Das sind verschiedene Bereiche. Die Seele liebt die Seele, die Lippen lieben die Lippen, wenn Sie das vermischen, behüt' Sie Gott, wenn Sie versuchen, das zu vereinen, werden Sie unglücklich werden.‹

Lieber Freund, darin liegt ein Körnchen Wahrheit, aber nur insofern, als daß Sie ein Ganzes sind und der andere zersplittert ist. Bei den meisten Menschen ergeben die Einzelteile keinen harmonischen Chor, sie sind völlig verschiedenstimmig hinsichtlich ihrer Gefühle, ihrer Taten, ihrer Ideen: Ihre Hände sind ihren Taten nicht ähnlich und ihre Worte nicht ihren Lippen. Mit diesen, d. h. mit fast allen, sind diese Erfahrungen grausam und vergeblich. Außerdem, bei aller Ehre, verlieren die Besten, die Feinsten, die Zärtlichsten bei so einer intimen Liebe sehr, sie werden so viel einfacher, einer wird dem anderen ähnlich, und der andere einem dritten, so daß – du den Mut verlierst und nicht weißt: Sind sie es? In engster Liebe erkennst du einen Menschen in fünf Sekunden, er ist offensichtlich – und viel zu offensichtlich! *Hier* bevorzuge ich die Lüge. Ich will nicht, daß die Seele, an der ich mich ergötzte, die ich verehrte, plötzlich im Vogelgezwitscher eines Kleinkindes verschwindet, im Raubtiergähnen eines Tigers, ich möchte diese Hingabe nicht, die gleichzeitig mit *sich selbst* auch mich vergißt. Ich war jünger – und es tat weh, ich wurde älter – und begrenzte mich auf hochmütige, nachsichtige (immer leidenschaftliche) Neugierde. Ich wurde *gut*, doch für solch eine Güte, mein Lieber, kommt man in die Hölle. Ich wurde zur Beobachterin. Meine Seele, die sich in ihr letztes Fort verkrochen hatte, beobachtete wie ein Raubtier die andere Seele – oder ihre Abwesenheit. Ich begann aufzuschreiben: Angewohnheiten, Gesten, Wörter, – manchmal ins Heft, manchmal tiefer. Ich überzeugte mich davon, daß gerade in der Liebe der andere niemals etwas mit mir zu tun hat. Es geht ihm um sich selbst, er vergißt mich im Rausch, so daß er mich, wenn er aufwacht – kaum erkennt. Und meine Rolle? Die Rolle der Abwesenden in Anwesenheit? Oh, schließlich reichte es mir, ich zog es vor, Anwesende in Abwesenheit zu sein (das erinnert mich an das Gebet ›in der Zerstreuung – der Anwesenden‹) – ich habe diese Wand – den Körper – völlig aufgegeben, ich habe sie den anderen, allen, überlassen.

Doch in den tiefen Stunden der Seele ... fallen alle meine Erfahrungen, alle meine alten Schlangenhäute ab. Ich liebe den Lärm der Bäume, ihr hilfloses oder freies Winken, es ist mir unmöglich, ihren Stamm und ihr Laub nicht zu lieben: denn durch das Laub lärmen sie, durch den Stamm wachsen sie! All diese Unterteilungen in Körper und Seele sind eine grausame Anatomie am Lebenden, eine subjektive Auswahl, Ästhetisieren, Herzlosigkeit. Oh, die erwähnte ›Prager Diele‹ lebte davon ... Absolute Berechnung. Die Gleichzeitigkeit ist, als Gesetz, eine Tragödie, von einem Scherz verdeckt, Beleidigungen unter dem Schild der ›Offenbarung‹. – Ich habe mich einfach zurückgezogen, wie ich mich immer bei folgender Erklärung zurückziehe: ›Dieses und jenes in Ihren Gedichten akzeptiere ich, dieses und jenes – nicht.‹ Das ist eine Zerteilung des Lebendigen, Gewaltanwendung, Beleidigung, ich halte es nicht aus, wenn man aus mir etwas auswählt, deshalb: schließe ich mich ganz aus dem Gebrauch aus, gehe in meine Welten, oder richtiger, ich lenke *meine* Welt, aus der Ferne, wo ich die Herrin bin!«

Aleksandr Bachrach – sie kannte ihn nicht, damals in Berlin hatte sie ihn nicht kennengelernt. Erst später in Prag, oder richtiger in dem Dorf bei Prag, las sie seine Rezension zu ihrem Buch *Handwerk*. Die Rezension gefiel ihr, und am 9. Juni 1923 schrieb sie ihm den ersten Brief. Dann folgte ein Brief auf den anderen ...

»... Ich weiß nicht, wer Sie sind, ich weiß nichts über Ihr Leben, ich gehe völlig frei mit Ihnen um, ich rede mit einem Geist ...

... ich möchte von Ihnen – ein Wunder. Das Wunder des Vertrauens, das Wunder des Verstehens, das Wunder der Befreiung. Ich möchte, daß Sie, mit ihren zwanzig Jahren, ein siebzigjähriger Greis sind – und zugleich ein siebenjähriger Junge, ich möchte kein Alter, keine Zahlen, keinen Kampf, keine Barrieren ...

... Die Maßlosigkeit meiner Worte ist nur ein schwacher Schatten der Maßlosigkeit meiner Gefühle ...

... Ich habe so viele Wörter ... Es ist ein *Teufelsspiel.* Es ist ein reines va banque – von was? – und das habe ich mir dazu ausgedacht: nicht vom Herzen, es ist viel zu klein in meinem Leben! – vielleicht habe ich überhaupt keins, doch gibt es etwas anderes, und davon habe ich viel, das kann ich niemals verausgaben – die Seele? Ich weiß nicht, wie es heißt, aber außer diesem habe ich nichts ...«

Das »Teufelsspiel« lief, und Marina Ivanovna schuf aus der Ferne einen Mythos über Bachrach. Schon fühlte sie sich von ihm angezogen, hingerissen, und als sich im August eine Antwort von ihm verzögerte: »Freund, ich bin kein kleines Mädchen (obwohl – in einigen Dingen werde ich nie erwachsen), ich habe mich verbrannt, habe gebrannt, gelitten – das alles hat es gegeben, – aber SO habe ich mich noch nie verletzt, wie ich mich an Ihnen verletzt habe, mit aller Kraft des Vertrauens – gegen die Wand! – niemals. Ich bin von Ihnen abgestürzt wie von einem Berg ...

... Wir verraten uns, nicht die anderen, doch wenn es – in dieser Stunde der andere ist, dann verraten wir trotzdem den anderen. Wer waren Sie in dieser Stunde? Mein SCHMERZ ...«

Marina Ivanovna hat Bachrach mehr als einmal geschrieben, daß ihr »eine große Sache vorschwebt, zu der es mich schon lange hinzieht«, – doch offensichtlich brauchte man zu einer großen Sache *die Inspiration der Elemente* und nicht eine Liaison in Briefen, mündlich und von Angesicht zu Angesicht. Dann, am 20. September, ein Brief an Bachrach:

»Mein lieber Freund, nehmen Sie Ihre ganze Kraft in beide Hände, hören Sie mich an: *Etwas* ist zu Ende gegangen.

Jetzt ist das Schwerste getan, hören Sie weiter.

Ich liebe einen anderen – einfacher, gröber und ehrlicher kann ich es nicht sagen.

Habe ich aufgehört, Sie zu lieben? Nein. *Sie* haben sich nicht verändert, und auch ich habe mich nicht verändert. Eins hat sich verändert: Meine schmerzhafte Konzentration auf Sie. Sie haben nicht aufgehört, für mich zu existieren, ich habe aufgehört, in Ihnen zu existieren. Meine *Stunde* mit Ihnen ist zu Ende, es bleibt meine Ewigkeit mit Ihnen. Oh, lassen Sie sich Zeit damit! Es gibt, außer Leidenschaften, auch noch Weiten. In diesen Weiten findet jetzt unser Treffen statt.

Oh, die Wärme ist nicht vergangen. Sie haben aufgehört, mein *Unglück* zu sein, doch haben Sie nicht aufgehört, meine *Sorge* zu sein ...

Wie das geschehen ist? Oh, Freund, *wie* ist das geschehen?! Ich bin losgestürmt, der andere antwortete, ich hörte große Worte, deren es einfachere nicht gibt und die ich, vielleicht, zum ersten Mal im Leben höre: ›Ein Liebesverhältnis?‹ Ich weiß es nicht. Ich lasse mich selbst durch den Wind in Zweige schnüren. Von den Händen – bis zu den Lippen – und wo ist die Grenze? Gibt es eine Grenze?! Die Erdenwege sind kurz. Was daraus wird – ich weiß es nicht. Ich weiß: ein großer Schmerz. Ich gehe dem Leiden entgegen.

Dieser Brief ist ein Akt meines *Willens*. Ich hätte ihn niemals schreiben müssen, und Sie hätten niemals etwas erfahren …

Jetzt die Hauptsache: Wenn Sie ohne mich *nicht sein können* – nehmen Sie meine Freundschaft, meine behutsamen und aufmerksamen Hände. Diese raube ich Ihnen nicht, obwohl sie sich nicht zu Ihnen ausstrecken … ›Neigungen sind eine Art Leiden‹. *Das Leiden* verging, *die Krankheit* verging, – nun, seien wir gerecht: Die weibliche Erregung verging, aber …

Freund, ich tröste Sie nicht, ich versetze *mich* in Schrekken, ich kann hier nicht leben und lieben …«

Und am 22. September an Rodzevič:

»… Harlekin! – so nenne ich Sie. Der erste Harlekin in einem Leben, in dem es – unzählige Pierrots gab! Zum ersten Mal liebe ich einen Glücklichen, und vielleicht suche ich zum ersten Mal das Glück und nicht den Verlust, möchte ich nehmen und nicht geben, sein und nicht untergehen! Ich spüre in Ihnen Kraft, das hat es bei mir noch nie gegeben. Die Kraft, mich nicht ganz zu lieben – das Chaos –, sondern mein besseres Ich, das hauptsächliche Ich. Ich habe einem Menschen noch nie das Recht auf Auswahl zugestanden: entweder alles – oder nichts – doch in diesem *alles* ist – wie im Urchaos – *so viel* Einfaches, daß der Mensch darin verlorenging, sich *verlor*, und im Endeffekt dann auch mich …

Sie haben ein Wunder mit mir bewirkt, zum ersten Mal habe ich die Einheit von Himmel und Erde gespürt. Oh, die Erde habe ich auch vor Ihnen geliebt: die Bäume! Alles habe ich geliebt, alles konnte ich lieben, außer dem anderen, dem Lebendigen. Der andere hat mich immer gestört, er war eine Wand, gegen die ich gestoßen bin, ich *konnte nicht* mit dem Lebendigen! Daher das Bewußtsein: nicht – Frau – Geist! Nicht leben – sterben. Bahnhof …«

Und mehr Briefe, Briefe an Bachrach, an Rodzevič, an andere. Sie legte ihre Gefühle offen dar, sie konnte sie nicht verbergen. Häufig entwarf sie den Brief zuerst in ihrem Heft, und erst dann schrieb sie ihn. »Das Heft ist öffentlich, wenn nicht heute, so in der Zukunft«, sagte Marina Ivanovna. Sie hatte zu ihren Briefen eine ganz besondere Beziehung: Wenn die Begeisterung abkühlte, war ein Brief für sie nur noch Literatur. Sie traf sogar eine Auswahl aus den Briefen, die sie veröffentlichen wollte.

Während fast alle anderen Affären Marina Ivanovnas mit Gedichten begannen, man sich in sie als Dichterin verliebte und sich vor ihrem Talent verneigte, war es diesmal anders. Rodzevič verstand ihre Gedichte nicht – »Ich bin nicht seine Dichterin!« Nach Erinnerungen seiner Zeitgenossen zu urteilen, verfügte er weder über einen außerordentlichen Intellekt noch über ein besonderes Temperament, doch er war ein entschlossener und mutiger Mann, der mehr als einmal dem Tod ins Auge sah. Während des Bürgerkrieges in Rußland wurde er als roter Kommandeur von den Weißen zum Tode verurteilt. Ein General, der seinen Vater kannte, einen ehemaligen Armeearzt der Zarenarmee, rettete ihn vor dem Erschießen. Mit den Resten der zerschlagenen Weißen Armee gelangte er nach Gallipoli, wo er Sergej Jakovlevič kennenlernte. Sie studierten gemeinsam an der Prager Universität und wohnten in »Svobodárn«, einer Gemeinschaftskaserne für emigrierte Studenten.

Am Anfang fühlte Marina Ivanovna sich überhaupt nicht von ihm angezogen, sie machte sich sogar lustig über seine »Schmetterlingshaftigkeit« (Aljas Wortschöpfung!), seine Oberflächlichkeit, sein Unverständnis und seine Unkenntnis von Literatur und über sein allzu mittelmäßiges Kaliber. Doch Casanova, »der kleine Casanova«, wie Sergej Jakovlevič ihn nannte, eroberte sie dann doch.

Doch auch diese Affäre war, wie alle anderen Affären

Marina Ivanovnas, nur von kurzer Dauer. Am 10. Januar 1924 schrieb Marina Ivanovna an Bachrach:

»Lieber Freund, ich bin sehr unglücklich. Ich habe mich von *dem* getrennt, liebend und geliebt werdend, auf dem Höhepunkt der Liebe, nicht getrennt – losgerissen! Auf dem Höhepunkt der Liebe, *ohne Hoffnung* auf ein Wiedersehen. Ich habe mein und sein Leben zerstört ...

... Meine Zukunft – ist das Gestern, ist das klar? Ich – bin ohne *Morgen*.

Es bleibt eins: die Gedichte. Doch: außerhalb von *mir* (der Lebendigen) braucht er sie nicht (er liebt Gumilëv, ich – bin nicht seine Dichterin). Folglich: auch dieser Weg fällt weg ...«

Ihre Stunde mit ihm war vorbei, es blieben die Gedichte, der Weg in die Ewigkeit, wo *er, sie beide* nur eine Fußnote zu ihren Gedichten sein würden: »Ich gerate auch von Menschen sechstklassiger Sorte in Brand, hier bin nicht ich der Richter, sondern – die Gedichte! ...«

Der Beziehung mit Rodzevič verdanken wir das *Poem vom Berg* und das *Poem vom Ende*, doch schon bevor sie sich von ihm trennte, schrieb sie an Bachrach: »Ich befinde mich am Vorabend einer großen Sache, das freut und erschreckt mich ...«

Während sie im Januar und Februar das *Poem vom Berg* schrieb und von Februar bis Juni das *Poem vom Ende*, so wurde der November des Jahres 1924 schon vom *Versuch zur Eifersucht* bestimmt, aber das war schon der Ausbruch einer anderen Affäre.

Nachdem sie mit Rodzevič gebrochen hatte, suchte sie am Anfang »von Mund zu Mund und von Auge zu Auge« Trost bei Bachrach:

»Freund, Sie verstehen jetzt, warum ich es unbedingt brauche, daß Sie mich lieben. (Nennen Sie es Freundschaft, das ist das gleiche.) Denn *es gibt mich nicht*, nur durch die Liebe zu mir verstehe ich, daß ich bin. Wenn Sie die ganze Zeit sagen werden: ›du ... – dein ... dich‹, dann werde ich, endlich, verstehen, daß das ›du‹ ist. Früher: – ›ich liebe, also bin ich‹, jetzt: ›ich werde geliebt, also ...‹«

Doch sofort suchte sie Schutz bei Mark Slonim, er war näher, er war bei ihr, in Prag. Slonim arbeitete bei der Zeitschrift *Volja Rossii* [Der Wille Rußlands] und veröffentlichte ihre Gedichte. Marina Ivanovna brauchte es, wie sie sagte, daß sie sich an jemanden anlehnen konnte, eine »freundschaftliche Schulter« hatte. Später berichtete Slonim davon in seinen Erinnerungen:

»Ihr schien, daß ich ihr diesen seelischen Halt geben konnte, um so mehr, als ich mich in dieser Zeit von meiner ersten Frau getrennt hatte, und in der ungefähren Ähnlichkeit privater Komplikationen sah MI einen Beweis gegenseitigen Verstehens. Doch es kam zu einem Zusammenstoß unserer Individualitäten, Temperamente und Ziele. Erstens schuf sich MI, wie auch sonst, eine Illusion von mir: Sie stellte sich mich als Verkörperung des Geistigen und aller möglichen Tugenden vor, wobei sie mein Privatleben, meine Neigungen, Leidenschaften oder Laster überhaupt nicht kannte. Nachdem sie sich in irreale Höhen geschwungen hatte, schwelgte sie nicht lange in ihnen, und die Landung führte, wie immer, zu Verletzungen und Leiden. Zweitens forderte sie von ihren Freunden ungeteilte Hingabe und kompromißlose Opferbereitschaft, wobei sie wollte, daß diese Opfer ihr nicht von einem schwachen, sondern von einem starken Menschen gebracht wurden, einen schwachen Menschen hätte sie verachtet.

In einem Brief an die Tesková im April 1929 gibt MI offen zu: ›Früher habe ich so gegeben, wie man eigentlich nimmt – im Sturm! Dann wurde ich friedlicher. Die Menschen brauchen etwas anderes als das, was ich geben kann.‹ Doch eigentlich war es so, daß sie selbst das ablehnte, was andere ihr anboten – sie wollte mehr. Ich konnte weder Sturmangriffe noch das Absolute annehmen, was dazu geführt hätte, daß ich mein Leben, mich selbst, meinen eigenen Weg aufgebe. Sie merkte es sich, daß ich einmal zu ihr gesagt habe: ›Nur nackte Seele! das macht einem Angst.‹ Das konnte sie mir nicht verzeihen, und als noch stärkere Beleidigung sah sie es an, daß ich weder Leidenschaft noch wahnsinnige Liebe für sie empfand und ihr statt dessen nur Ergebenheit und Anhänglichkeit bieten konnte, als Kamerad und Seelenverwandter. MI hat geschrieben: ›Ich möchte einen Freund für das ganze Leben und für jede Stunde (für die Möglichkeit jeder Stunde). Der sich IMMER, sogar auf dem Sterbebett, über mich freuen würde.‹ Doch ich wußte, daß unsere Lebenswege nicht parallel verlaufen würden, sich nur ab und an kreuzen würden, und daß wir beide völlig verschiedene Schicksale haben würden. Daher ihre fälschliche Annahme, daß ich sie zurückstieß, mehr noch, sie gegen unwürdige Frauen eintauschte, daß ich ›Plunder aus Gips dem Mamor aus Carrara‹ vorziehe (wie sie es in *Versuch zur Eifersucht* beschrieben hat).«

Doch hätte sie sich nicht verletzt und wären die Höhenflüge nicht gewesen, so hätte es vielleicht gar keine Gedichte gegeben. Außerdem war bei all ihren Stürzen und Aufschwüngen, bei allen Verzweiflungen und Affären immer Sergej Jakovlevič zur Stelle. Er ging wie ein Schatten durch ihr ganzes Leben, und wir wissen fast nichts über ihn. Von Marina Ivanovna haben wir Bände mit Briefen über ihre Gefühle, ihre Empfindungen, ihre Affären, egal, ob sie stattgefunden haben oder nicht. Von Sergej Jakovlevič – über seine seelischen Qualen – gibt es nur einen Brief an Vološin. (In allen Briefen an seine Schwester, an Lilja, die ihm besonders nahestand, verlor er nie ein Wort über sein schwieriges Familienleben, und wenn er etwas über Marina Ivanovna schrieb, so war es immer etwas Positives und voller Hochachtung.) Der Brief an Vološin stammt aus der Zeit, als Marina Ivanovna in Rodzevič verliebt war.

»Lieber Maks.

Deinen schönen, zärtlichen Brief habe ich schon vor langer Zeit bekommen, und die ganze Zeit über habe ich es nicht geschafft, Dir zu antworten. Der einzige Mensch, dem ich alles sagen könnte, bist natürlich Du, doch selbst das ist schwierig. Schwierig, denn in diesem Bereich wird alles, was ich sage, für mich zur Tatsache, und obwohl ich keine Hoffnung mehr habe, hat mich ganz einfach die menschliche Schwäche aufrecht gehalten. Das ausgesprochene Wort erfordert bestimmte Handlungen und Schritte von mir, und hier verliere ich mich. Meine Schwäche und völlige Hilflosigkeit, M.s Blindheit, mein Mitleid mit ihr, das Gefühl einer hoffnungslosen Sackgasse, in die sie sich verrannt hat, meine Unfähigkeit, ihr entschlossen und bestimmt zu helfen, die Unmöglichkeit, einen guten Ausweg zu finden – all das führt zum Stillstand an einem toten Punkt. Wir sind so weit gekommen, daß jeder Weg, der an der Wegkreuzung eingeschlagen wird, zum Untergang führen kann.

M. ist ein Mensch der Leidenschaften: in viel größerem Maße als früher – vor meiner Abreise. Sich völlig ihrem Orkan hinzugeben – das ist für sie zu einer unbedingten Notwendigkeit geworden, zur Luft ihres Lebens. Wer diesen Orkan entfacht, ist nicht wichtig. Fast immer (jetzt wie auch früher) oder eigentlich immer beruht alles auf Selbstbetrug. Sie denkt sich einen Menschen aus, und der Orkan bricht aus. Wenn sie schnell erkennt, wie nichtig und beschränkt der Urheber dieses Orkans ist, gibt M. sich einer orkanhaften Verzweifelung hin. Ein Zustand, der das Auftauchen eines neuen Urhebers begünstigt. Nicht das Was ist wichtig, sondern das Wie. Nicht das Wesen, nicht die Quelle, sondern der Rhythmus, ein ungestümer Rhythmus.

Heute Verzweifelung, morgen Begeisterung, Liebe, völlige Hingabe, und einen Tag später wieder Verzweifelung.

Und das alles bei einem klaren, kalten (fast voltaireartig zynischen) Verstand. Die, die sie gestern bewegt haben, werden heute scharfsinnig und böse verlacht (fast immer zu Recht). Alles wird zum Buch. Alles wird ruhig, mathematisch auf eine Formel gebracht. Ein riesiger Ofen, für dessen Erhitzung Holz, Holz und noch mehr Holz nötig sind. Die unnötige Asche wird fortgeworfen, die Qualität des Holzes ist nicht so wichtig. Solange der Zug gut ist – wird alles zur Flamme. Ist das Holz schlechter – verbrennt es schneller, ist es besser – hält es länger.

Überflüssig zu sagen, daß ich schon lange nicht mehr zum Anheizen tauge. Als ich nach Berlin kam, um M. abzuholen, habe ich schon damals sofort gespürt, daß ich M. nichts geben kann. Einige Tage vor meiner Ankunft war der Ofen von jemand anderem angeheizt worden.[11] Für nur kurze Zeit. Danach ist es immer und immer wieder geschehen. Die neueste Etappe – für mich und auch für sie selbst sehr schwer – ist das Zusammentreffen mit meinem Freund, den ich aus Konstantinopel und Prag kenne, ein Mensch, der ihr völlig fremd ist, den sie lange Zeit mit Spott bedachte. Meine einwöchige Abwesenheit diente als äußerer Anlaß für den Ausbruch eines neuen Orkans. Ich habe es nur zufällig erfahren, obwohl sie ihre Freunde davon in ihren Briefen in Kenntnis gesetzt hat.

Man muß diesem absurden gemeinsamen Leben, das von Lügen, ungeschickten Konspirationen und anderem Gift durchdrungen ist, irgendwie ein Ende bereiten.

Das habe ich dann auch beschlossen. Ich hätte es schon früher getan, doch ich fürchtete noch, daß ich die Lage übertrieben sah, ich dachte, daß M. mich nicht anlügen kann usw.

Das letzte Ereignis brachte dann die ganze Kette früherer Bekanntschaften zum Vorschein. Ich habe M. von meiner Entscheidung, daß wir uns trennen sollten, in Kenntnis gesetzt. Zwei Wochen lang war sie in einem Zustand von Wahnsinn. Sie fühlte sich zwischen dem einen und dem anderen hin- und hergerissen. (Für die Zeit ist sie zu Bekannten gezogen.) Sie schlief nachts nicht, wurde dünner, zum ersten Mal habe ich sie so verzweifelt gesehen. Und schließlich teilte sie mir mit, daß sie mich nicht verlassen könne, denn das Bewußtsein, daß ich mich irgendwo einsam und allein befinde, würde ihr nicht eine Minute Ruhe geben, geschweige denn Glück. (Oh weh – ich wußte, daß es so sein würde.) Hier hätte ich hart bleiben können, wenn M. an einen Menschen geraten wäre, dem ich vertraute. Doch ich wußte, daß der andere (der kleine Casanova) Marina nach einer Woche fallenlassen würde, und in ihrer Verfassung wäre das ihr Tod gewesen.

M. strebt auf den Tod zu. Sie hat schon keinen Boden mehr unter den Füßen. Sie spricht ununterbrochen darüber. Und selbst wenn sie nicht davon sprechen würde, so wäre es doch offensichtlich für mich. Sie ist zurückgekommen. All ihre Gedanken sind bei dem anderen. Die Abwesenheit des anderen heizt ihre Gefühle an. Ich weiß, sie ist davon überzeugt, daß sie ihr Glück verloren hat. Natürlich nur bis zur zwangsläufigen nächsten Bekanntschaft. Jetzt lebt sie in Gedichten an ihn. Im Verhältnis zu mir absolute Blindheit. Sie kann mir nicht entgegenkommen, ist sehr häufig gereizt, fast bösartig. Ich bin zugleich Rettungsring und Mühlstein am Hals. Sie kann sich von dem Mühlstein nicht befreien, wenn sie nicht den letzten Grashalm ausreißen will, an dem sie sich festhält.

Mein Leben ist die reinste Folter. Um mich herum ist völliges Dunkel. Ich weiß nicht, wozu ich mich entschließen soll. Jeder folgende Tag ist schlimmer als der vorhergehende. Drückende Einsamkeit zu zweit, das unmittelbare Gefühl von Leben wird durch das Gefühl von Mitleid und Verantwortung getötet. Jede Stunde ändere ich meine Entscheidungen. Vielleicht ist das nur meine Schwäche? Ich weiß es nicht. Ich bin zu alt, um grausam zu sein, und zu jung, um, während ich anwesend bin, abwesend zu sein. Doch mein Heute ist die komplette Verwesung. Ich bin in dem Maße verletzt, daß ich mich von allem im Leben abwende, wie ein Typhuskranker. Es ist eine Art langsamer Selbstmord. Was tun? Könntest Du mir doch aus der Ferne den richtigen Weg weisen!...

... Was tun? Lange kann dieses gemeinsame Leben nicht dauern. Oder ich sterbe (...).* Im Privatleben gibt es ein ständiges zerstörerisches Element. Ich habe die ganze Zeit über versucht, M. und mich auf den bevorstehenden Bruch vorzubereiten, der nicht zu kraß sein sollte. Doch wie soll ich das tun, wenn M. aus aller Kraft in die Gegenrichtung strebt. Sie ist überzeugt, daß sie jetzt, wo sie aufopfernd auf ihr Glück verzichtet hat, das meine schmiedet. Sie versucht, nach außen hin die Form des gemeinsamen Lebens zu wahren, und will mich damit befriedigen. Wenn Du wüßtest, wie verworren und qualvoll das ist. Das Gefühl des drohenden Zusammenbruchs verläßt mich nicht eine Sekunde lang. Alles um mich herum ist vergiftet. Ich habe nicht einen richtigen Wunsch – nur Schmerz. Der über mich hereinbrechende Verlust ist um so furchtbarer, als ich meine letzten Jahre, die vor Deinen Augen abliefen, vielleicht vor allem durch M. lebte. Ich habe sie so stark und geradlinig und unerschütterlich geliebt, daß ich mich vor ihrem Tod fürchtete.

Marina ist ein nicht wegzudenkender Teil von mir, und deshalb erfahre ich jetzt, wo ich eine Trennung unserer Wege versuche, das Gefühl einer solchen Verheerung, einer solchen innerlichen Abgeschnittenheit, daß ich ver-

* Im Manuskript unleserlich – M. B.

suche, mit zusammengekniffenen Augen zu leben. Mich nicht zu fühlen – das ist vielleicht mein einziger Wunsch. Die schwierige Lage wird durch meinen grundlegenden Charakterzug noch verstärkt. Seit der Kindheit war bei mir das Gefühl ›ich kann nicht anders‹ immer stärker als das Gefühl ›ich will es so‹. Die Vorherrschaft der Statik über die Dynamik. Jetzt ist meine ganze Statik zum Teufel gegangen. Und darin lag meine ganze Kraft. Daher die völlige Hilflosigkeit. Mit Schrecken warte ich auf die kommenden Tage und Monate. Die ›Gravitation‹ zieht mich nach unten. Ich versuche mit aller Kraft, mich zu befreien. Doch wie und wohin?

Wenn Du hier wärst – ich weiß, daß Du M. in vielem helfen könntest. Ich rede mit ihr fast nie über die Hauptsache. Sie ist meinen Worten und mir gegenüber blind geworden. Doch vielleicht liegt es nicht an ihrer Blindheit, sondern an mir selbst. Doch darüber ein anderes Mal.

Ich schreibe diesen Brief nur an Dich. Noch weiß es niemand. (Doch vielleicht wissen es alle.)

22 Jan. 1924.

Ich habe diesen Brief einen Monat lang mit mir herumgetragen. Ich konnte mich nicht entschließen, ihn abzuschicken. Heute – habe ich mich entschlossen.

Marina und ich leben weiterhin zusammen. Sie hat sich beruhigt. Und ich habe die grundlegende Entscheidung aufgeschoben. Wenn es keinen Ausweg gibt, ist die Zeit der beste Lehrmeister. Stimmt's? Glücklicherweise muß ich viel arbeiten, und das hilft sehr ...«

Irgendwann, als sie noch sehr jung waren – er war siebzehn, sie war achtzehn – betraten sie den Zauberkreis der gegenseitigen Anziehung, dort, bei Vološin, am Ufer von Koktebel'. Und vielleicht war jener sehr klare, sehr strahlende Tag für sie beide schicksalhaft. Denn wäre Sergej Jakovlevič nicht gewesen, dann wäre Marina Ivanovna nicht emigriert, und ihr Leben in Rußland hätte ganz anders aussehen können. Doch wäre sie nicht gewesen, so wäre Sergej Jakovlevič damals, 1915, vielleicht nicht an die Front gegangen. Bei seiner schwachen Gesundheit hätte er ruhig in Moskau bleiben können, hätte studieren und sich mit seiner verlegerischen Arbeit beschäftigen können.

Er war fast nie da: der Krieg, die Flucht ins Ausland, dann das Studium an der Prager Universität; er kam nachts nach Hause ins Dorf, völlig kaputt, dann Examen, Krankheiten, das Ausbrechen der Tuberkulose, Sanatorien, Reisen nach Belgien, noch irgendwohin. Zu Hause war er ein Gast. Doch auch sie war zu Hause ein Gast – mit der Seele. Sie war ständig verliebt, im Flug, in Gedichten. Sie kochte, stopfte, wusch, wartete, schrieb, trieb Geld von den Redaktionen auf. Er war ständig unterwegs, versuchte, sich zu finden, konnte die Familie nicht mit einem Einkommen versorgen, dazu war er nicht in der Lage. Er war anspruchslos, gab sich mit wenig zufrieden, ertrug das Chaos der Gefühle und des Alltags, das in seiner Familie herrschte, geduldig und ergeben. Er gab sich der Politik hin, sie sich der Lyrik – zwei verschiedene Bereiche, zwei verschiedene Zugehörigkeiten – und trotzdem zusammen. »Gemeinschaft der Einsamkeiten« – so sprach Alja über ihre Familie.

Alja hat geschrieben: »Mama hat in ihrem ganzen Leben nur einen einzigen Menschen *richtig* verstanden – Papa, das heißt sie hat ihn *verstanden*, geliebt und *geachtet*, ihr ganzes Leben lang. Alle übrigen menschlichen (männlichen) Verzauberungen haben sie verzweifelt werden lassen, die Verzauberung hielt nur an, wenn der Mensch jenseits der Grenze des Erreichbaren im Leben blieb (z. B. Pasternak) oder jenseits der Grenze des sichtbaren *Lebens*, d. h. wenn er starb, und während er starb – ist er für sie aufs neue *auferstanden*.«

Doch war auch Sergej Jakovlevič der einzige Mensch, den Marina Ivanovna in ihrem Leben getroffen hat, der sie wirklich liebte, der in ihr die Dichterin schätzte und der sie selbst liebte, das, was ihr im Leben immer nicht genügte, das, was sie immer so beklagte, wodurch sie eifersüchtig auf ihre Gedichte wurde.

Nachdem Ėrenburg ihr geholfen hatte, Sergej Jakovlevič zu finden[12], schrieb sie in ihr Heft: »Von heute ab – Leben. Zuerst lebe ich, und dann erst kommt der Entwurf des Briefes. – Mein Serëženka! Wenn man vor Glück nicht stirbt, so wird man – auf jeden Fall – zu Stein. Gerade erst habe ich Ihren Brief erhalten. Ich bin zu Stein geworden. Die letzte Nachricht von Ihnen: Ihr Brief an Maks. Dann Leere. Ich weiß nicht, womit ich anfangen soll. Ich weiß, womit ich anfangen soll: damit, womit ich auch aufhören werde: mit meiner Liebe zu Ihnen ...« Es war völlig unwichtig, daß sie in den Jahren seiner Abwesenheit so viele Affären hatte.

Sie schonte Sergej Jakovlevičs Ehrgefühl nicht sehr, alle ihre Affären waren für Freunde und Bekannte offensichtlich, und nicht nur in Gedichten, sondern auch in Briefen sprach sie mit voller Offenheit von ihren Gefühlen für sie – die anderen.

November 1924. Die stürmischen Affären von Marina Ivanovna sind verstummt: »Ich führe ein häusliches Leben, das, was ich liebe und hasse – ein Mittelding zwischen Wiege und Grab, aber ich war nie ein Kleinkind und nie eine Tote! – Gemütlich – Ich habe zwei Schals gestrickt: einen grauen Winterschal, mit einer Borte aus Schnee, und einen grünen – im Stil der dreißiger Jahre – es fehlen nur noch ein Zylinder und das Manuskript eines hoffnungslosen Dramas unter dem wehenden Rockschoß des Mantels – beide stehen Sergej gut, und er, in der tragischen Sackgasse der Auswahl, trägt weder den einen noch den anderen ...«

Und ein Brief von Sergej Jakovlevič aus dieser Zeit: »Bei uns gibt es immer dasselbe und immer dasselbe ... Nur der Wald um uns herum war erst grün, dann rot und dann schwarz, und die Erde ist holzig geworden und hier und dort von Schnee bedeckt. Morgens ist das Zimmer voller Dampf und Frost, und abends laufen Bäche von den Wänden. Marina zieht mich und ihre seltenen Gäste nicht mehr hinter den Horizont von Všenory, sondern sie sitzt an ihrem Tisch, bedeckt mit all ihren Schals, und entweder strickt sie (der Wahnsinn dauert an) oder sie schreibt ...

Im Nebenzimmer röchelt der Petroleumkocher, kratzt Marinas Feder, und noch weiter, hinter der Tür, krächzt die Wirtin ein tschechisches Liedchen ...«

Marina Ivanovna war voller Sorge um Sergej Jakovlevič. Sie lebte für seine Interessen, für die Hausarbeit, wartete auf den Sohn, beschäftigte sich mit Alja, spielte die Rolle der »Eva – Herrin des Hauses«, die ihr so verhaßt und so ungewohnt war, die die Schwere des Dorflebens und der Armut noch verstärkte. Sie spielte sie nicht gerne und nicht lange, und schon begann Psyche in ihr zu rebellieren. In ihrem Brief an Ol'ga Černova-Kolbasina vom 26. November 1924, in dem sie von Rodzevič schrieb: »Wir waren eine Weile zusammen – und sind dann auseinandergegangen ... Wie einfach das alles ist, wüßte man es nur vorher!«

»Von mir haben sie sich *immer* so getrennt, außer B[oris] P[asternak], mit dem mir das Treffen und *folglich* auch die Trennung noch bevorstehen ... Liebe Ol'ga Eliseevna, verschaffen Sie mir die Gelegenheit, diesen Brief nach Moskau, zu ihm, zu befördern, – eine sichere! Wenn auch keine schnelle – so doch eine sichere ...

... mit einem Wort, ich muß ihm schreiben. (Ich habe seit Juni nicht geschrieben, und auf den letzten Brief – über meinen zukünftigen Boris[13] – habe ich keine Antwort bekommen, ich muß *nachfragen*.) Ohne Liebe kann ich trotzdem auf der Erde nicht leben, und um mich herum sind nur Armseligkeiten!«

Doch noch während des Höhepunktes ihrer Affäre mit Rodzevič bat sie auch Bachrach um eine Möglichkeit, Pasternak einen Brief zukommen zu lassen. Das war ein Jahr früher, im Oktober 1923: »Boris Leonidovič ist für mich ein Heiligtum, er ist meine ganze Hoffnung, daß es *jenseits* der Grenzen der Welt einen Himmel gibt, das, was es bisher nicht gab, was noch *sein wird*, ich vertraue Ihnen meine Liebe (den Brief) an Boris Pasternak an wie meine Seele, geben Sie ihn nicht unbedacht weiter ...«

Im Dezember 1924, als sie schon in Všenory war, Heimweh hatte, sich um die Säuglingssachen für den noch ungeborenen Sohn kümmerte und Ol'ga Eliseevna um ein Kleid bat (denn sie hatte nur ein einziges, und das paßte ihr schon nicht mehr), als Aljas Französisch ihr Kummer bereitete, und: »die Strümpfe bringen mich um, die ich mit einer Art verbittertem Protest stopfe (2 Paar von mir und 5 von Alja – und alle zerfallen sie in ihre Bestandteile!) ...« – da schrieb sie Gedichte. Und sie war böse auf Mark Slonim: »Eindeutig freut er sich über mich, und eindeutig braucht er mich nicht ... Ich werde ihm zum Neuen Jahr das Gedicht schicken, das ich auch Ihnen geschickt habe (›Wie lebt es sich ...‹*). Möge es ihm ins Herz schneiden oder seine Eigenliebe anpeitschen. Wenigstens an dem Abend wird ihm sein ›Gipsplunder‹ vergiftet sein ...«

Und in demselben Brief: »Ich brauche Pasternak – Boris – für einige nicht abendliche Abende – und für alle Ewigkeit. Wenn das an mir vorbeigeht – vie et vocation manquées – Wahrscheinlich geht es an mir vorbei.

Und leben könnte ich sowieso nicht mit ihm, – weil ich ihn zu sehr liebe ..«

* Zitat aus *Versuch zur Eifersucht.*

Die Zuneigung zu Boris Leonidovič, die mit den ersten Briefen aufkeimte, wurde zunächst unter der Geschäftigkeit der Tage, der Leidenschaften und Arbeiten verdeckt – jetzt erfüllte er sie ganz, alle Gedanken galten ihm, sie sehnte sich nach ihm, die Hefte sind voll von ihm, und die Briefe waren an ihn und über ihn.

»14. Februar 1925.

Boris!

Am 1. Februar, am Sonntagmittag, ist mein Sohn Georgij geboren. Neun Monate lang in meinem Leib und zehn Tage auf der Erde war er Boris, doch S. hatte den Wunsch (nicht die Forderung), ihn Georgij zu nennen – und ich habe nachgegeben. Und danach – Erleichterung.

Wissen Sie, welches Gefühl in mir brodelte? Wirrwarr, eine Art Verlegenheit: Sie, die Liebe, in die Familie einzuführen, ein wildes Tier zähmen – die Liebe, den Panther entwaffnen ...

... Boris war er, solange es niemand wußte. Ausgesprochen, wurde ich auf den Laut eifersüchtig.

Wenn ich sterben würde, würde ich Ihre Briefe und Bücher mit ins Feuer nehmen (in Prag gibt es ein Krematorium) – ich habe es Alja schon aufgetragen – daß man uns gemeinsam verbrennt – wie in den Einsiedlerklöstern! Ich hätte sehr leicht sterben können, Boris, – alles geschah so plötzlich: im letzten Haus des Dorfes, fast ohne Hilfe. Der Junge wurde in tiefer Ohnmacht geboren – 20 Minuten lang wurde er künstlich beatmet. Wenn es nicht Sonntag gewesen wäre, S. nicht zu Hause gewesen wäre (er ist jeden Tag in Prag), unser Bekannter, ein Medizinstudent, nicht hier gewesen wäre – er ist auch jeden Tag in Prag –, dann wäre der Junge gewiß gestorben, und vielleicht auch ich.

Genau in der Sekunde seiner Geburt fing auf dem Boden, neben dem Bett, Spiritus an zu brennen, und er zeigte sich beim Ausbruch der blauen Flamme. Und auf der Straße tobte ein Schneesturm, Boris, ein Wirbelsturm, der einen Menschen umwerfen konnte. Der einzige Schneesturm in diesem Winter, und ausgerechnet in *seiner* Stunde!

Wenn ich an ein Leben mit Ihnen denke, Boris, dann frage ich mich immer: Wie würde das sein?

Ich habe meine Seele dazu erzogen, hinter Fenstern zu leben, ich habe mein ganzes Leben durch das Fenster auf sie geschaut – oh, nur auf sie! – habe sie nicht ins Haus eingelassen, so wie man einen Hofhund oder einen hübschen Vogel nicht ins Haus läßt, nicht aufnimmt. Meine Seele habe ich zu meinem Haus gemacht ... doch niemals das Haus zu Seele. Ich fehle in meinem Leben, ich bin *nicht* zu Hause. Die Seele im Haus, die Seele – zu Hause, das ist für mich undenkbar, eben das denke ich nicht.

Boris, wir schaffen ein Wunder.

Wenn ich an meine Todesstunde denke, denke ich immer: wen? Wessen Hand! Nur Deine! Ich will weder Geistliche noch Dichter, ich möchte den, der nur für mich allein Worte kennt, sie wegen mir, durch mich kennt, gefunden hat. Ich möchte diese Kraft in dem physischen Gefühl der Hand. Ich möchte Dein Wort, Boris, für *jenes* Leben.

Unsere Leben sind ähnlich, auch ich liebe die, mit denen ich lebe, aber das ist *Pflicht*. Du aber bist mein Wille, jener Puškinsche, an Stelle des Glücks (ich glaube ganz und gar nicht, daß ich mit Dir glücklich wäre! Glück? Pour la galerie und *für den Pöbel*.*).

Du bist mein Bruder, der in Werst gemessen wird, alles andere in meinem Leben – wird in Arschin** gemessen ...«

»Es ist nicht so bestimmt, daß der Starke sich mit dem Starken verbinde in dieser Welt ... Nicht so bestimmt, daß

* Im Original deutsch.

** Alte russ. Längenmaße; ein Werst entspricht 1,066 km, ein Arschin 71,7 cm.

der Gleiche mit dem Gleichen ... So verfehlen wir einander.«

Gedichte wurden herbeigezaubert. Und 1926 fand ihr Brieffroman mit Rilke und mit Pasternak statt, in diesem Jahr erklärte sie Rilke ihr Wesen:

»Ich bin viele, verstehst Du? Vielleicht unzählbar viele! (Unersättliche Vielheit!) Und einer soll nichts über den anderen wissen, das stört. Wenn ich mit meinem Sohn zusammen bin, darf jener (jene?), nein – jenes, das Dir schreibt und Dich liebt, nicht dabeisein. Wenn ich bei Dir bin – usw. Isoliertheit und Abgeschlossenheit ...«

Es vergingen zwei Jahre, und in einem Brief an Anna Tesková heißt es: »Ich liebe niemanden – schon lange nicht, Pasternak liebe ich, aber er ist weit weg, alles sind Briefe, keine Kennzeichen von *dieser* Welt, und so soll es wohl sein, auch nicht auf dieser Welt! Rilke hat man mir aus den Händen *gerissen*,* ich sollte im Frühjahr zu ihm fahren. Von den Meinen rede ich nicht, das ist eine andere Liebe mit Schmerz und Sorge, oft betäubt und entstellt durch den *Alltag*. Ich rede von der Liebe in Freiheit, unter dem Himmel, von der freien Liebe, der heimlichen Liebe, die nicht im Paß vermerkt ist, *über das Wunder des Fremden*. Über das *dort*, das zum *hier* wird ...«

Dann verliebte sie sich in einen jungen Dichter, der fast noch ein Junge war, achtzehn Jahre alt – Nikolaj Gronskij. Sie haben sich in Paris kennengelernt, dann wartete sie in Pontaillac auf ihn, wo sie den Sommer mit Mur verbrachte. Gronskij hatte sich gerade von seiner Braut getrennt, er war unglücklich, verzweifelt, und Marina Iwanovna drang mit all ihrer Maßlosigkeit in diesen seelischen Riß ein – »die fremde Seele geht mich immer etwas an ...« Dann, einige Jahre später, 1934, nachdem er bei einem Unfall ums Leben gekommen war, ließ sie den Mythos

* Rilke starb 1926.

über ihn und über ihr Liebesverhältnis wieder auferstehen. »Er hat mich als erste geliebt, und ich ihn als letzten. Es dauerte ein Jahr. Dann begann – unausweichlich bei meiner Unfreiheit – eine Trennung *der Leben*, und im Frühjahr 1931 sind wir für immer auseinandergegangen: ganz fest ...«

»– Doch ist das nicht alles. Der Jüngling erwies sich als *großer* Dichter.«

In Wirklichkeit war es so, daß er sie nicht als erste liebte und sie ihn nicht als letzten. Und was den »großen Dichter« angeht, so stritt sie sich zwar mit Slonim darüber, der nicht mit ihr übereinstimmte, doch in einem Brief an Anna Tesková, in dem sie von der dreibändigen Ausgabe Gronskijs schrieb, die sein Vater herausgeben wollte, heißt es: »Und der beste Band – irgendwann – wird unser Briefwechsel sein, – *die Briefe jenes Sommers* ... Die unschuldigsten und vielleicht glühendsten aller ›Lettrès d'amour‹«.

»Gott möchte aus mir – einen Gott oder einen Dichter machen – und ich möchte manchmal ein Mensch sein, und ich wehre mich und beweise Gott, daß er unrecht hat. Und Gott lächelt, läßt mich gehen: ›Geh, leb‹ ...

So hat er mich für eine Stunde zu Ihnen gelassen ...«

So ließ auch ihr Verstand sie für eine Stunde gehen, aber nur für eine Stunde. Dann begann ein Kampf, und er schützte sie vor ihren Gefühlen. »Die Empfindung war bei mir immer klug, das heißt sehend, daher mein ganzes Leben lang die Vorwürfe: Sie empfinden nichts, Sie leben nach dem Verstand ...«

»In jedem meiner Spiele war der Einsatz immer – ich ... Und der Verlust war immer – der meine: Ich habe mich immer an den anderen verloren, aber weil *Ich* meine maßlose Seele war, war dies dem anderen – *zuviel* – und oft blieb der Einsatz auf dem Tisch liegen – oder wurde mit dem Ellenbogen unter den Tisch gefegt ...«

Wie sie dieses *zuviel* fürchtete, ihre Maßlosigkeit in der Welt der Maße, als sie schließlich verstand, daß die Leute das nicht brauchen, daß es sie frappiert, ängstigt, daß die Menschen etwas ganz anderes im Leben wollen.

»Wundern Sie sich nicht über meinen gigantischen Schritt auf Sie zu, ich habe *keinen anderen* ... erschrecken Sie nur nicht und zerbrechen Sie nicht und zweifeln Sie nicht ...«

Das schrieb sie an Anatolij Štejger, und an Vera Bunina: »Fürchten Sie sich nicht vor meiner *Hitze* für Sie, ertragen Sie sie mit der Ruhe der Natur – der Gedichte – der Musik, die das Wesen dieser Hitze kennen und seine Quellen ...«

Ebenfalls an sie: »Ich weiß schon, daß ich Sie tausendmal mehr lieben könnte, als ich Sie liebe, aber – Gott sei Dank! – ich *habe sofort Halt gemacht*, vom ersten – nein – *vor* dem ersten Schritt habe ich mir die *Bewegung* nicht erlaubt, ohne daß ich losgefahren bin – habe ich beschlossen: Ich bin angekommen.

Sie sind – vielleicht – mein erstes verständiges Vorgehen im Leben ...«

Wieder – zum wievielten Mal schon! – schwebte sie, war verliebt, und wieder gingen jeden Tag Briefe über die Grenze, in die Berge, dorthin, in die Schweiz, wo sich in einem Tuberkulosesanatorium ein Anatolij Štejger befand. Irgendwann auf irgendeinem ihrer Abende war er an ihr vorbeigehuscht, und sie konnte sich nicht an ihn erinnern, sie hatte ihn nicht angesehen. Doch er wandte sich an sie, schickte ihr einen Brief, er war krank, er hatte Tuberkulose, er war sehr jung, fünfzehn Jahre jünger als Marina Ivanovna. Natürlich schrieb er Gedichte, und natürlich hatte er eine unglückliche Liebe hinter sich, und er litt. Marina Ivanovna stürzt los, um ihn zu retten.

»Ich habe – *jahrelang* – ich glaube, acht Jahre lang – in absoluter Gleichgültigkeit gelebt, d. h. ich liebe diesen und jenen und einen dritten sehr, mache alles für sie, was ich kann, weil irgend jemand es machen muß, doch tue ich es ohne jede persönliche Freude – und Schmerz: fahren sie nach Rußland – so verabschiede ich sie, kommen sie zu Besuch – so bewirte ich sie.

Mit Ihrem Brief haben Sie meine erstarrte eitrige Wunde aufgeschlagen, unter der sich sofort mein eigener lebendiger Abgrund auftat ...«

Und schon hatte er sie *verzaubert*. Wenn sie doch schon dort wäre, wo er war, in der Schweiz, um so mehr, als es bis zur Grenze nur fünfundzwanzig Werst waren. Doch sie hatte ihren Paß nicht bei sich, und Mur war bei ihr, den sie bei niemandem lassen konnte. Sie konnte diese Reise nicht verwirklichen. Doch als sie *ihm* endlich mitteilte, daß alles geregelt sei und daß sie im Februar kommen würde, da stellte sich heraus, daß die *Notwendigkeit*, jene Notwendigkeit, die sie sich vorgestellt hatte, überhaupt nicht da war und nicht da ist. Er hatte ihr eigentlich nur deshalb geschrieben, weil er sich im Sanatorium langweilte, und er träumte ganz und gar nicht von einem Treffen mit ihr, sondern eher von einem Wiedersehen mit dem Montparnasse und mit Paris.

«Darauf habe ich geantwortet – mit der Ehrlichkeit meines ganzen Wesens. Daß wir *nicht den gleichen Weg haben*: daß mein Weg – und der Weg zu mir – einsam ist. Und alles über den Montparnasse. Und alles über die *seelische* Unfähigkeit, mit der ich nichts anfangen kann.

Sie fragen auf der Postkarte, liebe Anna Antonovna: – Vielleicht ist es das große Glück?

Und nachdenklich antworte ich: – Ja. Ich glaubte, daß mich jemand – wie das Brot – braucht. Und es erwies sich – er braucht nicht Brot, sondern einen Aschenbecher mit Zigarettenkippen: nicht mich – sondern Adamovič und Komparsen.

– Traurig. – Dumm. – Schade.«

»... mein ganzes Leben lang habe ich die Falschen geliebt ... Und ich traf nur zwei, die mir an Kräften ebenbürtig waren – Rilke und Pasternak. Den einen in Briefen, ein halbes Jahr vor seinem Tod, den anderen unsichtbar. Oh, nicht nur an poetischen Kräften. An *allen* Kräften + an poetischer (künstlerischer, schaffender) Kraft.«

Offen und fast grausam gegen sich selbst bekannte sie sich einem Mann, den sie liebte, sie schrieb an Boris Leonidovič: »Ich gefalle ihnen nicht, sie haben eine feine Nase. Ich gefalle *dem Geschlecht* nicht. Mag ich auch in Deinen Augen verlieren – ich habe sie verzaubert, sie haben sich fast nie in mich verliebt. Nicht ein einziger Schuß in die Stirn – urteile selbst.

Sich wegen Psyche erschießen! Dabei gab es sie doch niemals (eine besondere Form der Unsterblichkeit). Man erschießt sich wegen der Dame des Hauses, nicht wegen des Gastes ...«

Psyche und Eva und der ewige Streit – Seele und Körper. Sie war Psyche, und daher ihr unerschütterlicher Haß und ihre Verachtung für Eva, die alle lieben und »von der nichts in mir ist. Von Psyche dagegen – alles. [...] Ich bin für sie – offensichtlich Dame des Hauses – die Unbekannte ...«

Auf die Frage: Konnte sie lieben? liebte sie *den anderen* – gab sie wieder selbst die Antwort: »Ich fürchte, daß mein Unglück (mein Schicksal) in mir liegt, ich liebe nichts wirklich, bis zum Ende, ich kann nichts lieben außer meiner Seele, d. h. der Schwermut, die in die ganze Welt und über ihre Grenzen hinaus verschüttet und gepeitscht wird. Mir ist es in allem, in jedem Menschen und Gefühl, zu eng, wie in jedem Zimmer, sei es eine Höhle oder ein Palast. Ich kann nicht leben, d. h. andauern, ich kann nicht in Tagen leben, jeden Tag leben – ich lebe immer *außerhalb* meiner selbst. Diese Krankheit ist unheilbar und heißt: Seele.«

Dieser kurze Abstecher in die Vergangenheit macht

deutlich, wo ihre *verletzende* Lyrik und ihre seelischen Qualen und Tragödien, die sie ihr ganzes Leben lang begleiteten, ihren Ursprung hatten. Es wird verständlich, wie begrenzt und unausweichlich ihre Affären hier, in Rußland, waren, und wie wichtig es für sie nach den Qualen in Bolševo war, zu spüren, daß sie *lebte*.

Dabei half ihr, vielleicht, ohne es selbst zu verstehen, ohne es anfangs zu bemerken, Evgenij Borisovič Tager. Er kam im Dezember nach Golicyno. Tager wußte, daß Marina Ivanovna sich dort befand, er liebte ihre Gedichte. Durch Pasternak hatte er von ihr gehört, und er freute sich, sie kennenzulernen. Er ging als erster in der Kantine in Golicyno auf sie zu und sagte ihr alle möglichen bewegten Worte. Tager war jung, er hatte dunkle Haare und dunkle Augen, war interessant, intelligent, gut erzogen, belesen. Er kannte sich in der Lyrik gut aus, denn er war Literaturwissenschaftler. Sie gingen gemeinsam im Wald von Golicyno spazieren, bahnten sich Pfade durch die Schneewehen. Sie warfen sich scherzhafte Zettelchen über den Tisch zu, sie feierten gemeinsam Silvester in der Kantine von Golicyno, tauschten Souvenire aus, er schrieb ihr witzige Gedichte: »Es gefriert der Vers und taut nicht auf, wenn die Cvetaeva daneben sitzt ...«[14]

Marina Ivanovna brauchte nicht viel, den Wunsch nahm sie für Wirklichkeit, ihre Phantasie ergänzte das, was ihr die Realität nicht gab, und schon schwebte sie, schon schaffte sie ihre eigene Welt, wo alles *ihren* Gesetzen untergeordnet war. Tager war allein – seine Frau, eine Kunstkritikerin, kam ab und zu zu Besuch. Nichts und niemand störte Marina Ivanovnas Verhältnis mit Tager. Sie schrieb ihm die Gedichte an Gronskij auf, sie schrieb das ganze *Poem vom Berg* auf.

Doch Marina Ivanovnas Höhenflug dauerte diesmal nicht sehr lange an und war nicht sehr hoch, sehr bald war sie beleidigt. Übrigens war sie, wie sie sagte, ihr ganzes

Leben lang beleidigt. Tager sagte zu ihr: »Es wäre besser, wenn Sie mir weniger Aufmerksamkeit schenken würden!« Sofort schrieb sie ihm aus Golicyno nach Golicyno einen Brief von mehreren Seiten – ein ganzes Traktat darüber, was diese *Aufmerksamkeit* ist und wer diese Aufmerksamkeit nötiger braucht – derjenige, der die Aufmerksamkeit *zuwendet*, oder derjenige, auf den die Aufmerksamkeit *gerichtet ist*. Sie begann diesen Brief mit Tagers Satz: »Es wäre besser, wenn Sie mir weniger Aufmerksamkeit schenken würden ... «[15]

Dann war auch Tagers Zeit vorbei, und Marina Ivanovna drückt ihm einen Brief in die Hand:

»Heute, 22. Januar 1940, Tag der Abreise.

Mein Lieber! Kommen Sie unbedingt – obwohl wir Ihr Zimmer nicht haben werden – doch meine Wände (*Un*wände) werden da sein – und ich werde Sie nicht an einem Faden, sondern – an der Hand! durch das Labyrinth der Bücher führen: meiner Seele 1922–1925, meiner Seele – damals und immer.

Kommen Sie morgens, und vielleicht haben wir Glück, und es gibt ein leeres Zimmer – und eine Übernachtung –, dann besprechen wir alles. Es ist mir wichtig und notwendig, daß Sie einige Dinge sicher wissen – und sogar Fakten –, die Sie unmittelbar betreffen.

Mit Ihnen hätte ich alles sofort anders – furchtbar freundschaftlich und zärtlich – jetzt weiß ich es – auf mich nehmen müssen! (Ich habe es Ihnen überlassen.)

Nehmen Sie eines nicht mit sich: den Beigeschmack der Launenhaftigkeit, er *war nicht* da. Was da war, war die lebendige Quelle.

Ich danke Ihnen für die erste Freude – hier, das erste Vertrauen – hier, und das erste Anvertrauen – in vielen Jahren. Zerbrechen Sie sich nicht den Kopf, warum diese leer werdende Datscha sich ausgerechnet Ihnen mit all ihren Türen, Fenstern, Terrassen und Dachfenstern geöffnet hat, warum sie sich ausgerechnet um Sie – mit all ihren Türen und Fenstern und Terrassen und Dachluken – geschlossen hat. Sehen Sie eins: das Vertrauen eines lange nicht belebten Gegenstandes, die Dankbarkeit einer Sache – die aufs neue die Seele gefunden hat. (»Gib zu trinken – und sie werden reden.«) Und wieviel will sie noch sagen!

Erinnern Sie sich an Antäus, der durch die (leichteste!) Berührung der Erde zu Kraft kam, der sich in der Luft hielt – durch die Erde! Und die Seelen des Hades, die nur dann redeten, wenn sie etwas von dem Opferblut getrunken hatten. All das – sowohl die Erde des Antäus als auch das Blut des Hades – ist ein und dasselbe, jenes, ohne daß ich nicht lebe, *nicht ich* – lebe! Das ist das einzige, das *außerhalb* von mir ist, worüber ich nicht die Macht habe, es zu schaffen, und ohne das ich *nicht bin* ...

Noch eins: wenn es nicht da ist, vergesse ich es, lebe ohne es, vergesse es so, als wäre es nie dagewesen (überall, wo ›es‹ steht, setzen Sie *sie* ein, die lebendige Liebe), ich leugne sogar, daß es sie überhaupt gibt, und jedem beweise ich, wie zweimal zwei, daß es Unsinn ist, doch wenn sie da ist, d. h. ich aufs neue in den lebendigen Strom falle – dann *weiß* ich, daß es nur sie gibt und daß ich nur dann bin, wenn *sie* ist, daß mein ganzes anderes Leben vergänglich ist, ein Leben der Schatten des Hades, die kein Blut getrunken haben: ein *Nicht*-Leben.

So muß man vielleicht die Worte des Achill erklären – ich wäre lieber Maultiertreiber in der Welt der Lebenden als König im Königtum der Schatten.

Doch all das: die Achille und die Hadesse und die Antäusse verschwinden vor der lebendigen Echtheit, daß ich heute zum letzten Mal mit Ihnen zusammensaß, daß ich schon nicht mehr weiß, wohin – mit allen Achillen, Hadessen und Antäussen, daß die Hände, in die alles ging – sie – ging – fortgenommen werden.

(Ich habe das Gefühl, daß Sie und ich – noch nicht einmal angefangen haben!)

Schreiben Sie als erster. Geben Sie mir die richtige Adresse. Wenn Sie kommen wollen, geben Sie vorher Bescheid. Kommen Sie allein. Ich werde *mich* für *Sie* mit niemandem teilen. Allein, für einen ganzen Tag – und für einen sehr langen Abend.

Danke für alles.

Ich umarme Sie, Lieber.

M.«

Als Marina Ivanovna sich von Tager verabschiedete, verabredete sie mit ihm ein Treffen in Moskau. Sie gab ihm die Telefonnummer von Elizaveta Jakovlevna, so würden sie den Tag des Treffens verabreden. Sie verabredeten sich, sie schrieb auf einen Zettel: Sie werden irgendwo in einem Café sitzen, sich unterhalten, sie möchte sehr gerne von sich erzählen. »Kommen Sie unbedingt. Ich bitte sehr darum, *daß Sie können.*«[16]

Doch er konnte nicht. Oder er wollte nicht können, oder seine Frau wollte es nicht.

»... Herr! – wer oder was im Leben tat mir nicht weh, schmerzte mich *nicht*?«

Damals, in Golicyno, kam zum ersten Mal das Gespräch über die Herausgabe eines Gedichtbandes von Marina Ivanovna auf. Irgendein Mensch aus dem Goslitizdat, der dafür zuständig war, schlug ihr vor, ein Buch herauszugeben. Jetzt fehlten nur noch die Gedichte. Doch sie hatte ihre Bücher und ihre Hefte nicht, alles wurde beim Zoll festgehalten. Boris Leonidovič hatte ihr *Nach Rußland* gegeben, doch dieses Buch hatte Tager mit nach Moskau genommen, und er beeilte sich nicht, es ihr zurückzugeben.

Außerdem brauchte sie unbedingt *Handwerk*. Marina Ivanovna wollte dieses neue Buch für den Goslitizdat aus ihren Büchern zusammenstellen, die in der Emigration veröffentlicht wurden – *Handwerk*, Berlin 1922, und *Nach Rußland*, Paris 1928. Aus diesen beiden Büchern wollte sie eins machen.

Noj Grigor'evič Lur'e rettete die Situation. Er verband Marina Ivanovna telefonisch mit Tager, und in dem Gespräch stellte sich heraus, daß dieser auch *Handwerk* hatte. Jemand hatte es ihm für eine Weile geliehen, damit er es lesen konnte. Jetzt hoffte Marina Ivanovna, beide Bücher von ihm zu bekommen, vielleicht erlaubte, würde derjenige, der ihm *Handwerk* geliehen hat, ihr erlauben, *ihre* Gedichte abzuschreiben.

Doch bald wurde Marina Ivanovna mitgeteilt, daß es schon zu spät sei, um ihr Buch in den Plan für 1940 aufzunehmen, denn die Pläne der Verlage wurden im voraus zusammengestellt und genehmigt. Und was 1941 betraf, so könnte sie das Buch auch im Herbst herausbringen. Das bedeutete, daß es nicht eilte.

Das Leben lief nach gewohnter Ordnung weiter: die Gänge ins Schriftstellerhaus, die Fahrten in die Stadt, das Stehen in den Schlangen vor den Gefängnissen, das Warten auf die Entscheidungen des Litfond, das Warten auf Geld, Murs Krankheiten – er war nicht sehr kräftig, verweichlicht, ständig erkältet: Angina, Lungenentzündung, und jedesmal die Angst, der Ärger mit den Ärzten, der Kampf um die Medikamente, und Streit mit Mur, der die Anweisungen nicht einhielt. Und Übersetzungen, jeden Tag Übersetzungen ...

Zur Krönung des Ganzen kam im März dann auch noch eine neue Verordnung vom Litfond.

»Golicyno, Weißruss. Eisenbahnlinie – neben dem Schriftstellerhaus – 28. März 1940

Lieber Nikolaj Jakovlevič [Moskvin].

Heute morgen bin ich in die Apotheke gegangen – um Medikamente für Mur zu holen (er hat die übliche Grippe und hat einige Tage mit Fieber im Bett gelegen, heute ist er den ersten Tag aufgestanden, aber natürlich lasse ich ihn nicht aus dem Haus) – also, ich laufe in die Apotheke, treffe am Bahnhof S. I.* und frage fröhlich: – Nun, was ist – haben Sie das Geld bekommen? (Ich habe ihr gestern abend endlich den Rest meiner Schulden gebracht, aber weil sie nicht da war, habe ich es bei Fink zur Weitergabe gelassen) – Ja. – Das heißt, wir sind quitt? – Ja, M. I., doch wann kommt der Rest? – Welcher Rest? Ich habe doch 830 R. gebracht. – Ja, aber das ist nur für *eine* Kurkarte ... – Wie, für eine? – Ja, die Kosten für eine Kurkarte betragen 830 R., und für zwei 1660 R. – Sie wollen sagen – für zwei Monate? – Nein, für einen. Letzte Verordnung vom Litfond. Sie haben mich offensichtlich nicht richtig verstanden: Alle, die das Erholungsheim länger als drei Monate in Anspruch nehmen, zahlen 830R. – Aber wir sind doch nicht *im Haus* – wir haben nicht eine Stunde im Haus gewohnt, wir bezahlen doch noch für das Zimmer 250 R. – Ich habe ihnen gesagt, daß Sie wenig verdienen ... – Sagen Sie es ihnen noch einmal. Sagen Sie ihnen, daß ich nicht mehr als 830 R. für zwei zahlen kann. – Dann streichen sie Ihnen sofort ein Essen.

Wir gehen auseinander. Zwei Stunden später gehe ich zum Frühstück ins Schriftstellerhaus – ich habe, wie immer, den Beutel mit Murs Geschirr dabei. S. I. ist am Telefon.

– ›... Sie sagt, sie kann nicht soviel zahlen‹ ... – Pause. – ›Ein Essen streichen? Ist gut. Heute? Geht in Ordnung.‹

Ich gehe in die Küche, gebe ihnen meine Henkeltöpfe. Njura: – Ja, frühstücken Sie denn nicht. – Ich: – Nein. Die Sache ist die – die Sache ist die – daß sie für jeden von uns 830 R. haben wollen – und ich habe nicht soviel – und ich bin, im Prinzip, ein sehr ehrlicher Mensch – und – ich

* S. I. Fonskaja, Leiterin des Schriftstellerhauses.

wünsche denen das Allerschlechteste – und geben Sie mir bitte Essen für einen. –

S. I. kam dazu, schlug vor, mich heute noch zu verpflegen, sie bot mir Wasser an, das Wasser habe ich getrunken, das Essen habe ich abgelehnt. – Zuerst wollte ich in meinem Zorn Novikov – der Šaginjan schreiben – oder sogar hinfahren, – aber dann – plötzlich – habe ich verstanden, daß es *nicht nötig ist*, daß das mein Schicksal ist, daß ›alles zu einem Punkt hinführt‹, d. h. das Gegebene – zu vielen. – Ich wollte mich an Ermilov wenden, Mitglied der Leitung des Litfond, ich habe ihm alle Zahlen aufgeschrieben: das gesamte Einkommen von 5 Monaten (bis zum 15. Juni) – und das, was ich schon an den Litfond und für das Zimmer gezahlt habe, alles ganz *genau, aber* – als ich ihn das zweite Mal auf der Straße traf (ich war auf dem Weg zur Post), habe ich ihm gesagt, daß mein hauptsächliches Ziel sei, daß Mur hier die Schule beendet, d. h. daß der Litfond uns für weitere 2 Monate eine Kurkarte ausstellt – unsere Kurkarte gilt nur bis zum 15. April. Ich wiederhole Ihnen: wenn ich um einen *Kostennachlaß* bitten werde (d. h. 830 R.-850 R. für zwei), dann werden sie uns die Kurkarte nicht verlängern, und dann haben wir die ganze Quälerei mit Mur und seiner Schule und den Ärzten und den Schröpfköpfen und mit dem monatlichen Lehrer – es wäre *zwecklos*. Ein möglicher Fall: sie geben uns *zwei* Kurkarten unter der Bedingung, daß ich sie bei der ersten Möglichkeit zurückgebe. Ich möchte ein solches Papier nicht unterschreiben: 1) weil ich weiß, daß ich sie *nicht zurückgebe*, 2) weil ich einen solchen Preis – 830 R. für nur ein Essen: *mein* Essen – nun – für mich unangenehm finde, ich habe nie so üppig gelebt und will auch jetzt nicht damit anfangen.

Damit geht die ganze Periode meine Lebens in Golicyno: die ganze Gemeinsamkeit, zu Ende. Schade für Mur, für mich nicht sehr, die letzte Zeit war sehr *trocken*, nicht zu vergleichen mit unseren Zeiten, es war einfach: Ich hatte nicht einen einzigen Menschen, über den ich mich freute, und ohne diesen brauche ich die ganzen 40 nicht. Es ist eine sehr elegante Kinderschriftstellerin angekommen, sie gab mir sofort den Rat, zuerst alles ins unreine zu schreiben und es dann zu ›bearbeiten‹, worauf ich bescheiden geantwortet habe, daß jeder seine Erfahrung hat, seine Möglichkeiten – und Unmöglichkeiten ... Im übrigen entschuldige ich mich seit Ihrer Abfahrt bei allen, daß ich so *gut* (d. h. langsam, sorgfältig, unerbittlich) arbeite – und so wenig verdiene. Auf der Rückseite finden Sie übrigens meinen Verdienst. Ich bin überzeugt, daß die Menschen mich sehr viel mehr achten würden, wenn ich schlecht arbeiten und viel verdienen würde, doch – aus der Achtung der Menschen kann ich mir keinen Pelz nähen: Ich kann mir nicht aus der Achtung der Menschen einen Pelz nähen, sondern aus den Seiten meines Manuskripts.

Vom 15. Februar bis zum 15. März hat der Litfond für die Verpflegung von uns beiden 800 R. genommen, d. h. 400 R. für einen.

Vom 15. März bis zum 15. April möchte der Litfond für die Verpflegung von uns beiden 1660 R., d. h. 830 R. für einen, d. h. mehr als doppelt soviel. Und wir bezahlen noch 250 R. für das Zimmer, d. h. das ganze Leben kostet uns 1910 R., das sind *955 R. für einen.* Diejenigen, die im Schriftstellerhaus wohnen, bezahlen *550 R.* und können alles in Anspruch nehmen (was wir *nicht* können). [...]

Bilanz: vom 15. Januar bis zum 15. Juni (denn bis zu der Abgabe von Eteri werde ich keine Kopeke mehr verdienen) – 3840 R. – in fünf Monaten. Und sie verlangen 1910 R. *im Monat* von mir.

Eteri habe ich noch nicht angefangen, jetzt muß ich den ganzen Tag Geschirr waschen, weil ich nur wenig habe und schmutziges Geschirr nicht ertragen kann.

Anrufen brauchen Sie nicht, ich werde 2 mal am Tag im

Schriftstellerhaus sein – gegen 2 Uhr und gegen 7 Uhr – jeweils für uns 2 Essen mitnehmen, und es wäre mir unangenehm. Mein Freund, als Sie zu mir gesagt haben: Leihen Sie sich etwas beim Litfond – habe ich schon damals gespürt – es ist hoffnungslos. *Sie geben nur den Reichen etwas*. – On ne prête qu'aux riches: ein *altes* französisches Sprichwort. Ich lese im Moment die Vita des Protopopen Avvakum. Ich umarme Sie und Tanja.

MC«

Mur hat in seinem Tagebuch notiert:

»Heute ist der 29. März 1940. Man hat Mama und mir eine neue Ohrfeige verpaßt [...] Wir werden jetzt ins Schriftstellerhaus gehen und das Essen für eine Person abholen und es unter uns teilen. Also, unser Kontakt mit denen, die im Schriftstellerhaus sind, ist beendet: Wir werden das Essen für einen holen und zu Hause essen. Wir können nicht mit allen am Tisch essen ... Ich persönlich pfeife drauf, doch was ist mit Mama!«

So hörte Ende März für Marina Ivanovna »alle Gemeinsamkeit« auf – d.h. die Bekanntschaften, Treffen, Gespräche. Sie schrieb: »Schade für Mur, für mich nicht sehr ...« Und Mur: »Ich persönlich pfeife drauf, doch was ist mit Mama!« Doch im Prinzip pfeifen sie beide nicht drauf.

## »Im Zimmer des Zoologischen Museums«

Den Sommer verbrachte Marina Ivanovna in einem Gebäude der Universität, ulica Gercena 6, in der Wohnung des bekannten Biologen Aleksej Nikolaevič Severcov, der 1936 gestorben war. Jetzt bewohnte seine Tochter, die Malerin Natal'ja Alekseevna Severcova, mit ihrem Mann, dem Kunsthistoriker, Literaturwissenschaftler und Übersetzer Aleksandr Georg'evič Gabričevskij, die Akademiewohnung. Sie wollten die Sommermonate wie immer auf der Krim verbringen, und Nikolaj Nikolaevič Vil'mont, ein Freund des Hauses, überredete sie, während ihrer Abwesenheit Marina Ivanovna mit ihrem Sohn bei sich wohnen zu lassen, denn diese wußten nicht, wohin.

Marina Ivanovna wohnte, wie sie in ihrem Heft notiert hat,

»... im Zimmer des Zoologischen Museums, das auf den Hof der Universität hinausgeht. Der Eingang führt durch einen Torbogen, dann durch einen Säulengang – Ruhe, jene Vornehmheit, die es nicht gibt und wahrscheinlich auch nicht mehr geben wird in meinem ... restlichen Leben ...«

Diesen Sommer, seine heißesten Monate, verbrachte Marina Ivanovna mit Auseinandersetzungen mit dem Zoll. Sie brauchte endlich ihre Notizhefte, ihre Bücher und ihre übrigen Sachen, die schon seit einem Jahr beim Zoll lagerten. Fadeev hatte 1939 nichts unternommen oder konnte nichts unternehmen, so daß alles von neuem begann.

Nikolaj Nikolaevič Vil'mont erzählte mir, daß der Onkel seiner Frau, Tata Man, Jurist war (Semën Isaakovič Barskij) und Marina Ivanovna bei ihren Bemühungen half. Ich erinnere mich daran, daß auch Tarasenkov seit den ersten

Tagen ihrer Bekanntschaft mit dieser Sache beschäftigt war und daß es ihm gelang, irgendwelche Gesuche vom Schriftstellerverband zu bekommen, als er sich mit Pavlenko traf. Natürlich konnten weder Tarasenkov noch der Jurist Barskij alleine etwas erreichen. Hier mußte eine einflußreiche Person eingreifen. Pavlenko setzte sich mit solch einer Person in Verbindung. Am 25. Juli wurde Marina Ivanovna endlich erlaubt, ihre Sachen in Empfang zu nehmen.

In Murs Tagebuch findet sich ein Eintrag vom 2. August 40:

»Morgen gehen Mama und Tarasenkov zum Zoll, um den letzten Koffer mit den Manuskripten abzuholen (für Mama und ihre Bekannten ist er das Wertvollste und die Hauptsache).«

Ich kann mich nicht daran erinnern, ob Marina Ivanovna allein mit ihrem Lieblingskoffer mit den Manuskripten in den Konjuški erschien, ob Mur sie begleitete oder ob Tarasenkov sie brachte; ich kann mich nur an diesen kleinen Reisekoffer erinnern, er war flach und dunkel, ich glaube, schwarz. Sie stellte ihn gegen die Rückenlehne des runden Ledersessels, ließ die Schlösser aufschnappen und hob den Deckel hoch.

»Hier ist das, was mir das Allerliebste ist – Briefe und Photographien von der Familie und guten Freunden, meine Hefte ...« Ich packte den Koffer in ein altes, buntes Kopfkissen, damit er nicht so verstaubte, und wir schoben ihn unter mein Bett, da wir beschlossen hatten, daß dies der trockenste und sicherste Ort sei, wo ihn niemand anrühren würde. In dem Zimmer stand an der einen Wand ein Holzbett mit einem Schränkchen, und in der Ecke stand eine Ottomane, die mit einem schweren, zusammengelegten hellen Teppich bedeckt war. Lilja Brik hat uns den Teppich geschenkt, als sie bemerkt hatte, wie durchgescheuert die Ottomane war. Dieser Teppich hing früher einmal in der Datscha der Briks in Majakovskijs Zimmer.

Wir schoben also den Koffer in diese Ecke unter das Bett. Wir holten ihn später noch mehrere Male hervor, wenn Marina Ivanovna kam. Sie nahm etwas heraus, legte etwas hinein, manchmal blätterte sie die Hefte durch, schrieb etwas ab. In dem Koffer lagen dicke Hefte, die wie Schulhefte aussahen, und kleine Notizhefte mit Spiralen, Briefpacken, die fest mit einer Schnur zusammengebunden waren (in meinen Notizen steht, daß darunter auch die Briefe Rilkes waren, von denen Marina Ivanovna sprach) und Photographien. Der Koffer war bis obenhin vollgestopft, und alles war akkurat zusammengelegt, nur die Photographien lagen verstreut herum. Tarasenkov, mit dem Ordnungssinn und der Pedanterie eines Sammlers, konnte das nicht ertragen und gab Marina Ivanovna große Umschläge, in die sie diese Photographien packte.

Der Juni und der Juli waren mit den Gängen zum Zoll und mit dem Kampf um die Sachen angefüllt, dann mit dem Transport der Sachen. Im August wurde das Zimmer in der ulica Gercena in ein Lager umgewandelt: Kisten, Körbe mit Büchern, Packen, Koffer, Wegbeutel. Marina Ivanovna lebte in ständiger Panik, daß alles zusammenbrechen und Mur das Bein zerquetschen würde, da er sich so ungeschickt in dem schmalen Durchgang bewegte. Sie versuchte, die Sachen bei verschiedenen Bekannten unterzubringen, doch sie wohnten alle sehr beengt und konnten nur wenig bei sich unterstellen. Tarasenkov brachte einen Korb mit Büchern bei seinen Freunden, den Elnickijs, unter, die Marina Ivanovna zwar nicht kannten, ihr aber gerne halfen. Sie stellten diesen Korb in ihr schmales Vorzimmer, und bis zum Herbst stießen alle Bewohner ständig dagegen. Marina Ivanovna und Mur trugen bündelweise Bücher in Antiquariate, doch fremdsprachige Bücher verkauften sich schlecht. Sie verschenkten Sachen und Bücher, doch Marina Ivanovna behauptete, es würde trotzdem nicht weniger.

Sie antwortete auf alle Wohnungsanzeigen, sie selbst hatte schon vier Anzeigen in der Zeitung aufgegeben – suche Zimmer, möchte Zimmer mieten –, doch mit dem Sohn nahm sie niemand.

Die Tage vergingen, ein Tag nach dem anderen, und schon neigte sich der August dem Ende zu, die Gabričevskijs würden bald aus dem Süden zurückkehren, und sie mußte ausziehen. Doch wohin sollte sie ziehen?

Dann mußte Mur ab 1. September in die Schule gehen. In welche? Die Schulen nahmen nur die Schüler aus ihrem Bezirk auf, man mußte eine Meldebestätigung aus dem Bezirk vorweisen, in dem sich die Schule befand. Doch er war nirgendwo gemeldet. In Murs Tagebuch findet sich ein Eintrag vom 14. August: »Tarasenkov hat versprochen, mir eine Bescheinigung von der Red. von *Znamja* [Die Flagge] für die Aufnahme in eine Schule zu besorgen ...«

Ohne Bescheinigung wurde man nicht angenommen, mit der Bescheinigung von *Znamja* klappte es dann, und ab 1. September ging er in die Schule im Bezirk der Merzljakovskij pereulok.

Marina Ivanovna fürchtete sich, ohne Anmeldung zu wohnen – sie war vorübergehend, für zwei Monate, in der ulica Gercena im Universitätsgebäude angemeldet worden, und diese Zeit war nun vorüber. Jede Minute rechnete sie mit dem Erscheinen des Hausverwalters oder des Bezirkspolizisten oder von irgend jemand anderem, der sie daran erinnert, daß sie »das Gesetz übertritt!« Und sie, die alle irdischen Zwänge, alle irdischen Unfreiheiten und alle Grenzen der irdischen Existenz verachtete, hatte eine panische Angst davor, »das Gesetz zu übertreten.«

Dazu noch alle zwei Wochen diese nächtlichen Gänge und die angespannte Furcht – nehmen sie die Geldsendung an oder nicht. Im Sommer 1940 jährten sich schon die Ereignisse des Sommers 1939. Schon ein Jahr war alles her: Am 18. Juni ihre Ankunft in Rußland; am 19. – Ankunft in Bolševo – Wiedersehen mit ihrem Mann; 27. August – Jahrestag von Aljas Verhaftung, genau ein Jahr lag es zurück, daß sie, barfüßig, in roter Weste, im Morgengrauen abgeführt wurde. Die Nacht zum 27. August verbrachte Marina Ivanovna an der Kuzneckij most, auf dem Hof des Hauses Nummer 24, und schickte Alja Geld in die Lubjanka.

Wie eine Ertrinkende an einen Strohhalm klammerte sie sich an ihre letzte Hoffnung, wobei sie begriff, daß diese Hoffnung vergeblich war. Doch damit sie alles versucht hatte, alle Möglichkeiten ausgeschöpft hatte, wandte sie sich erneut an den Schriftstellerverband. Am 27. August schrieb sie einen Brief an Pavlenko, sie schrieb nach den Regeln der neuen Orthographie, ohne Jat.* Absichtlich änderte sie ihre Gewohnheit, die alte Rechtschreibung beizubehalten.

»Moskau, ulica Gercena Nr. 6, Wohnung 20 (bei Severcov)

27. August 1940.

Sehr geehrter Genosse Pavlenko,

Ihnen schreibt ein Mensch in verzweifelter Lage.

Heute ist der 27. August, und am 1. müssen mein Sohn und ich mit all unseren Sachen und einer ganzen Bibliothek auf die Straße, weil die Bewohner in das Zimmer zurückkehren, das uns vorübergehend überlassen wurde.

Ich werde der Reihe nach berichten.

Am 18. Juni 1939, vor etwas mehr als einem Jahr, kehrte ich mit meinem 14jährigen Sohn in die Sowjet-

* Härtezeichen, das bei der Orthographiereform 1918 abgeschafft wurde, es hat sich nur in wenigen Wörtern erhalten.

union zurück. Wir zogen nach Bolševo, in das Dorf Novyj Byt, in die Hälfte der Datscha, wo bereits meine Familie wohnte, die zwei Jahre vor mir zurückgekehrt war, am 27. August (heute vor einem Jahr) ist aus dieser Datscha meine Tochter verhaftet worden, am 10. Oktober mein Mann. Mein Sohn und ich blieben völlig allein, wir lebten weiter dort, heizten mit Reisig, das wir im Garten sammelten. Ich wandte mich an Fadeev und bat ihn um Hilfe. Er sagte, daß er keinen einzigen Meter Wohnraum zur Verfügung habe. In der Datscha wurde es *absolut* unerträglich, wir sind einfach *erfroren*, und am 10. November haben wir die Datscha mit dem Schlüssel abgeschlossen (NB! niemand hat uns den uns zugeteilten Wohnraum weggenommen, mein Sohn und ich waren dort bei meinem Mann angemeldet) – also, nachdem wir die Tür zugeschlossen hatten, fuhr ich mit meinem Sohn nach Moskau, zu einer Verwandten [...] Im Monat Februar haben wir aus Golicyno eine Anzeige in *Večernaja Moskva* [Moskau am Abend] aufgegeben, daß wir in Moskau ein Zimmer mieten wollen. Es meldete sich eine Bürgerin, die von uns für sechs Monate im voraus 750 Rub. nahm – und jetzt schlägt sie uns schon seit *6* Monaten ein Zimmer nach dem anderen vor, ohne uns ein einziges davon *zu zeigen*, und gibt uns ausgedachte Namen und Adressen. (Sie hat uns in dieser Zeit *4* Zimmer ›angeboten‹ und uns nur eines gezeigt, in das sie uns aber nicht hineinließ, weil dort ihre Verwandten wohnten.) Sie redet sich mit ›Reservierungen‹ heraus, die sie besorgen wird, aber es ist klar, daß sie uns betrügt.

Weiter.

Wenn ich mich nicht irre, so war es Ende März, als ich die erste Wärme nutzte und nach Bolševo gefahren bin (wo mein ganzer Haushalt geblieben war, meine Bücher und meine Möbel) – um nachzusehen, wie es dort aussieht, und ich stellte fest, daß die Datscha aufgebrochen war und daß sich der Vorsitzende des örtlichen Sowjets in meinen Zimmern (zwei – eins hat 19 m², das andere 7) einquartiert hat. Daraufhin habe ich mich an den NKVD gewandt und bin gemeinsam mit einem Mitarbeiter des NKVD zum zweiten Mal zur Datscha gefahren, doch als wir ankamen, stellte sich heraus, daß einer der Einbrecher – nämlich der Polizeichef – *sich aufgehängt hatte*, und wir trafen nur noch seinen Sarg an und ihn im Sarg. Mein gesamter Haushalt war verschwunden, heil geblieben waren nur die Bücher, und die Möbel werden bis heute von den Einbrechern genutzt, weil ich sie *nirgendwohin* bringen kann.

Mit Entschädigung des von den Einbrechern weggenommenen Wohnraumes kann ich nicht rechnen: Die Datscha ging in den Besitz von Exportles* über, überhaupt war dieser Punkt auch während meiner Zeit dort etwas strittig, keiner wußte – wem sie gehörte, jetzt hat Exportles sie laut Gerichtsurteil zugesprochen bekommen.

So ging es mit meinem Wohnraum in Bolševo zu Ende.

Weiter.

Im Juni hat mein Sohn, trotz der ununterbrochenen Krankheiten (Lungenentzündung, Grippe und alle möglichen Infektionen) sehr gut die siebte Klasse in der Schule in Golicyno abgeschlossen. Wir sind nach Moskau umgezogen [...]

Also, ich sitze *buchstäblich* auf der Straße, mit all meinen Sachen und Büchern. Hier, wo ich jetzt wohne, melden sie (die Universität) mich nicht länger an, und ich wohne hier schon seit zwei Wochen, ohne angemeldet zu sein.

Ab 1. September geht mein Sohn in die Schule Nr. 167 – *von wo aus?*

Die persönliche Hilfe von Freunden und all ihre Be-

* Betrieb für Holzexport.

mühungen haben zu nichts geführt. Die Lage ist aussichtslos.

Aus der Stadt ziehe ich nicht hinaus, weil ich dort *sterbe* – aus Angst und wegen der Dunkelheit und aus Einsamkeit. (Und bei meinem Gepäck – wird mir sicher jemand die Kehle durchschneiden.)

Ich bin *nicht* hysterisch, ich bin ein völlig gesunder, einfacher Mensch, fragen Sie Boris Leonidovič.

Doch – das Leben in diesem einen Jahr – hat mich zermürbt.

Ich sehe *keinen* Ausweg.

Ich rufe um Hilfe.

Marina Cvetaeva«

Marina Ivanovna übergab Boris Leonidovič diesen Brief entweder am selben Tag, dem 27., oder am 28. August, denn schon am 28. schrieb Boris Leonidovič einen Brief an Pavlenko:

»28. 8. 40.

Lieber Petja!

Ich weiß, was die Cvetaeva Dir geschrieben hat. Ich habe sie gebeten, es nicht zu tun, da es zwecklos ist. Ich weiß, daß der Schriftstellerverband in dieser Hinsicht nichts erreicht, und als Privatperson kannst Du in diesem Sinne nicht mehr tun als ich. Doch eben deshalb, weil sie Dich als bedeutende Persönlichkeit kennt, d. h. von Deiner besten Seite, bestand sie darauf, daß ich Dir ihren Brief übergebe. Was immer sie Dir dort auch geschrieben hat – es ist nur ein Teil der Wahrheit, denn tatsächlich ist ihre Lage schlimmer, als es sich beschreiben läßt. Mir gefällt es nicht, mit welchem Ziel sie mich zur Übergabe des Briefes überredete – ›damit sie später nicht sagen, warum hat sie sich nicht an den Verband gewandt‹. [...] Ich kenne sie als einen sehr klugen und zähen Menschen, und ich lasse den Gedanken nicht zu, daß sie einen extremen und nicht wieder rückgängig zu machenden Schritt vorhat. Doch auf jeden Fall gefällt mir diese erhitzte Heimlichkeit nicht, und offensichtlich bedeutet es nichts Gutes.

Mach statt dessen folgendes.

Empfange sie, wenn Du das nächste Mal im Schriftstellerverband bist, und mache Dich mit ihr bekannt. Sie hat zufällig von einem jungen Mann, einem gewissen Bednickij, erfahren, der im September zur R[oten] Armee eingezogen wird. Sein Zimmer wird frei. Das haben Bekannte für sie in Erfahrung gebracht. Die Adresse ist folgende: Ostoženka (Metrostroevskaja) 18, Wohnung 1, Zimmer von Bednickij. Er war damit einverstanden, daß das Zimmer ihm auf diese Weise indirekt freigehalten wird (dadurch, daß die Cvetaeva es vorübergehend bewohnt). Läßt sich nicht durch Euren Juristen in Erfahrung bringen, welche jurist. Soße sich aus dieser greifbaren Möglichkeit kochen läßt. Der Cvetaeva scheint es ungesetzlich, und diesen Gedanken fürchtet sie, selbst wenn er sich realisieren läßt.

Wie auch immer es sein mag, empfange sie, wenn Du kannst, sag bitte der Kašinceva, daß sie sie unter der Nummer KO-40-13 anruft, und mache einen Termin aus. Das ist die einzige Möglichkeit, sie zu erreichen, denn ich schaffe es von hier aus nicht, und sie meint, daß Du bis zum 30. nicht da bist.

Verzeih, schließlich, auch mir, daß ich Dich damit belästige.

Dein B. P.«

Boris Leonidovič übergab Pavlenko beide Briefe, seinen und Marina Ivanovnas, und dieser empfing Marina Ivanovna entweder am 29. oder am 30. August.

Er empfing sie in seiner Funktion als Sekretär des Schriftstellerverbands, in jener ehemaligen Villa von Sollogub, in jenem »Zimmer der Rostovs«, das nicht umgebaut wurde und dessen Fenster auf die kleine Waldwiese schauen. Pavlenko war umgänglich, galant, mitfühlend, doch er versicherte ihr, daß er ihr nicht helfen könne.

Ein oder zwei Tage später legte Marina Ivanovna ihr rechtloses Recht auf Moskau in einem Brief an Vera Merkur'eva dar, obwohl diese alt und hilflos war und ihr schon gar nicht helfen konnte. Vera Merkur'eva hatte früher Gedichte geschrieben, jetzt lebte sie von Übersetzungen. Sie verbrachte den Sommer im Grünen, im Dorf Čerkizovo.

»Moskau, 31. August 1940.

Liebe Vera Aleksandrovna,

Das Buch und der Brief sind angekommen, doch leider war ich nicht zu Hause, so daß ich Ihre Freundin nicht gesehen habe. Schade. Für mich gibt es keine Fremden: Ich bin mit jedem – als würde ich ihn schon lange kennen, wie im Traum, wo keine Zeit für Vorläufigkeiten ist.

Mein Leben ist sehr schlecht. Mein Nicht-Leben. Gestern bin ich aus der ulica Gercena ausgezogen, wo es uns sehr gut ging, in ein winziges Zimmers, dessen Bewohner vorläufig nicht da ist, in der Merzljakovskij pereulok. Das ganze Gepäck (es sind Unmengen, noch immer ist es unglaublich viel, obwohl ich einen ganzen Monat lang Dinge verkauft und weggegeben habe) ist in der ulica Gercena geblieben – bis zum 15. September, in dem leeren Zimmer eines der Professoren. – Und dann???

Ich habe mich an Fadeevs Stellvertreter gewandt – Pavlenko –, ein entzückender Mensch, der mit mir mitfühlt, mir aber nicht helfen kann, die Schriftsteller in Moskau haben *keinen Meter Raum*, und ich glaube ihm. Er schlug mir vor, nach außerhalb zu ziehen, doch ich habe ihm das grundlegende Gegenargument angeführt: das *Hundeelend*, und er hat mich verstanden und nicht weiter darauf beharrt. (Außerhalb kann man in einer großen Gruppe eng verbundener Familien leben, wo einer dem anderen hilft, man Dinge austauscht usw. – aber so – Mur ist in der Schule, und ich bin von einem Morgen bis zum anderen – allein mit meinen Gedanken (nüchternen, ohne Illusionen) – und Gefühlen (wahnsinnigen, scheinbar – wahnsinnigen – prophetischen), – Übersetzungen, – ein solcher Winter reicht mir.)

Ich habe mich an den Litfond gewandt, sie haben versprochen, mir bei der Zimmersuche zu helfen, doch haben sie mich gewarnt, daß jeder Vermieter einen alleinstehenden Mann, der nicht kocht, wäscht usw., einer ›Schriftstellerin mit Sohn‹ vorzieht. – Wie soll ich mich mit einem alleinstehenden Mann messen!

Mit einem Wort, Moskau findet keinen Platz für mich.

Ich kann niemandem die Schuld geben. Auch mich selbst beschuldige ich nicht, weil das mein Schicksal ist. Nur – wie wird das enden??

Ich *habe mein Eigenes schon geschrieben*. Ich könnte natürlich noch mehr schreiben, aber ich kann *nicht*. Übrigens habe ich schon seit mehr als einem Monat nichts mehr übersetzt, ich rühre das Heft einfach nicht mehr an: der Zoll, das Gepäck, die Verkäufe, das Verschenken (jedem etwas), das Abklappern der Anzeigen (ich habe vier aufgegeben – und *nichts* ist dabei herausgekommen) – jetzt – der Umzug ... Und das – bis wann?

Es ist gut, nicht nur ich ... Ja, aber mein Vater hat das Museum der Schönen Künste gegründet – allein für das ganze Land – er ist der Gründer und Sammler, es ist *seine* Arbeit – aus 14 Jahren – von mir werde ich nicht reden, nein, trotzdem sage ich es – mit den Worten Chéniers, seinen *letzten* Worten: – Et pourtant il y avait quelque chose là ... (er zeigte auf seine Stirn) – ich kann mich nicht, ohne zu heucheln, mit einem beliebigen Kolchosbauern gleichsetzen – oder einem Bewohner von Odessa – für den sich *auch* kein Platz in Moskau findet.

*Recht* – dieses Gefühl kann ich nicht in mir zerstören. (Ohne überhaupt davon reden zu wollen, daß sich im ehem. Rumjancev-Museum[17] *drei* Bibliotheken von uns befinden: die meines Großvaters, Aleksandr Danilovič Mejn, die meiner Mutter: Marija Aleksandrovna Cvetaeva, und die meines Vaters: Ivan Vladimirovič Cvetaev. *Wir* haben Moskau mit Geschenken überhäuft. Und mich wirft die Stadt hinaus: Sie stößt mich aus. Was ist sie für eine, daß sie sich vor mir brüstet?)

Ich habe Freunde, doch sie sind machtlos. Schon beginnen völlig fremde Menschen, mit mir Mitleid zu haben (was mich verwirrt, mich auf Gedanken bringt ...). Das ist schlimmer als alles, weil das einfachste gute Wort – eine Intonation – mich in Tränen ausbrechen läßt, ein Felsen mit Wasserfall. Und Mur wird zornig. Er versteht *nicht*, daß nicht eine Frau weint, sondern ein Felsen.

Meine einzige Freude – Sie werden lachen – ist ein asiatischer muslimischer Bernstein, den ich vor zwei Jahren auf einem Pariser Trödelmarkt gekauft habe – er war völlig tot, wie Wachs, von Schimmel bedeckt, und jeden Tag wird er, zu meiner Freude, lebendiger – er spielt und glänzt von innen. Ich trage ihn am Körper, nicht sichtbar. Wie eine Vogelbeere.

Mur ist in eine gute Schule gekommen, heute war er schon auf der Parade, und morgen geht er den ersten Tag zum Unterricht. [...]

Mit dem Wechsel der Orte verliere ich allmählich das Gefühl der Realität: *Ich* bin immer weniger und weniger, gleich jener Herde, die an jedem Zaun ein Büschel Wolle läßt ... Was bleibt, ist mein grundsätzliches *Nein*.

Noch eines. Ich bin von Natur aus sehr fröhlich. (Vielleicht ist es etwas anderes, aber es gibt kein anderes Wort.) Ich brauchte nur *sehr* wenig, um glücklich zu sein. *Meinen* Tisch. Daß meine Familie gesund ist. Beliebiges Wetter. Völlige Freiheit. – Das ist alles. – Und hier – um dieses unglückliche Glück – so zu erreichen – darin liegt nicht nur Grausamkeit, sondern auch Dummheit. Das Leben muß sich über einen glücklichen Menschen – freuen, es muß ihn in dieser *seltenen* Gabe anspornen. Denn von einem Glücklichen – geht das Glück aus. Von mir – ging es aus. Ganz gehörig. Ich habe mit fremden Lasten (haufenweise) gespielt, wie ein Athlet mit Gewichten. Von mir ging Freiheit aus. Der Mensch – seine Seele – wußte, daß er, wenn er sich aus dem Fenster wirft – *nach oben* fällt. An mir belebten sich die Menschen wie der Bernstein. Sie haben selbst angefangen zu spielen. Ich bin nicht in meiner Rolle – der des Felsens unter einem Wasserfall: des Felsens, der gemeinsam mit dem Wasserfall auf den Menschen (sein Gewissen) *fällt* ... Versuche meiner Freunde rühren und zerrütten mich. Es ist mir peinlich: daß ich noch lebe.

So müssen sich hundertjährige (weise) alte Frauen fühlen ...

Wäre ich zehn Jahre jünger: nein – fünf! –, würde ein Teil von dieser Last – *von meinem Stolz* – dadurch erleichtert, was wir der Einfachheit halber – weiblichen Liebreiz nennen (ich rede von meinen Männer-Freunden) – aber so, mit meinem grauen Kopf, habe ich nicht die geringste Illusion: alles, was sie für mich tun – tun sie *für mich* – und nicht für sich ... Und das ist bitter. Ich bin SO daran gewöhnt – zu geben!

(NB! Soweit hat es mich gebracht – ›das Zimmer›)

Mein Elend besteht darin, daß es für mich nicht eine einzige *äußerliche* Sache gibt, alles ist – Herz und Schicksal.

Grüße an Ihre wunderbaren, ruhigen Orte. Ich hatte keinen Sommer, doch tut es mir nicht leid, das einzige, was an mir russisch ist, ist – mein Gewissen. Und das würde es mir nicht erlauben, die Luft, die Ruhe, das Blau zu genießen, wenn ich wüßte, nicht eine Sekunde vergessen könnte, daß der andere in eben dieser Sekunde in Hitze und Stein erstickt.

Das wäre unnütze Pein.

Der Sommer ist gut vergangen: Ich habe mich mit der

84jährigen Kinderfrau angefreundet, die seit *60* Jahren in dieser Familie lebt. Und es gab einen *wunderschönen* Kater, ein Mäusefänger, ein Ägypter, auf hohen Beinen, häßlich, aber eine Gottheit. Ich würde meine *Seele* hergeben – für solch eine Kinderfrau und solch einen Kater.

Morgen gehe ich zum Litfond (›noch viele-viele Male‹), um mich nach einem Zimmer zu erkundigen. Ich glaube *nicht* daran. Schreiben Sie mir an die Adresse: Moskau, Merzljakovskij per., Nr. 16, Wohnung 27.

An Elizaveta Jakovlevna Ėfron.

(für M. I. C.)

Ich bin hier nicht gemeldet, und es ist besser, wenn man nicht an mich schreibt.

Ich umarme Sie, danke Ihnen herzlich für das Andenken, einen herzlichen Gruß an Inna Grigor'evna.

MC.«

Zwei Wochen später, als sie durch ihre aussichtslose Lage schon bis zum Äußersten getrieben war, brach Marina Ivanovna in einen zornigen Monolog über denselben Anlaß aus, wieder an die Adresse von Vera Merkur'eva. Wir wissen nicht, ob Marina Ivanovna den Brief ins reine geschrieben hat, ob sie ihn abgeschickt hat oder ob er ewig in ihrem Notizbuch blieb, das sie schon in Paris angefangen hatte.

»Antwort an die Dichterin V. A. Merkur'eva.

(die mich seit langem kennt)

– ›In einem irren Sie sich – hinsichtlich der *Vorfahren*‹ ...

Antwort: Vater und Mutter sind keine Vorfahren. Vater und Mutter sind eine Quelle: Sie sind sehr nahe. Selbst der Großvater ist kein Vorfahre. Ist der Urgroßvater ein Vorfahre? Vorfahren waren vor langer Zeit und sind weit weg, Vorfahren sind eine Reihe, die zu mir führt, ...

Ein Mensch, der sich nicht durch den Vater und die Mutter fühlt, ist verdächtig. ›Meine Vorfahren‹ – das ist ein vorhistorisches Verständnis, der Rauch (der Nebel) der Jahrhunderte, aus denen endlich sichtbar werden: Großvater und Großmutter, Vater und Mutter, – ich.

Vater und Mutter – das sind die, ohne die ich nicht wäre. Ein gutmeinender Nebel!

*Das*, was ich bin, *alles*, was ich bin – kommt von ihnen (durch sie), und das, was sie sind, alles, was sie sind – bin ich.

Selbst Goethe hat seinen Wahnvater adoptiert: »Vom Vater hab ich die Statur /Des Lebens ernstes Führen* [...]«

Ohne diese Verpflichtung dem Vater gegenüber, ohne den Stolz auf ihn, ohne Verantwortung für ihn ist der Mensch – VIEH.

– Ja, aber es gibt so viele unwürdige Söhne. Der Vater hat's gespart. Der Sohn hat's verpraßt ...

– Ja, aber ist das etwa *mein* Fall?

Ich habe durch nichts der Linie meines Vaters Schande gemacht. (Er hat sie begründet). Er hat 30 Jahre lang das Museum geleitet, in dessen Bibliothek – alle meine Bücher sind.

Kontinuität – besteht.

›Vater, Mutter, Großvater‹ ... ›Wir haben Moskau beschenkt‹ .. ›Ja, aber Sie selbst – was haben Sie Moskau gegeben?‹

Beginnen wir mit dem Allgemeinen. Der Mensch, ist er einmal geboren, hat ein Recht auf jeden Punkt der Erdkugel, denn er ist nicht nur in einem Land, einer Stadt, einem Dorf geboren, sondern – auf der Erde.

Oder: Da er in einem gegebenen Land, einer Stadt, einem Dorf geboren wurde, wurde er – weitet man es aus – auf der Erde geboren.

Wenn aber der Mensch, der geboren wird, kein Recht auf jeden Punkt der Erdkugel hat – auf welchen einz.

* Im Original deutsch.

Punkt der Erdkugel hat er dann das Recht? Auf den, auf dem er geboren wurde. Auf seine Heimat.

Also habe ich, in der Ordnung jedes gebürtigen Moskauers, auf Moskau ein Recht, weil ich in Moskau geboren wurde.

Was kann man einer Stadt geben, außer Gebäuden – und Poemen? (Eine Kanalisation, natürlich, doch niemand wird mich überzeugen, daß eine Stadt die Kanalisation nötiger braucht als ein Poem. Beide sind nötig. Auf verschiedene Weise nötig).

Gehen wir zum persönlichen Teil über.

Was habe ›ich selbst‹ Moskau gegeben?

›Gedichte über Moskau‹ – ›Moskau, welch riesiges fremdenfreundliches Haus ...‹ ›Bei mir in Moskau – brennen die Kuppeln ...‹ ›Kuppeln – ringsum, Wolken – ringsum‹ ... ›Sieben Hügel – wie sieben Glocken‹ ... – noch viele andere! – ich erinnere mich nicht, und *nicht ich* – muß mich erinnern.

Doch selbst – hätte ich keine Gedichte über Moskau geschrieben – so habe ich doch das Recht darauf, als russische Dichterin, die in Moskau lebt und arbeitet, deren Bücher in Moskaus bester Bibliothek stehen (Braucht man Bücher? und den Dichter – nicht?! Ach ihr, ihr Schleckermäuler!).

Ich stelle doch keinen Anspruch darauf, daß eine Metrostation nach mir benannt wird, auf eine Gedenktafel (an einem Haus, das abgerissen wurde) – ich stelle Anspruch auf einen Schreibtisch aus hellem Holz, unter dem ein Boden ist, und um ihn herum sind 4 Wände.

Also, ich habe ein zweifaches Recht auf Moskau: das Recht der Geburt und das Recht der Auswahl. Im tiefsten doppelten Sinne –

Ich habe Moskau gegeben, daß ich hier geboren bin.

Wäre ich im Dorf Talicy im Gebiet Šujskij Gouvernement Vladim. geboren, so hätte niemand mein Recht auf

Talicy im Gebiet Šujskij Gouvernement Vladim. bestritten.

Das bedeutet, es liegt an Moskau – einer Weltstadt.

Aber was ist der Unterschied – Talicy oder Moskau?

Doch eine ›Weltstadt‹ – das wurde Moskau – später, nach mir, ich kam früher als das heutige Moskau, ganze 24 Jahre, ich bin noch im ›vierten Rom‹ geboren. [...]

Wenn Sie mein Recht auf Moskau bestreiten, bestreiten Sie das Recht des Kirgisen auf Kirgisien, des Tungusen auf Tungusien, des Sulusen auf Sulusien.

Fragen Sie besser, was 3 1/2 Millionen Nicht-Moskauer hier machen und was *sie* Moskau gegeben haben.

– Das Recht der Geburt – das Recht des russischen Dichters – das Recht überhaupt – des Dichters, denn wenn der dt. Dichter R[ilke], der gesagt hat »Als mich der grosse Ivan ans Herz schlug«,* kein Recht auf Moskau hat ... dann lasse ich die Hände sinken, wie immer – bei jeder Ungerechtigkeit – außer in dem Fall, wenn die Rechte – im Schlag – sich hinreißen läßt.

*Alle* Rechte, liebe V. Al., alle Rechte, und nicht eins.

Also, ein dreifaches Recht, nein, ein vierfaches, nein, ein fünffaches: das Recht der Geburt, das Recht des russischen Dichters, das Recht des Dichters der Gedichte über Moskau, das Recht des russischen Dichters und das Recht des Dichters überhaupt. [...]

MC.

14. September 1940 (NB! fast hätte ich **30** geschrieben – das wäre gut!)«

Es waren schwere Tage. Und eben zu der Zeit, im September, kehrte sie aufs neue zu ihrem Heft zurück, das sie kurz vor ihrer Abreise Ende Mai 1939 in Paris unterbrochen hatte. In Golicyno, so erinnere ich mich an ein Gespräch mit Alja, änderte Marina Ivanovna ihre Ange-

* Im Original deutsch.

wohnheit, ohne Nachzudenken alle ihre Gedanken und Gefühle dem Papier anzuvertrauen, und nur zwischen den übersetzten Zeilen, zwischen den Interlinearübersetzungen, fanden sich einzelne Notizen. Der Schock nach den Verhaftungen auf der Datscha in Bolševo, die Durchsuchungen, in denen alle Papiere durchgerissen, durchgesehen und mitgenommen wurden, die Furcht vor ihrer eigenen Verhaftung, jede Nacht das Warten auf diese Verhaftung, das Warten auf den Morgen, wenn sie endlich wieder frei atmen konnte – heute noch nicht! – all das nahm Marina Ivanovna die Möglichkeit, mit dem Papier zu kommunizieren.

Doch die Zeit verging, sie gewöhnte sich daran. Das Gefühl der Furcht ließ nach. Die lebenslange Gewohnheit und das quälende Bedürfnis, alles zu sagen, alles aufschreiben zu können, gewann Oberhand, und Marina Ivanovna kehrte zu ihrem vergessenen Pariser Heft zurück.

»Ich belebe dieses Heft wieder am 5. September 1940 in Moskau. 18. Juni Ankunft in Rußland ...« usw. Diese Notizen machte sie im September in der Merzljakovkskij pereulok in Moskau, wo mitten im Zentrum, auf dem lauten und belebten Platz, ihre Tochter Alja im Gefängnis saß. Und hinter der Ziegelmauer des Butyrki-Gefängnisses, wo einst ihre Schwiegermutter – die schöne, reiche Aristokratin Durnovo, Mitglied der Narodniki, Revolutionärin, die den getauften Juden Ėfron heiratete – in den Jahren der Reaktion, nach 1905, in einer Einzelzelle verrückt wurde und wohin ihr Sohn Serëža zu einem Treffen mit ihr eilte, da saß jetzt eben dieser Serëža. Doch mit ihm wurde kein Treffen zugelassen, und schon seit fast einem Jahr war nichts von ihm bekannt – *wieso und weshalb.*

Für uns, die Außenstehenden, die Bekannten, war das alles nicht sichtbar. Sie war verschlossen und zurückhaltend. Das Gespräch drehte sich immer um abstrakte Themen, um Gedichte, um Literatur, um ein gelesenes Buch.

Böse und mit Humor ahmte sie die Vermieter nach, die ihr kein Zimmer geben wollten oder die sie nicht wollte. Sie erzählte von Paris, von der Tschechoslowakei, von Bal'mont, von Belyj, sie rezitierte Gedichte.

»Aber was machen sie mit mir? Immer laden sie mich ein, Gedichte zu lesen ...«

Eingeladen wurde sie, aber ich erinnere mich nicht daran, daß jemand sie gebeten hat, zu rezitieren, niemand hat sich getraut, sie zu bitten, aber irgendwie kam es von selbst, und sie hat bereitwillig Gedichte vorgetragen, vielleicht brauchte sie dieses kleine Publikum.

Am 31. August war sie mit Mur bei uns in den Konjuški zu Besuch, darüber spricht sie auch in ihrem Tagebuch: »1.9.40. Gestern war ich mit Vil'mont bei den Tarasenkovs – wir haben Tee und kachetischen Wein getrunken. Die Tarasenkovs wohnen bei den Eltern der Frau, weshalb sie einem leid tun können (nicht die Eltern, sondern die jungen Leute). Die Atmosphäre ist ein bißchen kleinbürgerlich ...«

Genau zu der Zeit, im August, September, verliebte sie sich in Nikolaj Nikolaevič Vil'mont. Es begann wohl schon früher, aber ich hörte erst zu dieser Zeit davon.

So verliefen ihre beiden Leben: das eine, von uns verborgen, mit den Nächten an der Kuzneckij most, am Butyrki-Gefängnis, mit Aufzeichnungen ins Heft, das andere – unter Menschen.

Wir wußten von ihren Wohnproblemen und versuchten, über Bekannte etwas zu finden, aber es kam nichts dabei heraus, zum Winter hin wurde Moskau voll und überfüllt, und niemand vermietete etwas.

Einmal traf ich mich mit Marina Ivanovna auf dem Tverskoj bul'var, an dem Platz vor dem Literaturinstitut, das in dem bekannten Herzen-Haus untergebracht ist. (Zu der Zeit, in der Bulgakovs *Der Meister und Margarita* spielte, war dort ein Restaurant, aber jetzt bestand fast das ganze Gebäude aus Hörsälen, und in zwei Zimmern war die Zeitschrift *Znamja* untergebracht, wo Tarasenkov arbeitete. Im Seitenflügel befand sich der Litfond.) Marina Ivanovna war ganz durcheinander, sie sprach davon, wie stupide es sei, jeden Tag in den Litfond zu gehen, wie zur Arbeit. Sie hoffte, sie würde ihnen auf die Nerven gehen, so daß sie etwas für sie finden würden, und sei es allein deshalb, um sie loszuwerden.

Schließlich hatte man etwas für sie gefunden. Doch nicht der Litfond als Institution, sondern es halfen der Zufall und Ari Davidovič Patnickij. Als Marina Ivanovna im Litfond auftauchte, sprang er auf, zwängte seinen runden Schmerbauch, der von einer goldenen Uhrenkette gekrönt war, durch die Bürotische und küßte ihr die Hand. Er hatte einen akkurat geschnittenen Spitzbart, der schon damals leicht angegraut war, hervorstehende, gutmütige braune Augen und unglaublich rote Wangen.

Zu seinen Dienstpflichten gehörte es, Schriftsteller zu beerdigen, und aus diesem Anlaß gibt es zahlreiche Anekdoten. Zum Beispiel blieb Kataev auf dem Friedhof des Neujungfrauenklosters bei irgendeiner Beerdigung an irgendeinem Grabstein stehen und sagte nachdenklich zu dem zufällig neben ihm stehenden Ari Davidovič:

»Was für ein schöner Stein!«

»Ja?!« fragte dieser bedeutungsvoll nach. »Gefällt er Ihnen?! ...«

Kataev erblaßte und ging weiter.

Eben dieser Ari Davidovič hat für Marina Ivanovna ein Zimmer gefunden. Er hatte irgendwo zufällig mit halbem Ohr aufgeschnappt, daß irgend jemand für zwei Jahre irgenwohin in den Norden fahren würde und daß es ihm völlig egal sei, ob eine Mutter mit Sohn oder ein Mann mit Ehefrau in seiner Wohnung wohnen würde. Ari Davidovič spürte diesen »irgend jemand« auf und nahm Marina Ivanovna mit. Jetzt mußte Marina Ivanovna nur noch schnell Geld auftreiben, um für ein Jahr im voraus die Miete zu zahlen, es waren wohl 2500 Rubel!

Tanja El'nickaja erzählte mir später, wie Marina Ivanovna im Herbst zu ihr kam, um einen Korb mit Büchern zu sortieren, wie sie aus einer Tasche eine Schürze hervorholte, sie umband, um sich nicht schmutzig zu machen, und wie sie, während sie die Bücher sortierte – welche sie für sich behalten und welche sie verkaufen würde – eine Zigarette nach der anderen rauchte. Sie sprach davon, wie teuer dieses Zimmer für sie sei und daß sie sich von allen Leuten Geld geliehen habe, von denen man nur leihen konnte.

Obwohl auch die Menschen, die Marina Ivanovna umgaben, nur wenig hatten, die nötige Geldsumme hat sie doch zusammengekratzt, und um den 20. September herum bezog sie ihre neue Adresse. Nach fast einem Jahr des Umherziehens hatte sie nun endlich den Anschein von Seßhaftigkeit: Sie meldete sich mit Wohnsitz am Pokrovskij bul'var 14/15, Wohnung 12 ( ihre letzte Moskauer Adresse!) an – zwar war es wieder in fremder Umgebung und wieder vorübergehend, doch bedeutete dieses »vorübergehend« diesmal zwei Jahre.

Das Fenster war groß, es nahm die ganze Wand ein, und es war in Quadrate unterteilt. Ein nacktes Fenster, ohne Vorhänge, hinter dem Fenster der blasse städtische Himmel – sechste Etage. Es war schon Herbst auf dem Pokrovskij bul'var. Ich kam bald nach Marina Ivanovnas Umzug zum ersten Mal alleine hierher. Tarasenkov hatte mich geschickt, ich sollte Übersetzungen von Gedichten abholen, ich glaube, es war für die Zeitschrift *Znamja*. In Marina Ivanovnas Notizheft findet sich die Bemerkung: »– ein riesiges, blaues, starres Fenster vor Augen.

Ich habe, glaube ich, im Leben vor allem die Gemütlichkeit geliebt (sécurité). Sie ist für immer aus meinem Leben gegangen ...«

Damals, bei meinem ersten Besuch auf dem Pokrovskij bul'var, ging Marina Ivanovna zum Tisch, schob die nicht ausgetrunkenen, nicht aufgegessenen Reste von Murs Frühstück, eine Tüte mit Makkaroni und mit noch irgend etwas und irgendwelche Dosen und Fläschchen beiseite und sagte: »Himmel! Wie ich das alles hasse!«

Sie nahm einen kleinen Teller mit Tinte vom Regal, stellte ihn auf den freigeräumten Platz, tauchte ihre Feder in die Tinte und begann, die maschinengeschriebenen Gedichte zu lesen. Ich saß daneben auf einem Stuhl am Fenster, durch das nichts zu sehen war, nur das trübe Grau. Ich wagte nicht, mich umzusehen, in der Furcht, meine Verwirrtheit und Trauer angesichts dieses nichtwohnlichen Wohnens zu zeigen, dieses Nichtzimmers-Zimmers, Nichttischs-Tischs.

Ich weiß nicht, ob Marina Ivanovna es mir angesehen hat, – aus irgendeinem Grunde sagte sie, nachdem sie die Gedichte gelesen hatte: »Es ist gut, daß er so ist, und nicht nur drei Füße hat! Dieser hat wenigstens vier Beine, er ist stabil.«

»Ein Tisch – muß ein unerschütterlicher Ort sein, damit man mit allem und von allem – zum Tisch kann, der ewig und treu – wartet. (So drückte Maks es in Koktebel' aus.)«

»Mit Bitterkeit denke ich daran, daß jeder mittelmäßige Feuilletonist, der noch nicht einmal das überprüft, was er selbst geschrieben hat, einen Schreibtisch hat ...«

»Alles, was ich vom ›Ruhm‹ will – vielleicht ein hohes Honorar, um weiter schreiben zu können. Und – Ruhe. (In Umgangssprache: ein leeres Zimmer mit einem drei Arschin langen Schreibtisch, – und sei es ein Küchentisch!)«

» ... und wieder habe ich keinen Tisch, sondern eine Tafel, die höchstens zum Schiffbruch taugt ...«

»Das schlimmste Übel: Ich habe keinen harten Platz zum Schreiben: In dem guten Zimmer, mit dem Fenster und der Kiefer davor, schläft Mur (tagsüber und ab 9 Uhr ab[ends]), in der Küche gibt es kein Fenster, und das ganze Essen und die Zwiebel und die Hitze vom Petroleumkocher und der Tisch – er ist unabänderlich und ganz und gar wackelig, ich sehe ihn mit Abscheu an, auf jede erdenkliche Weise vermeide ich ihn – mit meinem Blick.«

»Jetzt ist es 6 Uhr morgens, ich schreibe in der Küche, an dem einzigen Tisch, auf den 8 Korrekturfahnen gleichzeitig passen. Aus der Küche komme ich nicht hinaus: sind es nicht Manuskripte – so ist es das Mittagessen, ist es nicht das Mittagessen – so ist es die Wäsche, usw. ...«

Das schrieb sie verschiedenen Leuten zu verschiedenen Zeiten – an Vera Bunina, an Zinaida Šachovskaja, an Anna Tesková. Sie schrieb es 1925 in der rue Rouvet in Paris, wo sie zu viert mit dem kleinen Mur in einem Zimmer eingepfercht waren. Sie schrieb es 1935 in dem Kurort La Favière, sie schrieb es in Vanves (Seine), einem Vorort von

Paris. Und selbst in Belgien, wohin sie mit Mur zu Besuch fuhr: »Dort hatte ich keinen Schreibtisch, nur einen runden, schwankenden – ach Unsinn! einen Strohtisch – einen Tisch, der eher entmutigt …«

Und auf dem Boulevard Pasteur, Hotel Innova, im Zimmer 36, wohin sie aus Vanves ziehen mußte – dort, in diesem schmutzigen und dunklen Hotelzimmer, hatte sie wohl kaum einen Schreibtisch. In der Borisoglebskij pereulok, wo sie nach 1917 mit ihren Töchtern Alja und Irina, nach Irinas Tod 1920 dann mit Alja allein in dem Eßzimmer wohnte, bereitete sie auf dem Mahagonitisch Essen zu, sie schrubbte die Wäsche darauf, schrieb darauf das Buch von Volkonskij ab, und sie schrieb Gedichte, und Alja schmiegte sich an sie und führte ihr Tagebuch. Daneben stand der Ofen, auf dem sie kochte und den sie mit Stühlen heizte.

»So sei gesegnet – mit der Stirn, mit dem Ellenbogen, mit der Schwellung der Knie erprobter – wie eine Säge in die Brust eindringender – Tischrand! …«

Damals, bei meinem ersten Besuch auf dem Pokrovskij bul'var, brachte ich Marina Ivanovna zwei schöne, große Notizblöcke von Tarasenkov mit, auf deren Umschlag ein heller, blauer Himmel und gelbe, levitansche Birken abgebildet waren. Diese Notizblöcke wurden auf der finnischen Verkaufsausstellung vor dem Krieg mit den Finnen verkauft, und alle versuchten, sich auf Vorrat damit einzudecken.

»Was für hervorragendes Papier«, rief Marina Ivanovna aus, als sie es betastete, »aber damit kann man unmöglich arbeiten, dann denkt man die ganze Zeit, daß man auf diesem Papier etwas besonders Gutes schreiben muß! Doch es eignet sich für die Reinschrift, ich werde die Übersetzungen hierauf ins reine schreiben.«

Doch als sie eine Seite aufgeschlagen hatte und sah, daß die Blätter nur am obersten Rand durch etwas Klebstoff zusammengehalten wurden und sich leicht abreißen ließen, sagte sie: »Nein, zur Arbeit taugt es überhaupt nicht, die Blätter fallen auseinander, das ist nur etwas für Briefe.«

»Schreiben Sie etwa niemals auf einzelnen Blättern?«

»Nein. Blätter gehen leicht verloren, ein Heft bewahrt sie sicherer auf. Es ist zuverlässiger ...«

Das ganze Literaturarchiv von Marina Ivanovna, ihr ganzes literarisches Vermächtnis besteht aus Heften: »... Saffianalben aus der Jugend, selbstgebastelte Hefte aus den Revolutionsjahren; geschenkte Hefte – mit schönen Umschlägen; billige Hefte aus der Emigration – mit abgenutzten Umschlägen; die Hefte der Schwarzarbeiter des Alltags und der feiertäglichen Reinschriften. Hefte, Hefte, Hefte ...« Das schrieb Alja später.

Es war wohl im September, noch in der Merzljakovskij pereulok, als Nikolaj Nikolaevič Vil'mont, der damals bei der Zeitschrift *Internacional'naja literatura* [Internationale Literatur] arbeitete, Marina Ivanovna Gedichte brachte.

»N. N. hat mir deutsche Übersetzungen gebracht. Das, was mir am allerliebsten ist: deutsche Volkslieder. Liedchen. Oh, wie habe ich das alles geliebt!« – schrieb Marina Ivanovna in ihr Heft. Doch auch jetzt noch übersetzte sie offensichtlich mit Liebe und Zufriedenheit diese schelmenhaften, ausgelassenen Lieder. Sie trug uns diese Übersetzungen vor, und natürlich waren wir alle begeistert. Wir trafen uns häufig bei den Vil'monts und bei uns in den Konjuški, wir gingen gemeinsam spazieren, und immer gab es Gedichte, Gedichte, Gedichte, und die Gespräche drehten sich um Gedichte, um Bücher, und niemand von uns wußte oder vermutete, in welcher Panik und Sorge Marina Ivanovna sich zu dieser Zeit befand. Denn eben in jenen Septembertagen wurden die Geldsendungen für Sergej Jakovlevič nicht mehr angenommen, und es kamen ihr die düstersten Gedanken. Doch sie schwieg darüber und teilte ihre Empfindungen und Ängste mit niemanden, denn über solche Dinge sprach man damals nicht.

Ihr wurde gesagt, daß Sergej Jakovlevič genug Geld hätte, und am 30. September hieß es geradeheraus, daß er »nicht mehr geführt wird!«

Marina Ivanovna, mehr tot als lebendig, ging zu »Fragen und Antworten« – es wurde ihr gestattet, sich brieflich nach dem Gesundheitszustand und dem Aufenthaltsort des Verhafteten zu erkundigen. Ich habe erst jetzt von ihren Empfindungen in diesen Septembertagen erfahren, vierzig Jahre später, wo ihr Brief an Elizaveta Jakovlevna vor mir liegt. Diese war zu der Zeit noch auf der Datscha.

»Moskau, Pokrovskij bul'var 14/5, 4. Eingang, Wohnung 62.

3. Oktober 1940

Liebe Lilja,

ich beeile mich, Euch mitzuteilen: S. befindet sich an seinem bisherigen Aufenthaltsort. Ich habe heute halbtot im Wartezimmer gesessen, weil mir am 30. am Schalter gesagt wurde, daß er für Geldüberweisungen nicht geführt wird (die Male vorher haben sie mir gesagt, daß er genug Geld hat, dieses Mal – deutlich: er wird *nicht* geführt). Dann bin ich zum Informationsschalter gegangen und habe auf der Rückseite des Formulars gefragt: Gesundheitszustand, Aufenthaltsort. Sie haben mich für heute bestellt. Der Mitarbeiter hat mich sofort erkannt und mit Namen angeredet, obwohl wir uns vier Monate nicht gesehen haben, – und er hat mich so gut wie möglich beruhigt: wir haben gute Ärzte, und wenn es nötig ist, wird erste Hilfe geleistet. Mir haben so stark die Zähne geklappert, daß ich kein ›danke‹ herausgebracht habe (›Sie regen sich umsonst so auf‹ – überhaupt, ich habe den Eindruck, daß sie S. kennen, durch ihn – und durch mich.

Im Wartezimmer haben sie sich gewundert, wie lange er schon in Moskau festgehalten wird).

Ja, und am 10. ist der Jahrestag, und der Geburtstag, und noch ein Jahrestag: der dritte Jahrestag seiner Ausreise. Ich habe Alja an *ihrem* Jahrestag (dem 27.) eine Geldsendung geschickt. Für S. wird es mir wahrscheinlich *nicht* gelingen.

Mur hat auf die hiesige Schule übergewechselt, sie ist in der Nachbarschaft, Pokrovskij bul'var Nr. 8 (das ehemalige Mädchengymnasium der Vinogradskaja). Dort ist es einfacher. Und – auch so – ist es einfacher, er kann eine Viertelstunde vorher aus dem Haus gehen, sonst hat er sich immer am Essen verschluckt, weil er fürchtete, zu spät zu kommen. Dann die entsetzliche Straßenbahn: Ich gehe zu Fuß oder fahre mit der Metro (bis zu den Kirovskie vorota 10 Minuten). Ich habe mich ein bißchen daran gewöhnt. Es ist eine gute Gegend, aber – nicht meine. Ich fahre nicht mehr mit dem Aufzug, letztes Mal hat mich eine Frauenstimme furchtbar erschrokken (die Fahrstuhlführerin sitzt irgendwo im Keller und spricht ins Mikrofon): ›Wie funktioniert der Aufzug?‹ Ich, zitternd (wie der Aufzug): ›Normal. Ich glaube – normal.‹ ›Es kann sein, daß Sie nicht ankommen: Der Antrieb ist nicht sehr stark, er ist auf der vierten Etage stehengeblieben.‹ Ich: ›Erschrecken Sie mich nicht, erschrecken Sie mich nicht, um Himmels willen, ich sterbe schon so vor Angst!‹

›Und seit diesem Mal – setz ich zu Demjan keinen Fuß.‹

Ehrenwort: Sich so zu fürchten ist für das Herz schlechter als alle fünf Etagen.

Mit dem Geld sieht es nicht besonders aus: Alles ist für die Wohnung und den Umzug draufgegangen, und bei der Intern. Lit., wo ins nächste Heft meine Übersetzungen deutscher Lieder aufgenommen werden sollten – hat ein völliger Programmwechsel stattgefunden, so daß ich nicht auf ein baldiges Honorar hoffen kann. Wenn wenigstens Mulja die 750 Rubel von der Diebin bekommen könnte.

Ich habe ein Regal für Bücher und eins für die Küche bestellt (NB! Wovon soll ich bezahlen?) Der Tischler – ein Freund der Tagers – ist ein wunderbarer alter Mann, wir haben uns sofort angefreundet. Wenn die Kisten wegkommen, wird das Zimmer – so schön sein, wie nur eben möglich.

Ich freue mich sehr auf Ihre und Z[inaida] M[itrofanovna]s Rückkehr. Wie furchtbar öde die Abende und Nächte auf dem Lande sicher sind! Ich, die ich die Stadt nie geliebt habe – stelle es mir nicht vor. An die schwarzen Nächte in Golicyno denke ich mit Schaudern. All diese Glasveranden …

Ich hänge das Schloß morgen an – heute habe ich es nicht geschafft. Ich kaufe ein neues, mit zwei Schlüsseln: das alte habe ich auch, aber es ist irgendwo untergegangen. Macht nichts – dann haben wir zwei.

Ich küsse Sie beide. Leben Sie wohl.

M.«

Am selben Tag die Eintragung ins Heft: »Heute, am 3., beginne ich endlich mit der Zusammenstellung des Buches, dem Zählen der Zeilen, denn am 1. November muß ich trotz allem etwas an die Schriftsteller abliefern, wenigstens jedem die Hälfte.* (NB! Mein Baudelaire erscheint erst im Januarheft, er muß zurückgestellt werden – schade.)«[18]

Marina Ivanovna begann mit der Zusammenstellung des Buches, von dem schon in Golicyno die Rede war. Sie erweiterte ihre ursprüngliche Idee: Damals hatte sie vor, zwei Bücher (*Handwerk* und *Nach Rußland*) zu einem zu machen, jetzt wollte sie auch Gedichte aus ihren Notizhef-

* Gemeint sind hier offensichtlich zwei Rezensenten.

ten mit einbeziehen: »Aus dem grünen Album + dem blauen Büchlein + dem rosa Büchlein ...« – so nannte sie ihre Hefte nach den Umschlägen.

Nach ersten Notizen im Oktober sollte das Buch auch noch ausgewählte Gedichte aus den Jahren 1919 bis 1936 beinhalten. Doch diese Idee ließ sich nicht verwirklichen, nicht alles, was ihr gefiel, ließ sich in den schmalen Umfang des Buches hineinpressen, den der Verlag ihr vorgab – alles in allem 3000 Zeilen, 4 Druckbögen.

Marina Ivanovna zählte die Zeilen immer wieder neu, kürzte die Anzahl der Gedichte aus dem einen Heft, aus dem anderen, dann zählte sie sie zusammen, und sie erhielt:

| | |
|---|---|
| »Nach Rußland | 2312 |
| Grünes Album | 248 |
| | 2560 |

Für Handwerk blieben ungefähr 500 Zeilen, und für das nach Nach Rußland *nichts* ...«

Marina Ivanovna mußte sich auf einen bestimmten Zeitabschnitt begrenzen und das Buch aus Gedichten aus der Zeit von 1919 bis 1925 zusammenstellen. Auch dieses Mal begann der Band mit einem Gedicht, das Sergej Jakovlevič gewidmet ist: *Ich schrieb auf einer Schiefertafel*, und er endete mit *Die Rede*. Sie stellte aus den Gedichten Zyklen zusammen, gab Gedichten Namen, die vorher keinen Namen hatten. Einzelne Zeilen, Strophen, Wörter in den schon vor langem geschriebenen, fertigen Gedichten gefielen ihr nicht mehr, selbst die Interpunktion veränderte sie bei ihren Bemühungen, höchste Genauigkeit und Ausdrucksfähigkeit zu erreichen.

Marina Ivanovna glaubte von Anfang an nicht daran, daß das Buch mit ihren Gedichten beim Goslitizdat herauskommen würde. Dabei brauchte sie die Publikation unbedingt – dieses Buch würde ihr helfen, ihre wackelige und unbestimmte Lage in der sowjetischen Gesellschaft zu legalisieren, und es würde das weitere Leben ihres Sohnes erleichtern. Sie bemühte sich sehr darum, das Buch so zusammenzustellen, daß es erscheinen könnte, daß es wenigstens so aussah, wie ein Buch zu der Zeit aussehen mußte.

So überlegte sie z. B., ob sie das Gedicht *Gott* nicht maskieren sollte, indem sie den Titel änderte: »Ich möchte die Gott-Gedichte sehr gerne mit aufnehmen (die beiden letzten). Was, wenn ich es *Schicksal* oder *Hermes* nenne (NB! Was für ein Unsinn!) oder Zeus?

*Gedichte an Puškin*: 1. Die Geißel der Gendarmen (NB! Das geht nicht!) ...«

Über die Gedichte an Puškin hat sie früher geschrieben: »Sie sind furchtbar-scharf, furchtbar-frei, haben mit dem kanonisierten Puškin nichts gemein und sind alle – das Gegenteil des Kanons. *Gefährliche* Gedichte ...

... sie gehören mir, der Dichterin, sie sind eine persönliche Herausforderung – an die Heuchler *damals* und *jetzt* ...«

Den Gedichten, die Sergej Jakovlevič gewidmet sind, schenkte sie besondere Aufmerksamkeit, sie überarbeitete sie besonders gründlich.

»Für mich gibt es im Leben vor allem die Arbeit und die Familie, alles übrige – ist das Ergebnis überschüssiger Kraft«, hat sie einmal zu Tager gesagt.

Überschüssige Kraft hatte sie noch. In dem Konzeptheft von Oktober, in welchem sie an Gedichten für ihr neues Buch arbeitete, findet sich auch ein Entwurf für einen Brief an Arsenij Tarkovskij.

Zuerst begeisterte sie sich aus der Ferne für diesen Dichter mit dem feinen, nervösen Gesicht, mit den bis zu den Schläfen hochgezogenen Mephistopheles-Augenbrauen, der jung und talentiert war, dann verliebte sie sich in ihn.

Irgendwann im Oktober fiel ihr sein Buch mit Übersetzungen von Kemine in die Hände. Sie war begeistert von den Übersetzungen, und, ohne die Adresse des Dichters und Übersetzers zu haben und ohne ihn je gesehen zu haben, schrieb sie ihm einen Brief, mit nicht zu Ende gesprochenen Gedanken, mit halben Andeutungen, der Brief einer jungen und ganz und gar nicht müden und vom Leben gequälten Frau.

Das Original des Briefes ist nicht erhalten, alle Bücher und Papiere Tarkovskijs wurden während des Krieges vernichtet, als er an der Front und im Lazarett war. Es gibt nur den Entwurf des Briefes, den Alja einmal für jemanden aus Marina Ivanovnas Heft abgeschrieben hatte und der zufällig durch verschiedene Hände ging und im Ausland publiziert wurde, – das, was Alja immer so fürchtete. Hier eine Abschrift des Entwurfs:

»Lieber Gen. T.

[...] Ihre Übersetzung ist ein Schmuckstück. Was können Sie – selbst? Denn für einen anderen können Sie – *alles*. Finden Sie (lieben Sie) – *die Worte*, sie werden Sie haben.

Ich werde Sie bald einladen, – am Abend – Gedichte (meine) anzuhören, aus meinem zukünftigen Buch. Deshalb – geben Sie mir Ihre Adresse, damit die Einladung nicht umherirrt – oder herumliegt – wie dieser Brief.

Ich möchte Sie sehr bitten, dieses Briefchen von mir niemandem zu zeigen, ich bin ein einsamer Mensch, und ich schreibe Ihnen – wozu brauchen Sie – andere? (Hände und Augen) und sagen Sie es niemandem, daß Sie hier, in den nächsten Tagen meine Gedichte hören – bald wird bei mir ein öffentlicher Abend stattfinden, dann – kommen *alle*. Aber jetzt – lade ich Sie als Freund ein.

Jedes Manuskript ist schutzlos. Ich bin ganz – Manuskript.

MC«

Sie hat sich mit Tarkovskij bei Nina Jakovleva in der Telegrafnyj pereulok getroffen, in deren einzigem Zimmer mit den grünen Wänden, den antiken Mahagonimöbeln und den Regalen mit französischen Büchern in Ledereinbänden. »Sie haben sich bei mir zu Hause kennengelernt. Ich kann mich gut an den Tag erinnern. Aus irgendeinem Grund bin ich aus dem Zimmer gegangen. Als ich zurückkam, saßen sie nebeneinander auf dem Sofa. Durch ihre erregten Gesichter habe ich verstanden: So war es bei der Duncan und Esenin. Sie trafen sich, stiegen steil nach oben, irrten hin und her. Dichter zu Dichter. Im Volksmund sagt man: Liebe auf den ersten Blick ...«

Nina Jakovleva war über fünfzig, doch sie hatte noch Züge vergangener Schönheit bewahrt. Sie war jung geblieben und liebte es, sowohl über ihre als auch über anderer Leute Affären zu sprechen, denn sie war etwas sentimental und romantisch veranlagt. Sie war die Tochter reicher Eltern, die Gattin reicher Männer, lebte vor der Revolution häufig im Ausland und sprach ausgezeichnet Französisch. Als sie jung war, besuchte sie den literarischen Zirkel auf der Bol'šaja Dimitrovka, der von Brjusov geleitet wurde. Dort hat sie Marina und Asja, die von Vološin begleitet wurden, zum ersten Mal gesehen.

Jetzt lebte sie von Übersetzungen, leitete die Öffentlichkeitsarbeit des Grupkom* im Goslitizdat und lud an Samstagen junge Lyrikübersetzer zu sich ein. Sie idealisierte die Beziehung zwischen Marina Ivanovna und Tarkovskij – Tarkovskij war fünfzehn Jahre jünger als Marina Ivanovna, und er begeisterte sich für sie als Dichterin, er liebte ihre Gedichte, obwohl er mehr als einmal sagte: »Marina, mit Ihnen war es im Jahre 16 aus!« Ihm gefielen ihre frühen Gedichte, ihre Poeme waren ihm zu wortreich.

Marina Ivanovna brauchte, wie immer, das Spiel der

* Gruppovyj komitet (Gruppenkomitee).

Phantasie. Sie mußte »die Leere des Herzens« ausfüllen, die sie so fürchtete.

Einmal hat sie offen mit uns darüber gesprochen, und dieses Gespräch fand irgendwann Ende August 1940 in der Vspolnyj pereulok statt, im Hof der Vil'monts. Marina Ivanovna schwärmte damals schon sehr für Vil'mont. Sie und Mur holten Tarasenkov und mich in den Konjuški ab, und wir machten uns gemeinsam auf den Weg zu den Vil'monts, die uns eingeladen hatten. Es war ganz bei uns in der Nähe – wir mußten nur den ploščad' Vosstanija überqueren und auf dem Gartenring nach rechts abbiegen, in die Malaja Nikitskaja, und dort war die erste links der Vspolnyj, wo ganz am Ende, Nummer 18, auf der ersten Etage Vil'mont und Tata Man lebten.

Marina Ivanovna und Tarasenkov hatten die Angewohnheit, zu Besuch zu gehen wie zu einer Premiere, äußerst frühzeitig. Ich versuchte, sie zu überreden, noch nicht zu den Vil'monts hochzugehen, sondern noch ein bißchen auf dem Hof zu sitzen, in Erinnerung daran, daß wir auch letztes Mal etwas früher kamen und Tata im Unterrock antrafen. Der Tisch war schon für Gäste gedeckt, doch sie hatte es nicht geschafft, sich umzuziehen, wurde ganz verwirrt und verbarg sich hinter dem Wandschirm. Die Vil'monts lebten, wie der Großteil der Moskauer, in einer Kommunalwohnung, in einem Zimmer, das ihnen zugleich als Schlaf-, Eß-, Wohn- und Arbeitszimmer für beide diente, denn sie arbeiteten zu Hause, sie schrieben und übersetzten. Mur unterstützte mich, und wir blieben auf dem Hof. Marina Ivanovna setzte sich auf eine Bank unter einer Pappel. Irgendwoher sprang Tatas Katze auf Marina Ivanovnas Schoß, sie rollte sich wie ein Knäuel zusammen und schnurrte selig. Marina Ivanovna sagte, daß sie Katzen liebe und daß die Katzen sie lieben und daß das die einzige Gegenseitigkeit sei, die ihr auf Erden bestimmt sei. Doch im übrigen wären die Katzen wie die Menschen und verließen sie, und sie erzählte von irgendeiner wilden, herumstreunenden Katze, mit der sie vor nicht langer Zeit eine Romanze gehabt hatte (ich habe nicht ganz verstanden, ob das in Golicyno oder noch in Bolševo oder vielleicht schon in der ulica Gercena in Moskau war). Die Katze sei regelmäßig zum Rendezvous zu ihr gekommen, sie hätte sie gefüttert und sich mit ihr unterhalten, denn sie hätte sonst niemanden zum Unterhalten, und die Katze hätte sie verstanden.

Mur, der ähnliche Gespräche seiner Mutter nicht ertrug und das nicht verbarg, ging demonstrativ in die Ecke, drehte uns den Rücken zu und schlug mit einer kleinen Rute die Blätter von den Sträuchern. Marina Ivanovna fuhr in ihrem Gespräch fort, daß es völlig unwichtig sei, mit wem man eine Romanze habe, eine Romanze könne man mit einem Mann, mit einer Frau, mit einem Kind haben; sie hätte eine Romanze mit ihrer Tochter Alja gehabt, als diese ein ganz kleines Mädchen war. Eine Romanze könne man mit einem Buch haben, sie habe Sigrid Undset viele Male wieder und wieder gelesen, weil sie sich nicht von Kristin habe trennen wollen. Im Endeffekt sei es ganz egal, mit wem, denn wichtig sei nur, daß nicht diese erschreckende Leere herrschte! Die Seele ertrage Leere nicht, und für sie, für Marina Ivanovna, sei Leere – einfach der Untergang.

Es war etwas ausweglos Tragisches in ihrer Haltung, darin, wie sie mit der Katze auf dem Schoß unter dem Baum saß, darin, wie sie sprach, und es schien, als spräche sie gar nicht mit uns, sondern mit sich selbst. Dazu noch Mur, der mit dem Rücken zu uns stand und mit einer Rute in die Brennesseln schlug.

Alle Affären Marina Ivanovnas jener letzten Jahre fanden vor unser aller Augen statt. Sie verbarg sie nicht. Sie war ständig angespannt und zurückhaltend, doch maskierte sie sich nicht, verbarg nicht, wem sie im gegebenen Moment ihre königliche Aufmerksamkeit widmete.

Als es Vil'mont war, konnte sie bei ihm in der Redaktion der *Internacional'naja literatura* vorbeigehen, um sich auf dem Rückweg mit ihm zu unterhalten. Übrigens blieb sie sich treu und schrieb ihm Briefe. Sie schrieb auf deutsch, in gotischer Schrift.[19] Sie sagte, Vil'mont sei Rilke ähnlich, er erinnere sie an Rilke, den sie übrigens nie gesehen hatte.

Vil'mont war blond, blauäugig, und schon damals, in den Jahren seiner Bekanntschaft mit Marina Ivanovna, neigte er etwas zur Fülle. Er hatte gleichzeitig etwas von Pierre Bezuchov aus *Krieg und Frieden* und von Mister Pickwick an sich. Seine Stimme war irgendwie auffallend, sehr dünn, kapriziös, und es schien, als bräche sie gleich auf hoher Note.

Er war kurzsichtig und zerstreut und hat sicher später als alle anderen die Gefühle erraten, die Marina Ivanovna für ihn empfand. Das verwirrte ihn etwas, wie uns schien, und manches Mal wurde er auf Boris Leonidovič böse, wenn dieser ihn mit der Sorge um Marina Ivanovna beauftragte und sagte: »Kolja macht das, Kolja weiß alles, er kann alles ...« Nikolaj Nikolaevič war sehr gebildet und ein ausgezeichneter Lyrikkenner. In seiner Jugend hatte er selbst Gedichte geschrieben, und seit jungen Jahren war er Pasternak nicht nur freundschaftlich, sondern fast verwandtschaftlich verbunden. Er war Spezialist für deutsche Literatur, übersetzte, schrieb Aufsätze; zu der Zeit erschien gerade eine Arbeit über Thomas Mann von ihm. Da Marina Ivanovna sich in der deutschen Literatur wie zu Hause fühlte, war es für sie mit Vil'mont sehr interessant.

Interessant war es für Marina Ivanovna auch mit Tarkovskij. Tarkovskij hat erzählt, daß Marina Ivanovna ihn einmal um zwei Uhr nachts anrief. Er hatte sie gerade von einer Einladung nach Hause begleitet und erschrak sehr, denn er dachte, daß etwas passiert sei, doch hatte sie nur sein Tuch gefunden. Welches Tuch? Und weshalb mußte sie ihn deswegen nachts anrufen?! Sein Taschentuch mit seinem Zeichen, »A. T.«. Aber er besaß gar kein Taschentuch mit Zeichen – seine Taschentücher wurden nie bestickt! Nein, sie hatte sein Taschentuch in der Hand, und darauf war sein Zeichen, und sie mußte ihm dieses Taschentuch sofort zurückgeben.

»Aber Sie sind verrückt geworden, Marina, es ist schon zwei Uhr nachts, bevor Sie hier sind, ist es drei, und dann muß ich Sie nach Hause bringen! ... Und wozu brauche ich dieses Taschentuch, wenn Sie wollen, komme ich morgen bei Ihnen vorbei, um es abzuholen.« Nein, sie müsse ihm das Taschentuch sofort zurückgeben, er solle warten. Sie legte den Hörer auf, und sie brachte ihm das Taschentuch, in das tatsächlich die Initialen »A. T.« eingestickt waren.

Marina Ivanovna hat einmal gesagt: »Auf mich sind die Ehefrauen nicht eifersüchtig/Ich bin Stimme und Blick.«

Doch das war bei weitem nicht immer und nicht ganz so der Fall. Die kluge Tata nahm Marina Ivanovnas Verliebtheit leicht und einfach zur Kenntnis, doch selbst sie knirschte von Zeit zu Zeit mit den Zähnen. Tonja Tarkovskaja dagegen war richtig eifersüchtig. Marina Ivanovna schenkte ihr eine Kette, doch sie trug sie nie und versicherte mir, daß Marina Ivanovna eine Hexe sei und mit Zauberformeln beschwören könne. Man müsse nur in ihre grünen Zauberaugen blicken, um das zu begreifen.

Irgendwie kam bei uns auf den Konjuški das Gespräch auf eben jenes Buch von Sigrid Undset, *Kristin Lavranstochter*, das Marina Ivanovna so liebte. Wir haben diesen Roman damals alle gelesen, und ich sagte, daß mir Kristins Liebe etwas ausgedacht vorkam: diese wahnsinnige Leidenschaft, der Mord, die Hexerei – alles deshalb, damit der geliebte Mann bei ihr ist! Marina Ivanovna behauptete, in unserem Jahrhundert sei die Liebe einfach entartet und die Menschen hätten das Lieben verlernt. Es sei so, als wenn ein Maler nicht mit Farben malte, sondern mit dem Wasser, mit welchem er die Leinwand reinwusch. Und sie fügte hinzu, daß, ihrer Meinung nach, Kristin die leuchtendste aller Frauenfiguren sei, die das ganze Jahrhundert über in der Weltliteratur geschaffen worden sei.

Irgend jemand bemerkte, daß es in diesem Roman eigentlich nur Kristin gebe und die Männer dort wie Schatten seien, sie spielten Nebenrollen und seien Statisten.

»Wie auch im Leben!« sagte Marina Ivanovna. »In der Liebe steht die Hauptrolle der Frau zu, sie führt das Spiel, nicht ihr, sie sucht euch aus, ihr seid nicht die Führenden, sondern die Geführten!«

»Aber, Marina Ivanovna, lassen Sie uns wenigstens die Illusion, daß wir Sie erobern!«

»Nun, wenn es Sie befriedigt, mit der Lüge zu leben und den betörenden Tricks jener Frauen zu glauben, die mit Ihnen Nachsicht üben und sich verstellen, – dann leben Sie mit dem Selbstbetrug!«

Nach den Worten von Nina Jakovleva war Tarkovskij »Marinas letztes Plätschern«. Nachdem Tarkovskij im Frühjahr 1941 auf dem Büchermarkt nicht auf Marina Ivanovna zuging und sie sich über ihn ärgerte, trafen sie sich nach Aussagen von Jakovleva nicht mehr. Doch vor kurzem habe ich mit Arsenij gesprochen, und er erzählte, daß er sich fast bis zu Marina Ivanovnas Abfahrt mit ihr getroffen hatte, und einmal, schon während des Krieges, trafen sie sich zufällig auf dem Arbatskaja ploščad'. Sie gerieten in eine Bombardierung und verkrochen sich in einem Schutzkeller. Marina Ivanovna war in einem panischen Zustand. Sie saß in dem Schutzkeller, hatte die

Arme um ihre Knie gelegt, schaukelte hin und her und wiederholte ein und denselben Satz: »Es geht immer weiter und weiter und weiter ...«

Oktober 1940.

Ein Auszug aus einem Brief von Mur:

»... Mit größtem Vergnügen habe ich die Erzählungen und die Gedichte in Prosa von Turgenev gelesen, das *Matrosenlied* von MacOrlan, Gedichte von Mandel'štam und Dolmatovskij (übrigens ist Dolmatovskij ein hervorragender Dichter), ich habe Čechov wieder gelesen, habe versucht, Tolstoj (Al. Nik.) und Fedin zu lesen, aber erfolglos – ich habe es aufgegeben. Jetzt lese ich *Kindheit* von P. Vaillant-Couturier; es gefällt mir sehr (weil es Aragon ähnelt, und ich bin ein begeisterter Anhänger von Aragon). Außerdem habe ich *Rotfuchs* von J. Renard gelesen (erinnerst Du Dich an den Film?), dann Šeller-Michajlovs Werk *Rtiščev* (düster, 80er Jahre), Sologubs *Kleinen Teufel* (auch düster, muffig). Von den russischen Prosaikern stehen Lermontov, Turgenev, Dostoevskij und Čechov an erster Stelle. Nicht Puškin, sondern Lermontov ist der echte Begründer der russischen Prosa. Turgenev hat eine erstaunliche Sprache; ihn kann man nicht imitieren. Dostoevskij ist kraftvoll und klug, wie ein Teufel. Čechov hat den echten, entlarvten Menschen gezeigt. Was für Schriftsteller! Sie sind den großen Schriftstellern des Westens zumindest ebenbürtig: Dostoevskij und zum Teil auch Čechov sind ihnen überlegen. Balzac ist schwer und mit einer unsinnigen Weltanschauung überfüttert. Stendhal mit seinem aufdringlichen Antiklerikalismus ist veraltet (wie auch A. France), Hugo – lesen wir jetzt nicht, Flaubert ist in den Artistizismus abgeglitten, Zola mit seinen Degenerierten ist aufdringlich ...« – All das schrieb ein sechzehnjähriger Junge!

Tarasenkov war geizig mit Büchern, ganz zu schweigen von seiner Lyriksammlung, aus der er niemals jemandem Bücher lieh, und überhaupt – Bücher aus dem Haus zu geben überstieg seine Kraft. Doch Mur tat ihm leid, dieser für sein Alter so große und weit entwickelte Junge, der, wie Marina Ivanovna sagte, dort, in Frankreich, zu russisch war, und uns hier, in Rußland, zu französisch schien.

Immer und überall tauchte er mit Marina Ivanovna auf, und nicht nur deshalb, weil sie ihn mitnehmen wollte und sich fürchtete, ihn allein zu Hause zu lassen. Er ging wohl auch von selbst mit ihr mit, er wußte nicht, wohin, denn er hatte keine Freunde, keine Altersgenossen, hatte nicht seinen eigenen Kreis. So zog er die Gesellschaft Erwachsener den gleichaltrigen Jungen eindeutig vor, die er schon lange überflügelt hatte, mit denen er keine gemeinsame Sprache fand und mit denen ihm langweilig war.

Wenn Mur ohne Marina Ivanovna bei uns war, schien mir, daß er irgendwie natürlicher und einfacher war und sich sogar besser betrug. So kam z. B. einmal, als er da war, mein Vater ins Zimmer, Mur stand auf und setzte sich nicht wieder, bevor auch mein Vater sich gesetzt hatte. Ich konnte es nicht lassen, Marina Ivanovna davon zu erzählen, als sie sich wieder einmal über Mur beklagte. Sie beklagte sich oft bei uns über ihn, vielleicht deshalb, weil wir ihn in Schutz nahmen, was ihr sicher gefiel. Als sie von dieser Episode mit meinem Vater hörte, sagte sie:

»Das sieht ihm nicht ähnlich! Wenn Močalova oder eine andere Dame aus meinem Bekanntenkreis zu mir kommt, dann hebt er die Nase nicht aus seinem Buch, und nicht nur, daß er nicht aufsteht, er sagt noch nicht einmal guten Tag ... Hinter ihrem Rücken nennt er sie ›Ihre Vogelscheuchen‹. Übrigens zweifle ich nicht daran, daß er alles kann und alles umgekehrt macht! Ich erkenne die Rasse ...«

Oktober. Im Oktober schien es, als normalisiere Marina Ivanovnas Leben sich mehr oder weniger: Sie hatte ein

Zimmer und mußte nicht fürchten, am nächsten Tag auf der Straße zu sitzen. Sie beendete die Arbeit an ihrem Buch, wenn auch mit wenig Hoffnung, daß es erscheinen würde, aber trotzdem.

Am 24. Oktober schrieb Marina Ivanovna in ihr Heft:

»Also, ich stelle das Buch zusammen, mache Ergänzungen, lese Korrektur, bezahle Geld für das Abtippen, korrigiere es wieder, und – bin fast überzeugt, daß sie es *nicht* nehmen, ich würde mich wundern, – wenn sie es nähmen. Nun – ich habe getan, was ich tun konnte, habe vollkommen guten Willen gezeigt (habe gehorcht) – ich weiß, daß die Gedichte gut sind und daß jemand sie braucht (vielleicht sogar – wie das tägliche Brot).

Nun – wenn es nicht erscheint, werde ich übersetzen, jene zum Schweigen bringen, die sagen: ›Warum schreiben Sie nicht?‹ – ›Weil es nur eine Zeit gibt, und davon wenig, und für mich ist es *Luxe*, etwas ins Heft zu schreiben. Weil man für Übersetzungen bezahlt wird, für das Eigene – nicht.

Wenigstens – habe ich es versucht.«

Am 1. November brachte sie das Buch in die Redaktion in der Bol'šoj Čerkasskij pereulok, Ecke Straße des 25. Oktober, ehemals Nikolskaja ulica, in jenes Haus, das hinter der Metro am ploščad' Dzeržinskogo steht.

Ebenfalls im Oktober wurde darüber gesprochen, daß eine Lesung der Cvetaeva im Schriftstellerclub organisiert werden sollte, eine geschlossene Veranstaltung nur für Literaten. Es hieß, daß der Abend vielleicht sogar im Eichensaal stattfinden sollte, denn im Zimmer 8 im ersten Stock (es hieß damals wohl Gastzimmer, – dort standen ein Kamin und eine Marmorbüste von Šota Rustaveli) war wenig Platz, und nicht alle Interessenten würden hineinpassen.

Im Oktober, oder vielleicht schon im September – die Zeitschriften verspäteten sich immer – kam Nummer 7-8 der *Internacional'naja literatura* heraus, wo zum ersten Mal seit Marina Ivanovnas Rückkehr nach Rußland ihre Übersetzungen ins Russische abgedruckt waren.[20]

Die einen – Optimisten vom Schlage Tarasenkovs – sahen darin, daß Marina Ivanovnas Name auf den Seiten einer Zeitschrift erschien, ein gutes Vorzeichen und glaubten daran, daß dies nur der Anfang sei und daß es nicht mehr lange dauern würde, bis man ihre eigenen Gedichte veröffentlichen würde. Die anderen fürchteten im Gegenteil, daß der Name die Aufmerksamkeit derer auf sich lenken würde, die besser nichts von ihr wüßten, und daß es ihr dadurch noch schlechter gehen würde.

Veröffentlicht wurden die Übersetzungen von Elizaveta Bagrjana, Nikola Lankov, Ljudmil Stajanov, jener Bulgaren, die sie schon in Golicyno zu übersetzen begonnen hatte. In den letzten Nummern derselben Zeitschrift, Nr. 11-12, erschienen ihre Übersetzungen des Polen Ondra Lysogorsky. Es waren mehrere Gedichte, darunter auch die *Ballade vom krummen Bauernhaus*, wo der Tod einer alten Frau beschrieben wird, die sich an einem Haken aufhängt: »Verzeiht mir, Freunde, die grobe Rede/Kalorka baumelt und zeigt die Zähne.« Das gab in der Folge Anlaß für Aussagen darüber, daß diese Ballade Marina Ivanovnas letzte Übersetzung war und gleichsam ihren eigenen Tod ankündigte. Doch das sind müßige Phantasien jener, die es lieben, sich Geschichten auszumalen. Diese Ballade war nicht ihre letzte Übersetzung, sie mußte vor ihrem Tod noch sehr, sehr viel übersetzen.

Damals, im September, kehrte sie auch zu der Übersetzung von Baudelaires *Reise** zurück; sie hatte schon im Juni mit dieser Übersetzung begonnen, doch in den Sommermonaten hatte sie keine Zeit, ernsthaft daran zu arbeiten. Und obwohl sie im Oktober fast ausschließlich mit der

* *Le voyage,* Poem aus dem Zyklus *La Mort.*

Zusammenstellung ihres Buches beschäftigt war und Baudelaire »beiseitelegen mußte«, arbeitete sie trotzdem an der Übersetzung, auch im November arbeitete sie daran, und sie schuf eine Variante nach der anderen – zwölf Varianten. Noch hatte sie nicht die einzige für sie denkbare Variante erreicht. In jenem Herbst 1940, ja eigentlich schon seit dem Sommer, seit Marina Ivanovnas Umzug von Golicyno nach Moskau, wurde der Kreis ihrer Bekannten bedeutend größer. Und obwohl ihr zu allen Zeiten mit Menschen – »fast mit allen – schmerzend-langweilig« ist, und in jedem Kreis – »bin ich fremd«, war sie jeden Abend unterwegs, war sie irgendwo, bei irgendwem.

Marina Ivanovna war oft in der Telegrafnyj pereulok bei Nina Jakovleva, das war ganz bei ihr in der Nähe. Dort traf sie Nadežda Pavlovič, Ville Levik, Arsenij Tarkovskij, Ėlizbar Ananiašvili, Jaropolk Semënov und andere – alle kenne ich nicht. Jakovleva erzählt von diesen Treffen:

»Ich habe MC im Grupkom der Schriftsteller im Goslitizdat kennengelernt. In dem düsteren alten Gebäude Ecke Straße des 25. Oktober und Bol'šoj Čerkasskij pereulok. Das war zu Beginn des Frühjahrs 1940. Nachdem wir uns im Goslitizdat kennengelernt hatten, kamen wir uns bald näher und trafen uns häufig. Bei MI war ich nur einmal, kurz vor dem Krieg. Sie kam oft bei mir vorbei, unter der Woche und auch an den Samstagen, wenn sich bei mir Dichter im kleinen Kreis versammelten, um ihre neuen Gedichte vorzulesen und sich zu unterhalten. Auf diesen ›Samstagen‹ zog MI unsere ganze Aufmerksamkeit auf sich. Sie saß auf meinem antiken Sofa, hinter einem ovalen Tisch aus Mahagoni, vor dem grünen Hintergrund der Wände und der Piranesi-Stiche aus dem 18. Jahrhundert – aufrecht, konzentriert, nahe und zugleich fremd, als wäre sie hier und doch nicht hier – und trug Gedichte und Prosa vor. Was für Gedichte und Poeme ... Was für eine Prosa!«

Auch in der Malyj Kislovskij pereulok war Marina Ivanovna oft zu Besuch, im Haus Nummer 4 im zweiten Stock in der riesigen Kommunalwohnung, wo fast vierzig Menschen wohnten. Auf zwei Dritteln des ehemaligen Arbeitszimmers seines Vaters, eines Juristen, lebte Tager mit seiner Frau Elena Efimovna hinter einer Trennwand. Alle Wände waren mit Bildern vollgehängt, die er und seine Frau sammelten. Marina Ivanovna traf sich nach den Unstimmigkeiten und Zwistigkeiten in Golicyno weiterhin mit Tager, besuchte ihn mit Mur oder alleine, entweder eingeladen oder einfach so.

Auch Aseev schätzte Marina Ivanovna sehr, sie hatten ein freundschaftliches Verhältnis. Aseev warf mit Superlativen um sich: genial, grandios, hervorragend, welche Kraft, welch ein Talent! Er stellte ihren Namen neben den Majakovskijs, doch das geschah alles in privaten Gesprächen, bei Tisch, in nichtoffizieller Runde. Als man ihn darauf hinwies, daß man vor dem Sekretariat die Frage über Marina Ivanovnas Aufnahme in den Schriftstellerverband aufbringen sollte und daß er, der Freund Majakovskijs – wer sonst! –, sie dem Sekretariat vorschlagen müßte, da drückte Aseev sich vor einer Antwort. »Ich bitte Sie, wie kann ich die Cvetaeva vorschlagen?! Was für ein Recht habe ich darauf? Sie müßte uns vorschlagen!«

Viktor Gol'cev, der ihr so tatkräftig mit Übersetzungen half, war ein weiterer guter Freund Marina Ivanovnas; und auch bei Vera Zvjaginceva, mit der sie schon in den zwanziger Jahren befreundet war, war sie oft zu Besuch. Bei ihr lernte sie den Dichter und Übersetzer Semën Lipkin kennen. Lipkin hat das kalmückische Volksepos *Džangar* hervorragend ins Russische übersetzt, und im Herbst 1940 – im September oder Anfang Oktober – redigierte Marina Ivanovna zufällig gerade die französische Übersetzung dieses heroisch-romantischen Epos. Nachdem sie den ganzen Abend bei Vera Zvjaginceva verbracht hatten, verabredeten sie sich für den nächsten Tag.

Mur brachte Marina Ivanovna bis zur Metro Ochotnyj rjad, und gemeinsam mit Lipkin ging sie über den Roten Platz nach Zamoskvoreč'e.* Sie gingen ins Puškin-Museum, liefen durch die alten Moskauer Straßen, setzten sich in Grünanlagen auf eine Bank. Als sie hungrig wurden, schlug Semën Izrailevič vor, ins Restaurant zu gehen, doch Marina Ivanovna zog die Arbeiterkantine an der Metrostroevskaja vor. Dann gingen sie noch bis zum späten Abend spazieren. Mit einem Wort, sie verbrachten die Zeit so, wie Marina Ivanovna es liebte: spazierengehen, reden, Gedichte rezitieren und wieder spazierengehen, ohne sich durch Zeit und Raum begrenzt zu fühlen.

Vor kurzem hat mir Marija Aleksandrovna Vešnëva, die Schwester von Jaropolk Semënov, erzählt, wie Jaropolk Marina Ivanovna zu ihnen in die ulica Kropotkinskaja gebracht hat.

Jaropolk rief seine Schwester an. Marija Aleksandrovna lebte in einer riesigen Wohnung, die fast einen ganzen Seitenflügel am Anfang der ulica Kropotkinskaja einnahm.

»Ruf alle Freunde und Bekannte zusammen, heute bringe ich die Cvetaeva mit, sie wird Gedichte vortragen«, sagte Jaropolk.

Marija Aleksandrovna rief alle Freunde und Bekannte an. Die Jüngeren reagierten begeistert und kamen alle, die Älteren hatten Zweifel.

»Ihr solltet so etwas nicht machen, jetzt ist nicht die Zeit dazu!«

Die Vešnëvs hatten einen riesigen Bekanntenkreis: Schriftsteller, Professoren, Kunsthistoriker – Leute der älteren Generation, die sie schon aus den zwanziger Jah-

* Bezirk am rechten Ufer der Moskva, ehem. Kaufmannsgegend.

ren kannten; von denen schwankten viele und kamen nicht. Doch trotzdem war es sehr voll, denn Marina Ivanovnas unerwarteter Besuch fiel mit dem Badetag zusammen. Die Wannen wurden geheizt, was in jenen Jahren in den Flügeln und in den Villen äußerst kompliziert war, und Marija Aleksandrovna badete außer ihren eigenen auch noch fremde Kinder, die Kinder von Freunden, die verhaftet worden waren. Als Jaropolk mit Marina Ivanovna kam, war diese von einer solchen Kinderschar überrascht und fragte die Gastgeberin: »Sind das alles Ihre?!«

Alle versammelten sich um den großen Tisch im Eßzimmer. Marija Aleksandrovna war etwas verwirrt, sie hatte den Gästen nichts anzubieten, und deshalb entschloß sie sich, einfach russischen Tee zu kochen. Sie fanden noch Kringel, die man dazu reichen konnte, und sie heizten den Samovar. Jaropolk trug das Poem *Der Rattenfänger* auswendig vor. Marina Ivanovna hörte aufmerksam zu, wobei sie sich die Hand vor die Augen hielt. Dann trug sie selbst Gedichte vor. Stepan Spicyn, ein Freund von Jaropolk, ein Sportler und ein Schwimmer, fiel vor Marina Ivanovna auf die Knie und küßte ihr die Hand, jeden Finger einzeln.

»Warum sind Ihre Finger so schwarz?« fragte er.

»Weil ich Kartoffeln saubermache«, antwortete Marina Ivanovna. Bei uns auf den Konjuški rezitierte sie das *Poem vom Ende*. Bei uns waren nie viele Leute, weil wir wenig Platz hatten, und dann mußte man auch meine Eltern belästigen, weil man durch ihr Zimmer ging, so daß wir für Marina Ivanovna keine Gäste einluden. Ja, ich habe Glück gehabt: Ich habe öfter gehört, wie sie Gedichte vortrug. In jenem Herbst und Winter trafen wir uns häufig, doch ich habe nur wenig Notizen gemacht, und meine Erinnerung setzt sich aus stummen Szenen zusammen.

Ich erinnere mich an einen Spaziergang, ich glaube, das war bei den Čistye prudy, dem kleinen Teich am Boulevard-Ring, die Bäume waren schon gelb, und die gelben Blätter bedeckten den Teich. Am Steg waren einige Boote am Pfahl befestigt, und Mur wollte Boot fahren, doch Marina Ivanovna protestierte – auf keinen Fall, er würde ertrinken, er könne nicht schwimmen! Tarasenkov begann, sie zu überreden, hier sei es so flach, daß selbst ein Spatz durch das Wasser gehen könne, ohne sich den Schwanz naß zu machen. Hier könnte man nur in einem Boot mit flachem Boden fahren, ansonsten würde der Schiffskiel am Grund hängenbleiben und mit den Rudern die Wasserpflanzen umgraben.

»Nun, um so mehr«, sagte Marina Ivanovna, »er wird an den Wasserpflanzen hängenbleiben.«

Tarasenkov schlug vor, uns zu rudern, doch Marina Ivanovna lehnte ab, sie liebe das Wasser nicht. Dann schlug er vor, daß ich mit ihr auf einer Bank sitzen würde, während er mit Mur Boot fährt, er ließ mich bezeugen, daß er ein hervorragender Schwimmer war und Mur im Notfall herausziehen könnte. Allerdings würde Mur es auch selbst bis zum Ufer schaffen, wenn er bis zu den Knien im Wasser stände. Doch Marina Ivanovna erlaubte es nicht, Mur solle zuerst schwimmen lernen, und dann könne er sich in ein Boot setzen. Mur brummelte, wie er wohl schwimmen lernen sollte, wenn man ihn nicht ins Wasser ließe, und Tarasenkov versprach, nächsten Sommer mit ihm gemeinsam zur Moskva zu gehen und ihn schwimmen zu lehren.

Mur war beleidigt und ging voran, er schwang seine Schultasche hin und her. Tarasenkov versuchte, Marina Ivanovna davon zu überzeugen, daß sie Mur mehr Freiheit lassen müsse, daß es sehr viel schlimmer sein würde, wenn er begänne, sie zu belügen. Er könnte auf dem Weg von der Schule mit Kameraden Boot fahren und ihr nichts davon erzählen. Darauf antwortete Marina Ivanovna, daß sie auf die Uhr guckte und wüßte, wann der Unterricht zu

Ende sei, und daß sie wüßte, wie lange man von der Schule bis nach Hause bräuchte.

Dann hat sich mir noch ein Spaziergang auf den Sperlingshügeln ins Gedächtnis geprägt, über den ich zum Glück ziemlich detaillierte Aufzeichnungen habe. Wir hatten uns, wie immer, am Eingang zum Park für Kultur und Erholung getroffen und sind auf den Alleen die Moskva entlanggegangen, wobei wir mal zum Wasser hinunter, mal tiefer in den Park hineingingen.

Der Park war damals noch nicht ganz asphaltiert, und es gab viele wilde, zugewachsene Pfade, vor allem im Inneren des Parks, im Neskučnyj sad*, nicht weit von den Sperlingshügeln. Auch die Sperlingshügel waren damals nicht wie heute, die Leninberge, mit der riesigen Universität aus Beton, sondern es waren jene Vorkriegshügel, wo alles von gestern war, nichts von heute. Ungefegte Wege, auf denen die Blätter lagen, schräge Häuschen aus Baumstämmen, mit Staketenzäunen eingezäunte Vorgärten in gelben, schon verblichenen Herbstfarben, die schweren, schwarzen Gesichter der Sonnenblumen, die sich unter der Last ihrer Reife neigten, – ein Moskauer Vorort, ein Dörfchen. Ein Hofhund, der mit seiner Kette rasselte, bellte uns an, und schon rasselten auch die Ketten in den anderen Höfen, und das vielstimmige Bellen der aufgeschreckten Hundemeute folgte uns auf den Fersen. Wir gingen im Gänsemarsch den schmalen Pfad entlang, der rundum mit Bäumen bepflanzt war. Bald würden sie ihre Blätter verlieren.

Marina Ivanovna ging mit großem Schritt voran, sie trug einen grau-braunen Mantel, der die Farbe einer Eberesche hatte, und ihre Baskenmütze. Sie hatte die Hände tief in die Taschen gesteckt. Zuerst drehte sich das Gespräch um die Krim, ich warf ein, daß ich dort gewesen

* Heute westlicher Teil des Gor'kij-Parks.

sei, und Marina Ivanovna begann sogleich, über ihre Krim zu reden, über die Krim der Jahre 1911/1912, über Koktebel', natürlich. Da gab es einen weichen, weißen Weg durch die Steppe, der Staub aufwirbelte wie eine alte Matratze, steinerne Säulen mit dickem Hinterteil, das aussah wie eine Krinoline. Diese Säulen markierten den Weg Katharinas II. auf der taurischen Chersones. Dort gab es noch eine offene Droschke oder einen Reisewagen oder einen zweirädrigen Wagen, der mit Volants eingespannt war, und die Ägypterin Tajach[21] und Pra*, und einen Berg mit Maks' Profil, und, natürlich, Maks Vološin selbst. Die ungewöhnliche Leichtigkeit, Sorglosigkeit, Ungetrübtheit jener Jahre, das ungewöhnliche Blau des Meeres, der ungewöhnlich klare Himmel ... Das Leben gibt von seinen Gaben – und du denkst: so wird es ewig sein, so muß es sein, so ist es bestimmt. Aber dann, Jahr um Jahr, Stunde um Stunde – bekommst du die Rechnung für alles, genau abgerechnet, mit Überschuß, mit Zinsen. In jener Welt wird man dich nicht mehr zahlen lassen!

Ich ging hinten und stimmte ihr leise zu, Marina Ivanovna drehte sich um, sah irgendwo an mir vorbei und sagte:

»Nun, für Sie ist es noch zu früh, Sie leben auf Kredit. Ihre Stunde kommt noch.«

Sie kam, und zwar sehr bald. Damals platzte ich heraus:

»Muß man dafür, daß man ein Dichter ist, zahlen?!«

»Und ob, drei Häute zieht man dem Dichter ab!«

Sie sagte, *ihr* einziger Ort war Koktebel', Maks' Haus, dort war sie zu Hause, und danach überall und immer – war sie nicht zu Hause. In jenem furchtbaren Moskau der zwanziger Jahre, aus dem sie fortging, war sie nicht zu Hause, und in der Emigration war sie nicht zu Hause, und hier, jetzt war sie nicht zu Hause.

* Die Mutter von Vološin, E. O. Vološina.

Wir rutschten auf den Wegen, die von dem noch nicht lange zurückliegenden Regen glatt und naß waren, fingen die letzten Blätter auf, die der Wind wegwehte, und das Gespräch drehte sich im Kreise, kehrte zu dem Unausweichlichen zurück, das uns erwartete, das wie eine drohende Wolke über uns hing. Das war im November 1940. Der letzte friedliche Herbst.

Wir gingen damals noch lange im Neskučnyj sad spazieren, mal alle zusammen, mal Marina Ivanovna mit Tarasenkov und ich mit Mur.

»Mur, geh nicht im Gras, du bekommst nasse Füße!« rief Marina Ivanovna ihm mehr als einmal zu.

Mur trug grobe Schuhe mit dicken Sohlen und konnte keine nassen Füße bekommen. Er stiefelte störrisch durch das Gras – ihn ärgerten die Bemerkungen seiner Mutter, und bei jeder Ermahnung verzog er unzufrieden den Mund.

Wir waren damals ganz durchfroren und hungrig, doch aus irgendeinem Grund gingen wir nicht auseinander. Tarasenkov und ich hatten keine besondere Lust, nach Hause zu gehen, meine Mutter verstand sich nicht mit Tarasenkov, obwohl er sehr unkompliziert und umgänglich war, und ich mußte immer schlichtend eingreifen. Marina Ivanovna wollte wohl auch nicht unbedingt zu sich nach Hause, in ihre Ungemütlichkeit. So gingen wir immer weiter auf den nassen, von Blättern bedeckten Wegen. Wieder kamen wir in dieses Dörfchen mit den Hunden auf den Sperlingshügeln. Wir mußten Marina Ivanovna zur Straßenbahn bringen, die entweder in diesem Dörfchen oder dahinter abfuhr, ich glaube, es war sogar die letzte Haltestelle. Die Straßenbahn setzte sich in Bewegung, und sie standen in der leeren Bahn – Mutter und Sohn –, beide irgendwie verfroren, einsam. Beide nebeneinander und beide, so schien es, nicht zusammen.

Am 13. November notierte Marina Ivanovna, daß sie

Byron übersetzte. Am 17. November schrieb sie einen Brief an Tat'jana Kvanina, die Frau des Schriftstellers Nikolaj Moskvin. Sie hatten sich schon im Winter in Golicyno angefreundet, als sie sich in der Kantine des Schriftstellerhauses getroffen hatten und zusammen spazierengingen. Nikolaj Jakovlevič hat mir erzählt, daß er Marina Ivanovna in Moskau selten sah, er war viel unterwegs und oft nicht in der Stadt. Doch seine Frau besuchte Marina Ivanovna häufig, trotz ihrer vielen Arbeit und des schwierigen Alltags – sie und ihr Mann wohnten in verschiedenen Wohnungen, und sie hatte viele alte, kranke Verwandte, denen sie half. Außerdem vollbrachte sie jedesmal, wenn sie zu Marina Ivanovna kam, eine Heldentat, denn sie unterrichtete auf der Militärakademie. Dort wurde streng auf einen makellosen Lebenslauf der Mitarbeiter geachtet, und nicht nur der Mitarbeiter, sondern auch jener, mit denen die Mitarbeiter zusammentrafen.

Marina Ivanovna mochte diese junge, liebe und schüchterne Russischlehrerin besonders gern. Sie fühlte eine Art Seelenverwandtschaft mit ihr – Tat'jana Kvanina fürchtete sich, genau wie sie, vor Aufzügen, auch sie liebte Bäume, und auch sie konnte sich in der Metro verlaufen wie Marina Ivanovna. Einmal haben sie sich sogar gemeinsam verlaufen, sind die Rolltreppen hochgefahren und hatten keine Ahnung, wohin sie gehen mußten, um sich aus dem unterirdischen Labyrinth zu befreien. Schließlich sagte Marina Ivanovna: »Nein, wir müssen uns trennen! Vielleicht finden wir einzeln einen Ausweg hieraus!«

Ich möchte hier den Brief von Marina Ivanovna an Tat'jana Kvanina zitieren.

»Moskau, Pokrovskij bul'var 14/5, Wohnung 62.

17. November 1940, Sonntag.

Liebe Tanja,

heute, als ich aufwachte, sagte ich in Gedanken zu Ihnen: ›Wenn Sie in der Nähe wohnten – wenn wir in der

Nähe wohnten – dann wäre ich zur Hälfte glücklicher.‹ Das stimmt.

Gestern, bevor Sie kamen, war eine Frau bei mir, die ich einmal – eine Stunde lang – 1918 – gesehen habe, Bal'mont hatte sie zu mir geführt, sie hatte gerade angefangen, Lyrik zu schreiben, und sie schrieb Gedichte über Möhren (Ehrenwort!) – sie war selbst rot wie eine Möhre, – ich habe mich sehr gewundert. Und da, im letzten Jahr, in Golicyno, 21 Jahre später, bekomme ich einen Brief von ihr – mit Gedichten (gute Gedichte, schon *nicht* mehr über Möhren, – sie begannen so: – Die Seele – ein Wasserfall! Durch dich vertraue ich dem Land ...) – und dann noch einige Briefe, und gestern haben wir uns endlich getroffen, und –. Ich hatte keine Ahnung, *wen* ich sehen würde, ich wollte sie so gerne lieben! und ich saß drei Stunden mit ihr zusammen, wir sprachen über frühere Freunde und Zeiten, wir waren (so schien es) Menschen einer Welt, sie ist klug, mir sehr ergeben, schreibt Gedichte, und – Tanja! ich spürte *nichts*, nicht die geringste Erregung, Anziehung, und meine Stimme war teilnahmslos, verständig, sogar vernünftig (Tanja, in dieser Minute wird sie Ihnen leid tun. Nein, *ich* sollte Ihnen leid tun, weil sie trotzdem glücklich ist, weil sie mich liebt, und es geht darum, ganz und gar allein darum, daß *wir* lieben, daß *unser* Herz schlägt – selbst wenn es in kleine Stücke zerschellt! *Ich* bin *immer* in kleine Stücke zerschellt, und meine Gedichte sind silberne Stücke des Herzens).

Tanja, ich habe mit jenem gestrigen Gast gemeinsame Wurzeln, wir haben ein Alter, sie schreibt auch Gedichte und – Tanja, ich habe nichts für sie empfunden, für Sie dagegen – schon beim ersten Mal – alles.

Doch darüber liegt ein Gespräch noch vor uns. Aber vielleicht wird es niemals stattfinden – es kommt nicht dazu – es ergibt sich nicht. Wenn ich mit Ihnen irgendeine *lange* Stunde hätte – in der frischen Luft, in einem großen, leeren Garten (ich hatte solche Gärten!) – fände dieses Gespräch statt – zufällig, unausweichlich, durch die Kraft der Dinge, die Kraft der Bäume im Garten, – aber so – in vier Wänden – auf irgendeiner Etage (Tanja! Ich liebe Sie zärtlich deshalb, weil Sie Angst vor einem Fahrstuhl haben, das war für mich gestern – wie ein Geschenk, wie ein persönliches Geschenk). Hier ist für so etwas weder die Zeit noch der Ort.

... Ja, noch etwas. Ich habe eine Freundin. Sie heißt Natalja, und ich rede von ihr immer – als *Tanja*, und Mur wird böse: ›Sie ist nicht Tanja!‹, und jedes Mal erkläre ich: ›Ja, Tanja ist sie nicht, sie ist nicht Tanja, es gab eine *Tanja* – das war einmal.‹

Tanja! Fürchten Sie sich nicht vor mir! Denken Sie nicht, daß ich klug bin und ich weiß nicht, was usw., usw., usw. (legen Sie alle Ihre Ängste beiseite). Sie können mir unendlich viel geben, denn mir kann nur derjenige etwas geben, der mein Herz zum Klopfen bringt. Er gibt mir mein klopfendes Herz. Ich bin, wenn ich nicht liebe – nicht ich. Ich bin schon so lange – nicht ich. Mit Ihnen bin ich – ich.

Auf Wiedersehen. Wissen und erinnern Sie sich an eines, daß Sie, Ihre Stimme mir immer, in jeder Minute des Lebens und des Tages – ob ich wache oder schlafe, Franko übersetze oder wasche (wie zum Beispiel heute: *ein Eimer voller Sellerie*) – eine Freude sind. Das kann ich, so scheint es, hier niemandem sagen.

– ... ›Wenn Sie mich brauchen‹ ... – ›Ja, ich kann Sie sehr brauchen‹, – sagte ich, fast ironisch (nicht über mich, nicht über Sie, über das unverständliche Leben selbst) – so sehr wich Ihr ›mich brauchen‹ von meinem ›ich brauche Sie‹ ab ...

Das, was ich vom Menschen brauche, Tanja, ist Liebe. *Meine* Liebe und, wenn es solch ein Wunder gibt, *seine* Liebe, doch das ist wie ein Wunder, liegt in der wundersamen, wunderbaren Ordnung des *Wunders*. Mein Bedürfnis nach dem anderen, Tanja, sein Bedürfnis nach mir, meine Notwendigkeit (und, wenn es geht, Unentbehrlichkeit) – für ihn, verstehen Sie mich ein für alle Mal – meine Fähigkeit zu lieben in *meinem* Maß, d. h. *ohne Maß*.

Ich brauche Sie wie das tägliche Brot – ein besseres Wort kann ich mir von einem Menschen nicht denken. Nein, ich denke es mir: *wie die Luft*.

Doch dem ist (immer, in allen Fällen, aber besonders – in unserem) ein Hindernis gesetzt: Zeit und Raum. Und, wie durch eine Welle werde ich zurückgetragen zum Anfang meines Briefes, zu den ersten verschlafenen Worten meines Erwachens: ›Wenn Sie in der Nähe wohnten‹. Einfach nahe, wie ich jetzt in der Nähe wohne – von jenem fremden Paar, das davon – keinen Gewinn hat und für das ich – entweder eine *seltsame* Schriftstellerin (die ganze Zeit trocknet sie Gemüse usw.) – oder eine *seltsame* Hausfrau bin (die die ganze Zeit von Redaktionen angerufen wird) … Einfach so – in der Nähe. Anwesenheit hinter der Wand. Ein Schritt im Korridor. Manchmal ein Klopfen an der Tür. Das *Bewußtsein* der Nähe, das auch Nähe ist. Die belebte Luft des Hauses. Ich habe zwei freie Stunden. Gehen wir? (Denn, im Endeffekt, ist es alles gleich – wohin, denn es ist gleich, die Champs-Elysées (nicht die in Paris, sondern die unsrigen) – gibt es nicht, aber jedes Feld kann zu ihnen werden, jeder unbebaute Platz, *jede Wolke*!).

Denn man braucht das Ungewöhnliche nicht um sich herum, wenn man im Innern – das Ungewöhnliche hat. Doch irgend etwas braucht man trotzdem. Und dieses etwas – sind Zeit und Raum.

So einfach: zusammen leben und den Alltag nehmen.

Freude durch die Anwesenheit, Tanja, ist furchtbar selten. Mir ist fast mit allen qualvoll langweilig, und, wenn ich ›fröhlich‹ bin – so parce que s'y mets les frais, um *selbst* nicht einzugehen. Doch welch eine Einsamkeit, wenn Du, nach solch einer Gemeinsamkeit, Dich plötzlich auf der Straße findest, mit dem Laut der eigenen Stimme (und des eigenen Lachens) im Ohr, ohne ein Wort mit Dir davonzutragen – außer so vielen eigenen.

Was macht man denn mit mir? Man lädt mich ein, Gedichte vorzutragen. Ohne zu verstehen, daß jede Zeile von mir Liebe ist, daß es, wenn ich das ganze Leben so stünde und Gedichte vortrüge, keine Gedichte gäbe. ›Was für gute Gedichte!‹ Ach, nicht die Gedichte sind gut.

Ja, vor kurzem hat mich eine solche Liebhaberin von Gedichten mit ihren großen blauen Augen angesehen und gesagt: ›Ach, weshalb sind Sie so ... gleichgültig, so – verständig ... Wie können Sie solche Gedichte schreiben – und so sein ...‹

– Ich bin nur mit Ihnen *so*, – habe ich in Gedanken geantwortet, – weil ich Sie *nicht* liebe. (Und irgend etwas sehr Vernünftiges – laut.)

Dieser Brief hat schon einen weiten Weg hinter sich. Er wird schon ein ganzes Jahr geschrieben – seit irgendeinem Spaziergang – mit irgendeinem besonderen Baum (mit einer runden Kiefer?) – an dem Sie *den Weg zurück** erkannt haben – ›Was für ein außergewöhnlicher Baum‹ ... Also, Tanja, wenn es bei Ihnen ausreichte – bei Ihren großen Augen – für *seine* Besonderheit – dann reicht es vielleicht auch aus für die meine.

Was die Bäume betrifft, so sage ich Ihnen ganz ernst, daß jedes Mal, wenn ein Mensch in meiner Anwesenheit bemerkt: *diese* Eiche – weil sie gerade ist – oder dieser Ahorn – weil er so üppig ist – oder diese Weide – weil sie so traurig ist – dann fühle ich mich geschmeichelt, als ob man *mich* liebt und mir schmeichelt, und in der Ju-

* Im Original deutsch.

gend kam ich zu dem schnellen Schluß: ›Dieser Mensch muß mich lieben‹.

(Gerade, an meiner Stirn vorbei, oben am Himmel, zog eine Vogelschar entlang. Wie schön! ...)

Auf Wiedersehen, Tanja, ansonsten wird dieser Brief nie enden.

Da er in der alten Orthographie geschrieben ist – zeigen Sie ihn keinem Fremden. Doch solch einen Brief hätte ich nie in der neuen geschrieben. Denn Ihnen schreibt – das alte Ich: das junge Ich – jene, von vor 20 Jahren, – als hätte es diese 20 Jahre nicht gegeben!

Sonečkas* Ich.

MC.«

Es gibt noch ein Dokument aus jener Zeit – eine Akte, »zusammengestellt auf die schriftliche Anordnung der 1. Spezialabteilung des NKVD der UdSSR für Nr. 1205/13325 vom 28. November 1940«, unterschrieben von E. Ėfron, M. Cvetaeva. Die »in der vorliegenden Akte aufgezählten Handlungen wurden von dem Angestellten Podylov durchgeführt«.

Diese »Handlungen« bestanden in folgendem: In der Wohnung in der Merzljakovskij pereulok öffnete der Angestellte des NKVD, Podylov, in Anwesenheit von Elizaveta Jakovlevna und Marina Ivanovna Aljas Reisekiste und ihren Koffer, die während ihrer Verhaftung auf der Datscha in Bolševo am 27. August 1939 versiegelt worden waren. Aus der Kiste und aus dem Koffer holte er einen Mantel, hohe Überschuhe, eine kurze Jacke, einen Rock, einen Büstenhalter, eine Decke, Taschentücher und viele andere Dinge, die in der Akte aufgezählt werden.

Alja wurde für die Verbannung vorbereitet. Wohin? Für wie lange? Nach welchem Artikel? Das wurde ihnen nicht mitgeteilt. Es wurde befohlen, die Sachen zu holen –

* Anspielung auf Sonja Holliday.

also wurden sie abgeholt. Geldüberweisungen wurden noch angenommen, und erst am 27. Januar würde Marina Ivanovna auf der Kuzneckij most am Fensterchen hören: »Ausgeschieden!«

Es kam der Dezember. Am 10. brachte Marina Ivanovna eine Überweisung für Sergej Jakovlevič, am 27. für Alja. Sie übersetzte bretonische Volkslieder, verkaufte Sachen, bat Tat'jana Kvanina darum, irgendeine Kette zu verkaufen. Da Aljas Fall jetzt entschieden war und sie Sachen für die Verbannung brauchte, bereiteten Marina Ivanovna und Elizaveta Jakovlevna in Eile auch für Sergej Jakovlevič warme Sachen vor, denn sie erwarteten, daß man auch seinen Fall entscheiden würde.

Es gibt eine Postkarte, die Marina Ivanovna an Tat'jana Kvanina geschrieben hat:

»Wahrscheinlich 6. Dez., wahrscheinlich Freitag und 1940.

Meine liebe Tanečka!

Ich *flehe* Sie an, möglichst schnell etwas über die *wollene* Watteline in Erfahrung zu bringen (NB! die *nicht* wollene gibt es – überall, und sie ist scheußlich) und den *Halbpelz.**

Rufen Sie mich *sofort* an: K-7-96-23. Die Angelegenheit *eilt*. Wenn ich zufällig nicht da sein sollte, sagen Sie es Mur, und bestehen Sie darauf, daß er alles aufschreibt. Es tut mir leid, daß ich Ihnen gestern nicht sofort Geld gegeben habe – *solange* ich welches habe, wenn es die wol-l[ene] Watteline oder den Halbpelz *gibt*, nennen Sie mir sofort Ort und Zeit, damit ich Ihnen das Geld geben kann. Ich wiederhole, die Angelegenheit eilt, und ich habe heute die ganze Nacht nicht geschlafen. Tanečka! Wir müssen uns (abgesehen von dieser Angelegenheit) *vor* Donnerstag treffen. Finden Sie die Zeit! Ich bin – *für*

* Bis zu den Knien reichende Pelzjacke.

*Sie* – immer frei. Ich schreibe Ihnen einen Brief – über etwas ganz anderes. (›In der Weite meiner Seele‹, wo es keine – Watteline gibt). Ich umarme Sie, ich warte auf Ihren Anruf.

M.

P. S. Bringen Sie die genauen Preise in Erfahrung: 1 m Watteline und ein Halbpelz (wenn es das gibt).

Finden Sie die Zeit – vor Donnerstag! Ich liebe Sie zärtlich und *in Eile*.

Ich werde nicht mehr lange leben. Ich weiß es.«

Ich erinnere mich an einen Abend bei Marina Ivanovna auf dem Pokrovskij bul'var, über den ich auch Aufzeichnungen besitze. An diesem Abend trug Marina Ivanovna uns Baudelaire vor. Ich war zusammen mit Tarasenkov bei ihr. Die Worte, die sie über die Übersetzung von Puškin ins Französische sagte, können, so scheint mir, auch auf Baudelaires Übersetzung ins Russische übertragen werden: »Das, was ich hauptsächlich wollte – war, Puškin möglichst nahe zu folgen, aber nicht sklavisch zu folgen, was mich unausweichlich zwingen würde, *zurück*zubleiben, mich zu lösen – vom Text und vom Dichter. Jedesmal, wenn ich mich in die Knechtschaft begeben habe, haben dadurch die *Gedichte* verloren ...«

Baudelaire stand ihr nahe, wohl durch seine Beziehung zu seiner Zeit, den aufrührerischen Charakter, den freien Umgang mit dem Vers. »Der Zuruf der Jahrhunderte durch die Münder der Dichter ..«, notierte ich Marina Ivanovnas Worte. Sie sagte, daß große Dichter Markierungen ähnlich seien, Werstpfählen gleichen, welche uns in die Tiefe der Zeit führen, in ausgestorbene Jahrhunderte. Wäre Homer nicht gewesen, was wäre uns geblieben? Stumme Schollen von Ruinen, armlose, stumme Venus-Statuen! Das lebendige Wort läßt aus dem Dunkel der Jahrhunderte Ereignisse, Erlebnisse und Schicksale auferstehen. Und was hat sich eigentlich geändert, seitdem es die Erde gibt? Denn eigentlich hat es doch alles schon gegeben. Sowohl Revolutionen als auch Guillotinen, Inquisitionen, Bruderkriege, Verrat, Treuebruch, Liebe, Hoffnung, Haß und Rache, nicht erfüllte Leben ... Der einzige und unausweichliche Ausweg aus diesem sich wiederholenden Karussell sei – der Tod!

Das Gespräch ging von den unsterblichen Dichtern zur Unsterblichkeit der Seele über, und Marina Ivanovna behauptete, daß die Seele des Menschen nicht gemeinsam mit seinem Fleisch sterben könne, sie suche sich einen neuen Leib und würde ein neues Leben leben. Doch das Gedächtnis bewahre nicht alle Leben, wir im heutigen Leben seien nicht in der Lage, uns an alles zu erinnern. Von den anderen gelebten Leben würde uns nur ein unklares Gefühl geschenkt – ein ›ich war!‹ Ist es uns denn etwa nicht passiert, daß wir, wenn wir zum ersten Mal in fremder Umgebung sind, deutlich und klar spüren, daß wir hier alles kennen, daß das alles schon einmal war. Sie wisse genau, daß sie schon gelebt hat. Als Dichterin? Nein. Als Dichterin – zum ersten Mal!

In Murs Tagebuch findet sich die Notiz: »12.12.40 ... Die Tarasenkovs sitzen hier. Mutter trägt ihre Übersetzungen von Baudelaire vor. Die Tarasenkovs sind sympathisch.«

Silvester feierte Marina Ivanovna wohl bei Lilja in der Merzljakovskij pereulok, darauf läßt sich aus Murs Worten schließen: »Am 31. haben wir bei Lilja gut gegessen ...«

Für Marina Ivanovna ist das Jahr 1941 das letzte. Dieses Jahr begann sofort mit Unannehmlichkeiten. Eigentlich wurde ihr schon gegen Ende des alten Jahres das »Neujahrsgeschenk« überreicht – Kornelij Zelinskij schrieb ein Gutachten zu ihrem Buch, jener Kornelij Zelinskij, mit dem sie im Frühjahr in Golicyno spazierengegangen war. Das Gutachten war vom 19. November datiert, und wohl Anfang oder Mitte Dezember erfuhr sie davon. Am 25. Dezember schrieb sie in ihr Heft: »Ich gehe zur Internacional'naja [literatura], im Korridor ... treffe ich Živov – er ist nett, herzlich – ich weine fast. – ›Alle lieben Sie so. Das sind doch wohl nicht nur – Worte?‹ Und die Antwort auf meinen Bericht, daß mein Buch beim Goslitizdat zerrissen wurde, mit dem Wort (Zelinskijs, ich bin immer für Urheberschaft) *Formalismus*: – ›Ich habe alle Ihre Bücher, – wahrscheinlich mehr als Sie, und ich erkläre, daß es von Anfang an bis zum heutigen Tag keine einzige Zeile gab und gibt, die nicht diktiert wurde ... (Ich: – Von innerer Notwendigkeit) – durch irgendeinen Gedanken oder ein Gefühl.‹

Hier – die Empfehlung eines Lesers.«

Marina Ivanovna glaubte zwar nicht richtig daran, daß ihr Gedichtband erscheinen würde, und trotzdem, so scheint es, hatte sie einen Funken Hoffnung. Sie war in den literarischen Kreisen so erfolgreich, alle waren so begeistert von ihren Gedichten, von ihrem Talent. Sie wurde mit Übersetzungsaufträgen überhäuft, ihre Übersetzungen wurden schon publiziert, und selbst im Radio wurden von ihr übersetzte Gedichte vorgetragen. Sie hatte so viele Gönner. Zelinskij selbst hatte im März in Golicyno wahrscheinlich in den allgemeinen Lobgesang eingestimmt – als er im Schnee nicht einen Pfad, sondern einen »ganzen Frühlingsweg« freischaufelte und mit Marina Ivanovna und Mur spazierenging, als er Mur an seinem Krankenbett besuchte und ihm Zeitungen und Bücher mitbrachte. Denn das verpflichtete ihn zu nichts. Marina Ivanovna wußte nicht, daß man ihn hinter seinem Rücken nicht Kornelij Ljucianovič Zelinskij, sondern Kornelij Podljucianovič Vazelinskij* nannte, da er immer bemüht war, allen zu schmeicheln.

Es mag ja sein, daß ihm ihre Gedichte nicht gefallen haben. Auch Vera Michajlovna Inber gefielen sie nicht, was sie mir öfter sagte, und ihr Geschmack stimmte häufig mit dem Zelinskijs überein, denn sie waren schon seit langem durch die Gruppe der Konstruktivisten miteinander befreundet. Natürlich mußte Zelinskij Marina Ivanovnas Buch dem Verlag nicht empfehlen, und vielleicht hat er sich auch einfach gefürchtet – doch nicht nur, daß er ihre Gedichte als formalistisch bezeichnete, er hat noch dazu ihren Status als Dichterin bestritten. »Obwohl sie die Gabe des Dichtens besitzt, hat sie zugleich nichts, was sie den Menschen mitteilen könnte ...«, und weil ihre Lyrik »unhuman und bar jedes echten menschlichen Inhalts« sei, »ein klinisches Bild von der Abweichung und dem Zerfall der menschlichen Seele«, »ein schwüles, krankes Buch«, ihre »Gedichte aus jener Welt« seien, war das Resümee – »der schlechteste Dienst, den man der Cvetaeva erweisen könnte, wäre es, eben dieses Buch zu publizieren ...«

»– Dieser Lump Zelinskij! ...«

Das schrieb sie am 6. Januar.

* Podlec = Schuft, vazelin = Vaseline.

»... heute bringe ich die Polen zum Goslitizdat. Unter ihnen ist einer – der ist hervorragend (in seiner Kraft – das Unsagbare *genau* zu sagen) – Julian Przyboś.

Ein großer Dichter bleibt bei einer wörtlichen Übersetzung völlig unversehrt.

Ein nicht großer – geht völlig verloren, er zerfällt in *Zufälligkeiten* der Reime und der Wohlklänge.

Und ich bin – ›ein Formalist‹!!!

/ O, *Schuft* – Š-skij /«

Marina Ivanovna war an die Unverschämtheit und Dummheit der Rezensenten in der Emigration schon gewöhnt, was für Rezensionen sind nicht schon in der Emigrantenpresse erschienen! Viele dieser Rezensenten verstanden von ihren Gedichten nicht mehr als Zelinskij.

»... Empörung – das ist es, was in mir mit jedem Jahr wächst – mit jedem Tag – mit jeder Stunde. Empörung. Verachtung. Der Klumpen der *Kränkung*, der seit der Kindheit wächst. Ungerecht. Unverständig. Aber nicht göttlich. Bei Blok gibt es diese Intonation in einer Zeile: Ist es etwa *so* bestimmt unter Menschen?«

Mur hat in sein Tagebuch notiert: »Die Gedichte, die Mutter zum Goslit brachte, stellten sich als nicht annehmbar heraus. Jetzt hat sie ihnen andere Gedichte gebracht – Poeme – vielleicht drucken sie sie. Das negative Gutachten über Mutters Gedichte stammt von meinem Freund aus Golicyno, dem Kritiker Zelinskij. Er sagte irgendwas von Formalismus. Unter uns gesagt, er hat vollkommen recht, und natürlich kann ich mir nicht vorstellen, wie der Goslit Mutters Gedichte drucken könnte – die so völlig und total vom Leben losgerissen sind und mit der Realität in nichts übereinstimmen.«

Mur hatte es begriffen – seine Mutter ist eine Dichterin von Gottes Gnaden, doch ihre Gedichte »stimmen mit der Realität in nichts überein«, weder dort in Paris – mit jener Realität, noch hier in Moskau – mit dieser Realität. Er las die Gedichte der anderen, die bei uns publiziert wurden, und verstand, daß man seine Mutter nicht drucken würde.

Es gab noch ein zweites Gutachten zu Marina Ivanovnas Buch, doch weder Mur noch sie selbst erwähnten es in ihren Aufzeichnungen. Auch Alja wußte nichts davon. Ich bin völlig unvermutet vor kurzem in den verworrenen Erinnerungen von Ol'ga Alekseevna Močalova auf den Satz gestoßen, daß Leonid Ivanovič Timofeev das Buch redigieren sollte und daß Marina Ivanovna sie fragte, was für ein Mensch er sei.

Ich hatte früher im Literaturinstitut Vorlesungen bei Timofeev besucht und rief ihn an. Er sagte, daß er niemals ein Cvetaeva-Buch hätte redigieren sollen, doch daß der Goslit ihn gebeten hatte, ein Gutachten zu ihrem Gedichtband zu schreiben, und er habe es geschrieben. Das Manuskript seines Gutachtens hatte er nicht mehr, vielleicht wollte er Vergangenes auch einfach nicht aufwühlen. Er konnte sich nicht genau daran erinnern, was er geschrieben hatte, doch habe er das Buch nicht abgelehnt, er war der Meinung, daß es publiziert werden könnte. Er hatte nur empfohlen, einige der Gedichte herauszunehmen, die damals nicht akzeptabel waren, und er schlug einige Änderungen und Umstellungen vor. Marina Ivanovna wollte sich sogar mit ihm treffen und alles genauer besprechen. Sein Freund Jaropolk Semënov brachte Marina Ivanovna irgendwann zu Beginn des Frühjahrs zu ihm auf die Datscha (Leonid Ivanovič war krank und lebte meistens außerhalb der Stadt). Doch Jaropolk hatte sich vorher nicht mit ihm verabredet, und ausgerechnet an dem Tag hielt Timofeev eine Vorlesung in Moskau. Später haben sie es dann nicht mehr geschafft, sich zu treffen.

Im Mai hatte Marina Ivanovna noch immer keine Klarheit über das Schicksal ihres Buches, und sie bat Aseev darum, beim Verlag vorzusprechen. Mit Aseev würden sie reden, er war Stalinpreisträger. Er sprach mit dem Verlag, aber mit wem? Und was sagt man ihm? Aus Murs Tagebuch ist uns nur bekannt, daß Aseev Marina Ivanovna empfahl, schnell ein Buch mit Übersetzungen zusammenzustellen, da »sie die Gedichte nicht nehmen« und sie dringend Geld brauchte. Das Buch mit Übersetzungen wurde sofort gutgeheißen, und Marina Ivanovna bekam 25 Prozent des Honorars.

Zu Weihnachten, irgendwann zwischen dem 7. und 14. Januar, war Marina Ivanovna bei uns in den Konjuški zu Besuch, und das Gespräch drehte sich um ihr Buch. Tarasenkov war, wie immer, optimistisch und versicherte ihr, daß die Welt ganz und gar nicht mit Zelinskij übereinstimmte und daß das Buch unbedingt erscheinen würde. Die Einzelheiten würde man schnell vergessen. An dem Abend trug Marina Ivanovna das *Poem vom Ende* vor, das ich am meisten von ihren Poemen liebe. Es waren noch die Vil'monts da. Damals hat es sich öfter so ergeben – wir gingen zu ihnen, wenn Marina Ivanovna bei ihnen war, sie kamen zu uns, wenn sie bei uns war. Jemand löschte das Licht, und das Zimmer wurde nur durch die im Kamin brennenden Holzscheite erleuchtet. Marina Ivanovna saß auf einem Bänkchen am Feuer, sie trug ein graues Kleid. Den Rockschoß hatte sie über die Knie gezogen, die Knie mit den Armen umfaßt, wobei sie die Finger fest ineinander verschränkte.

Mur saß an meinem Schreibtisch, den Kopf auf die Ellenbogen gestützt. Während seine Mutter das Poem vortrug, blickte er reglos in den Kamin. Ich habe ihn öfter beobachtet, wenn Marina Ivanovna Gedichte rezitierte – es langweilte ihn, er mußte viele Male ein und dasselbe hören, denn seit er klein war, nahm sie ihn überall mit hin. Gewöhnlich versuchte er, sich in ein Buch zu vertiefen, in eine Zeitschrift, eine Zeitung, doch wenn seine Mutter fertig war und er sah, welchen Eindruck ihre Gedichte machten, änderte sich sein Gesichtsausdruck, er sah zufrieden und überlegen aus.

Als er neun Jahre alt war, sagte er in Paris zu Marina Ivanovna (was sie an Vera Bunina schrieb): »Heute habe ich mir meine Lehrerin angesehen und gedacht: – Sie hat einen gewissen Ruf, man kennt sie in der Gesellschaft, und Mama dagegen – sie schreibt doch gut? – sie kennt niemand, weil sie abstrakte Dinge schreibt, und jetzt ist nicht die Zeit, um abstrakte Dinge zu schreiben. Also – was sollen Sie tun? Können Sie keine anderen Dinge schreiben? Nein, es ist schon besser, auf seine Art zu schreiben.«

Wir aßen im Zimmer meiner Eltern zu Abend, der Tannenbaum war angezündet. Mein Vater liebte Feiertage – Weihnachten, Ostern, es war ein gastfreundlicher Mensch, und meine Mutter kochte gern, an den Feiertagen gab es immer gutes Essen. Der große runde Tisch mit der Porzellanlampe in der Mitte wurde mit einer gestärkten weißen Tischdecke gedeckt, mit gestärkten Servietten und mit Kristall; vielleicht schrieb Mur deshalb in sein Tagebuch: »Die Atmosphäre ist etwas spießig!« Auf dem Tisch standen Piroggen, Pasteten, mit Gallert überzogene Speisen.

»Mur, probier mal, das ist sehr lecker!« sagte Marina Ivanovna.

»Natürlich! Hier kochen sie nicht so ekelhaftes Zeug wie Sie!«

Marina Ivanovna verzog keine Miene, es prallte an ihr ab, oder sie tat so, als prallte es an ihr ab, die aufgekommene Peinlichkeit verflüchtigte sich, und das Gespräch ging weiter.

Das war der letzte Abend, an dem Marina Ivanovna und Mur bei uns zu Besuch waren, überhaupt war es das letzte Mal, daß wir Gäste hatten. Den ganzen Sommer über nahm Tarasenkov an speziellen Kursen von der Armee teil, die für Schriftsteller organisiert wurden. Die Schriftsteller wurden zu Kriegskorrespondenten ausgebildet.

Am 19. Februar begleitete ich Tarasenkov zum Weißrussischen Bahnhof, zur Armee. Tvardovskij, Grossman und er fuhren ab, sie sollten die Geschichte der Divisionen schreiben, die im Krieg mit den Finnen teilnahmen. Jetzt standen diese Divisionen in Lettland, Litauen und Estland. Tarasenkov wurde das ganze Frühjahr im Baltikum aufgehalten, und im Mai war er in Leningrad und vergrub sich ins Meeresarchiv; er schrieb einen Bericht über das Kriegsschiff »Volodarskij«.

So vergingen der Winter und das Frühjahr des Jahres 1941. Was konnte ich jetzt noch über Marina Ivanovnas letzte Wintermonate in Erfahrung bringen?

Sie übersetzte viel. Sie hörte nicht auf, zu übersetzen. Damals, Anfang Dezember, haben wir bei ihr auf dem Pokrovskij bul'var die Baudelaire-Übersetzung gehört, und in ihrem Heft findet sich eine Notiz, daß sie im November auch Byron und die *Ode an die Jugend* von Mickiewicz übersetzte. Im Dezember übersetzte sie noch bretonische Volkslieder aus dem 18. Jahrhundert für eine Anthologie französischer Lyrik, die im Goslitizdat vorbereitet wurde, und im Januar, ebenfalls für den Goslitizdat, die Polen und darunter Julian Przyboś.

Es gibt noch zwei interessante Passagen in dem Heft mit den Übersetzungen.

»Ich war niemals im Leben – wie auch unsere ganze Familie – von jenen zwei (Begriffen) verschont: *Ruhm* und *Geld*. Denn weshalb mühe ich mich heute ... gestern ... morgen ... und überhaupt mit so schwachen, nicht existenten Dichtern ab – genauso, wie mit den existenten – ebenso mit Knap Geis – wie mit Baudelaire? Erstens: Unmöglichkeit. Die Unmöglichkeit – es anders zu machen.

Gewohnheit – des ganzen Lebens. Nicht nur meines: des Vaters und der Mutter. Im Blut. Zweitens: mein guter Name. Denn ich werde unterschreiben. Mein guter Name, d. h. mein guter Ruf. ›Wie konnte die Cvetaeva eine solche Scheußlichkeit vollbringen?‹ Unvermögen – das Vertrauen zu verraten.

(Der gute Ruf ist mit dem einfachen Ruhm nicht bekannt.) Ruhm: damit man über mich redet. Guter Ruf: damit man *nicht* über mich redet. Guter Ruf: eine der Arten unserer Bescheidenheit – und unsere ganze Ehrlichkeit.

Geld? Ich pfeife darauf. Ich spüre es nur, wenn es nicht da ist. Es zu haben ist natürlich, denn zu *essen* ist natürlich (denn es ist natürlich – es zu haben[22]). Ich könnte doppelt soviel verdienen. Na und? Nun, doppelt soviel Papier im Umschlag. Doch was bleibt mir? Wenn man mir meine letzte ruhige ... Freude nimmt.

Denn man muß tot sein, um Geld zu bevorzugen.«

In der zweiten Passage reflektiert sie über ihren heiligen Dienst *am Wort*; über die hohe Berufung des Dichters, die wahre Würde des *Schöpfers*.

»27. Januar 1941, Montag.

Ich bin 48 Jahre alt, und ich schreibe – 40 Jahre und sogar 41, wenn nicht zweiundvierzig (*Ehrenwort*) – und ich bin natürlich, meiner Natur nach – eine hervorragende Philologin, und – heute, in einem winzigen Wörterbuch, und sogar in dreien, erfahre ich, daß PAŽIT'* – patûpage, Viehweide, und ganz und gar nicht Feld: Acker : das Geerntete : das sich erholende – Feld bedeutet. Also, ich habe mein ganzes Leben gedacht (und, o Schreck, vielleicht *geschrieben*) pažit' – Feld, aber es ist – eine Wiese, eine kleine Wiese. Doch trotz der drei Wörterbücher (die nicht übereinstimmen: ein altes französi-

* Weideplatz, Viehweide.

sisches, das andere ist sowjetisch, das dritte deutsch) – glaube ich es trotzdem nicht. Pažit' – hört sich nach Mähen, nach Ernte an.

Gestern, im Radio, Prokof'ev (er schreibt seine nächste Oper. Die Oper ist für ihn eine Funktion) mit eigener Stimme: – Diese Oper muß ich sehr schnell schreiben, weil das Theater schon im Mai mit der Aufführung beginnen wird (vielleicht im April – unwichtig).

– S. S.! Und wie machen Sie es, daß Sie schnell schreiben? Schnell – zu Ende schreiben? Hängt das etwa von Ihnen (von uns) ab? Schreiben Sie etwa – ab?

Weiter: – ›Das Theater wird mit der Aufführung beginnen – schon im Mai‹. Mit der Aufführung – einer nicht geschriebenen, nicht existierenden Oper. – Von Prokof'ev. – Das ist die einz. Sicherheit. Schnell. Man kann schreiben – ohne aufzuhören, ohne den Rücken gerade zu biegen und – den ganzen Tag – nichts. Man kann *nicht* schreiben, sich nicht an den Tisch setzen – und plötzlich – ein ganzer Vierzeiler, fertig, während des Auswringens des letzten Hemdes oder während man fiebrig in der Tasche sucht und genau 50 Kopeken sucht und denkt: 20 und 20 und 10. Usw.

Jeden Tag schreiben. Ja. Ich mache das mein ganzes (bewußtes) Leben lang. Aufs Geratewohl. Vielleicht ja. – Aber von: jeden Tag – bis zu: schnell schreiben ... Woher haben Sie die Sicherheit? Erfahrung? (Erfolgr[eiche]) Ich habe auch – Erfahrung. Der Rattenfänger, den ich einen Monat vor Murs Geburt angefangen habe und den ich an eine Zeitschrift gegeben habe, und *sie forderten* – ein Kapitel im Monat. Doch – wußte ich etwa jemals – daß ich es zu einem Termin fertigschreibe? Wußte ich etwa – die Länge des Kapitels: wann ein Kapitel zu Ende ist? Das Kapitel ist – plötzlich – fertig, von selbst, mit dem bestimmten Wort (dann – mit der *Silbe*). Mit der der Sache notwendigen Silbe. Man kann – verzweifelt werden – daß es so langsam geht, doch von da – bis zum ›schnell schreiben‹ ...

– Der ganze Abstand zwischen Gewissenhaftigkeit und Gewissenlosigkeit, dem Gewissen und seiner Abwesenheit.

Ja, ja, so erarbeitet man sich Datschen, Autos, so – vielleicht (glauben wir an das betrügerische Wunder!) werden geniale Opern geschrieben, entstehen sie, *erscheinen* sie, doch mit diesen Worten wird die Würde des Schöpfers erniedrigt.

Keine Theater, Honorare, keine *Notwendigkeit* werden mich dazu zwingen, ein Manuskript abzugeben, bevor der letzte Punkt gesetzt ist, und der Zeitpunkt dieses Punktes ist nur Gott bekannt.

– Mit Gott! (oder:) – Herr, gib! – so begann jede Sache von mir, so beginnt jede noch so armselige Übersetzung von mir (Franko, z. B.). Ich habe Gott niemals um Reime gebeten (das ist *meine* Sache), ich habe Gott um die Kraft gebeten, sie zu finden, *um die Kraft zu dieser Qual.*

Nicht: – Gib, Herr, den Reim! sondern: – Gib, Herr, die Kraft, diesen Reim zu finden, die Kraft – zu dieser Qual. Und das gab Gott mir; schenkte es mir.

So auch diesmal (die weißrussischen Juden). Zwei Tage kämpfte ich mit (wörtliche Übersetzung: ›Aber ich – mit allen Talenten begabt/Der Wissenschaft, den Künsten, bin trotzdem sentimental, bereit, eine banale Dummheit zu sagen‹): ›Die Schwermut preßt das Herz zusammen/Von Feldern, gerade erst gemäht!‹

(Gerade gemähte Felder paßte nicht ins Versmaß.) Ich drehte es, formulierte es um, sagte es anders, wußte nicht, wo mir der Kopf stand* – wichtig ist hier die *Einfachheit* des Aufschreis. Und als ich schließlich verzweifelt war (und erfroren – ungefähr 30 Gr., und es zieht die ganze

* Im Russischen Wortspiel: »um-za-raz-um«, wörtlich: der Geist-ging-über-den-Verstand.

Zeit), kroch ich ins Bett, unter die gestrickte Löwendecke – plötzlich – der Satz – die Verse: ›Wie dumpf und leer fühlt sich das Herz / Wenn Erntearbeit ist getan!‹

Das bekam ich – von Gott – als Belohnung für das Leiden. Das *Gelingen* (sofort, von selbst kommend) ist ein Geschenk, aber so etwas (nach so vielen Qualen) – ist eine Belohnung.

Nicht umsonst habe ich mich *niemals* von Prokof'ev angezogen gefühlt. Zu viel Glück. *Kein Merkmal* – des Auserwählten. (Wir *alle* sind gezeichnet, und Goethe war Gott selbst). Manchmal ist auch die Schönheit wie ein Zeichen. (Das Brandmal – bei Araberpferden.) Doch – ein Rätsel – entweder schafft P-v es tatsächlich *selbst*, wie M-[ajakov]skij[22] – es selbst schaffte (aber M. war Fetischist), – oder *selbst* – schafft er es nicht (nur Selbstbetrug), und, in der letzten Minute, schenkt es P-v – trotzdem Gott.

Bin ich gläubig? – Nein. – Ich bin aus Erfahrung wissend.«[23]

Am 27. Januar brachte Marina Ivanovna für Alja eine Geldüberweisung, doch sie wurde nicht mehr angenommen. Alja war »ausgeschieden«. Marina Ivanovna war darauf vorbereitet gewesen, es konnte jederzeit geschehen. Doch wohin war Alja »ausgeschieden«?! Zuerst war die Antwort unbestimmt – in den Norden, nach Kotlas, dann wurden sie genauer: Autonome Republik Komi, Knjažij Pogost.

Alja war zu der Zeit noch unterwegs, sie war zweiundzwanzig Tage unterwegs, und die Briefe von Marina Ivanovna gingen schon nach Knjažij Pogost. Es war die erste Möglichkeit, wenigstens etwas über sich mitzuteilen, über den Vater, wenigstens darüber, daß sie die Überweisungen für ihn annahmen, über die Familie. Fast anderthalb Jahre waren seit jener Sommernacht vergangen, als Alja aus der Datscha in Bolševo abgeführt wurde.

Am 15. März schrieb Mulja an Alja über Marina Ivanovna: »... In ›*Družba narodov*‹ [Völkerfreundschaft] wurden Marinas Übersetzungen von georgischen Dichtern abgedruckt, die von vielen Schriftstellern hoch gelobt wurden. Mama wird sich auf Postkarten beschränken, bis sicher ist, daß du sie erhältst. Marina arbeitet viel und mit Lust. Dein Brüderchen lernt hervorragend, selbst in den exakten Wissenschaften, – er hat sich gemacht, er ist ein außerordentlich gutaussehender junger Mann geworden, ein richtiger Dandy ...«

Ich habe einen Auszug aus einer Postkarte vom 18. März 1941 von Marina Ivanovna an Alja; es scheint, daß Marina Ivanovna nicht zum ersten Mal ein und dasselbe wiederholte, da sie fürchtete, daß die Postkarten nicht ankommen würden.

»... über uns: am 8. November 1939[24] sind wir aus Bolševo weggegangen – für immer, einen Monat haben wir bei Lilja gewohnt, in Deinem Nest, den Winter haben wir durch die tatkräftige Hilfe des Litfonds in Golicyno verbracht ...

Im Sommer haben wir in der Universität gewohnt, und im Herbst haben wir endlich, nach unendlichen Qualen, dieses Zimmer gefunden – für zwei Jahre (Gas, Elektr., Telef., 6. Et.,[25] sogar mit einem Stückchen Balkon! doch dahin gelangt man – durch das Fenster), wo ich Dir jetzt schreibe. Dir schreiben Lilja, Zina und Nina. Mit Nina verbindet mich eine beständige Freundschaft, sie hat ein goldenes Herz, ist voll und ganz ein Mensch ...«

»22. März 1941, Tag der Frühlingstagundnachtgleiche.

Liebe Alja! Am Tag der Frühlingstagundnachtgleiche versuche ich, Dir den ersten Brief zu schreiben – ich habe sechs Karten an die gleiche Adresse geschickt, mit den beiden von Mur – acht, und vorher habe ich nach Knjažij Pogost geschrieben, aber das zählt nicht ...«

Diese Auszüge hat mir Nina Gordon zur Verfügung gestellt, Alja hatte sie für sie abgeschrieben, weil darin von

Nina die Rede war. Ein Auszug aus dem Brief vom 22. März:

»Lilja und Nina schreiben Dir. Gestern waren wir bei ihr [Nina] zum Geburtstag, ich habe ihr eine alte Zinntasse geschenkt – für Kaffee, Du erinnerst Dich bestimmt an sie, und wir haben Wein getrunken – auf Deine Gesundheit und Rückkehr, sie hat sich daran erinnert, wie sie diesen Tag gemeinsam mit Dir verbracht hat. Sie ist sehr dünn und ständig krank, doch sie ist tapfer und – ein vortrefflicher Mensch. ... Bei uns ist es sehr kalt, der Frühling war da und verschwand wieder, gestern, als Mur und ich von Nina nach Hause gingen, wurden wir ganz steif, es herrschte ein eisiger Frost ...«

Auch Mulja schrieb ihr am 22. März: »Gestern war Ninas Geburtstag (ich hatte ihn vergessen!). Marina und Mur waren da und wunderten sich, daß sie mich nicht antrafen.

Mama will noch nicht, daß jemand von Deiner Abreise erfährt, deshalb reden wir mit niemandem darüber. Eigentlich hat das ja auch keine praktische Bedeutung ...«

In der Märzausgabe der Zeitschrift *Tridcat' dnej* [Dreißig Tage] erschienen Gedichte von Marina Ivanovna unter dem Titel *Ein altes Lied*. Zum ersten Mal seit vierzehn Jahren wurden in Rußland Gedichte von der Cvetaeva veröffentlicht. Das letzte Mal wurde ihr Gedicht *Du gehst, mir gleich* 1927 in der Antologie *Von Nekrasov bis Esenin* gedruckt.

Vom 12. April gibt es einen langen Brief von Marina Ivanovna an Alja, doch bis dahin ereignete sich in Marina Ivanovnas Leben etwas, von dem es sich lohnt, ausführlicher zu erzählen, – man erwies ihr die Ehre, sie in den Grupkom der Schriftsteller des Goslitizdat aufzunehmen. Jetzt hört es sich fast wie ein Scherz an, aber wie froh war sie damals! Denn das legalisierte ihre Lage, sie wurde den anderen gleich. Bis dahin konnte sie selbst das Formular für die Hausverwaltung nirgendwo bekommen, und ohne Formulare, ohne Papiere ist unser Leben unmöglich, Papiere begleiten uns von der Geburt bis zum Tod.

Ein Protokoll über die Sitzung gibt es nicht. Am 24. April wurde ihr der Mitgliedsausweis ausgehändigt. Wie wir sehen, wurde sie sogar in den Grupkom nicht sofort aufgenommen, sie übersetzte schon seit mehr als einem Jahr für den Goslitizdat. Und das, obwohl ihr so viele Menschen im Verlag wohlgesinnt waren – Gol'cev, Zyrjanov, Jakovleva und Aleksandra Rjabinina, die die Redaktion der Völker der UdSSR leitet.

Doch der wichtigste Mensch, der Marina Ivanovna in jenen Jahren im Goslitizdat half, war Pëtr Ivanovič Čagin, der stellvertretende Direktor des Verlags. Als Direktor wurde er aus irgendeinem Grund nie bestätigt, und er blieb von 1939 bis 1946 stellvertretender Direktor. Es scheint, daß dieser »jemand«, der Marina Ivanovna damals in Golicyno, im Winter 1940, vorschlug, das Buch »mit Vertrag und Vorschuß« herauszugeben, eben Pëtr Ivanovič Čagin war, der dorthin gekommen war, um jemanden zu besuchen. Wie dem auch sei, er konnte an Marina Ivanovna nicht vorbeigehen, und es geschah eindeutig auf seine Anweisung hin, daß man ihr im Verlag Geld für Übersetzungen von Gedichten zahlte, die dann doch nicht publiziert wurden, und daß man mit ihr einen Vertrag über das Buch abschloß, es in den Plan aufnahm und es trotz des negativen Gutachtens von Zelinskij nicht ablehnte.

Die Versammlung, auf der über Marina Ivanovnas Aufnahme in den Grupkom abgestimmt wurde, leitete Bachmet'ev, der zu dieser Zeit wohl Vorsitzender des Grupkom war. Bachmet'ev war ein unbegabter Schriftsteller, von Literatur verstand er überhaupt nichts, und alles Begabte haßte er. Er erfreute sich der Reputation des ältesten Parteimitglieds und liebte es, auf Sitzungen den Redner zu unterbrechen und ihn mit »bolschewistischer Direktheit« ohne Umschweife zu fragen: »Sprich lieber von dir! Wer bist du? Zu wem gehörst du, du Kulturträger?! Deine Position ist mir nicht klar ...« Irgendwann hat er auf einer Sitzung, als er schon ganz alt und gebrechlich war, halbblind, halbtaub, ohne den Redner anzusehen, doch unfähig, sich zurückzuhalten, geschrien: »Und was hast du selbst im Jahre '17 gemacht?« Daraufhin der Redner, wie aus der Pistole geschossen: »Da habe ich noch in die Windeln gemacht!«

Bachmet'ev liebte es, seinen Mitmenschen Unannehmlichkeiten zu bereiten, er säte nichts Gutes. Ausgerechnet dieser Mensch sollte Marina Ivanovna in den Grupkom der Schriftsteller aufnehmen. Wie das ablief, erzählte mir der Dichter Il'ja Frenkel'. Er ging zufällig den Korridor des Goslitizdat entlang, als Bachmet'ev ihm entgegenkam.

»Hör mal, Il'ja«, sagte dieser, »hast du schon mal was von dieser Dichterin Cvetaeva gehört? Schreibt sie ordentliche Verse?« – »Ausgezeichnete Gedichte schreibt sie, Vladimir Matveevič, ich schwärmte schon als kleiner Knirps von ihr, ihr Buch *Werstpfähle* kannte ich auswendig! Was hast du mit ihr zu tun?« – »Ja, weißt du, wir sollen sie jetzt in den Grupkom aufnehmen.« – »Ich habe schon vor einer Weile gehört, daß sie in Moskau ist, doch es ist mir nicht ein einziges Mal gelungen, sie zu treffen. Ich würde gerne wenigstens aus der Ferne sehen, wie sie aussieht!« sagte Frenkel'. – »Warum denn nicht aus der Nähe! In diesem Zimmer hier leite ich gleich die Sitzung.«

»Und, was war, hat Bachmet'ev sich auf dieser Sitzung in Szene gesetzt?« fragte ich Frenkel'.

»Stell dir vor, er hat ihr nicht eine einzige Frage gestellt!«

»Das kann nicht sein!«

»Ich schwöre, ich habe mich selbst gewundert, und wie

schwer es dem Armen gefallen ist, sich zurückzuhalten! Er hatte meine Meinung gehört – er konnte nicht anders. Er führte den Vorsitz, gab den Ton der Sitzung an, und alle fürchteten ihn ...«

Die Sitzung fand in einem der Redaktionsräume statt, die mit Tischen vollgestellt sind und wo es nach dem Arbeitstag schwül und verraucht ist. Es versammelten sich die Mitglieder des Grupkom. Marina Ivanovna kam, sie trug einen Mantel, die Baskenmütze und hatte eine Einkaufstasche dabei. Sie schien Frenkel' sehr erschöpft, älter aussehend, als sie eigentlich war, und offensichtlich war sie sehr aufgeregt. Frenkel' erinnert sich daran, daß alles sehr glatt ging, sie wurde einstimmig aufgenommen, und alle gratulierten ihr sofort. Frenkel' bat sie, Gedichte vorzutragen, doch Marina Ivanovna, die die Situation wohl richtig einschätzte, lehnte ab, sie sagte, daß sie sich nicht erinnern könne und besser Übersetzungen vortrage. Sie rezitierte Übersetzungen, die ihr vom Goslitizdat in Auftrag gegeben worden waren. Die Menschen drängten sich ins Zimmer und standen bis auf den Korridor hinaus – sie lauschten der Cvetaeva.

Am 10. April stand Marina Ivanovna, wie gewöhnlich, in der nächtlichen Schlange, um Geld für Sergej Jakovlevič zu überweisen. Jetzt mußte sie nur noch eine Überweisung abgeben, Alja bedurfte anderer Fürsorge. Für Alja mußte sie Pakete sammeln, und endlich kamen ihr die seltsamen Beutel zugute, die die Wände ihres Zimmers auf dem Pokrovskij bul'var schmückten; in diese Säcke schüttete sie Gemüse, das sie auf der Heizung trocknete. Damals habe ich nicht verstanden, warum sie soviel Gemüse trocknete und warum sie überhaupt Gemüse trocknete, und ich schrieb es den Wunderlichkeiten eines Genies zu. Aber man hat es ihr wohl in den nächtlichen Schlangen geraten, und vielleicht hat auch Nina ihr die Erfahrung mitgeteilt.

Am 11. April erhielt sie den ersten Brief von Alja, er kam morgens, als Mur noch in der Schule war, doch sie öffnete den Brief erst, als er kam, sie wollte die Freude mit ihm teilen.

»Moskau, 12. April 1941, Samstag.

Liebe Alja! Endlich Dein erster Brief – vom 4., in einem blauen Umschlag. Ich habe ihn mir von 9 Uhr morgens bis 3 Uhr nachmittags angesehen – bis zu Murs Rückkehr aus der Schule. Er lag auf seinem Eßteller, und schon in der Tür sah er ihn, und mit einem zufriedenen und sogar selbstgefälligen: A–a! – stürzte er sich auf ihn. Er gab ihn mir nicht zu lesen, er las sowohl seinen als auch meinen laut vor. Doch ich habe Dir schon vor dem Lesen – vor Ungeduld – eine Postkarte geschickt. Das war gestern, am 11. Und am 10. habe ich die Überweisung für Papa gebracht, sie haben sie angenommen.

Alja, ich habe mich tatkräftig mit Deiner Verpflegung beschäftigt, Zucker und Kakao habe ich schon, jetzt werde ich über den Bacon und den Käse herfallen – irgendwelchen ganz steinharten. Ich schicke Dir einen Sack mit getrockneten Möhren, ich habe sie im Herbst auf allen Heizkörpern getrocknet, Du kannst Sie mit kochendem Wasser aufbrühen, es ist wenigstens Gemüse. Es ist schade, wenn auch nur natürlich, daß Du keinen Knoblauch ißt, – man hat mir auf gut Glück ein ganzes Kilo zurückgelegt. Ein gutes und weniger abstoßendes Mittel sind rohe Kartoffeln, achte darauf. Sie sind genauso wirksam wie Zitrone, das weiß ich ganz sicher.

Ich habe Dir schon geschrieben, daß Deine Sachen freigegeben worden sind, ich wurde damit beauftragt, selbst das Siegel zu brechen, so daß wir alles bekommen, übrigens hatten die Motten nichts zerfressen. Im großen und ganzen ist alles heil: die Bücher, die Spielsachen und viele Photographien. Und das Bastgefäß, das wir immer als Dose benutzt haben, habe ich zu mir genommen, ich bewahre Glasperlen darin auf. Kann ich Dir nicht das silberne Armband mit dem Türkis schicken – für den anderen Arm, Du kannst es tragen, ohne es abzunehmen, das ist sogar schwierig. Und vielleicht irgendeinen Ring? Doch bei den vielen Fragen hier eine Antwort: welche Decke ich habe (Deine zweite blaue Decke ging mit vielen anderen Sachen – aber nicht mit Deinen – in Bolševo verloren): meine bunte gestrickte Decke – die große, sie ist nicht schwer und warm, Dein beigefarbenes Plaid von Papa, aber es ist klein, und einen dunkelblauen spanischen Schal. Ich würde trotzdem die gestrickte Decke nehmen, und den Schal mit der nächsten Gelegenheit, er ist auf jeden Fall Deiner. Ich schicke auch Naphthalin. Die Säcke sind schon fertig. Es sind zwei Kleider dabei – ein rauhes aus Noma, und ein anderes, schöneres, wir machen die Ärmel passend. Mulja schwört, daß er Nelkenöl gegen Mücken besorgt – ein wunderbarer Duft, ich liebe ihn seit meiner Kindheit. Und es werden viele Kleinigkeiten dabei sein, für Geschenke.

Bei uns ist Frühling, noch ist es frisch, das Eis hat sich noch nicht gerührt. Gestern hat die Putzfrau mir einen Weidenzweig mitgebracht – sie hat ihn mir geschenkt – und abends (ich habe ein riesiges Fenster, über die ganze Wand) habe ich durch den Zweig hindurch auf den riesigen gelben Mond geschaut, und der Mond durch den Zweig hindurch – auf mich. Das helle Fell des Weidenzweigs, helles Fell habe auch ich … – und sogar ganz helles Fell! Mur hat heute empört zu mir gesagt: – Mama, du siehst aus wie eine furchtbare alte Frau vom Dorf! – und es hat mir sehr gefallen, daß ich wie vom Dorf bin. Der arme Kater, er liebt Schönheit und Ordnung so sehr, und unser Zimmer ist wie das in der Borisoglebskij, viel zu viele Sachen, alles in der Vertikale. Die größte Freude des Katers ist das Radio, das – wer weiß, woher – einfach alles bringt. Vor kurzem haben wir aus Amerika Eva Curie gehört. Es ist eine große Hilfe. Alja, unter meinen Schätzen (ich schreibe Dir Dummheiten) bewahre ich Dein Kätzchen aus Brotteig auf, mit Schnurrbart. Küsse den Roten von mir, er ist ein guter Kater. Aber ich werde nach jenem, Deinem, der zu Nikolka in die Wiege kletterte, niemals mehr einen Kater haben, ich habe ihn wahnsinnig geliebt und habe mich nur schwer von ihm getrennt. Er hat einen Stachel in meinem Herzen hinterlassen.

Ich beende meine weißrussischen Juden, ich übersetze jeden Tag, das Schwierigste ist der fehlende Zusammenhang, die Zufälligkeit und die Ungenauigkeit der Bilder, alles zerfällt, es ist ein einziges Zusammenkleben und Zusammennähen. Manche schreiben ohne Reim und ohne Metrum. Nach den weißrussischen Juden sind wahrscheinlich die Balten an der Reihe. Eigenes schreibe ich nicht – keine Zeit, viel Hausarbeit, die Putzfrau kommt einmal in der Woche. – Auch ich habe Leskov noch einmal gelesen – letzten Winter, in Golicyno, und Benvenuto* habe ich gelesen, als ich 17 Jahre alt war, in Goethes Übersetzung, ich erinnere mich besonders an den Salamander und die Ohrfeige.

Im Winter war ich mehrere Male bei Nina, sie ist oft krank, aber sie arbeitet, und wann immer sie nur kann – freut sie sich. Ich habe ihr ein Jäckchen aus falschem Pelz geschenkt, ein kurzes, sie hat so gefroren, und zum Geburtstag eine der Metalltassen – aus denen niemand trinkt, außer mir – und ihr.

Ich möchte den Brief heute abschicken und mache Schluß. Harre aus und sei tapfer, ich hoffe, daß Muljas Reise[26] nur noch eine Sache von Tagen ist. Ich wurde vor kurzem in den Grupkom des Goslitizdat aufgenommen – einstimmig. Ich bemühe mich.

Sei gesund, ich küsse Dich. Muljas Sachen kamen sehr

* Autobiographie des Goldschmieds und Bildhauers Benvenuto Cellini (1500–1571), Goethes Übersetzung erschien 1803.

gut an, er hat erreicht, was er wollte, und jetzt hat er viel Arbeit. Mur schreibt selbst.

Mama.«

Im Mai wurde Mur der Paß ausgehändigt, den er schon im Februar bekommen sollte. Am 16. Mai teilte Marina Ivanovna Alja mit:

»... Mur geht heute seinen Paß abholen – endlich, er hat es erreicht! Es war schwierig, weil er keine Geburtsurkunde hatte, aber ohne Paß darf er nicht sein, weil er schon 16 Jahre alt ist ...«

In diesem Brief vom 16. Mai berichtete Marina Ivanovna Alja über den Vater: »... Vor kurzem haben Mulja und ich Sachen für ihn gebracht, einen ganz riesigen, fast mannsgroßen Sack, den Zina nach allen Regeln der Kunst genäht hat, mit doppeltem Boden, Seitentaschen und Löchern zum Festhalten, alles ohne ein einziges Metallteilchen. Da auf der Postkarte nur stand ›bringen Sie dem und dem Sachen‹, mußte ich schon selbst entscheiden, was, und viel haben sie mir zurückgegeben: die Filzstiefel, die Pelzmütze, die Fäustlinge, den wasserdichten Mantel, die Strickjacke, die Nachtschuhe, das Kopfkissen und die Krawatte.

... Das war am 5. Mai, und am 10. haben sie die Überweisung angenommen. Und mehr weiß ich nicht über ihn ...«

Daraus sollte Alja verstehen, daß der Vater auch verurteilt worden war, da man Sachen für ihn anforderte.

Am 24. Mai schrieb Mulja: »... Dein Bruder besteht die Prüfungen mit Erfolg. Er ist ein sehr schöner junger Mann mit sehr breiten Interessen geworden. Neben Fragen des politischen Lebens interessieren ihn Lyrik, Theater, Malerei, er geht in Konzerte. Nur Sport ist ihm völlig fremd – das liegt offensichtlich bei Euch in der Familie. Eine Zeitlang versuchte ich, ihm zu suggerieren, daß es so nicht geht, doch der Einfluß der Mutter und die Natur taten das ihrige. Ich fürchte, es wird ihm schwerfallen in der Armee, meinst Du nicht, daß man ihn in dieser Hinsicht zivilisieren sollte? Mein Bruder und ich stehen uns sehr nahe*. Wir reden viel von Dir und lachen über Deine wunderbaren Witze. Wenn Du nur wüßtest, wieviel ich von Dir angenommen habe ...«

Im Mai führte Marina Ivanovna »die letzten Veränderungen an den weißrussischen Juden durch, die morgen abgegeben werden und ohne jede Korrektur gehen ...« Ebenfalls im Mai, am 22.: »Versuch der Lieder Mignons«, und am 27. noch eine Notiz in ihrem Heft: »Die Lieder von Goethes Mignon, aber zu einer Musik (die ich nicht kenne ...), und schon so komme ich kaum zurecht ...«

Um die Übersetzung der Lieder Mignons hatte die bekannte Pianistin Marija Venjaminovna Judina sie gebeten, Nejgauz hatte sie wohl mit Marina Ivanovna zusammengebracht. Marija Judina wollte einen Sammelband mit Schuberts Liedern in guter russischer Übersetzung herausgeben; es gab nur sehr schlechte Übersetzungen. Marina Ivanovna begann mit der Übersetzung, doch dann sah sie, wie aufwendig diese Arbeit war, denn sie mußte nicht nur den Text übersetzen, sondern der Text mußte auch der schon geschriebenen Musik angepaßt werden. Bei ihrer Langsamkeit, der peinlichen Genauigkeit, mit der sie jede Arbeit durchführte, verstand sie, daß es für sie ein nicht gestatteter Luxus war, sie mußte »richtige« Übersetzungen machen, solche, für die sogleich bezahlt wurde. So blieb der »Versuch der Lieder Mignons« auch ein Versuch.

Im Mai kam die Zeitschrift *Znamja* heraus, in der Marina Ivanovnas Übersetzung der *Biblischen Motive* von Isaak Leib Perez abgedruckt waren, eines jüdischen Klassikers, der in Polen lebte und 1915 starb. Jetzt, 1941, war sein neunzigster Geburtstag.

* Der jüngere Bruder S. Gurevičs – Aleksandr.

Ebenfalls im Mai führte Marina Ivanovna mit Aseev ein Gespräch über ihr Buch, sie brauchte dringend Geld, denn sie mußte die Miete zahlen. Wieder begannen Sorge und Verzweiflung – wo und wie soll sie diese 5000 Rubel auftreiben?!

Eigentlich gefiel Marina Ivanovna dieses Zimmer auf dem Pokrovskij bul'var nicht mehr, und sie wäre mit Freude in eine andere Wohnung umgezogen – sie verstand sich nicht mit den Nachbarn, mit dem jungen Paar, das in dem dritten Zimmer wohnte.

Mur litt sehr unter den Kämpfen in der Küche.

»31.5.41. Gestern gab es einen Streit mit den Nachbarn in der Küche. Gezeter, Drohungen usw. Schurken! Diese Szenen setzen sich tief in meinem Herzen fest. Sie nannten die Mutter frech, der Nachbar sagte, daß sie ›ihn absichtlich schädige‹ usw. Sie sind Spießbürger, dumm, ›animalisch‹, wie man hier zu schreiben pflegt. Mutter hat deshalb gestern geweint, und sie hat heute morgen geweint, sie sagte, sie seien ungerecht, sprach vom gesunden Menschenverstand usw.

... Sie wollen fast den ganzen Herd für sich haben, nehmen unseren Teekessel herunter und stellen ihren darauf, usw. Ich sage Mutter, daß es besser sei, den Schuften nachzugeben und ohne Skandale zu leben, aber sie sagt, daß man von vier Herdplatten zwei verwenden könne und daß sie essen und kochen würde, wann sie will, und daß sie soviel zahlt wie sie auch. Sie dagegen sagen, daß sie absichtlich kocht, wenn sie kochen. Vieh! Das alles nimmt Mutter sehr mit, sie weint deshalb. Gestern war ein gewisser Jaropolk*hier, er hat sie getröstet und ihr gut zugeredet. Heute ist er auch gekommen. Er trägt eine Uniform der Roten Armee – er ist Kommandeur. Er hat Mutter auf jede erdenkliche Weise getröstet. Er hat einen Freund[27],

* Jaropolk Semënov (M. B.)

den Mutter gestern kennengelernt hat und der versprochen hat, mir das Schwimmen beizubringen – er ist ein hervorragender Schwimmer. Unsere Lage ist ernst – in 2 ½ Monaten müssen wir 5000 Rubel für die Wohnung bezahlen …«

Doch es gab keine Möglichkeit, in eine andere Wohnung umzuziehen, und genau vor dem Krieg kam eine neue Verordnung heraus: In Moskau durfte sich niemand mehr anmelden, selbst Verwandte nicht. Also mußten Marina Ivanovna und Mur alles ertragen.

Anfang Juni ging ich zu Marina Ivanovna auf den Pokrovskij bul'var. Warum ich zu ihr ging, weiß ich nicht mehr, wahrscheinlich mit irgendeinem Auftrag Tarasenkovs, aus eigener Initiative wäre ich nie zu ihr gegangen.

Ich erinnere mich, daß Marina Ivanovna in der Küche war und wie immer eine Schürze trug. Ein feuchtes Laken hing auf der Leine, und Marina Ivanovna, die beschäftigt war, wich diesem Laken die ganze Zeit aus und stieß es böse von sich weg, anstatt es einfach umzuhängen. Ich traute mich jedoch nicht, es ihr zu sagen. Sie beschwerte sich über ihre Nachbarn, daß diese sie auf jede mögliche Weise unterdrückten und daß sie, wenn sie wüßte, wohin, mit Freuden umziehen würde. Sie kochte irgend etwas, und am Rand des Küchentisches lag ein Hahn, der blaue Leichnam eines Hahns mit angeschwollenem Bauch, mit Sporen und einem langen, mit Federn bewachsenen Hals, der fast bis zum Boden herunterhing.

»Was macht man mit ihm?« fragte Marina Ivanovna und blickte angewidert auf den Hahn.

Nicht weniger angewidert drehte ich mich weg und sagte:

»Mama brennt Papier an und sengt zuerst die Federn ab, wir haben keinen Gasofen, aber man kann das sicher auch in einem Gasofen machen, und dann hat sie immer Angst, daß die Galle ausläuft …«

Ich verstand nicht, daß das einfach eine Einladung war, den Hahn auszunehmen! Jetzt, rückwirkend, nachdem ich so viele Briefe von Marina Ivanovna gelesen habe, kann ich mir vorstellen, wie sie mich verachtet hat, denn in ihren Briefen erwähnt sie häufig die Nachbarn in Všenory und Mokropsy, die zu ihr kamen und nach intellektuellem Umgang dürsteten, und nicht, um den Boden zu putzen, zu kochen, zu waschen! Natürlich, nach intellektuellem Umgang dürstete auch ich, doch ich war so schüchtern und verwirrt, daß ich, als ich meinen Auftrag ausgeführt hatte, schnell weiterging.

»Sich für die Gedichte begeistern – und dem Dichter nicht helfen!« lese ich jetzt bei Marina Ivanovna in ihrem Essay über Belyj. »Belyj lauschen und ihm nicht folgen, ihm nicht den Ofen heizen, ihm nicht den Abfall auskehren, ihm nicht danken dafür, daß er *ist*. Wenn ich ihm nicht gefolgt bin, so nur deshalb, weil ich es nicht wagte, mich ihm zu nähern: durch die eingefleischte Ehrfurcht meiner 14 Jahre. Denn helfen bedeutet auch – wagen.«

Auch ich habe es nicht gewagt. Gewagt hat es Tat'jana Kvanina. Sie brachte ihr Lebensmittel mit, und wenn sie an einem Geschäft vorbeikam, kaufte sie, was es gerade gab, und Marina Ivanovna freute sich über alles.

Eine Lehre wurde mir später in Taškent, als wir evakuiert waren, von Anna Andreevna Achmatova erteilt. Wir wohnten damals in der ulica Karla Marksa 7. Dieses kleine, einstöckige Haus stand auf einem Platz neben dem Gebäude des Sovnarkom*. Vor den Fenstern lief ein Bewässerungskanal den Bürgersteig entlang, und über dem Kanal wuchsen Bäume. Das Haus war extra für die evakuierten Schriftsteller und ihre Familien geräumt worden. In jedem Zimmer lebte eine Familie, manchmal auch zwei, in dem Fall hatten sie eine Trennwand. Es war eine richtige Arche

* Sovet narodnych komissarov (Rat der Volkskommissare).

Noah. Da gab es ein Ehepaar, deutsche Antifaschisten, die vor Hitler geflohen waren, sie waren sehr verschreckt und unglücklich und sprachen schlecht Russisch; dort lebten auch der ungarische Schriftsteller Madách und Sergej Gorodeckij. Gorodeckij war dünn und groß, er ähnelte einem kahl gewordenen, alten Barsoi, er ging in einem schwarzen Anzug und mit einem Spazierstock herum. Seine Frau Nymphe, eigentlich Anna, liebte es, mit offenen Haaren auf der Eingangstreppe vor dem Haus zu sitzen und von ihren Liebesaffären zu erzählen und davon, daß sogar Anatole France sich in sie verliebt hätte, und wie sie einmal, völlig entblößt, auf einem weißen Bärenfell lag, bis zu den Fersen mit ihrer üppigen Haarpracht bedeckt, und auf der Schwelle erschien *er*. Doch wer er war, und ob das in Paris oder in Petersburg war – das konnte ich weder verstehen noch konnte ich es mir merken.

In dieses Haus zog auch Anna Andreevna, als sie aus Čistopol' kam. Die Tür ihres winzigen Zimmers öffnete sich zum Hof hin, wo ein vieläugiges, übelriechendes Toilettenhäuschen stand, dem man sich nur in Galoschen nähern konnte. Eine krumme Treppe führte auf einen schmalen Balkon, der sich die Wand entlangzog, und geradeaus an der Ecke war die Tür zu Anna Andreevnas Zimmer. Später zog auch Mur hierhin, ebenfalls in die erste Etage. Einmal, als Anna Andreevna nicht zu Hause war, kam Zlatogorova zu ihr zu Besuch, die ehemalige Frau von Kapler, eine sehr luxuriös und modisch gekleidete Frau, vor allem für Taškent.

Unter ihrem hellen japanischen Schirm ging sie den Kanal entlang, an meinen Fenstern vorbei, wo ich im Schatten der Bäume meinen Sohn hütete. Sie traf Anna Andreevna nicht an, und auf dem Rückweg bat sie mich, ihr ein Päckchen zu übergeben. Dabei warnte sie mich, daß ich es, falls ich eine Katze hätte, von ihr fernhalten sollte, denn es seien Koteletts. Aus dem Päckchen strömte ein schon vergessener Duft, und mein Vater schnüffelte und sagte: »Es riecht nach zu Hause, nach den Konjuški.«

Als ich zu Anna Andreevna hochging, lag sie wie immer auf dem Bett; vielleicht gab es in dem Zimmer keinen Stuhl, ich kann mich nicht erinnern. Es war ein Eisenbett mit verrosteten Metallstäben, diese Betten hatte man aus irgendeinem Wohnheim für uns geholt, und wir waren sehr froh darüber. Sie lag da, die Hände über dem Kopf verschränkt, und auf ihrer Brust lag ein offenes Notizbuch – ich hatte sie wohl bei der Arbeit gestört.

Sie trug ein schwarzes Kleid mit einem offenen Ausschnitt und einer Kette um den Hals, sie war barfüßig, mit langen Füßen, dünn, mit dem stolzen Profil, das man von Bildern und Photographien her kennt.

Da ich mir dachte, daß Anna Andreevna vielleicht hungrig war, wollte ich, daß sie ihre Aufmerksamkeit sofort auf das mitgebrachte Päckchen richtete und murmelte etwas von Essen.

»Ich danke Ihnen!« sagte sie. »Legen Sie es bitte auf den Tisch.« Und sie wandte mir ihr Gesicht zu und fügte hinzu: »Der Dichter, wie auch der Bettler, lebt von Almosen, nur daß der Dichter nicht bittet!«

In der Ecke ihrer Kammer standen ein leerer Putzeimer und ein Krug mit Wasser: Irgend jemand hatte das Putzwasser schon hinausgetragen und den Krug mit Wasser gefüllt. Ich habe nie gesehen, daß Anna Andreevna Wasser holte oder das Putzwasser selbst hinaustrug, das machten immer irgendwelche elegant gekleideten Frauen für sie, Schauspielerinnen und irgendwessen Ehefrauen, die einzeln oder in Scharen in ihre Kammer kamen. Und hätte nicht irgend jemand von uns, der im Haus wohnte, ihr ihre Ration feuchtes Brot gebracht, das wir auf Lebensmittelkarten bekamen und für das man anstehen mußte, so hätte sie ohne Brot gelebt, und hätten wir ihr kein Wasser gebracht, so auch ohne Wasser.

Im Juni 1941 trafen sich die Achmatova und die Cvetaeva endlich und standen einander persönlich gegenüber. Die Achmatova erinnerte sich später, wie Marina Ivanovna ihr erzählte, daß sie immer alle fragte, wie sie denn sei – die Achmatova?

»Und was antwortet man Ihnen?« frage die Achmatova.

»Sie antworten: ›einfach eine Dame‹.«

Freunde der Achmatova erzählten mir, wie sie es liebte, in ihrem engen Kreis Monologe zu halten, oder vielmehr zu erzählen, aber unter fremden Menschen war sie nicht sehr gesprächig. Obwohl ich in den letzten Jahren ihres Lebens nicht mehr mit ihr zusammengetroffen bin, so ist es mir doch gelungen, einmal einen ihrer Monologe mitanzuhören, und er war fast genauso majestätisch wie auch ihre Gedichte. Das war 1946, im Frühjahr: Damals fand im Säulensaal, dem ehemaligen Sitzungssaal im »Haus der Räte«, die berühmte Dichterlesung statt, bei der die Achmatova und Pasternak auftraten. Man ließ sie damals nicht von der Bühne gehen und forderte mehr und mehr Gedichte, obwohl es eine lange Liste von Vortragenden gab. Der Saal war sehr voll, selbst in den Durchgängen standen Menschen. Anna Andreevna trat in einem schwarzen Kleid und mit einem weißen Schal mit langen Fransen auf. Später saß sie mit diesem weißen Schal um die Schultern bei Boris Leonidovič in der Lavrušinskij pereulok am Tisch. Nach dem Mittagessen – vielleicht war es auch das Abendessen – wurde zum Tee gedeckt. Anna Andreevna saß auf der Ottomane, neben ihr saß Ol'ga Berggol'c, sie war damals bezaubernd, scharfsinnig, fröhlich, unaufhörlich schob sie sich die flachsfarbenen Haare aus dem Gesicht, die ihr in die Augen fielen. Sie erzählte irgend etwas Komisches und Anna Andreevna lächelte sie zärtlich an. Ebenfalls auf der Ottomane saß Tarasenkov neben Ol'ga, er trug noch die Offiziersuniform der Baltischen Flotte. Es waren noch andere Gäste da, aber ich erinnere mich nicht, wer genau. Boris Leonidovič tauchte mal im Zimmer auf, mal verschwand er. Irgendwo, im Korridor oder im anderen Zimmer, klingelte das Telefon, und Boris Leonidovič hob den Hörer ab. Dann erschien er an der Tür und, etwas verwirrt, erklärte er, daß Vertinskij am Telefon sei.

Irgend jemand habe Vertinskij gesagt, er habe gehört, mit einem Wort, er wisse, daß die Achmatova jetzt hier sei ... Es würde einfach unerträglich, alle wüßten alles, alle hörten alles, was hinter deinen Mauern passiert, hinter deiner geschlossenen Tür. Du lebst wie unter einer Glasglocke, so ginge es nicht mehr weiter, so könne man unmöglich leben ... Ich verberge es nicht, daß die Achmatova bei mir ist, ich bin stolz darauf, daß die Achmatova bei mir ist ... Aber warum muß man darüber reden ... Und was hat Vertinskij damit zu tun? Die Achmatova und Vertinskij ... Vielleicht wolle die Achmatova Vertinskij nicht sehen, und das müsse man ihm erklären ... Er verbeuge sich vor der Achmatova, er bitte darum, nein, er flehe, daß man ihm erlaube zu kommen und der Achmatova die Hand zu küssen ...

Die Gäste lärmten, lachten, redeten alle auf einmal, und Boris Leonidovič stand an der Tür und trat ungeduldig von einem Bein aufs andere.

»Also, was machen wir, Anna Andreevna, sollen wir ihn herkommen lassen oder nicht?«

»Herkommen lassen«, sagte Anna Andreevna, »wir werden ihn uns anschauen, das ist auch interessant.«

»Doch vielleicht ist das irgend jemandem unangenehm? ... Vielleicht möchte jemand Vertinskij nicht sehen? Was sagen Sie?!« fragte Boris Leonidovič.

»Her mit ihm!« antworteten alle im Chor.

Wir tranken Tee, als die Vertinskijs kamen. Sie war dünn und hatte ein seltsames, geheimnisvolles Vogelgesicht, riesige kalte Augen und breite, nach außen gehende

Brauen. Er war groß, stattlich, mit einem mehlig-blassen, großen Gesicht, mit kahlen Stellen über der Stirn, oder eigentlich schien er ganz kahl zu sein. Er hatte keine Augenbrauen, keine Wimpern, geschwollene Wangen, aus denen ungute, kalte Augen hervorsahen, und einen dünnen Schlitz als Mund, ohne Lippen. Er stellte eine Flasche Cognac auf den Tisch und bat um die Erlaubnis, Anna Andreevna die Hand zu küssen. Anna Andreevna reichte ihm mit einer theatralischen Geste die Hand, und er bog sich gekonnt über sie. All das glich einer Vorstellung, bei der ich seitlich von den anderen saß, am anderen Ende des Tisches, wie in einem Zuschauersaal. Den Gästen gefiel Vertinskij sichtlich nicht, es gefiel ihnen auch nicht, daß er mit seiner Cognacflasche gekommen war. Er entkorkte die Flasche und bot den anderen Gästen Cognac an. Alle lehnten ab und füllten ihre Gläser mit Wein. Er goß sich selbst und seiner Frau Cognac ein und sprach einen schwülstigen und langen Toast auf Anna Andreevna aus, seine langen, großen Hände flogen nach oben und stockten, ohne daß er dabei einen Tropfen vergoß. Ich war einmal auf einem seiner Konzerte gewesen, und damals hatten mich seine künstlerischen Hände erstaunt, die die fehlende Stimme ersetzten. Doch hier retteten die Hände nichts, er nahm einen unechten Ton an und verstand das wohl auch, doch konnte er nicht davon abkommen. Ol'ga schüttelte ungeduldig eine flachsfarbene Strähne zur Seite, sie hielt es nicht aus und sagte etwas. Anna Andreevna wandte ihren Blick in ihre Richtung, so daß sie verstummte und sich in Tarasenkovs Schulter vergrub. Als Vertinskij endlich fertig war, nickte Anna Andreevna ihm großmütig zu, trank einen Schluck aus ihrem Glas und stellte es auf den Tisch.

Aus irgendeinem Grund begann Vertinskij, Gedichte von Georgij Ivanov über die Liebe zu Rußland vorzutragen. Ob das mit dem Toast zusammenhing, oder ob er das gespannte Schweigen brechen wollte, das aufgekommen war – daran erinnere ich mich nicht. Ich weiß nur noch, daß er die Gedichte im Stehen vortrug und, als er fertig war, davon sprach, daß niemand von uns hier in Rußland Rußland so lieben konnte, wie sie Rußland *dort* liebten. Das war schon zuviel. Ich sah, wie Boris Leonidovič, der einen Skandal witterte, sich in dem dunklen Korridor verkroch. Tarasenkov wollte unbedingt etwas sagen, aber Ol'ga hielt ihn am Ärmel fest, sie wollte Vertinskij selbst antworten. Doch Anna Andreevna kam allen zuvor. Sie erhob sich vom Sofa, zog den Schal um ihren Schultern zurecht und sagte, daß hier, in diesem Zimmer, Menschen seien, die die Blockade von Leningrad mitgemacht hätten[28] und die die Stadt nicht verlassen hätten. In deren Anwesenheit das zu sagen, was Vertinskij sagte, sei zumindest taktlos, und ihrer Meinung nach liebte die Heimat nicht der, der sie in den Minuten schwerer Prüfungen verläßt, sondern der, der zusammen mit seinem Volk auf seinem Boden bleibt.

»Gehen wir, man möchte uns hier nicht haben«, flüsterte der Vogel Phönix.

Anna Andreevna setzte sich, als sie fertig geredet hatte, und Ol'ga, die sie anbetete, stürzte auf sie zu und küßte ihr die Hand.

Mir scheint, daß Marina Ivanovna im Leben viel zuwenig von dieser Anbetung bekam, von der Verehrung und Hochachtung, mit der Anna Andreevna bedacht wurde, und die vielleicht, mehr oder weniger, jeder Dichter braucht. Sie selbst war fähig, sich vor Talent zu verneigen, und in ihrer Jugend verehrte sie die Achmatova über alle Maßen. Im Winter 1916 fuhr sie nach Petersburg in der Hoffnung, die Achmatova dort anzutreffen und sie kennenzulernen, doch diese war zu der Zeit krank und wohnte in Carskoe Selo. Als Marina Ivanovna den Petersburgern ihre Gedichte vortrug, trug sie so vor, »als wäre die Achmatova im Zimmer, nur die Achmatova. Ich lese für die abwesende Achmatova. Ich brauche meinen Erfolg als direkten Draht zur Achmatova ...«

Später in einem Brief an Anna Andreevna: »In Kürze werde ich einen Vortrag über Sie halten – zum ersten Mal im Leben: Ich spüre eine Abneigung gegen Vorträge, aber ich kann diese Ehre niemand anderem überlassen! Übrigens, alles, was ich sagen kann – Hosianna!«

Sie schickte der Achmatova Bücher nach Petersburg mit der Bitte um eine Unterschrift: »Denken Sie nicht, daß ich Autogramme sammle – ich habe so viele unterschriebene Bücher verschenkt! – Ich schätze nichts und hebe nichts auf, aber Ihre Bücher nehme ich mit mir unter mein Kopfkissen ins Grab!« Die Achmatova nahm alles hin, als sollte es so sein, und signierte ihr großmütig ihre Bücher, doch erst 1941 trafen sie sich in Moskau, das gerade die letzten Vorkriegstage erlebte.

Doch schon vorher, im Oktober 1940, fiel Marina Ivanovna der letzte Gedichtband der Achmatova in die Hände, und zwar in der Zeit, als sie mit der Zusammenstellung ihres eigenen Buches für den Goslitizdat begann. Marina Ivanovna schrieb damals in ihr Heft:

»Heute, am 3., beginne ich endlich mit der Zusammenstellung des Buches ... Ja, gestern abend habe ich fast das ganze Buch der Achmatova gelesen – wiedergelesen –, und es ist alt, schwach. Oft (ein schlechtes und treues Zeichen) sind die Enden sehr schwach; sie laufen auf nichts hinaus (und gehen von nichts aus). Ein verdorbenes Gedicht über Lots Frau [...] Nun gut ...

Nur, es war das Jahr 1916, da war mein Herz maßlos, da war die Aleksandrover Vorstadt, und es gab Himbeeren und das Buch der Achmatova ... *Zuerst* war die Liebe da und *dann* – die Gedichte ... Und jetzt: ich – und das Buch.

Und es gab gute Zeilen: ... Die unkorrigierbare-weiße Seite ... Doch *was* hat sie gemacht: von 1914 bis 1940?

*Innerhalb* ihrer selbst. Auch dieses Buch ist eine ›unkorrigierbare-weiße Seite ...‹«

Doch was erwartete Marina Ivanovna von dem Buch der Achmatova? Wo sie selbst doch in ihrem hervorragenden Essay *Dichter mit Geschichte und Dichter ohne Geschichte* geschrieben hatte, daß es Dichter mit einer Entwicklung und Dichter ohne eine Entwicklung, Dichter mit Geschichte und Dichter ohne Geschichte gibt. Sich selbst hat sie zu den ersteren gezählt – zu den Dichtern mit Entwicklung, mit Geschichte, deshalb hat sie einen so gigantischen Weg zurückgelegt vom *Abendalbum* bis zu jener Cvetaeva, die sie jetzt war. Anna Achmatova hielt sie für eine Dichterin ohne Geschichte, ohne Entwicklung, für eine rein lyrische Dichterin; solche Dichter werden, laut Marina Ivanovna, »mit fertiger Seele« geboren – sie zeigen sich schon ganz am Anfang ihres Schaffensweges als ganz und gar vollständig, und in wenigen Zeilen stellen sie »die Formel des ganzen Lebens« auf.

Irgendwann einmal, als sie mit denen polemisierte, die der Achmatova vorwarfen, sie schreibe »alles über sich, alles über die Liebe«, da wandte Marina Ivanovna ein: »Ja, über sich, über die Liebe – und außerdem – das ist erstaunlich – über die silberne Stimme des Hirschen, über die unklaren Weiten des Rjazaner Gouvernements, über die dunklen Kapitelle der Chersoneser Kirche, über das rote Ahornblatt, das im Lied der Lieder liegt, über die Luft, das ›Geschenk Gottes‹ ... Welch ein schweres und verlockendes Geschenk *für die Dichter* – ist Anna Achmatova! ...«

Wie konnte Marina Ivanovna denken, daß das Buch der Achmatova, das 1940 erschienen ist, die Bilanz des Weges der Dichterin sein könnte? Wie konnte ein Dichter in *jenen* Zeiten überhaupt vor dem Leser als der dastehen, der er tatsächlich war?!

Aber nachdem sie ihr schnelles und hartes Urteil über

das Buch gefällt hatte, verlor sie trotzdem nicht das Interesse an der Autorin und wollte sie kennenlernen. Sie bat Boris Leonidovič, das Treffen herbeizuführen, wenn die Achmatova nach Moskau käme. Sie trafen sich am 7. Juni 1941 in der Bol'šaja Ordynka 17, Wohnung 13, bei den Ardovs, in dem winzigen Zimmerchen, das schon so oft in Memoiren erwähnt wurde. In den Aufzeichnungen Aljas wird diese Begegnung aus der Sicht Anna Andreevnas im Jahre 1957 geschildert:

»Marina Ivanovna war bei mir, hier, in diesem Zimmer, sie saß dort, eben auf dem Platz, wo Sie jetzt sitzen. Wir haben uns vor dem Krieg kennengelernt. Sie sagte Boris Leonidovič, daß sie mich treffen wollte, wenn ich in Moskau bin. Ich kam also aus Leningrad und erfuhr von B. L., daß M. I. hier war, gab ihm meine Telefonnummer und ließ sie bitten, anzurufen, wenn sie Zeit hätte. Doch sie rief nicht an, also rief ich sie an, denn ich war nur für kurze Zeit nach Moskau gekommen und mußte bald wieder abfahren. M. I. war zu Hause. Sie war irgendwie distanziert und sprach ungern mit mir – später habe ich erfahren, daß sie, erstens, nicht gerne telefonierte – sie ›kann es nicht‹, und, zweitens, davon überzeugt war, daß alle Gespräche abgehört wurden. Sie sagte mir, daß sie mich leider nicht zu sich einladen könne, da es bei ihr sehr eng sei oder daß überhaupt irgend etwas mit der Wohnung nicht stimmte, sie wollte lieber zu mir kommen. Ich mußte ihr sehr ausführlich erklären, wo ich wohnte, weil M. I. sich schlecht zurechtfand – ich mußte ihr auch sagen, wie man zu mir kam, wobei M. I. mich warnte, daß sie nicht im Taxi, im Bus und im O-Bus fahren könne, sie könne nur zu Fuß, mit der Metro oder mit der Straßenbahn kommen. Dann kam sie also. Es war sehr angenehm, wir schauten einander nicht ständig an, enträtselten einander nicht, sondern wir lernten uns einfach kennen. M. I. erzählte mir viel von ihrer Rückkehr in die UdSSR, über Sie und

Ihren Vater, über alles, was geschehen war. Ich weiß, es gibt die Legende, daß sie sich umgebracht hat, weil sie gemütskrank wurde, in einer Minute seelischer Depression – glauben Sie es nicht. Die Zeit hat sie getötet, hat uns getötet, wie sie viele getötet hat, wie sie auch mich getötet hat. Gesund waren wir – wahnsinnig war die Umgebung: die Verhaftungen, die Erschießungen, die Verdächtigungen, das Mißtrauen gegen alle und alles. Briefe wurden geöffnet, Telefongespräche wurden abgehört; jeder Freund konnte zum Verräter werden, jeder Gesprächspartner zum Denunzianten; die ständigen Verfolgungen, deutlich und offensichtlich. Wie gut kannte ich meine beiden Beobachter, die an den beiden Eingängen zur Straße standen. Sie folgten mir überall und überallhin, ohne sich zu verbergen!

M. I. trug mir ihre Gedichte vor, die ich nicht kannte. Abends war ich verabredet, ich sollte ins Theater in den *Tanzlehrer* [von Lope de Vega] gehen. Die Zeit verging sehr schnell, und wir wollten uns noch nicht trennen. Wir gingen zusammen ins Theater, irgendwie wurde eine zweite Theaterkarte besorgt, und wir saßen nebeneinander. Nach dem Theater begleiteten wir uns gegenseitig nach Hause. Wir verabredeten ein Treffen für den nächsten Tag. Marina Ivanovna kam morgens, und den ganzen Tag gingen wir nicht auseinander, den ganzen Tag saßen wir in diesem Zimmerchen, unterhielten uns, lasen Gedichte vor und lauschten ihnen. Irgend jemand brachte uns Essen, irgend jemand versorgte uns mit Tee.

M. I. schenkte mir das hier (A. A. steht auf, holt aus einem winzigen Regal neben der Tür dunkle Glasperlen, ich glaube, aus Bernstein, jede Perle war anders und zwischen ihnen war noch etwas aufgefädelt). – ›Das ist ein Rosenkranz‹ …

… Sie erzählte, daß Mama, als sie bei ihr war, aus dem Gedächtnis einige Gedichte aufgeschrieben hat, die A. A.

besonders gefallen hatten, und daß sie ihr außerdem einige Fahnen ihrer Poeme schenkte – *vom Berg* und *vom Ende*. Alles, was sie selbst mit der Hand geschrieben oder unterschrieben hatte, wurde bei einer der nächsten Hausdurchsuchungen beschlagnahmt, als sie A. A.s Mann oder ihren Sohn verhafteten.

Ich erzählte A. A. von der Rehabilitierung (postum) von Mandel'štam, von der ich am Vortag von Ėrenburg erfahren hatte. Daraufhin wurde die Achmatova ganz aufgeregt, sie war plötzlich wie verwandelt und fragte mich lange aus, ob es stimmte, ob es nicht ein Gerücht sei. Nachdem sie von der Wahrheit der Nachricht überzeugt war, ging sie ins Eßzimmer zum Telefon und rief Mandel'štams Frau an, die noch von nichts wußte. Die Achmatova versuchte, sie von der Richtigkeit ihrer Nachricht zu überzeugen, aber ihren Antworten nach zu urteilen, wollte sie es nicht glauben. Ich mußte ihr Ėrenburgs Telefonnummer geben, der die Rehabilitierung bestätigen konnte.

Wir saßen da, unterhielten uns, Ardovs Sohn brachte uns Tee. Das Telefon klingelte: Mandel'štams Frau hatte es überprüft und glaubte ihr jetzt.«

Marina Ivanovna hat keine Aufzeichnungen über dieses Treffen gemacht, wohl aber Anna Achmatova 1962:

»Unser erstes und letztes, zwei Tage dauerndes Treffen hat im Juni 1941 in der Bol'šaja Ordynka 17 in der Wohnung der Ardovs (erster Tag) und in Marienhain* bei N. I. Chardžiev (zweiter und letzter Tag) stattgefunden. Es ist schrecklich, sich vorzustellen, wie Marina selbst diese Treffen beschrieben hätte, wenn sie am Leben geblieben wäre und ich am 31. August 1941 gestorben wäre. Es wäre eine ›duftende Legende‹ gewesen, wie unsere Großväter es nannten. Vielleicht wäre es das Klagelied einer 25jährigen Liebe gewesen, die sinnlos erschien, doch auf jeden

* Russ.: Mar'ina rošča, Wohngegend im Norden Moskaus.

Fall wäre es großartig gewesen. Jetzt, wo sie als Königin in ihr Moskau zurückgekehrt ist, diesmal für immer (nicht so wie jene, mit der sie sich gerne verglich, d. h. mit einem Mohr und einem Affen in französischem Kleid, d. h. decolleté grande garde), möchte ich mich einfach, ›ohne Legende‹, an diese *Zwei Tage* erinnern.«

Alja erwähnte nicht, daß Anna Andreevna Marina Ivanovna das *Poem ohne Held* vortrug, an dem sie zu dieser Zeit arbeitete. In Anna Andreevnas Aufzeichnungen heißt es:

»Als ich im Juni 1941 M. C. ein Stückchen des Poems (erste Fassung) vortrug, sagte sie ziemlich boshaft: ›Man muß sehr mutig sein, um im Jahre 41 von Harlekins, Kolombinen und Pierrots zu schreiben‹, wobei sie offensichtlich annahm, daß das Poem eine Stilisierung der Miriskusniki* im Geiste Benois' und Somovs war, d. h. das, mit dem sie vielleicht in der Emigration gekämpft hatte, was sie als altmodischem Kram ansah. Die Zeit zeigte, daß dem nicht so war.«[29]

Vielleicht wollte Marina Ivanovna eben diesem Poem der Achmatova, in welchem die Schatten der Menschen, »gelebt und gewesen«, als Zug vorbeiziehen, der Menschen, die mit allen Leidenschaften, Lastern und Tugenden, mit irdischer Gerechtigkeit und Ungerechtigkeit ausgestattet sind, der Menschen ihrer Zeit und ihrer Epoche – das *Poem von der Luft* entgegenstellen, und sie hat es in einer Nacht umgeschrieben. Ein Poem ohne Menschen, wo es noch nicht einmal Schatten gibt.

Der Achmatova hat das *Poem von der Luft* überhaupt nicht gefallen, sie sah es als Krise, als krank an, und zwanzig Jahre später sprach sie davon, daß man nur einmal ein solches Poem schreiben könne, ein zweites würde man nicht schreiben, und daß Marina Ivanovnas Tod vielleicht

* Künstler der Gruppe »Mir iskusstva« (Die Welt der Kunst), die die avantgardistische Kunst in Rußland um die Jahrhundertwende bestimmte.

sogar künstlerische Gründe hatte. Dabei vergaß sie allerdings, daß das Poem 1927 (!) geschrieben wurde und daß Marina Ivanovna danach noch sehr viel schrieb.

Beide Dichterinnen nahmen das Poem der anderen nicht an – verstanden es nicht –, doch das Treffen *hat stattgefunden*. Über das Verhältnis Achmatova – Cvetaeva wird viel spekuliert. Irgend jemand hat ihre Beziehung mit der Beziehung zwischen Schumann und Chopin verglichen: Schumann verneigte sich vor Chopin, vergötterte ihn, und dieser nahm es herablassend an, als das, was ihm zustand. Ich glaube, am genauesten hat Alja von beiden gesprochen: »M. C. war maßlos, A. A. harmonisch: daher der Unterschied ihrer (künstlerischen) Beziehung zueinander. Die Maßlosigkeit der einen nahm die Harmonie der anderen an (und liebte sie), nun, und die Harmonie ist *nicht* fähig, die Maßlosigkeit zu akzeptieren: denn das ist vom Standpunkt der Harmonie aus ein bißchen nicht ›comme il faut‹.«

Andere Treffen mit alten Moskauer Freunden – noch aus den zwanziger Jahren –, mit Pavlik Antokol'skij z. B., mit Ėrenburg, kamen nicht zustande. Vielleicht wollte Marina Ivanovna nicht den ersten Schritt machen zur Auffrischung dieser alten freundschaftlichen Verbindungen. Sie war sich der tragischen Unsicherheit ihres Moskauer Daseins bewußt und fürchtete, nicht nur ungebeten zu sein, sondern in ein glücklich und sicher aufgebautes Leben einzudringen und Schaden anzurichten (wenn in jenen Jahren in unserem Land überhaupt irgendein Glück gesichert und dauerhaft sein konnte!). Vielleicht wartete sie auf eine Einladung zu einem Treffen, darauf, daß man ihr als erste die Hand reichte.

Ėrenburg? Sie ging dann doch auf ihn zu, nach Kriegsausbruch, offensichtlich in einer Minute der Ausweglosigkeit, aber – »das Treffen kam nicht zustande – durch meine Schuld . . .«, schreibt Ėrenburg.

In den zwanziger Jahren waren sie miteinander befreundet gewesen, das hatte die kleine Alja in ihr Tagebuch geschrieben, und die erwachsene Alja erzählt in ihren Erinnerungen davon, wie Il'ja Grigor'evič Sergej Jakovlevič im Ausland fand und ihn mit Marina Ivanovna zusammenbrachte, und wie er Marina Ivanovna, als sie in Berlin ankam, mit allem half. Doch »Marinas Freundschaft mit Ėrenburg war nicht von Dauer, wie die Mehrzahl ihrer Freundschaften,« schrieb Alja, »der persönlichen, nicht der epistolarischen Freundschaften, – doch sie war bei weitem mehr *beidseitig*, als viele andere ... Marinas Freundschaft zu Ėrenburg war eine Freundschaft zweier Kräfte, die sich gegenseitig durchdrangen, oder zumindest fast. Marina war Ėrenburgs Rationalismus fremd, der selbst in seiner Phantastik durchschien, die publizistische Breite seines Werks, die schon in den zwanziger Jahren deutlich wurde, ebenso wie ihm – die kosmische Abgeschiedenheit ihrer Lyrik, das ›Einfache, Volkstümliche‹ (einfach – das Volkstümliche!) ihres Königsmädchens und überhaupt – das russische, bylinenhafte, reckenhafte Element in ihrer Lyrik, bis hin zu dem genuin Russischen ihrer Sprache. Er blieb sein ganzes Leben lang hochachtungsvoll, aber taub dafür.«

Marina Ivanovna erklärte das Scheitern ihrer Freundschaft mit Ėrenburg in einem Brief an Bachrach 1923 so:

»... Ich hatte bei ihm immer das Gefühl, daß er alles Wertvolle in sich als Schwächen ansieht, die er liebt und sich verzeiht. Meine ›Heldentaten‹ spielen bei ihm die Rolle von Schwächen, alle meine + (d. h. all das Meine, das mir lieb ist und das ich verbissen verteidige) waren für ihn nur *verziehene* Minusse. – Ist Ihnen das klar? – Er, der sich die lebendige Seele verziehen hat, verzieh sie auch mir. Ich aber wollte solch ein Verzeihen nicht. Wie mit Frauen: man ergötzt sich an ihren Lastern und verzeiht ihnen:

›liebe Kinder!‹ Ich wollte kein liebes Kind sein, eine romantische Monarchistin, eine monarchistische Romantikerin, – ich wollte *sein.* Und er *verzieh* mir mein Sein!

Das sind die grundsätzlichen Unterschiede. Das Lebendige – liegt woanders. Im Leben verzieh er mir *nichts* – dort, wo es gerade nötig gewesen wäre zu verzeihen! Er forderte (jetzt erinnere ich mich!) irgendwelche widernatürlichen Komplikationen, in denen ich schwimmen würde wie in einem Fluß: Viele Menschen, alle schweigen sie, alles ist deutlich sichtbar, sich kreuzweise überschneidende Lieben (nicht eine einzige ist echt!) – alles in der ›Prager Diele‹.

All das ist völlig körperlos, irgendwann im Gespräch ›werde ich zu Körper‹, es gehört sich nicht, darüber zu schreiben.

An seiner grundlegenden edlen Gesinnung, an der *großen* Güte und an seinem leidenden Wesen zweifle ich nicht eine Sekunde ...«

Doch zwischen Berlin 1922 und Moskau 1939-41 war der Weg zu lang und zu kompliziert, die Wege von Ėrenburg und der Cvetaeva waren zu verschieden.

Juni. Im Juni kam die Zeitschrift *Internacional'naja literatura* heraus, wo *Robin Hood und der Kleine John* abgedruckt war, was Marina Ivanovna schon im Frühling in Golicyno übersetzt hatte. Die Zeitschrift *Družba narodov* veröffentlichte *Der verletzte Schneeleopard* von Vaša Pšavela. Dann, im Augustheft, waren in *Družba narodov* auch ihre Übersetzungen von den Polen abgedruckt. Doch dieses Augustheft sah sie schon nicht mehr, sie schaffte es wohl kaum, wie sie auch die Zeitschrift *Rabotnica i krest'janka* (Die Arbeiterin und die Bäuerin) nicht mehr sah, wo ihre Übersetzung *Lied über die Arbeiterin* von Lysogorski erschien. Denn schon am 8. August verließ sie Moskau.

Am 3. Juni 1941 schrieb Mur an Alja:

»Liebe Alja!

Jetzt ist es 11 Uhr 30 tagsüber. Hinter den Fenstern fällt etwas, das aus irgendeinem Grunde Schnee ähnelt. Doch ich mag dieses Wetter. Am Tisch schreibt Mama Dir auch einen Brief. In den letzten zwei, drei Monaten haben wir uns mit Aseev angefreundet. Er hat den Stalinorden 1. Klasse für das Poem *Majakovskij beginnt* bekommen. Er ist ein einfacher und sympathischer Mensch. Wir sind recht häufig bei ihm – er verehrt und achtet Mama sehr. Man hat Mama vorgeschlagen, ein Buch mit Übersetzungen herauszubringen – das ist eine gute Idee ... Gerade hat Lilja angerufen – bei ihr ist für Mama ein Buch mit Gedichten von Ėrenburg über Spanien und Frankreich angekommen, mit rührender Widmung. Heute geht Mama in den Goslitizdat – eine Anleihe zeichnen.«

Marina Ivanovna zeichnete, wie wir alle, die Anleihe, ohne Geld zu haben, und man zog es ihr von den Honoraren ab, die ohnehin nicht sehr hoch waren. Außerdem besuchte sie schon seit ihrer Bekanntschaft mit der Jakovleva regelmäßig literarische Versammlungen, wo die Übersetzungen der Kollegen begutachtet wurden, und wo junge Übersetzer und Anfänger beraten wurden.

Im Juni nahm Marina Ivanovna an Kursen des P. V. Ch. O.* teil. Diese Kurse waren für alle Bürger des Landes obligatorisch, alle sollten wissen, wie man sich bei feindlichen Luftangriffen verhalten muß.

Wie früher verbrachte Marina Ivanovna ihre Abende bei Freunden und Bekannten, doch jetzt kam sie häufig alleine, ohne Mur. Mur hatte eine Freundin, und er verbrachte seine Zeit lieber mit ihr.

Als ich das letzte Mal bei Marina Ivanovna war und wir uns in der Küche unterhielten, wo sie etwas kochte und auf dem Tisch dieser unglückselige Hahn lag, da beklagte

* Protivovozdušnaja, protivochimičeskaja oborona (Verteidigung gegen Luftangriffe und gegen chemische Angriffe).

sie sich über Mur, daß er überhaupt nicht auf sie hören würde und daß er sich mit irgendeinem Mädchen angefreundet hätte (im Winter hatte sie sich bei uns auf den Konjuški beklagt, daß Mur keine Freunde habe, daß er völlig alleine sei!) und daß das Mädchen nicht zu ihm passe – sie sei wenig gebildet, nicht intelligent genug, habe einen schlechten Geschmack, sei älter als Mur, und vor allem sei sie erfahrener als er und habe sicher schon viel erlebt.

Irgendwann im Juni ging Marina Ivanovna bei Marija Aleksandrovna Vešnëva vorbei. Diese hat mir erzählt, daß Marina Ivanovna ganz durcheinander war, die ganze Zeit davon sprach, in welch ausweglose Lage mit dem Wohnen sie wieder geraten sei. Marija Vešnëva bot ihr für den Sommer ihre Wohnung an: Sie würde mit den Kindern auf der Datscha sein, ihr Mann, Fëdor Aleksandrovič Leontovič, würde nur zu Hause übernachten, er wäre den ganzen Tag bei der Arbeit, die Wohnung sei groß, und sie würden einander nicht stören. Doch Marina Ivanovna lehnte ab, sie sagte, das sei kein Ausweg aus ihrer Lage, für den Sommer könnten sie und Mur auf einer Datscha unterkommen. Auch fürchte sie den Petroleumkocher, und Gasöfen gab es in der Kropotkinskaja noch nicht. Hauptsächlich aber befürchte sie, durch ihre Anwesenheit in der Wohnung Marija Aleksandrovnas Mann zu schaden, der als Regisseur für die Kinochronik arbeitete.

Den 18. Juni, den zweiten Jahrestag ihrer Rückkehr nach Rußland, verbrachte Marina Ivanovna in Kuskovo, wohin sie mit Mur, mit Aleksej Kručënych und Lidija Libedinskaja fuhr.

Und am 19. Juni schrieb Mur an Alja:

»Liebe Alja!

Ich habe zwei neue Beschäftigungen: ein Mädchen und Fußball. Das Mädchen ist das 2. Jahr in der 9. Klasse, sie ist 18 Jahre alt, kommt aus der Ukraine und hat bisher in

Taškent gelebt. Jetzt hat sie nichts zu tun, und wir gehen spazieren, tauschen Bücher aus, gehen ins Kino usw. Mama ist böse, daß sie ›nichts von meiner Bekannten weiß‹, aber das macht nichts. Auf jeden Fall verbringe ich mit diesem Mädchen eine sehr angenehme Zeit, sie hat einen scharfen Verstand und ist geschmackvoll – was brauche ich mehr? Die Beschäftigung Nr. 2 – Fußball – habe ich schon vorhergesehen. Es ist ein ausgesprochen emotionaler Sport – ein wunderbarer Spaß! Ich war schon auf 4 Spielen um die Landesmeisterschaft. Ich ›halte Daumen‹ für den, der gerade spielt. Die Schriftsteller Jean Richard Bloch und André Malraux sind in die UdSSR gekommen. Bloch trat bei der *Intern. literatura* auf. Heute war ich mit meinem Mädel im Kino – wir haben *Kino-Konzert* und *Der alte Hof* gesehen. Nicht schlecht. Lemešev schaukelt auf einem Lüster – effektvoll. Wir haben über Lemeševs Verehrerinnen gelacht. Meine Freundin mag Jazz und Ballett und versteht die ›ernste Musik‹ nicht. Sie liest leidenschaftlich gerne Claude Farrère. Wir gehen abends oft spazieren – tagsüber ist es zu heiß. Im ganzen, wie Du siehst – lebe ich. Heute gehe ich zum Fußballspiel ›Traktor‹ – ›Dynamo‹. Ich habe ein ausgezeichnetes Buch gelesen – geradezu eine Erleuchtung für mich: *Die Viertel der Reichen* von Aragon. Und Mama kann dieses Buch nicht ertragen! ...«

Der 21. Juni war ein Samstag. Bei der Jakovleva in der Telegrafnyj pereulok fand, wie immer, der »Samstag« statt: Es versammelten sich Übersetzer und Dichter, auch Marina Ivanovna war da. Alles verlief wie immer an diesem Samstagabend. Die Gastgeberin in ihrem bodenlangen Kleid goß Tee in Tassen aus sehr dünnem Porzellan, deren Henkel mit Ringen verziert waren. Ab und zu rückte sie ihre Frisur zurecht. Marina Ivanovna las die *Erzählung von Sonečka* vor und rezitierte Gedichte, und es wurden Gedichte von Franzosen auf französisch und in russischer Übersetzung vorgetragen, die dann verglichen wurden. Es wurde gestritten und geredet, geredet, wie nur die russische Intelligenz die ganze Nacht in einem fort reden kann.

Dann gingen sie den Boulevard entlang und begleiteten Marina Ivanovna, Jaropolk, Ėlizbar und noch jemand. Und wieder rezitierten sie Gedichte. An den Krieg dachten alle und alle redeten darüber, und auch in dieser Nacht redeten sie darüber.

Am nächsten Morgen haben Tarasenkov und ich bis 12 Uhr geschlafen, bis uns das Klingeln des Telefons weckte.

»Was, du schläfst noch?! Du weißt nichts?! Der Krieg hat angefangen! ...«

Am 26. Juni fuhr Tarasenkov nach Leningrad, er gehörte zur Ostseeflotte. Ich begleitete ihn nicht bis zum Zug. Als wir aus der Metro auf den Platz der drei Bahnhöfe hinaufkamen, bestürzte uns der Anblick: Es schien, als hätten wir uns verdoppelt, verdreifacht, vervierfacht, verzehnfacht! Überall, an der Metro, an den Bahnhöfen, auf den Bürgersteigen, auf dem Fahrdamm standen Paare, er – sie, die sich aneinander preßten, einander umarmten, unbeweglich, stumm. Dort waren Frauen mit dikkem Bauch und Kinder, die sich an den Rockschoß des väterlichen Jacketts hängten. Es war wie eine Filmaufnahme, bei der Statisten für eine Massenszene aufgestellt wurden. Weiter nahm Tarasenkov mich nicht mit – ich sollte im August mein Baby bekommen.

Vom Ausbruch des Krieges hat Marina Ivanovna auf der Straße erfahren. Um 12 Uhr mittags hielt Molotov im Radio eine Rede, auf allen Plätzen schallte aus Lautsprechern, aus offenen Fenstern dieses furchtbare Wort – Krieg! –, und alle Passanten blieben erstarrt stehen.

»22. Juni – Krieg: Ich habe es aus dem Radio durch ein offenes Fenster erfahren, als ich den Pokr. bul'var entlangging«, schrieb sie in ihr Heft. Später sagte sie zu Ėmik Kazakevič, den sie in der Buchhaltung des Goslitizdat traf:

»Wie gerne würde ich jetzt mit Majakovskij tauschen!«

Der Krieg überraschte Marina Ivanovna bei der Übersetzung von Garcia Lorca. Noch in den ersten Kriegstagen übersetzte sie aus lauter Gewohnheit weiter – dann brach alles zusammen. Es gab niemanden mehr, nichts mehr, für den oder das man übersetzen könnte. Sie verlor ihre einzige Einnahmequelle.

Den Zeitschriften war nicht nach Übersetzungen zumute. Das Papier wurde für patriotische Kriegsliteratur gebraucht, für Broschüren, Blättchen, Frontzeitungen, die in den Kriegsgebieten gedruckt werden. Die Zeitschriften erschienen nur noch alle zwei Monate, und es kamen Monate, in denen sie gar nicht mehr herauskamen. In den Verlagen brachen alle Pläne zusammen. Die Redaktionen standen leer.

Anfang Juli rief ich Marina Ivanovna an, das war noch vor ihrer Abreise auf die Datscha. Man hatte unser Telefon abgestellt und den Apparat abgeholt, er wurde in das Lazarett gebracht, das in der Schule in den Konjuški eröffnet wurde. Ich rief Marina Ivanovna an, weil bei mir unter dem Bett noch immer ihr Koffer mit den Manuskripten stand. Ich erklärte ihr, daß Tarasenkov schon am 26. Juni an die Front gegangen war und sich von niemandem hatte verabschieden können und daß ich kein Telefon mehr hätte. Wenn sie etwas dringend bräuchte, so wäre es schwierig, mich zu erreichen. Vielleicht würde sie ihren Koffer lieber abholen. Sie war sehr nervös und niedergeschlagen. Sie sprach abgehackt, ungerne.

Nein, sie brauche nichts. Nein, sie würde auch später nichts brauchen. Eigentlich bräuchte sie jetzt überhaupt nichts mehr. Sie wisse nicht, wo sie sein würde und was mit ihr passieren würde, und besser bliebe alles bei mir.

Ich sagte, daß unser Haus von der ersten Brandbombe wie eine Streichholzschachtel in Flammen aufgehen würde. Es folgte ein langes Schweigen, mir schien, daß man uns unterbrochen hatte, dann sehr erschreckt:

»Meinen Sie? ... Sind Sie da tatsächlich sicher? ... Sie können bis hierher fliegen?! Man kann sie nach Moskau einlassen?!«

Ich meinte gar nichts, ich sah nur: Moskau bereitete sich auf Luftangriffe vor. Die Stadt veränderte sich vor meinen Augen. Auf allen Straßen, in allen Häusern wurden die Fenster mit Papierstreifen verhängt, damit bei einem Bombenangriff weniger kleine Splitter durch die Gegend fliegen würden, was das Glas natürlich nicht daran hindern würde, vollständig herauszubrechen. Auf die Dächer der Hochhäuser wurden Kisten mit Tannen und Sträuchern getragen, und dort oben wurde etwas in der Art eines Platzes angelegt, um die deutschen Flieger zu verwirren. Das Bol'šoj-Theater, das Gebäude des Mossovet* und das Mausoleum wurden mit irgendwelchen bemalten Leinwänden dekoriert, die Wände wurden angestrichen. Es ging niemand mehr die Boulevards entlang, dort wurden Zelte aufgestellt, in denen die Kämpferinnen

* Moskovskij sovet deputatov trudjaščichsja (Moskauer Sowjet der Deputierten der Werktätigen).

des PVO* untergebracht waren. Hundert Jahre alte Bäume wurden gefällt, um Platz zu schaffen für die riesigen Ballons der Luftabwehr, die tagsüber friedlich in der Sonne schlummerten. Dann aber, sobald die Dämmerung anbrach, erhoben sich diese grauen Ungetüme mit dem aufgeblasenen Bauch von allen Enden Moskaus, von allen Boulevards und Plätzen in den blauen Abendhimmel, wobei sie träge schaukelten und langsam an Höhe gewannen, und bis zum Morgen weideten sie direkt unter den Sternen.

Es war unmöglich, daß Marina Ivanovna all das nicht bemerkte, denn auch sie ging doch durch die Straßen.

Am 11. Juli ging die Moskauer Landwehr an die Front, mit ihnen ging auch die Schriftstellerkompanie. Am 6. Juli war schon der erste Massentransportzug des Schriftstellerverbandes nach Kazan', Bersut und Čistopol' abgefahren. Das Pionierlager und der Kindergarten des Litfond wurden evakuiert, sie wurden direkt aus dem Moskauer Vorort abgeschickt, so daß viele Eltern vorher nicht informiert werden konnten und nicht wußten, daß ihre Kinder an die Kama gebracht wurden. Die Frauen von Schriftstellern wurden mit ihren Kindern evakuiert, und mit ihnen Schriftsteller, die nicht an die Front gehen konnten oder mußten. Ganz Moskau wurde evakuiert. Von Bahnhöfen fuhren Trupps los, auf dem Fluß fuhren Schiffe ab.

Wußte Marina Ivanovna davon? Natürlich. Durch die bittere Ironie des Schicksals erleichterte das ihre Wohnungslage. Mulja schrieb am 12. Juli an Alja: »Deine Mutter sucht ein neues Zimmer – sie paßt im Charakter nicht zu ihren Nachbarn. Also gut, das macht nichts. Jetzt ein Zimmer zu finden, ist überhaupt nicht schwer – du kannst ganz nach Geschmack auswählen ... Gerade hat Nina angerufen und gesagt, daß Deine Mutter vielleicht in ein

* Protivovozdušnaja Oborona (Luftabwehr).

Zimmer von Boris' [Pasternak] Zweizimmerwohnung einzieht. Nur stört es sie, daß die Räume so hoch sind ...«

Doch am 12. Juli floh Marina Ivanovna einfach aus Moskau, aus der Wohnung auf die Datscha in Peski, wo Vera Merkur'eva, Kočetkov und andere ihr bekannte Übersetzer gewöhnlich den Sommer verbrachten. Sie konnte sich hierher zwar von den ihr unerträglichen Nachbarn auf dem Pokrovskij bul'var fliehen, doch dem »schwarzen Teller« entkam sie nicht, ebensowenig, wie man dem Krieg entkommen konnte. Denn anstelle der Radioempfänger, die man in den ersten Kriegstagen abgeben mußte, hingen jetzt in unseren Wohnungen flache schwarze Teller, die aus Pappe bestanden und direkt an das Funknetz angeschlossen waren.

Zweimal am Tag informierte der »Teller« mit der Stimme des Radiosprechers Levitan: »Vom sowjetischen Informbüro!« Morgenbericht, Abendbericht. Die Berichte waren lakonisch und furchtbar.

In der Nacht vom 21. auf den 22. Juli fand der erste Luftangriff der deutschen Luftwehr auf Moskau statt. Es war genau ein Monat seit Kriegsbeginn vergangen. In der Nacht vom 23. auf den 24. wurde die Stadt erneut bombardiert. In jener Nacht fiel eine Sprengbombe auf das Vachtangov-Theater am Arbat, und der berühmte Schauspieler Kuza wurde getötet. In der Starokonjušennyj pereulok und in der Gagarinskij pereulok, die auch zum Bezirk Arbat gehörten, trafen die Sprengbomben einige mehrstöckige Häuser, so daß irgendwessen nackte Wohnungen offen dastanden, und der Schutzkeller wurde verschüttet.

An jenem Tag, dem 24., kehrte Marina Ivanovna nach Moskau zurück. Offensichtlich hat sie es nicht ausgehalten, wie auch andere es nicht ausgehalten haben. Man mußte etwas tun, etwas unternehmen. Man mußte über die Ereignisse informiert sein, unter Menschen sein.

Moskau wurde jetzt jeden Tag bombardiert, zweimal am Tag, mit typisch deutscher Pünktlichkeit, ich glaube, es war um 12 Uhr und um 8 Uhr abends, genau erinnere ich mich nicht. Alle warteten auf diese Stunden, wurden nervös, schauten auf die Uhr, blickten auf den »schwarzen Teller«, der unerbittlich mitteilte: »Bürger, Fliegeralarm! Bürger, Fliegeralarm!« Darauf folgte das dumpfe Geheul der Sirenen.

Meine Eltern und ich beschlossen, uns vor den Bombenangriffen nach Peredelkino zu retten, in die leere Datscha von Višnevskij. Doch trotzdem mußten wir ab und zu in die Stadt fahren, mein Vater suchte Arbeit und verkaufte Sachen. Wenn er sie zu einem Kommissionsladen gebracht hatte, ging er hinterher nachsehen, ob der Laden bombardiert worden war oder ob er noch ganz war. Und ich klapperte sämtliche Militäreinrichtungen ab und versuchte, eine Bescheinigung von Tarasenkov zu bekommen, ohne die ich Schwierigkeiten haben würde, mich evakuieren zu lassen. Die Evakuierung hing über mir wie ein Damoklesschwert. Doch Tarasenkov befand sich bei Tallin, und Estland war fast ganz von den Deutschen besetzt. Die Postflugzeuge wurden abgeschossen, und die Bescheinigung gelangte nicht bis zu mir.

Auf einer meiner Fahrten von der Datscha nach Moskau in die Konjuški tauchte unerwartet Marina Ivanovna bei uns zu Hause auf. Ich war gerade total erschöpft von dem Gedränge auf dem Bahnhof, wo man warten mußte, daß die Pässe kontrolliert wurden, und ich beklagte mich darüber bei ihr.

»Ich habe Angst vor meinem Paß«, sagte sie.

Damals habe ich das nicht verstanden, konnte es nicht verstehen und habe in mein Heft drei Fragezeichen gemalt: Offensichtlich schrieb ich diese Furcht ihrer Überängstlichkeit zu. Wie kann man vor seinem Paß Angst haben! Jetzt jedoch verstehe ich, daß sie tatsächlich Grund zum Fürchten hatte: Im Paß konnte eine besondere Ziffer stehen, die nur denen verständlich war, die sie brauchten, die sofort erkennen konnten, wer wer ist. Ich weiß nicht, ob Marina Ivanovna tatsächlich solch einen Paß hatte oder einen gewöhnlichen. Vielleicht hatte sie auch davon in der nächtlichen Schlange gehört?

Am 27. Juli fuhr der zweite Massentransport mit Schriftstellern nach Kazan' und nach Čistopol'. Man nannte es zwar »Massentransport«, doch tatsächlich war es nicht so, daß die ganzen Plätze Schriftstellern überlassen wurden, es fuhr einfach ein Zug in Richtung Kazan' und weiter, und eine bestimmte Anzahl von Fahrkarten war für den Schriftstellerverband bestimmt.

Am 28. fuhr ein Schiff nach Čistopol', auf dem die Mutter und die Schwestern von Majakovskij, der Dramatiker Bill'-Belocerkovskij und andere Schriftsteller und Übersetzer waren. Auch Marina Ivanovna hätte mit diesem Schiff wegfahren können. Ich habe von vielen gehört, daß sie allen ein und dieselbe Frage stellte: weggehen oder nicht? Soll man sich evakuieren lassen oder soll man sich nicht evakuieren lassen? Das wurde bei ihr zur fixen Idee, doch litten wir damals alle unter dieser »fixen Idee«. Und jeder mußte diese quälende Frage für sich selbst lösen.

Als Marina Ivanovna damals morgens in den Konjuški auftauchte und unsere verwüstete Wohnung und die Berge von Bündeln und Koffern sah, die vor den Fenstern aufgetürmt waren, fragte sie aufgeregt:

»Sie lassen sich evakuieren? Wohin? Wann?«

Doch wir wollten uns gar nicht evakuieren lassen, es war einfach so, daß mein Vater sich zu Beginn der Bombardierungen überlegt hatte, die Sachen an den Fenstern aufzutürmen, damit man im Falle eines Feuers wenigstens etwas mit herausnehmen konnte. Später begriff er, daß man überhaupt nichts würde retten können, außerdem übernachteten wir inzwischen auf der Datscha. Als sie meine

Erklärung hörte, verlor Marina Ivanovna sofort das Interesse am Thema Evakuierung.

Sie war nicht wegen des Koffers gekommen, sie brauchte nichts daraus und wollte auch nichts hineinlegen, sie interessierte sich nicht einmal dafür, wo er stand, sie war einfach so auf einen Sprung vorbeigekommen, sie war beim Schriftstellerverband gewesen. Sie war in Eile und setzte sich nicht hin, sie ging im Zimmer auf und ab, rauchte, öffnete aus irgendeinem Grund die Türen des Bücherschranks, dessen Glasfenster ebenfalls mit Papierstreifen beklebt war, wie auch die Fenster. Sie nahm keine Bücher heraus, fuhr nur schweigend mit dem Finger über die Buchrücken – soundsoviel Bal'mont, soundsoviel Blok, soundsoviel Majakovskij ... einige dünne Bücher der Cvetaeva, insgesamt 15. Übrigens stand in dem Regal bei weitem mehr. Ihre Prosa, die niemals irgendwo in einzelnen Büchern herausgegeben worden war, und Gedichte, die niemals irgendwo erschienen sind, standen dort wie Bücher – mit der Hand abgeschrieben oder mit der Maschine abgetippt, eingebunden in Kattun. Marina Ivanovna berührte sie. Sie sagte, was für ein Glück es sei – den Umbruch eines Buches in den Fingern zu halten, unbedingt den Umbruch, das bist noch du! – Fleisch vom Fleisch, Blut vom Blut. Ein Buch dagegen lebt schon unabhängig von dir, es hat sein eigenes Schicksal, seinen Weg. Du kannst schon nichts mehr machen, hast keine Macht mehr. Ihr letztes Buch war 1928 herausgekommen.

Ich sprach davon, daß ich mir große Sorgen um die Bibliothek machte und daß ich mit dem Direktor der Leninbibliothek gesprochen hätte, ohne etwas zu erreichen – ich wollte ihnen die Bücher zur Aufbewahrung geben, mit Bestätigung, so daß Tarasenkov sie nach dem Sieg – ich glaubte fest an den Sieg – zurückbekommen würde. Nach seinem Tod würde er sie dann dieser Bibliothek vermachen. Ich murmelte etwas über die Brandbomben, über

Feuer und darüber, wie schrecklich das Bibliographische Institut auf dem Novinskij bul'var gebrannt hätte. Mein Vater und ich sahen uns das Feuer an, nachdem wir aus dem Luftschutzkeller, aus dem Witwenhaus, herausgekommen waren. Diese elegante Villa im leichten Empire-Stil hatten wir ganz besonders gemocht, sie hatte eine halbrunde Galerie und war ganz mit Büchern vollgestellt gewesen. So würde auch unser Haus brennen, und unsere Bücher würden in die Luft fliegen.

»Was macht es schon«, sagte Marina Ivanovna abschließend, »Wenn es mir bestimmt ist, zu verbrennen, dann bitte, verbrenne ich hier ... Wenn ein Buch verbrennt, bleibt irgendwo ein anderes erhalten, ganz kann man es nicht verbrennen, aber ein Manuskript ...«

Sie hatte es eilig, und ich wollte sie zur Straßenbahnhaltestelle begleiten. Kaum hatten wir den Hügel erreicht, der zum ploščad' Vosstanija führte, als die Sirenen zu heulen anfingen und Fliegeralarm angekündigt wurde. Marina Ivanovna legte einen Schritt zu, doch ich konnte nicht gut laufen, und als wir an dem Torbogen ankamen, begannen schon die Flugabwehrgeschütze zu schießen, so daß man nicht mehr über den Platz laufen durfte. Die Abwehrgeschütze standen irgendwo im Garten, hinter dem Witwenhaus, und die Geschosse, die im Himmel explodierten, fielen in Trümmern auf den Platz.

Marina Ivanovna wollte bis zum Witwenhaus laufen, sie zog mich an der Hand, aber ich hielt sie fest. Sie zitterte, ihre Augen irrten umher, es schien, als wäre sie unzurechnungsfähig, sie hörte mich nicht. Ich konnte nichts anderes tun, als sie in dem Torbogen gegen die Wand zu drükken und mich mit den Händen auf ihren Schultern abzustützen, sie war kleiner als ich. Ich begriff, daß sie mich nicht wegstoßen würde. Ich erklärte ihr, daß in meinem Beisein ein Mensch von dem Splitter eines Flakgeschosses auf eben diesem Platz verwundet worden war, und ich sagte noch irgend etwas, doch Marina Ivanonva hörte nicht zu, aber sie wehrte sich auch nicht mehr. Sie holte eine Zigarette aus ihrer Tasche, ihre Hände zitterten, sie sagte, daß sie vor Bombenangriffen Angst habe, daß das alles widernatürlich sei, daß das alles nicht menschlich sei, und vor allem, daß sie wahnsinnige Angst um Mur habe. Sie glaubte die ganze Zeit, daß er unbedingt getötet würde oder daß er durch einen Splitter ein Auge verlieren würde, sie könne so nicht leben, sie habe keine Kraft mehr ... Tränen rannen ihr die Wangen hinunter. Mur höre nicht auf sie, er klettere freiwillig aufs Dach. Es sei empörend, daß man noch nicht Volljährige auf das Dach schickte, um Wache zu halten. Doch ich fühlte mit Mur und beteuerte Marina Ivanovna, daß es völlig ungefährlich sei, Brandbomben zu löschen. Mur würde sich sicher schämen, mit Frauen, Kindern und alten Leuten im Schutzkeller zu sitzen, wo doch selbst Mädchen auf den Dächern Wache hielten.

»Sie haben leicht reden, Sie haben Ihre Familie bei sich!« sagte Marina Ivanovna, während sie sich die Tränen mit der Hand wegwischte. »Später werden Sie anders reden, denken Sie an meine Worte!«

Sie kam später noch einmal mit Mur in die Konjuški, um den Koffer abzuholen. Wieder habe ich sie angerufen: Irgend jemand hatte mir gesagt, daß sie wegfährt. Vielleicht wäre sie sonst einfach so weggefahren. Und was hätte ich dann mit dem Archiv gemacht, als ich Moskau am 13. Oktober verließ und nach Taškent fuhr?

Am 12. Oktober bestellte man mich mit einem Zettel zum Schriftstellerverband und teilte mir mit, daß es jetzt möglich wäre, normal mit dem Kind und meinen Eltern wegzufahren, für später könne niemand einstehen. Das »Haus der Rostovs« war voll mit Schriftstellern – alle wollten weg. Im Korridor konnte man sich kaum einen Durchgang bahnen. Ich sprach mit dem einen, mit dem anderen und verstand – das war tatsächlich die letzte Möglichkeit für mich.

Den ganzen Tag verbrachte ich beim Schriftstellerverband mit Schlangestehen für Fahrkarten, ich füllte die Formulare für die Evakuierung aus, und nachts verbrannte ich die Briefe. Es war ein ganzer Sack, Briefe verschiedener Schriftsteller an Tarasenkov. Višnevskij hat es mir bis zu seinem Tod nicht verziehen, daß ich all seine Ausrufezeichen und bedeutungsschweren Punkte verbrannte, die so reichhaltig in jedem seiner Briefe von der finnischen Front verstreut waren. Dabei enthielten seine Briefe nicht mehr Informationen als die Leitartikel der *Pravda*. Doch als ich mich bei Tvardovskij dafür entschuldigte, daß ich seine Briefe verbrannt hatte, sagte er: »Um Himmels willen, Täubchen, Marija Iosifovna, wer braucht sie denn!« Zum Glück hatte ich ausgerechnet seine Briefe gar nicht verbrannt, es stellte sich heraus, daß sie bei Tarasenkovs Mutter waren.

Als ich wegfuhr, war der riesige Bahnhofsplatz voll mit Menschen und Sachen; Autos, die ununterbrochen hupten und sich nur mit Mühe zur Auffahrt vordrängten. – Es war der gleiche Platz mit den drei Bahnhöfen, wohin ich vor kurzem Tarasenkov zum Zug nach Leningrad gebracht hatte. Doch vom Leningrader Bahnhof fuhr schon niemand mehr ab. Von ihm konnte man nirgendwohin mehr fahren. Alle fuhren vom Jaroslaver oder – wie wir – vom Kazaner Bahnhof ab.

Bekannte Gesichter huschten vorbei. Schauspieler, Schriftsteller, Kinoleute fuhren weg: Ėjzenštejn, Pudovkin, Ljubov' Orlova (ich saß zufällig mit ihnen in einem Abteil). Alle liefen vorbei, beeilten sich, manche weinten, manche suchten jemanden, manche riefen jemandem etwas zu. Irgendein Schauspieler schleppte eine riesige Kiste, und plötzlich sah er auf die Uhr, ließ sie fallen und lief nur mit seiner Aktentasche zum Bahnsteig, und die zum

Militärdienst einberufenen Jungen, kahlgeschoren, mit leeren Rucksäcken, lachten ihn aus. Schicke Lacklimousinen mit ausländischen Fähnchen rollten heran – das diplomatische Korps verließ Moskau. Irgendein Bekannter flüsterte mir im Gehen zu: Die Regierung wird evakuiert, man hat Kalinin in einem Waggon gesehen!

Vielleicht hätte ich Marina Ivanovnas Koffer in den Konjuški in unserem vernagelten Haus gelassen, so wie sie es wollte. Nein, ich hätte es nicht getan. Sie war schon weg, und ich allein war für das Archiv verantwortlich. Aus Leichtsinn, aus Dummheit, aus Unverständnis der Zeit, in der ich lebte, habe ich zu Anfang nur gefürchtet, daß Marina Ivanovnas Papiere verbrennen könnten. Doch irgendwann sprach ich mit Pavlik Antokol'skij darüber – er wußte durch Tarasenkov von dem Archiv –, und als dieser hörte, daß der Koffer noch bei uns war, schrie er mich an und forderte, daß ich Marina Ivanovna das Archiv sofort zurückgäbe.

»Du kennst sie nicht, sie kann der Teufel weiß was schreiben, ohne an die Zeit zu denken! An niemanden und an nichts! Was ist in dem Koffer?! Was steht in den Notizen?! Dort ist vielleicht etwas, das euch alle den Kragen kostet!«

»Es weiß doch niemand etwas von dem Archiv, nur sehr gute Bekannte.«

»Aber wenn sie dir morgen befehlen, dich sofort evakuieren zu lassen, bedingungslos, und du kannst nur das Notwendigste für das Kind und für dich mitnehmen, und du läßt alles fallen und läßt Marina Ivanovnas Koffer zurück, und das Nachbarhaus wird bombardiert oder es brennt ab, und die Notleidenden werden in eure Wohnung geschickt?! Wer werden diese Notleidenden sein? Wen werden sie einquartieren? Ich garantiere fast dafür, daß auch die Bibliothek und das Archiv zum Heizen des Ofens draufgehen! Ja und vielleicht fällt das Archiv in die wachsamen Hände eines Briefeschreibers – eines jener Menschen, die es lieben, Denunziationen zu schreiben?! Was dann? Damit bringst du sie und auch dich in eine unangenehme Lage. Sie kann das vielleicht nicht verstehen, aber du mußt es verstehen!«

Unser Haus ist nicht abgebrannt, und niemand wurde dort einquartiert. So stand es leer, vernagelt, bis Ende 1942, als ich allein aus der Evakuierung nach Moskau zurückkehrte. Die Bibliothek war erhalten geblieben, nur ein Bändchen von Aldanov war verschwunden, und die Ratten im Keller zernagten die Buchrücken von Mariëtta Šaginjan. Und erst im Herbst 1955 erfuhr ich von Alja, daß auch Marina Ivanovnas Archiv erhalten geblieben war. Einiges hatte sie mit nach Elabuga genommen, und Mur brachte es dann zurück nach Moskau zu Elizaveta Jakovlevna in die Merzljakovskij pereulok, einiges war bei Sadovskij in der Novodevičij pereulok, und Mulja brachte es von dort zu Elizaveta Jakovlevna. Alles war ganz, nach Aljas Worten. Es sind nur sieben Briefe von Rilke und zehn Briefe von Pasternak verlorengegangen, die sie 1926 an Marina Ivanovna geschrieben hatten, in jenem Sommer, als sich zwischen diesen drei Dichtern, die in Rußland, Frankreich und der Schweiz lebten, ein Briefroman entspann.

Alja starb, ohne zu erfahren, daß auch diese Briefe nicht verlorengegangen sind. Jetzt wurde bekannt, daß Marina Ivanovna kurz vor ihrer Abreise nach Elabuga dieses fest zusammengeschnürte Paket mit Briefen aus dem Koffer herausholte, den sie aus den Konjuški geholt hatte, und bei sich trug. Die Redakteurin des Goslitizdat, Kul'manova, hat mir erzählt, daß sie zwar nicht wußte, was genau Marina Ivanovna bei sich hatte, doch diese sagte ihr, daß es für sie das Allerteuerste sei und daß sie nicht wisse, wem sie es zur Aufbewahrung geben sollte. Die Kul'manova wollte ihre Hilfe anbieten, traute sich jedoch nicht. Marina Ivanovna übergab diese Briefe dann im Goslitizdat, in einem anderen Zimmer, Aleksandra Petrovna Rjabinina, mit der Pasternak sie einst bekannt gemacht hatte (vielleicht spielte das die entscheidende Rolle, warum sie sie ausgerechnet ihr gab). Es war eine gute Wahl – Aleksandra Rjabinina bewahrte die Briefe sicher auf. Erst im Winter 1973, 1974, als sie schon sehr alt und krank war, übergab sie sie nicht der Tochter der Cvetaeva, Alja, sondern Evgenij, dem Sohn Pasternaks.

Ich bin noch einmal mit Marina Ivanovna zusammengetroffen. Das war einige Tage, nachdem sie den Koffer geholt hatte, kurz vor ihrer Abreise. Die tägliche Bombardierung traf mich im Club der Schriftsteller, und alle gingen in den Keller hinunter, wo sich die Garderobe und die Toilette befanden. Dort standen wir im engen Gedränge und warteten darauf, daß Entwarnung gegeben wurde. Wieder kam die quälende Frage auf, ob man sich evakuieren lassen sollte. Ich war nervös, denn tief im Innern wußte ich, daß ich wegfahren sollte, doch ich wies den Gedanken von mir, ich fürchtete das Unbekannte. Zudem hatte ich Angst, daß ich dann endgültig die Verbindung zu meinem Mann verlieren würde, hier konnte ich wenigstens ab und zu etwas durch Sonja Višnevskaja, Višnevskijs Frau, von ihm hören, sie blieb durch die *Pravda* mit Višnevskij in Verbindung.

Fast genau vor dem Eingang zum Klub in der Povarskaja, unter den Linden, traf ich Marina Ivanovna, und ihre ersten Worte waren:

»Was, Sie sind noch nicht evakuiert! Das ist Wahnsinn! Wie können Sie nur? ... Sie haben kein Recht dazu, Sie verstümmeln das Kind! Sie müssen aus dieser Hölle fliehen! Sie hört und hört nicht auf, und es gibt keine Kraft, die sie zum Anhalten bringen könnte, sie fegt alles auf ihrem Weg weg, zerstört alles ... Man muß fliehen ... Unbedingt ...«

Sie faßte mich an der Hand, und es war ein so leidenschaftlicher Monolog und ein so stürmischer Gedankenflug in ihre Höhen, daß ich ihr natürlich nicht folgen konnte. Sie sagte, daß es vielleicht das größte Glück sei – einem Kind eben in solch einer Zeit das Leben zu schenken und mit seinem Erscheinen den ewigen, ununterbrochenen Fluß des Lebens zu bestätigen. Doch solch ein Leben zu leben sei ungeheuerlich! Vielleicht begingen wir auch den größten Fehler, indem wir Kinder gebären, weil wir nicht gegen dieses ununterbrochene Leben einschreiten.

Ihr Monolog wurde durch die Stimme des Direktors unterbrochen – aus den offenen Fenstern des Clubs erscholl aufs neue:

»Bürger, Fliegeralarm! Bürger, Fliegeralarm!«

Wieder heulten die Sirenen. Marina Ivanovna und ich stürzten in den Klub. Wieder dieser enge Keller mit den Kachelwänden, und wieder war es voll und laut. Jemand kam auf Marina Ivanovna zu, führte sie in die Ecke, und als Entwarnung gegeben wurde, suchte ich sie und fand sie nicht, und ich ging weg, ohne mich von ihr verabschiedet zu haben.

In jenen Augusttagen trafen viele dort, im Hof des Schriftstellerverbandes oder im Club, mit Marina Ivanovna zusammen. Alle haben sie sehr verwirrt, sehr durcheinander und sehr unglücklich in Erinnerung, und allen stellte sie ein und dieselbe Frage – sich evakuieren lassen oder nicht?

Zu Elisaveta Tarachovskaja sagte sie im Club:

»Liza, lassen Sie uns nach Čistopol' fahren.«

Doch Liza Tarachovskaja wollte nicht nach Čistopol', Čistopol' war voller Schriftsteller und dort gab es keine Arbeit. Man müßte sich in eine Großstadt evakuieren lassen, wo man wenigstens irgendeine Arbeit finden könnte. In Čistopol' konnten die leben, die Geld haben. Doch Marina Ivanovna sagte, daß sie nicht warten könne, bis sie in andere Orte evakuieren würden, sie habe Angst um Mur, sie müsse sich bald evakuieren lassen, Mur könnte durch einen Splitter ein Auge ausgerissen werden, jeden Abend halte er auf dem Dach Wache, und sie sorge sich um ihn.

Lidija Moiseevna Poljak, eine Literaturwissenschaftlerin und Bekannte von Tager, erzählte mir, daß sie wegen irgendeines Formulars in den Schriftstellerverband ging, denn sie wollte mit ihrem Mann nach Joškar-Olu fahren, wo dieser ein Institut leiten sollte. Dort sah sie Marina Ivanovna und wunderte sich, daß diese sie erkannte, obwohl sie sich nur einmal zufällig bei Tager gesehen hatten. Marina Ivanovna ging auf sie zu, stellte ihr die Frage wegen der Evakuierung, und als sie hörte, daß Lidija Poljak nach Joškar-Olu fuhr, bat sie sie:

»Nehmen Sie mich als Putzfrau mit.«

Lidija Grigor'evna Bat' traf Marina Ivanovna auf der Treppe im Goslitizdat, und sie beratschlagte mit ihr, ob sie nach Čistopol' fahren sollte oder nicht. Lidija Grigor'evna riet ihr davon ab. Sie riet ihr, abzuwarten und dorthin zu gehen, wohin der Verlag geschickt würde. Sie selbst würde nur in eine große Stadt gehen, nach Taškent zum Beispiel, wo man Arbeit finden könnte, aber Marina Ivanovna wiederholte ein und dasselbe: daß sie es eilig habe, daß sie sich um Mur sorge.

Am 7. August gingen Nina und Mulja zu Marina Ivanovna auf den Pokrovskij bul'var und fanden das Zimmer in einem totalen Chaos vor – mitten auf dem Boden lagen Reisesäcke herum, in die Marina Ivanovna Sachen hineinstopfte.

Mur war nicht zu Hause, sie war allein. Sie begannen, auf sie einzureden und sie zu beruhigen. Marina Ivanovna hörte immer auf Nina und Mulja, sie beriet sich immer mit ihnen und wandte sich in schweren Stunden an sie, aber hier... Offensichtlich hatte sie sich ganz plötzlich entschlossen.

Der Schriftstellerverband evakuierte einige Schriftstellerfamilien nach Elabuga, das ist nicht weit von Čistopol'. Čistopol' war überfüllt, so daß nur noch diejenigen sich dort anmelden konnten, deren Familien schon da waren.

Mur schrieb Alja später, 1942, ins Lager, daß er kategorisch gegen Marina Ivanovnas Abreise war und am Telefon auf sie einredete und dann zusammen mit Nina zu ihr ging. Sie baten sie, ihre Entscheidung zu ändern und abzuwarten. Sie sollte nicht so überstürzt abreisen, es würden noch andere Dampfer fahren und sie würde es noch schaffen. Man müsse in Ruhe packen und gute Sachen mitnehmen, die man verkaufen und gegen Brot und Lebensmittel eintauschen könnte. Außerdem sollte sie, bevor sie abreiste, Geld auftreiben, etwas im Kommissionsladen verkaufen.

»Aber ich habe Angst, mit meinem Paß Sachen abzugeben«, sagte sie.

»Ich gebe sie auf meinen Paß ab«, sagte Nina. »Ich komme morgen zu Ihnen, und wir gehen zusammen ins Kommissionsgeschäft.«

Sie blieben lange bei Marina Ivanovna, es schien, als habe sie sich etwas beruhigt. Sie verabredeten, daß Mulja und später Nina am nächsten Tag zu ihr kommen würden. Als sie gingen, trafen sie zwei alte Frauen, von denen die eine, wie sich später erwies, die Frau des Schriftstellers Boris Aleksandrovič Sadovskij war. Marina Ivanovna kannte Sadovskij von früher. Er wohnte neben dem Neujungfrauen-Friedhof, im Keller des ehemaligen Klosters. Wahrscheinlich war Marina Ivanovna bei ihm in der Wohnung gewesen und hatte sich durch die dicken Wände verführen lassen, die jedem Bombenangriff standhalten würden. Deshalb gab sie ihm all ihre Bücher und Texte und einiges aus dem Archiv zur Aufbewahrung. Die Wände des Klosters waren tatsächlich zuverlässig, doch die Bücher aus Marina Ivanovnas Bibliothek tauchten später in Antiquariaten auf. Nach dem Krieg kaufte Tarasenkov eines dieser Bücher.

Sadovskijs Frau überredete Marina Ivanovna eindringlich, abzureisen, ob mit eigennützigem Ziel oder ehrlich – wer weiß? Marina Ivanovna befand sich in einem Zustand, in dem sie sich leicht überreden ließ. Auf jeden Fall kamen diese beiden alten Frauen nach Nina und Mulja, und als Mulja am nächsten Morgen zum Pokrovskij bul'var kam, fand er das Zimmer leer vor – weder ihre Sachen noch Marina Ivanovna oder Mur waren da.

Die Nachbarn sagten, daß Marina Ivanovna sich die ganze Nacht über mit Mur gestritten hatte, der nicht wegfahren wollte, und am frühen Morgen wurden sie von einem Auto abgeholt.

Marina Ivanovna fuhr am 8. August 1941 aus Moskau ab. Sie fuhr mit dem Dampfer, und Boris Leonidovič und der junge Dichter Viktor Bokov begleiteten sie zum Schiff.

Bokov mußte seiner Frau Sachen nach Čistopol' schikken. In Peredelkino traf er Pasternak und erzählte ihm davon. Da Pasternak Marina Ivanovna zum Schiff begleiten wollte, fuhren sie zusammen. Auf dem Steg des Hafens bemerkte Bokov eine Frau in einem Ledermantel und mit einer Baskenmütze, sie rauchte und stand neben einem Haufen von Koffern und Packen. Dabei war sie allem, was um sie herum vorging, so gleichgültig, als ginge es sie nichts an. Pasternak ging geradewegs auf sie zu und machte Bokov mir ihr bekannt.

Mur war gereizt und sagte, daß er nicht wegfahren wollte, und er sonderte sich ab. Marina Ivanovna blickte ihm besorgt hinterher, wobei sie weiterrauchte. Bokov bemerkte, daß an den Sachen kein Namensschild hing. Er bat die Eisverkäuferin um ein Stück Eis und rieb die Koffer damit ein. Mit einem Bleistiftstummel schrieb er darauf: »Elabuga – Cvetaeva«, »Cvetaeva – Elabuga«. Gemeinsam mit Mur schleppte er die Sachen auf den Dampfer. Boris Leonidovič fragte Marina Ivanovna, ob sie etwas zu essen mit auf die Reise genommen habe.

»Warum? Gibt es etwa kein Büffet?«

Boris Leonidovič und Bokov eilten daraufhin in ein Café und kauften Butterbrote.

Ich habe zufällig gehört, wie einige Literaten daran zweifelten, daß Boris Leonidovič Marina Ivanovna zum Schiff begleitete. Dabei bezogen sie sich auf seinen Brief an Zinaida Nikolaevna, den er sofort schrieb, nachdem er von der Tragödie in Elabuga gehört hatte.

»10.9.1941, morgens.

... gestern abend sagte Fedin mir, daß Marina sich angeblich umgebracht hat. Ich will das nicht glauben. Sie ist irgendwo bei Euch in der Nähe, in Čistopol' oder Elabuga. Finde es bitte heraus und schreibe mir (Telegramme brauchen länger als Briefe). Wenn es wahr ist, so ist es einfach furchtbar! Kümmere Dich dann um ihren Sohn, bringe in Erfahrung, wo er ist und was mit ihm ist. Welch eine Schuld trage ich, wenn das stimmt! Dann soll noch einmal jemand von ›fremden Sorgen‹ sprechen! Das wird mir nie verziehen. Im letzten Jahr habe ich aufgehört, mich für sie zu interessieren. Sie wurde in int[eressanter] Gesellschaft sehr hoch geschätzt, und unter Kennern kam sie in Mode, meine persönlichen Freunde Garrik [Nejgauz], die Asmusens, Kolja Vil'jam und schließlich auch Aseev kümmerten sich um sie. Es wurde sehr schmeichelhaft, als ihr bester Freund zu gelten, und aus diesem und vielen anderen Gründen zog ich mich von ihr zurück und drängte mich ihr nicht auf, und im letzten Jahr schien es, als habe ich sie ganz vergessen. Und nun das! Wie furchtbar ist das ...«

Dennoch hatte er sie zum Schiff gebracht, davon zeugt nicht nur Viktor Bokovs Bericht, sondern auch eine Notiz in Murs Tagebuch.

Auf dem Dampfer hatten sie Angst vor Bombenangriffen, denn es hatte schon Fälle gegeben, in denen Dampfer bombardiert wurden. Bis sie Moskau weit hinter sich gelassen hatten, blickten alle besorgt an den Himmel und erwarteten einen Angriff. Doch alles ging gut.

Es war ein alter, langsamer Schaufelraddampfer mit dem Namen »Aleksander Pirogov«. Er hielt lange an den Anlegestegen, wurde entladen, beladen, und nachts tutete er träge, um sich zu erkennen zu geben. In Gor'kij mußten sie auf das »Sowjetische Čuvašien« umsteigen. Sie fuhren weiter auf der Volga bis nach Kazan', dann auf der Kama. Sie waren zehn Tage unterwegs. Die Stimmung war bei allen düster und niedergeschlagen, denn sie fuhren ins Unbekannte, an fremde Orte, immer begleitet von der Stimme Levitans – »Vom sowjetischen Informbüro«.

Von der Fahrt auf dem Dampfer erzählte mir Berta Gorelik, und dann gibt es noch einen Brief von der Dichterin und Übersetzerin Tat'jana Sikorskaja. Berta war die Frau des jungen Journalisten Iosif Gorelik. 1941 war sie eine angehende Ärztin, die Mutter eines vierjährigen Sohnes, den man mit dem Kindergarten des Litfonds weggebracht hatte, während sie krank war. Sie fuhr nach Čistopol', um ihren Sohn nach Moskau zu holen. Doch Moskau wurde bombardiert, sie war wehrpflichtig, und ihr Mann war an der Front, so daß sie sehr nervös war und nicht wußte, was sein würde. Sie war dünn, elegant, hatte helle Haare, einen dicken Zopf, den sie wie eine Krone um ihren Kopf gewickelt hatte, und sie rauchte viel, während sie alleine auf dem Deck saß.

Nicht weit von ihr setzte sich eine Frau auf die Bank. Beide saßen sie da und rauchten schweigend, jede dachte an ihre eigenen Sorgen. Die Frau war sehr dünn und sah sehr zerbrechlich aus, sie hatte graue Haare – zum Teil hell, aber größtenteils grau, – das Gesicht hatte eine graue Farbe, die Augen waren ausgeblichen, grau. Sie sah sehr intelligent, sehr erschöpft und nervös aus. Sie sprach Berta als erste an, fragte sie nach ihrem Beruf.

»Was für ein Glück für Sie, Sie haben so einen nützlichen Beruf, sowohl in friedlichen Zeiten als auch im Krieg können Sie Nutzen bringen! Ich schreibe Gedichte ... Wer braucht sie jetzt ...«

Berta versicherte ihr, daß Gedichte immer gebraucht würden, auch im Krieg, doch Marina Ivanovna lächelte nur bitter. Berta hatte noch nie Gedichte von Marina Ivanovna gelesen. Den Namen Cvetaeva hatte sie nur gehört, mehr nicht.

Danach saßen sie öfter gemeinsam auf einer Bank auf dem Deck und rauchten, und Marina Ivanovna kam immer wieder auf die Frage zu sprechen, ob sie wohl irgendwo unterkommen könnte, ob sie Arbeit finden würde in Elabuga, in Čistopol', und sie zählte auf, was sie alles tun könnte.

»Ich kann Geschirr waschen, Fußböden putzen, ich kann Krankenpflegerin sein, Krankenwärterin ...«

Berta beruhigte sie – Menschen würden jetzt überall gebraucht, natürlich würde sie irgendwo unterkommen.

Berta hat mir erzählt, daß mit ihnen auf dem Dampfer auch die Frau des deutschen antifaschistischen Schriftstellers Willi Bredel war, Elizaveta Ėmil'evna. Marina Ivanovna freundete sich mit ihr an und sprach viel Deutsch mit ihr, außerdem freundete sie sich noch mit Tat'jana Sikorskaja an.

So fuhren sie bis Kazan'. In Kazan' hat Marina Ivanovna, wie uns bekannt ist, einen Brief abgeschickt, der an die Tatarische Abteilung des Schriftstellerverbandes gerichtet war.

»Sehr geehrter Gen. Imamutdinov!

Ihnen schreibt die Schriftstellerin und Übersetzerin Marina Cvetaeva. Ich bin mit der Gruppe des Litfonds in die Stadt Elabuga an der Kama evakuiert worden. Ich habe einen Brief des stellvertretenden Direktors vom Goslitizdat, Čagin, für Sie, worin er darum bittet, tätige Anteilnahme an meiner Arbeitssuche zu nehmen und mich als Übersetzerin einzusetzen. Ich befürchte, daß ich in Elabuga keine Arbeit finden werde, weil ich außer meinem literarischen Beruf keinen anderen habe. Ich habe einen Brief mit Čagins Unterschrift und derselben Bitte an den Tatizdat*.

In den nächsten Tagen fahre ich nach Kazan' und übergebe Ihnen den oben genannten Brief.

Ich bitte Sie und durch Sie den Schriftstellerverband sehr, sehr dringlich, alles Mögliche zu tun, um mich in Kazan' unterzubringen und Arbeit für mich zu finden.

Ich habe meinen 16jährigen Sohn bei mir. Ich hoffe, daß ich als Lyrikübersetzerin sehr nützlich sein kann.

Marina Cvetaeva.«

Dieser Imamutdinov war eine Art Schriftführer, und da der Sekretär des tatarischen Schriftstellerverbandes an der Front war, leitete er die Angelegenheiten des Verbandes. Als er den Brief erhielt, schenkte er ihm natürlich nicht die geringste Aufmerksamkeit.

In Kazan' stiegen weitere Evakuierte zu, die nach Elabuga fuhren, aber aus Moskau mit dem Zug gekommen waren.

Manche sagen, daß nach Elabuga sieben Schriftstellerfamilien evakuiert wurden, andere sagen, es seien fünfzehn gewesen, doch war es auf jeden Fall so, daß viele nicht bis Elabuga fuhren und trotz des Verbots in Čistopol' vom Schiff gingen.

Hier ein Auszug aus einem Brief, den Tat'jana Sikorskaja 1948 an Alja schrieb, die nach ihrer Haft in Rjazan' lebte.

»Wir wurden Anfang August mit dem Schiff aus Moskau nach Elabuga evakuiert. In den zehn Tagen sind Marina Ivanovna und ich uns sehr nahe gekommen, wir ha-

* Tatarskoe izdatel'stvo (Tatarischer Verlag).

ben einander Gedichte vorgetragen und grämten uns wegen Moskau. Manchmal ging sie an die Reling unseres kleinen Dampfers und sagte: ›So ist es – nur ein Schritt, und alles ist vorbei.‹ Mir fiel es schwer, sie dann zu trösten – wir waren alle in sehr schwermütiger Stimmung. Bei unserer Ankunft in Elabuga wurden wir in irgendeinem verlassenen Haus untergebracht, wir wohnten alle in einem großen Zimmer. Abends sang ich oft Lieder, und M. I. hörte mir gerne zu, sie wurde lebhaft, vergaß ihren Kummer. Aber tagsüber, wenn wir alle durch die Stadt streunten auf der Suche nach einer Wohnung und nach Arbeit, wurde sie wieder trübsinnig und hoffnungslos. Sie war aus Moskau weggefahren und hatte nur 300 R. mitgenommen, die offene Wohnung hatte sie den Nachbarn überlassen. Sie hatte etwas Wolle, Silber, einige Sachen zum Verkauf bei sich, doch die ganzen wichtigen Sachen hatte sie zu Hause liegen lassen, und ich schalt sie die ganze Zeit wegen dieser unklugen, panischen Abreise. ›Ich hatte Angst vor den Bombenangriffen. Ich konnte nicht mehr länger warten‹, sagte sie. Ich überredete sie, eine Arbeit anzunehmen. Sie lehnte kategorisch ab: ›Ich kann nicht arbeiten. Ich fange an und bringe alles sofort durcheinander. Ich verstehe nichts vom Büro, vor lauter Angst bringe ich alles durcheinander.‹ Sie erschreckte vor allem der Gedanke an die Formulare, die man ausfüllen mußte, bevor man einen Dienst antrat. ›Besser werde ich Geschirrfrau in einer Kantine. Das ist das einzige, was ich kann.‹ Untergang und Tod schienen ihr unausweichlich – es war eine Frage von Monaten, nicht von Jahren. Manchmal fing sie an, sich zu beklagen, wurde offen, dann zog sie sich wieder in sich zurück und begann, mich argwöhnisch zu beäugen. Sie sah uns alle als Feinde an – es war eine Art Verfolgungswahn. Alle Überredungen, wegen Arbeit zum Stadtsowjet zu gehen, halfen nicht. Mehr als alles fürchtete sie, daß sie indirekt Mur schaden könnte, der

Maler werden wollte oder in einer Redaktion arbeiten wollte. Mur war grob und unfreundlich zu ihr, gab ihr an allem die Schuld und nannte sie ›Marina Ivanovna‹. Mit seinen sechzehn Jahren schien er ein erwachsener Mann mit festen Überzeugungen zu sein, mit einem entwickelten Verstand, dabei aber sehr hartherzig. Ich weiß sehr gut, daß Kinder in dem Alter manchmal ganz anders scheinen, als sie sind, sie sind wahre Wunder an Egoismus und Grobheit. Von meinem Dima habe ich auch öfter solche Überraschungen erlebt. Doch in der Zeit und der Lage, in der M. I. sich befand – mit ihrer kranken Seele und ihrer furchtbaren Entscheidungslosigkeit, wo sie sich in klaren Minuten an jedes bißchen Zärtlichkeit und Anteilnahme klammerte, – schien solch ein wilder Egoismus des Sohnes unverzeihlich. Sie haben geschrieben, daß Mur an der Front umgekommen ist. Es fällt mir schwer, Ihnen, seiner Schwester, zu schreiben, wie schuldig dieser herzlose Junge vor seiner Mutter in diesen entscheidenden, kritischen Minuten ihres Lebens war, – doch ich kann es Ihnen auch nicht verheimlichen, denn ich kann auch meinem Dima eben diese Hartherzigkeit seinem Vater gegenüber, der '43 verhungert ist, nicht verzeihen. Marina Ivanovna hat öfter wiederholt: ›Ich muß gehen, um Mur nicht zu stören. Ich stehe ihm im Weg. Er muß leben.‹

Wissen Sie, Ariadna Sergeevna, ich habe manchmal das Gefühl, als sei ich selbst Schuld an ihrem Tod. Ich wollte damals zurück nach Moskau, zu meinem Mann. Als ich meinen Sohn in einem Zimmer untergebracht hatte und Marina Ivanovna ein Zimmer in einem düsteren, schiefen Häuschen 5 Minuten von uns entfernt gemietet hatte, da beschloß ich, nach Moskau zu fahren. Ich überredete sie zu warten, auszuharren – ich würde gemeinsam mit meinem Mann zurückkehren, wir würden ihr helfen, diesen schweren Winter zu überstehen. Doch sie glaubte mir nicht, sie wollte nicht warten und wollte nicht mehr leben. Man darf einen Menschen in solch einem Zustand nicht alleine lassen. Nach Moskau konnte ich sie nicht mitnehmen – es schien ihr ungeheuerlich, dorthin zu fahren, ›wo die Bomben sind‹. Ich hätte bleiben müssen, um sie seelisch zu unterstützen, doch zu der Zeit schien mir, daß Aseev das tun könnte. Sie fuhr mit mir zusammen nach Čistopol', wo sie Aseev und andere Schriftsteller traf, und sie beschloß, dorthin umzuziehen und in der Kantine des Litfonds zu arbeiten. Sie kehrte so beflügelt und voller Hoffnung zurück, daß es mir nicht in den Sinn kam, daß sie einige Tage später wieder in eine solch dumpfe Verzweiflung verfallen würde, aus der es schon keinen Ausweg mehr gibt.

Anfang September bekam ich in Moskau eine Postkarte von N. P. Sakonskaja (der Kinderschriftstellerin) mit der Mitteilung von M. I.s Tod. Das traf mich wie ein furchtbarer Schlag, ich kam lange nicht zu mir. Mein erster Gedanke war, daß irgendein entscheidender Streit mit Mur Schuld daran war, daß er sich geweigert hatte, nach Čistopol' zu ziehen oder irgend etwas dieser Art.

Später erfuhr ich, daß Mur in jener Nacht bei meinem Dima übernachtet hatte: ›Marina Ivanovna hat es richtig gemacht‹, – sagte er über den Tod seiner Mutter. Diese Worte erstaunten sogar Dima, der sonst alle Frechheiten befürwortete. Für das Nachtlager ließ er bei Dima die Bluse, die kurze Jacke und die Baskenmütze von Marina Ivanovna. Diese Sachen besitze ich bis heute.

Verzeihen Sie meinen langen und zusammenhanglosen Brief, Ariadna Sergeevna. Ich wünsche Ihnen von Herzen, daß Sie das Grab Ihrer Mutter finden – grüßen Sie sie von mir und bitten Sie sie um Verzeihung für den Leichtsinn, den wir damals zeigten, alle, die wir um sie herum waren. Glauben Sie mir, daß es uns bis heute schmerzhaft und bitter leid tut. Wenn Sie mir kurz schreiben wollen –

ich werde mich freuen: Moskau, 2/Meščanskaja 24, Wohnung 7, Tat'jana Sergeevna Sikorskaja«.

Elabuga am 18. August, ein kleines, staubiges Städtchen. Wenn man mit dem Schiff auf der Kama aus Kazan' kommt, bemerkt man es nicht einmal hinter dem Berg, doch wenn man den gepflasterten Fahrdamm vom Steg den Berg hochgeht, liegt der ganze Ort vor einem, mit all seinen vernagelten, leeren Kirchen, dem Feuerwachturm, der Hauptstraße mit den einstöckigen, stabilen Häusern, in denen früher wohlhabende Müller lebten (Elabuga handelte mit Mehl). Jetzt waren in diesen Kaufmannshäusern das Stadtkomitee, der Stadtsowjet, das Stadtgericht, die Handelskammer, das Amt für Transportwesen, das Standesamt und alle übrigen städtischen Einrichtungen untergebracht. Hinter dieser einzigen städtischen Straße verliefen gewöhnliche Dorfsträßchen, die mit Gras bewachsen waren, mit einem staubigen Fahrweg in der Mitte, an den Seiten Hütten aus Baumstämmen, Gemüsegärten, Vorgärten. Die Hühner liefen im Staub hin und her, die Ziegen gingen spazieren, die Gänse bissen die Passanten in die Beine. Ein trostloses Kaff – selbst im grünen August, wenn die Astern blühten.

Mur notierte in seinem Tagebuch: Am 18. kamen wir in Elabuga an.[30] Alle wurden in der Bibliothek des Technikums untergebracht.

Elabuga machte offensichtlich einen bedrückenden Eindruck auf Marina Ivanovna, denn Mur vermerkte in seinen Aufzeichnungen, daß eine gewisse Strucovskaja, Mitarbeiterin des Litfonds, mit der sie gemeinsam auf dem Schiff waren, versuchte, sie auf jede erdenkliche Weise zu beruhigen, sie versprach ihr, daß sie sie in Čistopol' unterbringen würde.

Am 19. findet sich bei Mur im Tagebuch eine Notiz, daß Marina Ivanovna gestern (d. h. am 18.) ein Telegramm nach Čistopol' an irgend jemanden mit dem Namen Leijes geschickt hat. Das war eine der Damen, die sie auf dem Dampfer »Sowjetisches Čuvašien« kennengelernt hatten. Flora Leijes fuhr von Čistopol' nach Bersut. Jetzt warteten sie auf eine Antwort von ihr und suchten deshalb nicht nach einem Zimmer. Alle suchten und fanden etwas: Sikorskaja, Sakonskaja und die anderen. Sie aber warteten.

Am 20. in Murs Tagebuch: Marina Ivanovna war beim Stadtsowjet, doch es gab keine Arbeit für sie. Weiter schrieb er, daß das Gepäck der Evakuierten vom Anlegesteg ins Wohnheim gebracht werden sollte und daß es noch keine Anwort von Flora Leijes gab, aber vielleicht sei sie in Bersut festgehalten worden und noch nicht nach Čistopol' zurückgekehrt.

Unter dem 21. steht im Tagebuch: Sie sind aus dem Wohnheim in ein Zimmer umgezogen, »das uns vom Stadtsowjet zugeteilt wurde«.

Während des Krieges wurde in den Städten und Ortschaften, in welche die Bevölkerung evakuiert wurde, der gesamte Wohnraum beim Stadtsowjet registriert, und selbst gegen den Willen der Bewohner wurden die Neuankömmlinge bei ihnen untergebracht. Die Listen befanden sich beim Stadtsowjet, und den Evakuierten wurden Adressen gegeben. Sie gingen dann los und suchten sich ein Zimmer aus, sofern die Möglichkeit zur Auswahl bestand.

Nach den Worten Anastasija Ivanovna Brodel'ščikovas kam eine ganze Gruppe von Evakuierten zu ihnen ins Haus, darunter auch Marina Ivanovna. Marina Ivanovna ging in die Stube hinter der Trennwand und sagte sofort:

»Ich bleibe hier, ich gehe nirgendwo anders mehr hin!«

Sie brachte mit Mur ihre Sachen dorthin, und am 21. meldeten sie sich an.

Am 22. findet sich in Murs Tagebuch eine Notiz, daß beschlossen wurde, Marina Ivanovna solle alleine, ohne

Gepäck, nach Čistopol' fahren, um alles an Ort und Stelle selbst in Erfahrung zu bringen.

Am 24. in Murs Tagebuch: Um 2 Uhr nachmittags ist Marina Ivanovna mit dem Schiff nach Čistopol' gefahren. Auf dem Schiff befanden sich die Strucovskaja, die Mitarbeiterin des Litfonds, die Marina Ivanovna in Čistopol' einen Platz zum Übernachten besorgte, und auch Tat'jana Sikorskaja, die zu ihrem Mann nach Moskau fahren wollte.

Weiter schrieb Mur über Marina Ivanovna: »Ihre Stimmung ist scheußlich, äußerst pessimistisch ...«

Am 26. in Murs Tagebuch: Nachts hat er ein Telegramm aus Čistopol' bekommen: »Suche ein Zimmer. Komme bald. Küsse.«

Am 28. kehrte Marina Ivanovna nach Elabuga zurück.

Das ist eigentlich alles, was über Marina Ivanovnas erste, sozusagen vor-Čistopol'sche Periode ihres Aufenthalts in Elabuga bekannt ist. Dem kann man noch hinzufügen, daß Marina Ivanovna sich nicht um die Hausarbeit kümmerte, sie kochte nicht, sie aßen wohl das, was es gerade gab. Sie bat ihren Vermieter, Fisch zu braten, denn er angelte. Vielleicht gingen sie auch in die öffentliche Kantine, wo man allerdings wohl kaum etwas zu essen bekam außer fleischlosem Šči, Hirse und Uzvar* aus getrockneten Äpfeln. Marina Ivanovna war es egal, was sie aß, aber Mur mußte wenigstens leidlich versorgt werden. Den Markt konnte sie sich nicht leisten. Sie wollte Tafelsilber verkaufen und fragte ihre Vermieterin, ob sie nicht einen Käufer wüßte, doch den nach Elabuga Evakuierten war nicht nach Tafelsilber zumute und den ansässigen Bewohnern um so weniger.

Flora Lejtes, die Frau des Schriftstellers Lejtes, wurde schon im Juli nach Čistopol' evakuiert und fand dort im Kinderheim Arbeit als Erzieherin. Aus Murs Tagebuch

* Eine Art Kompott.

wird deutlich, daß sie in Čistopol' auf den Dampfer »Sowjetisches Čuvašien« kam und nach Bersut fuhr. Sie war eine hübsche Brünette mit einem Engelsgesicht, sie war sehr umgänglich, unbefangen und jung. Sie kannte sehr viele Gedichte auswendig und kannte viele Dichter und Schriftsteller persönlich, darunter auch Majakovskij und Aseev. Sie war sehr beliebt, und alle machten ihr den Hof, einschließlich Fadeev persönlich. Sie kannte auch die Gedichte der Cvetaeva und mochte sie sehr. Und natürlich, als sie hörte, daß sich Marina Ivanovna auf dem Schiff befand, unterließ sie es nicht, sich mit ihr bekannt zu machen. Dort, auf dem Dampfer, sprachen sie auch über Aseev, der in Čistopol' war, und darüber, daß Marina Ivanovna auch besser nach Čistopol' ziehen sollte, »wo sie alle sind«. Flora gab ihr ihre Adresse, und sie verabredeten, daß Marina Ivanovna ihr, wenn sie kommen würde, ein Telegramm schicken sollte.

Direkt an ihrem ersten Tag in Elabuga, das einen furchtbaren Eindruck auf Marina Ivanovna machte, schickte sie ihr ein Telegramm.

Aber als Flora mir jetzt, vierzig Jahre später, von ihrem Treffen mit Marina Ivanovna erzählte, hatte sie ihre Fahrt auf dem »Sowjetischen Čuvašien«, die Tatsache, daß sie Marina Ivanovnas Bekanntschaft auf dem Dampfer machte, und das Telegramm, das sie aus Elabuga erhielt, völlig vergessen. Flora behauptete, daß sie Marina Ivanovna in Čistopol' selbst kennenlernte, in der Vorhalle des Internats.

»In der Vorhalle stand eine Frau im braunen Kostüm, mit brauner Baskenmütze, und Flora lief an ihr vorbei, ohne sie zur Kenntnis zu nehmen, doch irgend jemand sagte zu ihr: ›Weißt du, wer da steht?‹ – ›Wer?‹ – ›Das ist Marina Cvetaeva.‹ Flora war so erstaunt und erfreut, daß sie sofort auf diese Frau zuging, sie an der Hand faßte und rief: ›Stimmt das, sind Sie wirklich Marina Cvetaeva?‹ Marina Ivanovna war etwas verwirrt und sagte: ›Ja, ich bin die Cvetaeva.‹ – ›Mein Gott, wie freue ich mich, Sie zu sehen.‹ – ›Ich dachte nicht, daß man mich hier kennt‹, sagte Marina Ivanovna. ›Wie kann man Sie nicht kennen, alle kennen Sie!‹ sagte Flora und begann, ihr ein Stück aus dem *Poem vom Ende* vorzutragen, doch der seltsame, schwere Blick von Marina Ivanovna ließ sie anhalten, und, verwirrt, blieb sie mitten im Wort stecken. ›Mir geht es sehr schlecht‹, sagte Marina Ivanovna, ›ich kann in Elabuga nicht leben ...‹ – ›Sie müssen in Čistopol' wohnen, mit uns, hier wird es Ihnen gut gehen‹, sagte Flora. ›Doch hier kann ich nirgends wohnen, hier gibt es keine Zimmer‹, sagte Marina Ivanovna. ›Sie können bei mir leben, ich bin von acht Uhr morgens bis neun Uhr abends bei der Arbeit, ich komme nur zum Übernachten nach Hause. Es wird Ihnen bei mir gefallen.‹ – ›Aber ich brauche eine Erlaubnis, um hier zu wohnen‹, sagte Marina Ivanovna ohne Hoffnung. ›Ich gehe zu Aseev, er wird sich darum kümmern. Doch die Hauptsache ist das Zimmer. Können Sie morgen bei mir vorbeikommen? Ich laufe vor der Arbeit bei ihm vorbei.‹ – ›Ja‹, sagte Marina Ivanovna, verabschiedete sich und ging weg.

Erst da fiel Flora ein, daß sie sie nicht gefragt hatte, wo Marina Ivanovna abgestiegen war, ob sie etwas zum Übernachten hatte, und daß sie sie nicht zu sich eingeladen hatte.

Am Morgen lief Flora vor der Arbeit zu Aseev. Oksana putzte den Boden und wollte sie nicht durchlassen, sie ärgerte sich, daß Flora so früh kam, doch diese erklärte ihr, daß sie um acht Uhr zur Arbeit müsse und daß Marina Cvetaeva aus Moskau evakuiert wurde. ›Ja und?!‹ sagte Oksana unzufrieden, doch sie ließ Flora trotzdem zu ihrem Mann. Flora erzählte Aseev ganz aufgeregt davon, daß Marina Ivanovna nach Elabuga evakuiert worden sei und daß man ihr erlauben müsse, in Čistopol' zu leben.

›Aber hier kann man nirgendwo wohnen‹, sagte er, ›Sie wissen selbst, daß alles voll ist, hier kann man sich nicht mehr anmelden.‹ ›Das Zimmer ist da, sie kann bei mir wohnen‹, sagte Flora, ›ich arbeite den ganzen Tag, sie braucht nur die Genehmigung für die Anmeldung!‹ Flora sagte, daß Aseev versprach, die Frage bei der Sitzung des Präsidiums oder der Leitung des Schriftstellerverbandes vorzubringen, die in den nächsten Tagen stattfinden sollte.

Nach dem Gespräch mit Aseev ging Flora ins Internat, wo Marina Ivanovna schon auf sie wartete. Sie verabredeten, daß diese an einem bestimmten Tag aus Elabuga kommen würde. Flora bot ihr an, bei ihr zu wohnen, aber Marina Ivanovna sagte, daß sie es eilig habe, ihr Sohn warte auf sie, sie fürchte sich, ihn so lange alleine zu lassen.

Als Flora wegen der Antwort zu Aseev ging, sagte dieser: ›Es wurde beschlossen, daß die Cvetaeva dort wohnen muß, wohin der Verband sie geschickt hat. Ich konnte nichts tun.‹ Und er zuckte mit den Schultern.

Am verabredeten Tag kam Marina Ivanovna aus Elabuga, und als Flora ihr alles sagte, sah Marina Ivanovna so verzweifelt aus, daß sie ihren Blick nicht ertragen konnte, und Flora fing fast an zu weinen. Sie versuchte, Marina Ivanovna zu trösten und sagte, daß noch nicht alles verloren sei, daß man nach Moskau schreiben könnte, aber Marina Ivanovna winkte nur verzweifelt ab und ging weg.

Flora war so aufgeregt, daß sie Marina Ivanovna wieder nicht fragte, wo sie übernachtete.«

Dies ist Floras ganze Geschichte. Sie stimmt allerdings nicht ganz. Erstens war Marina Ivanovna nur einmal in Čistopol', sie fuhr nicht nach Elabuga und wieder zurück, und zweitens war Marina Ivanovna mit Aseev befreundet, und da sie nun schon einmal in Čistopol' war, hätte sie sich selbst an ihn wenden können, was sie übrigens auch tat. Sie war bei ihm, was Oksana mir bestätigte.

Doch Flora war tatsächlich bei Aseev gewesen, um Marina Ivanovna bei sich im Zimmer anzumelden. Und Aseev stellte tatsächlich die Frage wegen Marina Ivanovnas Anmeldung vor der Leitung des Schriftstellerverbandes.

In Čistopol' gab es eine Art Filiale der Moskauer Abteilung des Schriftstellerverbandes, das sogenannte Präsidium des Verbands, dem in jenen Tagen Trenëv, Aseev und noch jemand vorstanden.

Dann gab es noch den Rat der Evakuierten – eine gewählte Organisation, die den Schriftstellern half. Zu dieser Organisation gehörten der Schriftsteller Pëtr Semynin, die Kritikerin Vera Smirnova und andere. Es gab außerdem noch einen Rat, der aus den Frauen der Schriftsteller bestand. Diesem Rat stand Fadeevs Frau Angelina Stepanova vor, eine junge Schauspielerin des Moskauer Künstlertheaters.

Faktisch sah es so aus, daß die Schriftsteller eine Selbstverwaltung in Čistopol' hatten, und die örtlichen Behörden legten ihren Entscheidungen keine Steine in den Weg, sie kamen ihnen immer entgegen. Wenn das Präsidium oder der Rat beschlossen, daß der eine oder andere Schriftsteller in Čistopol' angemeldet werden sollte, so meldete der Stadtrat ihn auch an.

Auf dieser Sitzung des Präsidiums, wo die Frage über Marina Ivanovnas Anmeldung entschieden wurde, traten der Dramatiker Trenëv und Aseev gegen sie auf. Es heißt, Trenëv habe eine flammende Rede gehalten: Die Cvetaeva sei eine Emigrantin, ihr Mann ein Weißgardist, und für sie fände sich kein Platz unter den sowjetischen Schriftstellern.

So war schon vor Marina Ivanovnas Ankunft in Čistopol' beschlossen worden, daß sie kein Recht hatte, dort zu leben, und nach ihrem Gespräch mit Aseev wollte Flora

Lejtes ein Telegramm nach Elabuga schicken. Doch auf der Post traf sie Lidija Korneevna Čukovskaja. Als diese von Flora den Inhalt des Telegramms hörte, riet sie ihr ab, Marina Ivanovna von der Absage zu unterrichten, deshalb bekam diese auch keine Antwort von Flora.

Als sie dann nach Čistopol' kam, hat sie wohl zuerst Flora aufgesucht, um herauszufinden, was passiert ist und weshalb sie keine Antwort bekommen hat. Ihr Treffen kann sehr gut in der Vorhalle des Internats stattgefunden haben, wie Flora sich später erinnerte.

Marina Ivanovna fuhr am 24. August um zwei Uhr nachmittags aus Elabuga ab, irgendwann in der Nacht oder gegen Sonnenaufgang – die Räder des Dampfers bewegten sich nur sehr langsam – kam sie in Čistopol' an, wo sie sich den 25. und 26. aufhielt, und am 27. fuhr sie zurück.

In diesen Tagen in Čistopol' sah sie viele Bekannte, denn Čistopol' ist nicht sehr groß, etwas größer als Elabuga. Man begegnete sich zwangsläufig auf dem kleinen Platz im Stadtzentrum, wo sich die öffentlichen Einrichtungen und die Geschäfte befanden. Unter anderem traf Marina Ivanovna Galina Alpers. Diese erzählte ihr, daß sie und einige Schriftstellerfrauen abends auf der Straße standen und überlegten, wie sie am besten eine Kantine für Schriftsteller und ihre Familien organisieren könnten. Der Alltag in Čistopol' war sehr schwierig und mühselig, die Lebensmittel auf dem Markt waren teuer, und eine Kantine könnte den Schriftstellern das Leben erleichtern. Außerdem bekämen sie sicher einen Rabatt, wenn sie die Lebensmittel im Kollektiv kauften. Die Frauen der Schriftsteller beschlossen, abwechselnd zu kochen, zu servieren und in der Kantine aufzuräumen. Man brauchte nur ein Gebäude und die Erlaubnis des Gorispolkom*. In

* Ispol'nitelnyi komitet gorodskogo soveta deputatov trudjaščich (Exekutives Komitee des Stadtsowjets der Deputierten der Werktätigen).

dieses Unterfangen weihte Galina Alpers auch Marina Ivanovna ein, die gerade dort vorbeikam. Diese interessierte sich lebhaft für die Kantine und sagte:

»Ich werde die Spülfrau sein!«

»Aber warum denn Spülfrau?« wandte Sel'vinskaja ein. »Vielleicht organisieren wir ein Büffet, Sie können auch dort arbeiten.«

»Nein, nein, das kann ich nicht. Da verrechne ich mich ...«

Marina Ivanovna war auch bei Vera Smirnova, die dem Rat der Evakuierten vorstand, und übergab ihr einen Antrag:

»An den Rat des Litfonds.

Ich bitte darum, mich als Spülfrau in der geplanten Kantine des Litfonds anzustellen.

M. Cvetaeva

26. August 1941.«

Es gibt noch eine weitere wertvolle Quelle über diesen Tag in Čistopol', den 26. August, das Tagebuch von Lidija Korneevna Čukovskaja. Sie ging die Straße entlang, als ein ihr unbekanntes Mädchen auf sie zulief, offensichtlich die Tochter eines der Schriftsteller, und ihr aufgeregt erzählte, daß im Gebäude des Parteibüros jetzt über das Schicksal der Cvetaeva entschieden würde. Es gehe um ihre Anmeldung in Čistopol', und die Cvetaeva sei verzweifelt. Das Mädchen bat Lidija Korneevna, dorthin zu laufen und der Cvetaeva zu helfen. Lidija Korneevna war zwar weder Mitglied des Rats der Evakuierten noch war sie Mitglied des Schriftstellerverbandes, denn sie war als Tochter von Kornej Ivanovič Čukovskij evakuiert worden, aber trotzdem lief sie zum Stadtsowjet. Sie verstand allerdings nicht, wie sie Marina Ivanovna helfen könnte, deren Bekanntschaft sie erst vor kurzem gemacht hatte.

Im Korridor des Stadtsowjet stand Marina Ivanovna, sie war ganz grau im Gesicht und hatte sich an die Wand gelehnt, denn sie konnte sich kaum auf den Beinen halten. Sie stand vor einer geschlossenen Tür mit der Aufschrift: »Parteibüro«. Hinter der Tür hörte man Stimmen. Während Lidija Korneevna Marina Ivanovna beruhigte, kam Vera Smirnova aus dem Zimmer heraus und sagte zu Marina Ivanovna, daß sie keinen Grund habe, sich aufzuregen, alles sei völlig in Ordnung, für ihre Anmeldung sei gesorgt, alles sei mehrheitlich beschlossen worden. Sie riet ihr, sofort in die ulica Butlerova zu gehen, wo es freie Zimmer gäbe, sich mit der Vermieterin zu besprechen und ein Zimmer zu mieten. Sie müsse der Vorsitzenden des Stadtrats, Tverjakova, sofort eine Adresse angeben, dann könne sie sich hier anmelden. Vera Smirnova sagte auch noch, daß es für die Stelle der Geschirrwäscherin der zukünftigen Kantine viele Anträge gäbe, doch daß sie alles tun würde, was von ihr abhinge, damit Marina Ivanovna diese Stelle bekäme.

Lidija Korneevna wunderte sich, daß Marina Ivanovna sich gar nicht über den günstigen Ausgang der Angelegenheit zu freuen schien.

»Lohnt es sich denn zu suchen? Ich finde sowieso nichts. Ich gebe besser gleich auf und fahre nach Elabuga zurück.«

»Aber nein! Hier ist es gar nicht so schwer, ein Zimmer zu finden.«

»Trotzdem. Und wenn ich ein Zimmer finde, dann bekomme ich keine Arbeit. Ich werde nichts haben, von dem ich leben kann.«

Sie wollte nicht einmal losgehen und suchen, doch dann willigte sie ein, aber nur mit Lidija Korneevna zusammen, und sie machten sich auf den Weg.

Unterwegs gingen sie bei Tat'jana Alekseevna Arbuzova vorbei, die mit ihrem kranken Mann, dem Drehbuchautor Michail Jakovlevič Šnejder, in Čistopol' wohnte. Tat'jana Alekseevna hat mir erzählt, daß sie gerade den

Boden putzte, als Marina Ivanovna kam, und diese sagte zu ihr:

»Lassen Sie mich das machen, ich kann das!«

Tat'jana Alekseevna freute sich sehr über Marina Ivanovnas Kommen, und diese taute sofort auf. Sie vergaß ihre Sorgen, ihr Durcheinander, ihre Ängste. In ihrer gewohnten Umgebung, in literarischen Kreisen, sprach sie über Bücher und über Gedichte. Als Lidija Korneevna nach Hause zu ihren Kindern eilte, bat Marina Ivanovna sie, das Telegramm an Mur aufzugeben.

Tat'jana Alekseevna verabredete sofort mit Marina Ivanovna, daß diese bei ihr übernachten würde, und am Morgen würden sie für sie ein Zimmer in der Nähe finden, sie kannte alle Nachbarn in der Umgebung. Marina Ivanovna stimmte zu und versprach, am Abend Gedichte vorzutragen. Doch plötzlich erinnerte sie sich, daß sie unbedingt jemanden im Wohnheim sehen mußte (es war eine Art Hotel für angekommene Schriftsteller), und sie ging weg. Sie sagte, daß sie zurückkommen würde. Aber sie kam nicht wieder. Am nächsten Tag brachte Tat'jana Alekseevna in Erfahrung, daß Marina Ivanovna im Wohnheim übernachtet hatte und am Morgen nach Elabuga gefahren war. Sie hatte beschlossen, ihren Sohn nach Čistopol' zu holen und mit ihm gemeinsam ein Zimmer zu suchen.

Am Steg traf sie Liza Lojter, eine Pianistin und Musikwissenschaftlerin. Sie war die Frau des Dichters Il'ja Frenkel'. Damals arbeitete sie in Čistopol' im Kinderheim, wo ihre Tochter war. Marina Ivanovna ging auf Liza zu, als diese in der Schlange zur Kasse stand, und bat sie, ihr eine Fahrkarte zu kaufen.

»Ich sehe, Sie sind ein intelligenter Mensch. Schlagen Sie mir meine Bitte nicht ab, kaufen Sie mir eine Fahrkarte nach Elabuga. Hier sind so viele Betrunkene, und ich fürchte mich sehr vor Betrunkenen ...«

Liza kannte Marina Ivanovna nicht, diese stellte sich ihr vor. Ihr schien, daß Marina Ivanovna hungrig war und daß man ihr ein Stück Brot geben müsse. Aber Liza hatte nur eine Wassermelone bei sich, und sie aßen sie auf, als sie auf einer Bank am Ufer saßen.

Während sie auf den Dampfer warteten, unterhielten sie sich. Liza hat mir erzählt, daß sie den Eindruck hatte, Marina Ivanovna habe sich nicht sehr über die Perspektive des Umzugs nach Čistopol' gefreut, sie war eher verstört. Doch sie konnten sich nicht vernünftig unterhalten, das Gespräch war abgehackt, auch hat sie vieles vergessen. Die Dampfer kamen, und sie gingen auseinander.

Liza Lojter war offensichtlich die letzte, mit der Marina Ivanovna in Čistopol' sprach, und für mich war sie der letzte Mensch, der sich mir ihr unterhielt. Ansonsten habe ich nur die Auszüge aus Murs Tagebuch zur Verfügung.

Am 28. kehrte Marina Ivanovna aus Čistopol' zurück.

Am 29. beschlossen Marina Ivanovna und Mur, am 30. nach Čistopol' zu fahren, wo es zwar nichts Konkretes gab, aber Versprechungen.

Am 30. morgens besuchten die Schriftstellerinnen Sakonskaja und Ržanovskaja Marina Ivanovna und rieten ihr davon ab, nach Čistopol' zu fahren, denn hier, in Elabuga, gäbe es sichere Arbeit. Auf ihren Rat hin ging Marina Ivanovna zur Gemüsegarten-Sowchose, um sich nach dieser Arbeit zu erkundigen.

Am 29. beschloß sie zu fahren, am 30. nicht zu fahren, und am 31.... Doch warum ausgerechnet am 31.? Warum nicht einen Tag früher, nicht einen Tag später? Doch was passierte damals, am 28. Dezember 1925, im Leningrader Hotel »Angleterre«, was konnte Esenin dazu bewegt haben, den Kopf ausgerechnet dort und ausgerechnet an dem Tag in die Schlinge zu stecken? Und Majakovskij? Lilja beteuerte, daß es nicht geschehen wäre, wenn sie damals in Moskau gewesen wäre und nicht im Ausland, daß sie Vladimir Vladimirovič hätte zurückhalten können. Nun ja, wäre es nicht der 14. April, sondern der 23. Juli oder der 2. Oktober gewesen, so wäre es ein anderes Datum gewesen, ein anderer Tag, ein anderer Monat, vielleicht sogar ein anderes Jahr, aber trotzdem wäre es passiert. Sie sagte selbst, wie oft Majakovskij zum Thema Selbstmord zurückkehrte, und einmal hat er sie sogar angerufen und ihr gesagt, er habe beschlossen, sich umzubringen. Sie trieb den Kutscher an, um rechtzeitig bei ihm zu sein, und sie traf ihn in völliger physischer und psychischer Erschöpfung an: Er gab zu, daß der Revolver versagt hatte.

Der Selbstmord »ist nicht dort, wo man ihn sieht, und er dauert nicht den Abzug des Gewehrhahns ...«, sagte Marina Ivanovna.

Vielleicht lag an jenem Morgen des 31. August alles nur daran, daß Mur nicht zu Hause war. Und dann war da noch der Haken, dieser Haken oder Nagel, der in der Diele in die Deckenbalken geschlagen war. Vielleicht mußte sie ihn in der Eile noch nicht einmal suchen, vielleicht hatte sie ihn schon früher bemerkt. »Niemand sieht – weiß, daß ich schon seit einem Jahr (ungefähr) mit den Augen – nach dem Haken suche ... Ein Jahr schon messe ich den Tod ab«, das schrieb sie im Herbst 1940 in ihr Heft, das heißt – seit Bolševo. Aber schon vor Bolševo, schon damals, in Paris, als sie bei der Seelenmesse für Volkonskij in der Kirche stand und weinte, als niemand zu ihr kam und alle an ihr vorbeigingen, da sagte sie zu Slonim: »Ich würde gerne sterben, aber für Mur muß ich leben.«

Als sie an Bord des sowjetischen Dampfers ging, der sie aus Le Havre nach Rußland brachte, verstand sie, daß sie tot war, daß das das Ende war.

»Für mich gibt es in der Gegenwart *keinen Platz*!«

»Gott prüft mich ständig – meine hohen Qualitäten: meine Geduld. Was will Er von mir?«

»Das Leben, was sah ich von ihm außer Waschen und Putzen ...«

Das sagte sie dort, in der Emigration, und was konnte sie jetzt, in Rußland, sagen, jetzt, 1941?

»Mit dem Wechsel der Orte verliere ich allmählich das Gefühl für die Realität: Ich – bin immer weniger und weniger, gleich jener Herde, die an jedem Zaun ein Büschel Wolle läßt ...«

Blok sagte einmal: »Lyriker zu sein – das ist Schrecken und Freude. Hinter dem Schrecken und der Freude verbirgt sich der Abgrund, in den man fallen kann, und nichts bleibt zurück ...« Marina Ivanovna wußte das schon in ihrer Jugend. Schon 1919, als Stachovič beerdigt wurde, schrieb sie: »Was mir der Tote auch war, oder richtiger: wie wenig ich ihm, dem Lebenden, auch war, ich weiß, daß ich ihm zu gegebener Stunde (von der Stunde an, die abschließt mit den Stunden) von allen am nächsten bin. Vielleicht – weil ich näher als alle am *Rande* stehe, ihm leichter als alle folge (folgen würde) ...«

Zwei Jahre nach ihrem Tod, als Mur schon viel durchgemacht hatte, nachdem er Hunger, Not und Einsamkeit kennengelernt hatte, schrieb er: »Sie hatte völlig den Kopf verloren, den Willen verloren, sie war nur noch Leiden. Ich habe sie damals überhaupt nicht verstanden und war wegen dieser plötzlichen Veränderung böse auf sie ... Doch wie gut ich sie jetzt verstehe! Jetzt kann ich leicht nachempfinden, wie jedes ihrer Worte, jedes Vorgehen, einschließlich des Selbstmords, in ihr entstanden und gereift ist ...«

Am 30., an dem Tag, als sie schon nach Čistopol' fahren wollte, versicherte man ihr also, es gebe in Elabuga sichere Arbeit in der Gemüse-Sowchose, und sie ließ sich überreden, zu bleiben. Es war so leicht, sie zu überreden, sie hatte schon lange keinen eigenen Willen mehr. Sie ging in diese Sowchose. Vielleicht stimmte es und es gab dort Arbeit, doch was für eine Arbeit kann es in einer Gemüse-Sowchose schon geben – für Tagelöhner? Kartoffeln und Rüben ausgraben, Körbe und Säcke schleppen, sie auf Pferdefuhrwerke aufladen. Dann die Herbstregen, Schmutz bis zu den Knien, fünf Kilometer hin, fünf zurück. Dort mußte man den ganzen Tag im Schmutz und im Wind, in der Kälte stehen. Ja, und die Bezahlung, die sie für diese Strafarbeit bekommen würde? Konnte sie Mur davon ernähren? Außerdem war die Arbeit wahrscheinlich saisonbedingt. Und was weiter? Wieder eine Sackgasse!

»Der Tod ist nur für den Körper schrecklich. Die Seele denkt ihn nicht. Deshalb ist beim Selbstmord der Körper der einzige Held.«

»Heroismus der Seele ist es – zu leben, Heroismus des Körpers – zu sterben.«

Der 31. August fiel auf einen Sonntag. Dieser Sonntag begann, wie alle Sonntage den ganzen Krieg über, mit einem Frontbericht. Schon um sechs Uhr morgens wartete man auf diesen Bericht. An den Wegkreuzungen, auf den Plätzen, an den Gebäuden des Gorispolkoms, der Dorfsowjets, vor den Büros der Kolchosen, der Sowchosen, von Säulen, von Bäumen und von Dächern hingen lange, schmale Sprachrohre herunter, die an jene Rohre erinnerten, durch die auf den mittelalterlichen Gemälden die Erzengel das jüngste Gericht verkünden. Unter den Rohren standen schon Leute, und aus den Rohren schallte die Stimme Levitans: »Vom sowjetischen Informbüro ...«

Am 31. August rief der Stadtsowjet von Elabuga alle Bewohner zur Reinigung des Landungsplatzes am Flughafen auf. Sie versprachen, jedem einen Laib Brot zu geben – Brot war zu der Zeit schon sehr teuer. Von der Familie Brodel'ščikov ging die Hausfrau, Anastasija Ivanovna, von den Cvetaevs ging Mur. Wahrscheinlich hatte

Marina Ivanovna ihm vorher ein Frühstück bereitet, sie trug seit dem Morgen eine Schürze, wie immer, wenn sie Hausarbeit verrichtete.

Dann ging der Vermieter zum Fischen. Er sagte zu Marina Ivanovna, daß er mit seinem Enkel zum Fluß gehen würde, und ihm schien, daß sie sich sogar freute, daß sie auch aus dem Haus gingen.

Sie blieb allein.

In Eile schrieb sie:

»Murlyga! Verzeih mir, doch weiter wäre es schlimmer gewesen. *Ich bin sehr krank*, das bin schon nicht mehr ich. Ich liebe Dich wahnsinnig. Verstehe, daß ich nicht mehr leben konnte. Sag Papa und Alja – wenn Du sie siehst –, daß ich sie bis zur letzten Minute geliebt habe und erkläre ihnen, *daß ich in einer Sackgasse gelandet bin.*«

»Liebe Genossen!

Lassen Sie Mur nicht allein. Ich bitte einen von Ihnen, der Zeit hat, ihn nach Čistopol' zu N. N. Aseev zu bringen. Die Dampfer sind furchtbar, ich flehe Sie an, ihn nicht alleine loszuschicken. Helfen Sie ihm auch mit dem Gepäck – es zu packen und nach Čistopol' zu bringen. Ich hoffe auf den Verkauf meiner Sachen.

Ich möchte, daß Mur lebt und studiert. *Mit mir wäre er verloren*. Aseevs Adr. steht auf dem Umschlag.

Begraben Sie mich nicht lebendig! Überprüfen Sie es gut.«

»Lieber Nikolaj Nikolaevič [Aseev]!

Liebe Schwestern Sinjakova!*

Ich flehe Sie an, Mur zu sich nach Čistopol' zu nehmen – *ihn einfach als Sohn anzunehmen* – und er soll *zur Schule gehen*. Ich kann für ihn nichts mehr tun und stürze ihn nur ins Verderben.

* Aseevs Frau Oksana und ihre Schwester.

In meiner Tasche sind 150 R., versuchen Sie bitte, alle meine Sachen zu verkaufen.

In dem Kistchen sind einige Hefte mit Gedichten und ein Paket mit Prosaabzügen.

Ich übergebe sie Ihnen, passen Sie auf meinen lieben Mur auf, er hat eine sehr zarte Gesundheit. Lieben Sie ihn wie einen Sohn – *er verdient es*.

Und mir verzeihen Sie – *ich habe es nicht ertragen*.

MC

Verlassen Sie ihn *niemals*. Ich wäre so wahnsinnig glücklich, wenn er bei Ihnen leben würde.

Wenn Sie wegfahren – nehmen Sie ihn mit.

Lassen Sie ihn *nicht* im Stich.«

Weiter gibt es nur noch die Worte der Vermieterin und des Vermieters. Zu verschiedenen Menschen sagten sie leicht Verschiedenes. Doch im Grund das Gleiche.

Die Vermieterin kam nach Hause. Die Tür zur Diele war verschlossen, sie steckte ihre Hand durch einen Spalt und öffnete sie. Sie ging hinein. Vielleicht hat sie geschrien, vielleicht ist sie zu den Nachbarn gestürzt. Es sammelten sich Menschen an. Sie trauten sich nicht, Marina Ivanovna zu berühren. So hing sie in der Diele. Jemand lief zur Polizei, jemand anderes zum Arzt. Doch weder bei der Polizei noch beim Arzt beeilte man sich sonderlich. Ein Passant holte Marina Ivanovna aus der Schlinge. Sie legten sie hin.

Endlich erschien die Polizei. Es erschien der Arzt. Sie deckten Marina Ivanovna mit einem Laken zu und brachten sie in eine Gruft. Dann wurde das kleine Zimmer hinter der Trennwand durchsucht, hinter dem Vorhang, wo ihr letztes Obdach war. Sie fanden die drei Zettel.

Mur kehrte fast direkt nach der Vermieterin zurück. Er sah die Menschenmenge, doch man ließ ihn nicht ins Haus. Als man ihm erzählte, was vorgefallen war, drehte er sich um und ging weg.

1956 schrieb Alja in ihr Heft:

»Dimka Sikorskij kann sich schlecht erinnern, was und wie es damals in Elabuga war. Für ihn sind die letzten fünfzehn Jahre eine lange Zeit. Er bringt vieles durcheinander, z. B. war er überzeugt davon, daß Mama im Winter beerdigt wurde, und er hat sogar Gedichte über diese Beerdigung im Winter geschrieben.

Doch das hat er im Gedächtnis behalten: Er sah sich im Kino in Elabuga den *Sturm* von A. Ostrovskij an. Auf der Leinwand das Dröhnen des Donners und das wahnsinnige Gesicht Katerinas. Und mit dem Dröhnen des Donners ein wilder Schrei: ›Sikorskij!‹ Das war Mur, der ins Kino gekommen war, um ihn zu holen. Dimka sprang auf. Mur erzählte ihm von Mamas Selbstmord.

Weiter erinnert Dimka sich, wie er im Sowjet von Elabuga versuchte, die Erlaubnis für die Beerdigung zu bekommen, was ihm schließlich auch gelang. Das war, wie er sagte, sehr schwer, denn im Nachbarlager der Kriegsgefangenen herrschte eine Epidemie. Überhaupt war die Sterblichkeitsrate in der Bevölkerung sehr hoch, und aus irgendeinem Grund begrenzten sie die Anzahl der Beerdigungen auf dem Friedhof.«

Aleksander Sokolovskij, der Sohn der Schriftstellerin Sakonskaja, die am 30. bei Marina Ivanovna war und sie überredete, in Elabuga zu bleiben, konnte sich auch noch an diese Tage erinnern. Er sagte, daß Mur nach dem Tod der Mutter äußerlich ruhig war, er war vielleicht noch verschlossener als gewöhnlich, und sein Blick war, wie immer, kalt. Mur sagte: »Marina Ivanovna ging logisch vor.«

Sikorskij behauptete, daß Mur bei ihm übernachtete, Sokolovskij, daß er bei ihnen schlief. Mur blieb noch drei Nächte in Elabuga – er kann sowohl bei dem einen als auch bei dem anderen übernachtet haben. Beide erinnerten sich, daß er sich nachts hin und her wälzte, stöhnte und vielleicht überhaupt nicht schlief. Ein halbes Jahr später schrieb Mur aus Taškent: »Das Schwerste sind die einsamen Tränen, und alle um dich herum wundern sich – wie gefühllos und undurchsichtig du bist.«

Sokolovskij erinnerte sich noch vage daran, daß die städtischen Behörden nicht erlauben wollten, Marina Ivanovna auf dem Friedhof zu beerdigen. Die Rede war von irgendeinem Massengrab, und er suchte verschiedene offizielle Stellen deswegen auf.

Den Totenschein bekam Mur am 1. September ausgehändigt. In der Spalte »Beruf der Verstorbenen« stand: Evakuierte.

Am 2. September wurde sie beerdigt. Dieses Datum entnehme ich Murs Tagebuch. Die Beerdigung wurde vom Gorispolkom bezahlt, was Mur ebenfalls vermerkte.

Das Grab ist verlorengegangen.

# Mur

Nach dem Begräbnis der Mutter kamen Gerüchte und Klatsch auf – er hätte nicht an der Beerdigung teilgenommen! Irgend jemand schloß das aus den Worten der Wirtin in Elabuga, die aber selbst nicht beim Begräbnis war:

»Wenn ich gewußt hätte, daß sie so berühmt ist ...« Andere nehmen einen Brief Murs als Beweis. Er schrieb von der Front: »Ich habe zum ersten Mal im Leben Tote gesehen: Bis zum heutigen Tage habe ich mich geweigert, Verstorbene anzusehen, einschließlich M. I.« Daraus wird die Schlußfolgerung gezogen, er sei auch nicht zum Begräbnis gegangen. Und wenn er doch dabei war, aber nicht hingesehen hat? Man hätte den Sarg geschlossen aus der Gruft tragen und ins Grab hinunterlassen können. Es wurde keine Totenmesse gelesen, es gab keine Trauerfeier, man hat sie einfach verscharrt. Und selbst wenn man den Deckel angehoben hätte, könnte er beiseite getreten sein, und dafür kann man vollstes Verständnis haben.

Nach Angaben von Alja wurde Marina Ivanovna von den wenigen das Geleit gegeben, die mit ihr aus Moskau gekommen waren; darunter waren auch die Jungen – neben Mur auch Sokolovskij und Sikorskij, die sich aber leider an nichts mehr erinnern.

In Murs Tagebuch finden sich keine Einzelheiten, es gibt lediglich eine Eintragung, daß Marina Ivanovna am 2. September begraben wurde.

Am Abend des 3. September, nachdem er unter großen Schwierigkeiten eine Fahrkarte bekommen hatte, verließ Mur Elabuga auf einem hoffnungslos überfüllten Dampfschiff. Einer der Mitreisenden war Jurij Osnos, Dozent am

IFLI*, der nach Čistopol' zu seiner Frau Žanna Gauzner zurückkehrte, der Tochter der Dichterin Vera Inber.

Am 4. September** frühmorgens erreichten sie Čistopol'. Osnos nahm Mur mit zu sich nach Hause, wo man ihm ein Frühstück vorsetzte; von da aus ging Mur zu Aseev.

Mur schreibt in seinem Tagebuch: »Aseev war vollkommen erschüttert über die Nachricht vom Tode M. I.'s. Er ging sofort mit mir zum Gebietskomitee der Partei, wo er die Erlaubnis erhielt, mich in seiner Wohnung anzumelden ...«

Am Abend berieten Mur und Aseev darüber, ob Mur den Winter über in Čistopol' bleiben oder nach Moskau zurückkehren sollte.

Seinem Tagebuch nach zu urteilen war Mur vollkommen aus dem Gleichgewicht. Natürlich erschien ihm die Aussicht, in Čistopol' zu leben, nicht sehr verlockend. In Moskau hatte er seinen einzigen Freund, Dimka Sezeman, dort war Mulja, den er liebte, dort waren seine Tanten, mit denen er sich zwar nicht besonders vertragen hatte, als er bei ihnen wohnte, aber sie waren immerhin seine Verwandten. Und schließlich war Moskau, auch unter Bombenangriffen, eben doch Moskau. Aber würden die Schulen geöffnet sein, würde er lernen können? Er wußte, daß er unbedingt die Schule beenden mußte, daß er ein Zeugnis in Händen halten mußte. Aber wo sollte er in Moskau wohnen?

Er mußte solche Fragen zum ersten Mal allein entscheiden, alle Pros und Kontras abwägen. Früher war er, ob es ihm paßte oder nicht, daran gewöhnt gewesen, sich dem Willen der Mutter unterzuordnen. Offensichtlich gab dann eine flüchtige Bemerkung von Aseev den Ausschlag

* Institut filosofii, literatury i istorii (Institut für Philosophie, Literatur und Geschichte).

** Alle Daten und Fakten sind Murs Tagebuch entnommen.

– dieser teilte ihm mit, seine Frau und er seien nach Moskau eingeladen. Ohne die Assevs hätte Mur in Čistopol' nichts mehr verloren gehabt, er hatte dort niemanden. So gab es für ihn kein Zögern mehr: Er wollte zurück nach Moskau. Aseev übernahm es gerne, ihm einen Passierschein zu verschaffen und bei der Abreise behilflich zu sein.

Am 6. September (so steht es in Murs Tagebuch) beruft Aseev eine Versammlung des Litfond ein und erwirkt den Beschluß, Georgij Ėfron solle nach Moskau zu seinen Verwandten reisen. Es war jedoch nicht ganz einfach, das notwendige Dokument mit allen Unterschriften, Stempeln und auf einem entsprechenden Formular ausgehändigt zu bekommen. Aseev begleitete Mur geduldig bei allen Behördengängen. Unterdessen verkauften Oksana Aseeva und ihre Schwester die Sachen von Marina Ivanovna. Mur brauchte Geld für die Reise. Die 150 Rubel aus Marina Ivanovnas Handtasche waren schnell ausgegeben, und schließlich mußte Mur auch in Moskau von etwas leben. Er selbst trug Marina Ivanovnas Mantel in ein Kommissionsgeschäft, und die Schwestern Sinjakov brachten in zwei Tagen eine Summe von 1210 Rubeln zusammen.

Mur wollte nicht mit dem Schiff auf der Kama und auf der Wolga fahren wie auf dem Hinweg mit Marina Ivanovna; er wollte das Schiff nur bis Gor'kij nehmen und dort in den Zug umsteigen, weil es so schneller ging. Er war entsetzt über das Gepäck, das er mitnehmen sollte: Soviel er auch verkauft hatte, es blieben noch etliche Säcke und Koffer, die er allein unmöglich tragen konnte. Bei der Suche nach einem Reisegefährten stieß er auf »einen gewissen Bokov, der uns gemeinsam mit Pasternak nach Elabuga begleitet hat ...«. Bokov hatte seine Familie in Čistopol' besucht und war auf dem Rückweg nach Moskau. Mur wollte sich ihm anschließen. Erneut schaute er sein Gepäck durch, sortierte es und entschloß sich, einen Sack mit Lebensmitteln und Haushaltsgegenständen zurückzulassen. Der Sack war schwer und er hatte keine Lust, ihn nach Moskau zu schleppen.

Am 10. September erhält er endlich das Papier für die Reise nach Moskau, mit allen Unterschriften und Stempeln. Er kann abreisen. Da sucht ihn plötzlich der Vertreter des Litfond in Čistopol' auf und teilt ihm mit, ein Telegramm vom Direktor des Litfond, Chmara, sei gekommen: Mur solle in das Internat für Schriftstellerkinder aufgenommen werden, er könne im Wohnheim des Internats leben, werde vollständig vom Litfond unterhalten und könne die Schule in Čistopol' besuchen. Nach nüchterner Überlegung beschließt Mur, daß es für ihn sinnvoller wäre, im Internat in Čistopol' zu bleiben, worüber er ausführlich seiner Tante Lilja und Dima Sezeman nach Moskau schreibt.

»11. IX-41

Teure Lilja!

Ich denke, Sie haben inzwischen gehört, daß M. I. am 31. in Elabuga Selbstmord begangen hat. Die Beweggründe waren ihre schwache nervliche Konstitution, die Ausweglosigkeit ihrer Situation und die Unmöglichkeit, ihrem Beruf nachzugehen; außerdem konnte M. I. die Lebensbedingungen in Elabuga kaum ertragen – Schmutz, Häßlichkeit, Dummheit. Am 31. hat sie sich erhängt. Sie hat ihre Absicht, sich umzubringen, mir gegenüber wiederholt als die beste Entscheidung erwähnt, die sie treffen könne. Ich verstehe und rechtfertige sie vollkommen. Tatsächlich, wie sie mir in ihrem Abschiedsbrief schreibt: ›weiter wäre schlimmer gewesen‹. Weiter hätte sie nur ein Surrogat für das Leben erwartet, sie hätte ›ein jämmerliches Dasein gefristet‹. Sie ist auf dem Friedhof in Elabuga beigesetzt. Nach dem Begräbnis habe ich alle Sachen zusammengepackt und bin nach Čistopol' gezogen, wo sich

Aseev aufhält, wo das Kinderheim des Litfond und viele Familien von Moskauer Schriftstellern sind. Angesichts der Ausweglosigkeit meiner Situation – in Čistopol' gab es für mich keinerlei Möglichkeiten –, entschloß ich mich, auf eigene Verantwortung nach Moskau zu reisen. Doch am Vorabend meiner Abreise kam ein Telegramm mit der Nachricht, ich sei in das Kinderheim des Litfond aufgenommen. Außerdem bekomme ich eine einmalige finanzielle Unterstützung. In Čistopol' habe ich 90 Prozent der Sachen von M. I. verkauft, um eine gewisse Summe zur Verfügung zu haben (M. I. hatte in ihrem Brief auch geschrieben, ich solle die Sachen verkaufen). Ich habe also eine Wohnung und Kleider, und das Wichtigste: Ich kann lernen. Ich werde die Schule in Čistopol' besuchen. Kleidung für den Winter habe ich ausreichend – in dieser Beziehung bin ich ein Krösus. Darüber hinaus werde ich die Unterstützung und das Geld aus dem Verkauf der Sachen bekommen. Machen Sie sich daher meinetwegen keine Sorgen: Ich bin bestens untergebracht und versorgt. Nun das Wichtigste. *Lilja, machen Sie Mit'ka ausfindig. Versuchen Sie mit allen Mitteln, zu erfahren, wo er steckt. Bringen Sie in Erfahrung, ob er in Moskau ist, wo er wohnt. Schicken Sie einen Bekannten ins IFLI (in Sokol'niki) – vielleicht weiß man dort, wo er ist (er ist Mitglied des IFLI). Wenn er in Moskau ist, übergeben Sie ihm den hier für ihn beigelegten Brief. Wenn er nicht in Moskau ist, so bringen Sie heraus, wohin er gefahren ist. Seine Telefonnummer ist V-1-97-51. Tun Sie alles, was in Ihrer Macht steht, um herauszufinden, wo er ist, wie es ihm geht.* Er ist mein einziger Freund. Jetzt *lesen Sie bitte aufmerksam*: sobald Sie erfahren, wo er sich befindet, schicken Sie mir unverzüglich ein Telegramm, wo er ist, wie es ihm geht, wie seine Anschrift lautet. Lilja, scheuen Sie keine Kosten dafür, das ist mein einziger Wunsch. Bitte erfüllen Sie ihn. Das ist keine Laune. Mir ist es wichtig, das zu wissen: Es geht um das Schicksal meines Freundes. Die Telefonnummer von Mulja ist K-2-42-61. Also – sobald Sie etwas erfahren, schicken Sie mir unverzüglich ein Telegramm. Ich bitte Sie sehr dringend darum.

Ich wünsche Ihnen alles Gute.

Ich küsse Sie und Zina sehr herzlich,

Ihr Mur.

Die Adresse für das Telegramm:
Tatarische ASSR, Čistopol', Postlagernd, Ėfron, G. S.

P. S. Schreiben Sie keine Briefe, sie kommen nicht an, sie sind zu lange unterwegs.«

Der Brief an Sezeman ist auf französisch geschrieben.

»11. IX-41

Guten Tag, alter Mitja!

Ich schreibe Dir, um Dir mitzuteilen, daß meine Mutter am 31. August Selbstmord begangen hat. Ich habe keine Lust, mich bei diesem Thema aufzuhalten. Was geschehen ist, ist geschehen. Alles, was ich Dir dazu sagen kann, ist, daß sie richtig gehandelt hat: Sie hatte genügend Motive. Es war der beste Ausweg aus der Situation, und ich heiße ihre Handlungsweise vollkommen gut.

Nach einer albtraumhaften Reise gelangte ich nach Čistopol', wo sich einige evakuierte Familien von Schriftstellern aufhalten. Nachdem ich einige Zeit bei Aseev gelebt und den ganzen Besitz meiner Mutter verkauft hatte (für ungefähr 2000 Rubel), beschloß ich, ungeachtet der Bombardierungen und alles übrigen, mich auf den Weg nach Moskau zu machen. Ich regelte meine Angelegenheiten, verschaffte mir einen Passierschein und bereitete mich auf die Abreise vor; da jedoch teilte mir die Direktorin des hiesigen Litfond-Kinderheims[31] mit, daß auf meinen Namen ein Telegramm des Moskauer Litfond gekommen sei über meine Aufnahme in das Kinderheim der Schriftsteller, wo ich bei voller Pension wohnen kann, wo ich ›gefüttert, gewaschen und zu Bett gelegt‹ werde, und – das Wichtigste – wo ich die neunte Klasse besuchen kann, gemeinsam mit anderen Schriftstellerkindern. Nachdem ich mir das alles überlegt hatte, beschloß ich zu bleiben, hauptsächlich deswegen, weil ich hier die Schule besuchen kann, und in Moskau – ›wer weiß‹?

Diese Entscheidung hat mich einiges gekostet. Ich wollte Dich schrecklich gerne sehen und mit Dir reden, ich wollte Moskau sehen und auch Mulja, jedoch habe ich all das kaltblütig geopfert. Außerdem bin ich überzeugt, daß Du an meiner Stelle auch geblieben wärst.

Ich möchte, daß Du folgendes weißt: Was auch immer künftig geschehen wird, es kommt der Tag, an dem ich nach Moskau zurückkehre. Darauf werden alle meine Bemühungen gerichtet sein. Außerdem wird eines Tages das ganze Kinderheim nach Moskau zurückverlegt (so haben auch diese ›Kinder von Berühmtheiten‹ ihren Vorteil), und dann kehre auch ich nach Moskau zurück. Unternimm bitte von Deiner Seite aus alle Anstrengungen, um in Moskau zu bleiben, wir werden uns dann unbedingt treffen.

Ich bitte Dich dringend, ein Telegramm nach Čistopol' zu schicken und mir mitzuteilen, wo Du wohnst. Es ist mir außerordentlich wichtig, Dich nicht aus den Augen zu verlieren. Ich bitte Dich sehr darum. Und jetzt möchte ich Dir auf Wiedersehen sagen, mein Alter. Was auch geschieht, alles wird sich zum Guten wenden, und wir werden uns treffen. Ich hoffe, daß es uns dann besser gehen wird.

Ich drücke Dir das Pfötchen.

Dein Freund Mur.

P. S. Schreib keine Briefe – sie sind zu lange unterwegs.

Adresse: Tatarische ASSR, Čistopol', Postlagernd, Ėfron, G. S.«

Ich weiß, daß diese Briefe einen deprimierenden Eindruck machen können – so über den Tod der eigenen Mutter zu schreiben, und über einen so tragischen Tod. So kalt, so einsichtig! Weder Verzweiflung, noch Tränen oder Schmerz, lediglich die Feststellung einer Tatsache: »Was geschehen ist, ist geschehen«, »Ich verstehe und rechtfertige sie vollkommen ...« Und fertig. Welche Hartherzigkeit, welcher Egoismus!

Aber vielleicht muß man daran erinnern, daß diese Briefe ein Junge schreibt, der sich sehr bemüht, erwachsen zu scheinen, ein Mann zu sein. Mur ist überaus stolz und empfindlich, er will nicht, daß man ihn bedauert und bemitleidet. Er hat sich abgesondert und läßt nicht einmal nahestehende Personen an sich heran. Jeder ist auf seine Weise unglücklich. Und Mur war sehr unglücklich.

Seine Mutter hatte ihn nach ihrem Vorbild geschaffen: Er vermochte nicht, sich in das Leben einzufügen. Er war nicht in der Lage, seiner Einsamkeit zu entrinnen. Er war erfüllt von dem übermäßigen Gefühl seiner Auserwähltheit, das ihm seine Mutter eingeflößt hatte, ohne dabei aber eine vernünftige Vorstellung davon zu haben, wie und worin sie sich ausdrücken könnte. Später, in Taškent, schrieb er Essays, Gedichte und Romane auf französisch und auf russisch, und er war überzeugt, ein großer Dichter zu werden. Er war sehr klug: »Ein scharfer Verstand, aber nüchtern: *römisch*«, und er war »am wenigsten seelisch entwickelt« – das sagte Marina Ivanovna selbst über ihn. Die Mutter liebte er natürlich und empfand Mitleid für sie, aber er war nicht wie Alja, die sich bemühte, Marina Ivanovna eine solche Tochter zu sein, wie sie sie brauchte, und sie so zu lieben, wie es ihrem Bedürfnis entsprach. Mur kam dergleichen nicht in den Sinn. Mur liebte so, wie er es verstand – auf *seine* Weise eben. Er war egoistisch, fordernd und schlecht erzogen. Mit seiner Verhaltensweise, mit seiner Art, sich zu benehmen, genauer gesagt, seiner Unfähigkeit, sich zu benehmen und mit Leuten zu verkehren, stieß er viele vor den Kopf und machte sich unbeliebt.

Nach dem 10. September zog Mur ins Internat um,

wahrscheinlich zu seiner eigenen Erleichterung ebenso wie zu derjenigen der Aseevs. Er scheint sich bei Aseev nicht wohlgefühlt zu haben, aber wo konnte er sich wohlfühlen nach all dem, was geschehen war, und noch dazu bei seinem Charakter? Er hatte nie gelernt, auf fremde Gewohnheiten und andere Lebensweisen Rücksicht zu nehmen, er war zu sehr auf sich selbst fixiert. Marina Ivanovna hatte ihm beigebracht, daß alles im Leben sich um ihn drehte, und das mußte er sich zunächst abgewöhnen, dafür brauchte er Zeit. Nach der intellektuellen Spannung, in der er sich seit seiner frühen Kindheit zu bewegen gewohnt war, mußte ihm das Leben in jeder anderen Familie, in jeder anderen Umgebung langweilig und grau erscheinen. Er schreibt im Tagebuch: »Bei den Aseevs liegt geistige Trägheit in der Luft – warum? Aseev leidet an Tbc, ist blaß, grau, schweigsam ...« Und etwas später: »Wie langweilig die Aseevs leben! Er hat wenigstens noch die Poesie, aber sie und die Schwestern reden nur über alltäglichen Kram ...«

Wenn sich jedoch Mur bei den Aseevs nicht wohlfühlte, so werden auch sie kaum Freude an ihm gehabt haben. Er war eben kein Waisenjunge, den man umhegen, zärtlich umarmen und an Sohnes statt hätte annehmen können, wie das Marina Ivanovna gewollt hatte. Wenn er sich jemandem anvertraut hätte, dann vielleicht Mulja, an dem er sehr hing, und auch das eher als Kamerad denn als Sohn. Auch werden die Aseevs, die ihr ganzes Leben kinderlos verbracht hatten, schwerlich von der Aussicht begeistert gewesen sein, auf ihre alten Tage einen so schwierigen, beinahe erwachsenen und fremdartigen Stiefsohn zu bekommen.

Aseev machte, entgegen seiner Äußerung Mur gegenüber, den ganzen September hindurch keinerlei Anstalten, nach Moskau zu fahren. Wenn man weiß, wie sehr Aseev den Tod fürchtete, ist es nur schwer vorstellbar, daß er im Sinn hatte, aus dem friedlichen Čistopol' in das bombardierte Moskau zu fahren, selbst wenn man ihn darum gebeten hätte. Und die, die in Čistopol' lebten, sagten, daß Oksana sich schon seit dem Sommer auf den Winter in Čistopol' vorbereitet hatte. Sie hatte sich mit Brennholz eingedeckt, den Keller gefüllt und Vorräte an Eingesalzenem und Konfitüre angelegt. Hat nicht vielleicht Nikolaj Nikolaevič am ersten Abend nach Murs Ankunft aus Elabuga nur deswegen beiläufig bemerkt, man riefe seine Frau und ihn nach Moskau, damit Mur nicht in Čistopol' blieb? Denn wäre dieser geblieben, hätte das für Aseev eine große Belastung bedeutet, hätte er doch die Verantwortung tragen müssen. So ergab es sich, daß alles für Mur bereits geregelt war, bevor dieser davon etwas ahnte. Viele Jahre später, als sie aus der Verbannung nach Turuchansk zurückgekehrt war, vermutete Alja etwas Derartiges und brach daraufhin die Beziehung zu den Aseevs ab.

Aseev? Seltsam, wir haben uns so oft getroffen, und doch ist mir von ihm eher ein rein visueller, äußerlicher Eindruck geblieben. Er war silbrig grau, quecksilbergrau! Silbergraue Haare, glatt zurückgekämmt, Scheitel auf der Seite, aschgraue Blässe des Gesichts, wächserne Lippen, quecksilbergraue Augen. Aber der Mensch? Was für ein Mensch war er? Er war schlüpfrig wie Quecksilber, man konnte ihn nicht fassen. Man sagt, er war schlau – »der schlaue Fuchs Aseev«. Vorsichtig war er, das ist sicher, er konnte reden, ohne etwas gesagt zu haben. Er paßte sehr auf sich auf und hatte große Angst vor dem Tod.

Oksana habe ich nach Nikolaj Nikolaevičs Tod nur noch einmal gesehen, ich besuchte sie in der verlassenen, baufälligen Wohnung. Unser Gespräch war unangenehm und schmerzlich für mich, obwohl ich schon darauf vorbereitet war, daß Oksana in Erinnerung an die Tage in Čistopol' sehr schlecht über Marina Ivanovna und Mur sprechen würde. Sie gab sich offenbar keine Rechenschaft darüber, daß ihre Erzählung sowohl für sie selbst als auch für Aseev wenig schmeichelhaft war. Ich habe unsere Unterhaltung Wort für Wort niedergeschrieben – was gesagt wurde und wie es gesagt wurde –, und gebe sie in etwas verkürzter Form wieder.

Als ich damals die Treppe zur Wohnung der Aseevs hinaufstieg, fiel mir ein, daß ich im Winter 1940/41 mit Tarasenkov ebendiese Treppe hinaufgestiegen war, zusammen mit Marina Ivanovna, die wir am Eingang getroffen hatten. Ich erinnerte Oksana daran. Sie erwiderte gereizt, Marina Ivanovna sei nicht dabeigewesen, und überhaupt habe sie nie bei ihnen verkehrt, allenfalls sei sie einmal mit Kručënych vorbeigekommen. Ich begann ihr zu erklären, daß Marina Ivanovna zu der Zeit eng mit Nikolaj Nikolaevič befreundet war. Ich weiß das, es gibt auch Notizen von Mur, und Boris Leonidovič schreibt ebenfalls darüber.

»Nun ja, sie hat sich natürlich sehr an Kolja angeschlossen, weil er ein berühmter Dichter war.«

»Wenn er ein berühmter Dichter war, So war sie eine geniale Dichterin, und Nikolaj Nikolaevič verstand das sehr wohl! Er liebte ihre Gedichte sehr und las sie schon, als Marina Ivanovna noch im Ausland war ...«

»Sie hat auch bei uns rezitiert«, unterbrach Oksana. »Kolja sagte ihr einmal, daß in ihren Gedichten sehr viel von Majakovskij sei, aber sie wurde zornig und sagte, was heißt hier Majakovskij, ich habe ihn nie gelesen und kenne euren Majakovskij nicht.«

»Oksana, Sie bringen alles durcheinander! Sie kannte Majakovskij nicht nur, sondern schätzte ihn sogar sehr und schrieb über ihn.«

»Weiß ich nicht, weiß ich nicht, ich weiß nur, daß sie verrückt war! Hätte sich ein normaler Mensch etwa aufgehängt? Ja, sie war natürlich ans Mittelmeer gewöhnt und nicht an Elabuga, aber wir waren schließlich auch an Moskau gewöhnt und nicht an Čistopol'! Wir hatten es auch nicht leicht, aber wir haben uns nicht aufgehängt.«

»Schämen Sie sich, Oksana ...«

Aber Oksana überschüttete mich schon mit einem zornigen Wortschwall:

»Nein, es war ihre Privatangelegenheit zu leben oder sich aufzuhängen! ... Aber stellen Sie sich vor, da kommt ihr Sohn mit einem Brief von ihr zu uns gestürzt, sehen Sie, sie hatte ihn einfach Aseev und uns Schwestern Sinjakov vermacht. Da hat sie uns aber einen Gefallen getan! Darauf hatten wir gerade noch gewartet ... Er war schließlich ein Mann, ihn zu ernähren hätte wer weiß was gekostet, und was war das für eine Zeit! Natürlich beschlossen Kolja und ich sogleich, man müsse ihn nach Moskau zu den Tanten schicken, sollten die sich um ihn kümmern! Bis dahin würden wir ihm natürlich helfen, sollte er ruhig vorläufig bei uns bleiben. Er mußte seine Papiere wegschicken, um einen Passierschein für Moskau zu bekommen. Und als er im Begriff war, nach Moskau zu fahren, bat er darum, das Archiv seiner Mutter, ihre Manuskripte[32], bei uns lassen zu dürfen, in Moskau seien Bombenangriffe, sagte er, da könnten sie verlorengehen. Als Kolja von Manuskripten hörte, winkte er ab: ›Auf keinen Fall, das hat mir noch gefehlt. Chlebnikov hatte sein Archiv bei Majakovskij gelassen, und wie hat man Volodja nachher deswegen zu Unrecht beschuldigt. Da lassen sich Unannehmlichkeiten nicht vermeiden.‹ Mur sagte: ›Aber dann behalten Sie wenigstens die Hefte, das ist das Wertvollste, ich fürchte mich, sie mitzunehmen, nehmen Sie sie.‹ Kolja nahm ein Heft und öffnete es aufs Geratewohl: ›Was‹, sagte er, ›hier ist ja von Pasternak[33] die Rede, um nichts in der Welt nehme ich sie – nimm alles mit, ich will da nicht hineingezogen werden! ...‹ Man muß sich nur mal vorstellen, welche Last uns da aufgebürdet werden sollte! Konnte sie sich nichts Besseres ausdenken? Sie kam in Čistopol' zu uns, wir haben sie anständig aufgenommen, Kolja war krank, er tat für sie, was er nur konnte, und jetzt verleumdet man ihn deswegen! Und nicht Kolja war dagegen, andere! Trenev war dagegen! Seit wann, sagte er, sind uns Weißgardisten willkommen, wozu brauchen wir sie, noch dazu im Krieg? Kolja war krank, er konnte nicht zur Sitzung gehen und schickte einen Zettel mit einem Tolstoj-Zitat: Wir lieben und schätzen die Kunst, aber warum sind wir so gleichgültig denen gegenüber, die diese Kunst schaffen – etwas in der Art. Und unterschrieb: L. Tolstoj. Dieser Zettel befindet sich in Čistopol', im Museum.[34] Mur kam vom Schiff gleich zu uns gestürzt und platzte ohne Vorwarnung noch in der Türe heraus: ›Marina Ivanovna hat sich aufgehängt!‹ Ich faßte mich an den Kopf und rief: ›Mein Gott, wie entsetzlich!‹ Er aber unterbrach mich ganz gelassen: ›Marina Ivanovna hat richtig gehandelt, sie hatte keinen anderen Ausweg!‹ So etwas über die eigene Mutter! ›Richtig gehandelt!‹ Sie brauchen mir nichts zu erzählen, er war ein herzloser Faschist, spazierte nackt umher, nur in Unterhosen, ein Mann ist ein Mann, aber meine Schwester und ich sind schließlich Frauen ... Er schaut aus dem Fenster, es regnet, überall knietiefer Dreck, die Rekruten waten im Schlamm, und er sagt: ›Wie ich das alles hasse!‹ Als ob es uns gefallen hätte! Nein, Sie sehen, sie hat uns einen großen Dienst erwiesen, als sie uns ihren Sohn hinterließ! ... Eine ganze Einkaufstasche mit ihren Manuskripten wollte er Kolja überlassen, aber Kolja sagte: ›Soll ich etwa mein Leben lang das Archiv der Cvetaeva am Hals haben? Übergib alles dem Literaturmuseum, damit ist die Sache erledigt.‹ ›Nein, auf keinen Fall gebe ich es dem Museum, ich traue ihnen nicht.‹ Warum traut er ihnen nicht? Eine staatliche Institution, aber er traut ihnen nicht! Und ihre

Tochter? Auch eine feine Person! Kolja hat sie selbst nie gesehen, sie schrieb ihm aus Rjazan', und er hat ihr natürlich aus Höflichkeit geantwortet. Es stimmt, sie hat die Stadt und das Leben sehr schön beschrieben, es war interessant zu lesen. Kolja schrieb ihr sogar: ›Sie haben schriftstellerisches Talent; wenn Sie mir auch weiterhin solche Briefe schreiben, dann werde ich sie mit Vergnügen lesen.‹ Wir haben einen ganzen Packen Briefe verwahrt, und dann kam auf einmal ein wütender Zettel, daß sie ihm nicht mehr schreiben und bei einer Begegnung nicht die Hand geben werde. Kolja wunderte sich sehr, was plötzlich in sie gefahren war. Er fragte Kručënych. ›Sieh nur, was für einen wütenden Brief ich von Alja bekommen habe.‹ Aber der winkte nur ab. ›Kümmere dich nicht um sie, sie ist eine Närrin!‹ Und dies nach allem, was Kolja getan hat ...«

»Haben Sie Aljas Briefe aufbewahrt?«

»Das fehlte noch, als ob wir sie danach noch verwahrt hätten, weiß der Himmel, wo sie sind.«

Alja korrespondierte mit den Aseevs in den Jahren 1948-1949. Aseevs Briefe an sie wurden 1949 bei ihrer zweiten Verhaftung beschlagnahmt. Über ihre Beziehung zu den Aseevs können wir nur aus einigen Sätzen in ihren Briefen an Boris Leonidovič schließen. Sie schrieb an Pasternak, nachdem sie seine Gedichte bekommen hatte:

14. August 1948

»... wunderschöne Gedichte, was ich nicht von denen behaupten kann, die mir Aseev letzthin geschickt hat. Ich konnte nicht anders als ihm zu schreiben, daß sie mir nicht besonders gefielen. Das hat ihm anscheinend auch nicht besonders gefallen – er schreibt mir nicht mehr ...«

26. August 1948

»... Aseev schreibt von Zeit zu Zeit schöne, flüssige Briefe. In seinen Briefen ist etwas Oberflächliches, was einen dazu bringt, in ihm selbst etwas Verborgenes zu vermuten – ich weiß nicht, wie ich es ausdrücken soll, insgesamt erwecken alle seine gefälligen Lobreden auf meinen Verstand und seine hochtrabenden Phrasen über Mama nicht das einfache menschliche Vertrauen, ohne das es keine auch nur annähernd aufrichtigen Beziehungen geben kann. Er hat die Absicht, hierher zu kommen, um ›mich anzuschauen‹. Er wird wohl kaum Freude an dieser Brautschau haben. Aber sag es ihm nicht ...«

Als Alja nach Turuchansk gerät, hört der Briefwechsel mit Aseev offenbar auf. Sie ist nun eine Verbannte und versteht, daß nicht jedermann mit ihr korrespondieren will; es gibt jedenfalls keinerlei Anzeichen dafür, daß sie ihm aus Turuchansk geschrieben hätte. Im Jahre 1955 kehrt Alja dann nach Moskau zurück und schreibt am 2. Dezember ihrer Freundin Anna Škodina, mit der sie gemeinsam in der Verbannung in Turuchansk war:

»... neulich habe ich mit Kručënych und Aseev abgerechnet (Kručënych hat bei Mur Mamas Manuskripte aufgekauft und damit gehandelt, und von Aseev habe ich Dir erzählt). Zuerst rief Kručënych an. Ich erschreckte ihn zu Tode, drohte ihm mit dem Gericht wegen Handels, insbesondere mit Briefen. Er rief anscheinend Aseev an und der wiederum mich: ›A. S.? Hier spricht N. N. Sind Sie länger hier?‹ ›Für immer.‹ ›Wann kommen Sie uns besuchen?‹ ›Niemals.‹ ›Warum?‹ ›Das können Sie sich doch denken.‹ Ich legte den Hörer auf. Wieder ein Anruf: ›A. S., ich verstehe nicht ... Man hat mich offenbar bei Ihnen verleumdet ... Ihre Briefe aus Rjazan' hüte ich wie eine *Kostbarkeit*‹ (!!!). ›Und ich, N. N., hüte den letzten Brief meiner Mutter an Sie wie eine Kostbarkeit, in dem sie Ihnen den Sohn anvertraut.‹ ›A. S., das ist eine Fälschung, der Brief ist nicht echt! Ich möchte mich mit Ihnen aussprechen!‹ ›N. N., es ist auch so alles klar, ich bitte Sie, mich nicht mehr anzurufen und rate Ihnen, mir besser nicht über den Weg zu laufen.‹ Kaum hatte ich den Hörer aufgelegt, fiel mir ein Stein vom Herzen. Nein, so ein Hundesohn! ...«

Warum hatte sie in den Jahren 1948-1949 mit Aseev korrespondiert und normale Beziehungen gepflegt, und jetzt nannte sie ihn plötzlich einen »Hundesohn«? Dem Satz: »Und ich, N. N., hüte den letzten Brief meiner Mutter wie eine Kostbarkeit, in dem sie Ihnen den Sohn anvertraut ...« können wir nur entnehmen, daß sie damals, zur Zeit ihres Aufenthalts in Rjazan', diesen letzten Brief ihrer Mutter noch nicht gelesen und auch das Archiv kaum angeschaut hatte. Sie hatte nicht das Recht, einfach so nach Moskau zu fahren, sie konnte nur anläßlich einer Dienstreise kommen. Natürlich kam sie trotzdem, aber jedesmal verging sie beinahe vor Furcht, entdeckt und verfolgt zu werden. Jedesmal beeilte sie sich, nach Rjazan' zurückzukehren und blieb nur selten über Nacht bei der Tante. Diese wollte sie offenbar schonen und bewahrte Stillschweigen über diesen Brief.

Im Jahre 1955 dagegen wußte Alja schon mehr, sie hatte viele Geschichten über Čistopol' und Aseev gehört und begriff, daß er sich Murs einfach entledigt hatte. Er hatte die Bitte Marina Ivanovnas nicht erfüllt und Mur auch später niemals Hilfe erwiesen.

Im Oktober 1956 fällt Alja ein autobiographischer Essay von Boris Leonidovič in die Hände, in dem er die Namen des jungen Aseev und der jungen Cvetaeva nebeneinanderstellt. Voller Empörung und Zorn schreibt Alja ihm:

»... Das Vorwort zu Deinem Buch ist wunderbar, auch was Du über Mama schreibst, nur kränkt es *mich*, daß Du die Namen von Mama und Aseev nebeneinanderstellst. Das geht nicht, Du weißt es doch. Diese Namen können nur verbunden werden wie die Namen von Kain und Abel, Mozart und Salieri, aber nicht so, wie Du es machst.

Wie hätte sie das gekränkt, so etwas von Dir! Sie hätte das wirklich nie geschrieben, wenn sie an Deiner Stelle gewesen wäre. Überlege es dir, denk an Čistopol' und Elabuga, daran, wie Mama sich hilfesuchend an Aseev wandte und nach ihrer Rückkehr ihrem Leben ein Ende setzte, Mur 300 R.* (zu Kriegszeiten!) und ihre Manuskripte hinterlassend. Egal, was am Anfang gewesen war, Talente, Erinnerungen, Beziehungen, alles das kann und darf ein *solches* Ende nicht vertuschen. Im übrigen, was erzähle ich Dir! Du weißt alles, von nun an bis in alle Ewigkeit, und handelst nur auf Deine Weise. Es ist nicht an mir, Dich schreiben und fühlen zu lehren. Für mich ist Aseev kein Dichter, kein Mensch, kein Feind, kein Verräter, er ist ein Mörder, und *dieser* Mord ist weit schlimmer als der von d'Anthès.«

Dies bedeutet: Als Marina Ivanovna zu Aseev nach Čistopol' kam, hat er ihr nicht geholfen, sie nicht aufgenommen, nichts für sie getan! Aber wie konnte Marina Ivanovna mit ihrem ausgeprägten Stolz Mur ausgerechnet ihm überantworten? Außerdem besitzt Alja noch einen Brief der Sikorskaja, in dem diese sagt, daß Marina Ivanovna nach dem Treffen mit Aseev »so beflügelt« war.

Aber Alja ging es im Oktober 1956, als sie Boris Leonidovič schrieb, nicht um die Suche nach der Wahrheit. Es war eine qualvolle Zeit für sie; beinahe täglich ging sie zur Staatsanwaltschaft in die Puškinskaja ulica, die ehemalige Bol'šaja Dimitrovka, und bemühte sich um die Rehabilitierung des Vaters. Es waren keine Spuren von ihm ausfindig zu machen, sogar seine Akte war verschwunden.

»Am 3. Oktober 1956, nach endlosen Bittgängen, Erkundigungen und Mahnungen, erhielt ich im Kriegskolle-

* Im letzten Brief von M. C. ist die Rede von 150 Rubel (M. B.).

gium des Obersten Gerichts die Bescheinigung über Papas posthume Rehabilitierung. Ich wußte längst, daß er nicht mehr lebt, aber solange ich nicht auf dem Papier ›posthum‹ gesehen hatte, glaubte ich es nicht ...«

»... Irgendwie lebe ich nicht und habe jedes Zeitgefühl verloren. Meine (innere) Uhr ist stehengeblieben, da ist nichts mehr zu reparieren. *Das* kann man nicht reparieren. Daß ich mich um die Veröffentlichung von Mamas Sachen kümmere, daß ich mich um die Überprüfung von Papas Fall bemüht habe, das kommt nicht von Herzen, sondern vom Verstand (von dem, was davon geblieben ist). Es muß sein, und jemand anderes wird es nicht machen, zumindest nicht so bald, und dann womöglich schlechter. Im Grunde genommen ist es mir gleichgültig, ob Mamas Gedichte ein Jahrhundert früher oder später erscheinen; es ist *nach* ihrem *Tod*.

Wenn ich das alles erledige, so denke ich dabei weniger an Mamas heutige Leser oder den ›Triumph der Gerechtigkeit‹ in Papas Angelegenheit; vielmehr ist es im Moment einfach alles, was ich zu ihrem Andenken tun kann. Und jedem, dem Mamas Gedichte ›gefallen‹, zürne ich unbewußt (bewußt, sobald ich es erkenne): ›Und wo warst du, womit hast du ihr geholfen, als sie noch lebte, in jenen furchtbaren Jahren, Tagen, Stunden?‹ Bevor man das Recht hat, Gedichte zu lieben, muß man den Dichter selbst lieben. Ich weiß, daß mein Zustand, meine Beziehung zu den zeitgenössischen Lesern und posthumen Verehrern eine einzige Dummheit ist, ça ne tient pas debout, aber ich kann nicht anders! ...«

»Wo warst du, womit hast du ihr geholfen, als sie noch lebte?« Aseev war dort, in der Nähe, in Čistopol', er war nicht nur Leser und Verehrer von Marina Ivanovna, sondern auch Berufskollege, Zunftgenosse, er war Dichter! Und der einzige Mensch, der ihr dort, in Čistopol', in gewisser Hinsicht nahestehen konnte. Er war gutsituiert, wohlhabend, einflußreich, er vermochte vieles. Aber tat er es? Hat er alles getan, was er konnte?

Alja hat mehrfach wiederholt, Marina Ivanovna sei an ungeheurer menschlicher Gleichgültigkeit gestorben, und sie hat im Grunde recht.

Später hat sie allerdings in gemäßigterem Ton über Aseev geschrieben: »Er hat sich der Verantwortung entzogen«, »Er hat das Vermächtnis der Mutter nicht erfüllt«. Boris Leonidovič hat seinen Essay nicht geändert, ebensowenig wie seine Beziehungen zu Aseev, obgleich er Alja sehr liebte und Rücksicht auf sie nahm.

Ich habe Aseevs Namen bei Alja nie erwähnt, ihm selbst bin ich nach dem Tode Tarasenkovs kaum mehr begegnet. Aber die ganze Geschichte mit ihm fand ein für mich sehr unerwartetes, eigenartiges Ende.

Im Jahre 1979 lernte ich die betagte Dichterin und Übersetzerin Nadežda Aleksandrovna Pavlovič kennen. Ich hatte gehört, sie sei in jenen Vorkriegsjahren mit Marina Ivanovna zusammengetroffen. Auf meine Frage nach ihren Begegnungen mit Marina Ivanovna sagte sie mir, sie hätte sich damals sehr gerne mit ihr getroffen; sie sei jedoch »eingeschüchtert« gewesen, habe die Begegnungen gefürchtet und diejenigen beneidet, die sich nicht fürchteten. Ich fragte noch, ob sie Mur gekannt habe. Nein, sie habe ihn fast gar nicht gekannt.

»Aber ich habe Sie nicht deswegen kommen lassen. Ich wollte Ihnen nicht davon erzählen ... Ich muß Ihnen von Aseev berichten. Sind Sie schon einmal in Dzintari gewesen?«

»Ja.«

Ob ich mich daran erinnerte, daß dort, wo man das Haus der Künstler gebaut hatte, eine kleine Kirche gestanden hatte? Ich erinnerte mich. Einmal – nicht lange vor Aseevs Tod – war sie in Dzintari und ging zur Abendmesse in diese Kirche. Sie kaufte eine Kerze und bemerkte plötzlich am rechten Chor einen vor einer Ikone niederknienden Mann. Er betete, und über sein Gesicht liefen Tränen. Sie erkannte Aseev. Sie stellte die Kerze auf und eilte, ohne in seine Richtung zu schauen, zum Ausgang; sie fürchtete, ihn in Verlegenheit zu bringen. Sie war schon einen Häuserblock weiter, als er sie einholte. Schweigend ergriff er ihren Arm und ging neben ihr her. Er sagte, er habe sie in der Kirche gesehen und bemerkt, daß sie ihn gesehen habe. Ob sie wisse, warum er gebetet habe? Er habe gegenüber Marina Ivanovna Schuld auf sich geladen, eine sehr große Schuld.

Ich war, ehrlich gesagt, fassungslos. Ich hatte alles erwartet, nur das nicht!

Ob sie es sich ausgedacht hatte? Aber was hätte sie davon? Und warum eigentlich sollte es *nicht möglich sein*? Warum erscheinen uns immer Dinge unwahrscheinlich, die durchaus wahrscheinlich sein können?

Nadežda Aleksandrovna sagte:

»Also schreiben Sie: Die Pavlovič hat gesagt …«

So habe ich es geschrieben.

Seit dem 10. September lebte Mur im Internat. Dort war er ständig unter Leuten, das war für ihn völlig ungewohnt – so viele Kinder aller Altersstufen, Erzieherinnen, Lehrer, die ganze Zeit neugierige, forschende Blicke. Er war so anders als diese Jungen und Mädchen, er paßte nicht in ihren Kreis, und schließlich kannten alle sein ungewöhnliches Schicksal, seine Tragödie. Er wußte, allen war es bekannt, und sonderte sich noch mehr ab.

Die Leiterin des Internats, eine liebe und gute Frau, Anna Zinov'evna Stonova, sagte mir, daß sie völlig verzweifelt war, weil sie nicht wußte, wie sie an ihn herankommen sollte, wie sie ihm seelisch beistehen konnte, wie sie ein einigermaßen normales kameradschaftliches Verhältnis zwischen ihm und den anderen Kindern herstellen sollte. Die Mädchen waren alle sofort ganz verliebt in ihn. Vorher war Stasik Nejgauz* der allgemeine Schwarm gewesen, der älteste Sohn von Zinaida Nikolaevna Pasternak. Jetzt nahm Mur seinen Platz ein. Stasik trug seine Niederlage mit männlicher Gelassenheit und suchte keinen Streit mit Mur. Die anderen Jungen verhielten sich ihm gegenüber eher zurückhaltend, Freundschaften schloß er nicht. Die Erzieherinnen wußten nicht, wie sie sich Mur gegenüber verhalten sollten, wie sie die gespannte Atmosphäre beseitigen konnten, die mit seinem Auftauchen im Internat entstanden war.

Mur streifte ruhelos umher, einsam, allen fremd, schon vom frühen Morgen an mit blankgeputzten Schuhen, Anzug und Krawatte, sorgfältig frisiert. Er legte sehr viel Wert auf sein Äußeres, während alle anderen die Haare nicht geschnitten hatten und nachlässig angezogen waren. Alle hatten irgendwelche gemeinsamen Interessen, Freundschaften, Streitigkeiten, Intrigen, ihre eigenen Angelegenheiten, er aber gehörte nicht zu ihnen, er war zu erwachsen für sie. Im Unterricht langweilte er sich, er ging nur dann etwas aus sich heraus, wenn er einem der Jungen – die Mädchen beachtete er überhaupt nicht – von Paris erzählte. Er besuchte Aseev, der ihm aus seinem neuen Poem vorlas. Im Tagebuch vermerkt Mur, daß es ein gutes Poem sei.

Dann wurden Schüler für die FZO-Schulen** ausgewählt – es gab nicht genug Arbeiter für die Fabriken und Betriebe. Im Internat wurden die Mädchen und Jungen festgestellt, die über 16 Jahre alt waren und einen Paß besaßen. Mur hatte einen Paß, aber Anna Zinov'evna versteckte ihn und sagte Mur, er solle sich keine Sorgen machen: Sie würde ihn nicht in die FZO schicken, und er könne weiterhin die allgemeinbildende Schule besuchen.

* Stanislav Genrichovič Nejgauz, später ein berühmter Pianist.
** Fabrično-zavodskoe obučenie (Fabrik- und Betriebsausbildung).

Der Herbst begann, es regnete viel. Unter dem 19. September findet sich eine Eintragung im Tagebuch Murs:

»Es regnet in Strömen. Ich denke, ich werde mir Stiefel kaufen. Der Schmutz ist entsetzlich. Mir hängt alles schrecklich zum Hals heraus. Was hätte ich jetzt mit Mama gemacht? Au fond hat sie ganz richtig gehandelt, weiter hätte sie nur noch eine schmachvolle Existenz gehabt. Natürlich hat man mir einen Füller geklaut. Es ist eine Postkarte von V. Sikorskij gekommen, ich muß ihm eine Vollmacht für den Empfang irgendwelcher Wertsachen von M. I. bei der Miliz schreiben. Ich werde das jetzt gleich erledigen ...«

Am 21. September kommt Chmara, der Direktor des Litfond, aus Moskau nach Čistopol'. Er trifft sich mit Mur und rät ihm, nach Moskau zu fahren. Die Bombardements hätten fast aufgehört, der Unterricht an den Schulen fände wieder normal statt, Mur könne also ebensogut in Moskau lernen. Mur wundert sich, wieso ebendieser Chmara am 10. des Monats angeordnet hat, ihn in das Internat in Čistopol' aufzunehmen, und ihm nun, am 21., rät, nach Moskau zurückzukehren. Chmara erklärt, man habe bei der Nachricht vom Tode Marina Ivanovnas im Litfond beschlossen, ihn aus Elabuga herauszuholen und im Internat unterzubringen; jetzt jedoch sei er vielleicht besser in Moskau bei Verwandten aufgehoben als hier. Tatsächlich war Mur Čistopol' schon längst zuwider, und er freute sich, Reißaus nehmen zu können.

Am 22. September gibt ihm Chmara die für die Abreise notwendigen Papiere.

Am 28. September reist Mur ab.

Im Internat atmeten alle erleichtert auf, wie man mir heute erzählt. Ich zweifle nicht daran, daß Chmara bereits vor der Begegnung mit Mur alles über die Situation erfahren hatte. Man wollte Mur einfach loswerden, und zwar durchaus nicht deshalb, weil seine Verwandten politisch verfolgt wurden (im Internat wohnten auch Jura Bart und seine Schwester, deren Eltern im Lager saßen). Man wollte sich Murs entledigen, seiner Fremdartigkeit, mit der er sich nicht in das herkömmliche Bild fügte. Man fürchtete sich, die Verantwortung für ihn zu übernehmen und wollte ihn sich vom Hals schaffen, so wie auch Aseev ihn sich vom Hals geschafft hatte.

Als er Mur nach Moskau schickte, hätte Chmara wissen müssen, daß man in Moskau keine Zuzugsgenehmigung bekam. Das hatte Marina Ivanovna noch im Sommer erfahren, als sie die Wohnung am Pokrovskij bul'var aufgeben wollte. Mur hatte das natürlich vergessen oder einfach nicht mitbekommen, aber als er am 30. nach einer »albtraumhaften Reise« in Moskau ankam, wurde er sogleich mit diesem Problem konfrontiert.

Am 8. Oktober notiert er in seinem Tagebuch, er habe sich an Ėrenburg um Hilfe gewandt, aber der habe gesagt, daß eine behördliche Anmeldung in Moskau unmöglich sei und man ihn entweder zurück nach Čistopol' oder nach Mittelasien schicken werde.

Wer hatte Mur geraten, sich an Lebedev-Kumač zu wenden? War Marina Ivanovna bekannt mit ihm, waren sie und Mur ihm schon früher begegnet? Es war jedenfalls ein kluger Entschluß – Lebedev-Kumač war zu jener Zeit sehr populär, seine Lieder wurden von jung und alt gesungen. Er war offensichtlich ein entgegenkommender Mensch und verfaßte für Mur ein Schreiben an die Hauptverwaltung der Miliz, das sogleich seine Wirkung tat.

Am 11. Oktober wurde Mur behördlich registriert. Doch da löste die beginnende Massenevakuierung der Hauptstadt eine Panik aus.

Am 12. Oktober wurden alle Schriftsteller in den Verband gerufen, wo sie Fahrkarten und Evakuierungsdokumente bekamen. Sie fuhren nach Kujbyšev, Kazan', Čistopol', Taškent.

Am 14. Oktober erfuhr Mur von Aleksandr Kočetkov, daß der Verband die Schriftsteller nach Taškent evakuierte, und beschloß, ebenfalls dorthin zu fahren. In diesen Tagen war es Mur offensichtlich nicht sehr nach Tagebuchschreiben zumute. Erst am 30. Oktober, im Zug nach Taškent, macht er wieder eine Eintragung. Izmail Muzafarov, ein Mitschüler Murs in Taškent, täuscht sich, wenn er behauptet, daß in den ersten Oktobertagen des Jahres 1941 in der zehnten Klasse der 64. Schule in der ulica Žukovskogo Žora Ėfron auftauchte, den sie sofort Pečorin tauften. Mur konnte frühestens im November in der Schule erschienen sein, und selbst dann nicht in den ersten Tagen.

Wie lange mochte er wohl von Moskau bis Taškent unterwegs gewesen sein? Unser Zug brauchte elf Tage, aber ich hatte Glück, ich konnte in einem privilegierten Zug fahren – die Akademie der Wissenschaften wurde aus Moskau evakuiert. Im Wohnheim des Pädagogischen Instituts, wo wir anfangs untergebracht waren, und wo jeden Tag Moskauer aus Fabriken, Betrieben, aus der Frunse-Militärakademie ankamen, erfuhren wir, daß die Züge teilweise 25 bis 30 Tage unterwegs waren.

Taškent brach unter dem Ansturm der Evakuierten schon beinahe zusammen. Alle Gebäude der Hochschulinstitute und Schulen waren belegt, der Unterricht fand in drei Schichten statt, mehrere Institute waren in einem Gebäude untergebracht, Ämter wurden zusammengelegt, die Wohnhäuser waren überfüllt. Es kamen immer neue Züge; neben den planmäßig Evakuierten, denen Taškent Wohn- und Arbeitsraum zur Verfügung stellen mußte, kamen zwangsläufig auch Massen von sogenannten »Wilden«, die vor den Deutschen, vor den Bombardierungen, vor dem kalten Kriegswinter und dem Hunger auf der Flucht waren. Entlang der Eisenbahnlinie wuchs außerhalb von Taškent eine ganze Zeltstadt, ein riesiges »Zigeuner«-Lager. Nur waren in diesem Lager die Zigeuner blond, die Zelte ungeschickt aufgebaut und mit Decken und Laken überdacht; die Frauen, sichtlich Städterinnen, versuchten ungeschickt, auf zwei Ziegeln Essen zu bereiten und den Teekessel zum Kochen zu bringen. Für *diese Menschen* war in Taškent kein Platz mehr. Man hatte ihnen Siedlungen angeboten, dorthin wollten sie jedoch nicht fahren, oder sie hätten weiterreisen müssen, in andere Städte, aber auch dafür brauchte man eine Genehmigung. Die »Wilden« warteten und hofften auf irgend etwas, und wer geschickt war und über Geld verfügte, konnte sich dank einer üppigen Bestechungssumme doch noch in Taškent niederlassen.

Die Straßen von Taškent waren voller Moskauer und Leningrader: bekannte Gesichter, Kinogrößen, Leute, die man aus Abbildungen in Zeitschriften kannte – der Kinostar Tamara Makarova etwa mit ihrem Mann, dem Regisseur Sergej Gerasimov; der schwere, immer mürrische Aleksej Tolstoj, eine Pfeife im Mund, mit seiner Ljudmila in einem eleganten Kleid; der alte Märchenschreiber Kornej Čukovskij, den Karikaturen Kukryniksovs entstiegen. Die Ranevskaja geht mit breiten, männlichen Schritten vorbei und läßt eine spitze Bemerkung fallen, und später gibt Anna Achmatova mit einem kaum merklichen Kopfnicken zu verstehen, daß sie sie bemerkt hat; Lavrenëv mit seiner Frau; Volodja Lugovskoj; Bulgakovs Witwe Elena Sergeevna ... Leningrad, Moskau!

Und die Deutschen haben bereits Maleevka eingenommen, wo sich das Haus der Schriftsteller in Podmoskov'e befindet.

In den Straßen der Moskauer Randgebiete wird schon der Asphalt gesprengt werden, die Pflastersteine herausgerissen, Barrikaden gebaut: Die Hauptstadt bereitet sich auf Straßenkämpfe vor; in unserem Institut auf dem Tverskoj bul'var steht ein Truppenteil, und über die

Hauptstadt ist schon der Belagerungszustand verhängt worden.

Taškent lebte in diesen Tagen immer noch ein illusionäres Leben, beleuchtet in der Nacht, das helle Licht nicht fürchtend (wir hofften schon, uns diese Furcht abzugewöhnen). Abends auf der Hauptstraße flanieren, das Schlendern von Füßen auf dem Asphalt, das Murmeln des Wassers im Bewässerungskanal, und aus halbprivaten Restaurants und Cafés – Musik. Kleine Orchester, eine Geige, ein Violoncello, ein Klavier.

Die Lageberichte von der Front wurden immer bedrohlicher.

Mit einem Mal jedoch verstummten die kleinen Orchester, und alle Restaurants wurden geschlossen. Die Zeltstadt am Rande von Taškent wurde aufgelöst.

Kriegsalltag im Hinterland. Taškent führte nun das gleiche Leben wie andere sowjetische Städte auch. Alles gab es nur auf Marken, auf Lebensmittelkarten, die Geschäfte waren geschlossen, umgewandelt in Verteilstellen; die Verteilstellen waren aufgeteilt nach Kategorien, die Bevölkerung war aufgeteilt in Kategorien.

In der Altstadt blühte der Taškenter Basar in ausschweifender Üppigkeit wieder auf. Ein asiatischer, bunter, fröhlicher, überquellender Basar! Goldgelbe Melonen, orangefarbene Kürbisse, durchsichtige, an Girlanden aufgehängte Weintrauben, Fäßchen mit Honig, Säcke mit schneeweißem Reis, samtige Hügel gemahlenen Paprikas, rosige Speckstücke mit dünner bräunlicher Fleischeinlage, geschlachtete Hammel, an den Beinen aufgehängt, lebende Hammel mit Fettschwänzen, so riesig, daß sie auf einer Karre geschoben werden mußten, und, berauschend riechend, direkt von der glühenden Kohle – Schaschlik! Heißer, fast noch dampfender Plov, den die Usbeken in gußeisernen, mit wattierten Decken umwickelten Töpfen trugen, und den sie sofort auf Aluminiumteller, in die hohle Hand oder in eine Zeitung füllten. Und Fladenbrote mit knuspriger Kruste – heiß begehrt von allen Hungrigen und Unterernährten.

Ich erinnere mich, wie auf diesem Basar einige baumstarke Usbeken in mit bunten Gürteln zusammengehaltenen Wattemänteln, die sie direkt auf dem nackten Körper trugen, sich auf einen mageren, blassen Jüngling stürzten, der ein Fladenbrot gestohlen hatte und es krampfhaft verschlang, ohne richtig zu kauen, aus Furcht, man könnte es ihm wegnehmen. Ungefähr fünf Leute traten ihn mit Füßen und warfen ihn von einem zum anderen. Er verteidigte sich nicht; ergeben ließ er die Prügel über sich ergehen.

Und wenn ich jetzt über Mur schreibe, über den Mur in Taškent, verfolgt mich diese Szene auf dem Basar: Irgend etwas hatte dieser unbekannte junge Mann mit Mur gemeinsam, den ich unerwartet auf der Straße traf. Ich wußte nicht, daß er in Taškent war. Beide waren sie mager, bleich und hungrig, trugen schmutzige, zerknitterte weiße Hosen. Beide hatten intelligente Gesichter, noch sehr junge, ohne Bartwuchs.

Mur war in ziemlicher Eile aus Moskau abgereist, und niemand hatte ihm gesagt, was er mitnehmen sollte. Mulja war nicht da. Die Tanten? Wer hört schon auf alte Tanten! Sie wußten ohnehin nicht richtig Bescheid, sie waren dermaßen lebensuntüchtig, besonders die leibliche Tante, Lilja, Elizaveta Jakovlevna; sie schwebte beständig in den höheren Sphären von Kunst, Poesie und Musik; in praktischen Dingen des Lebens kannte sie sich nicht aus. So reiste ihr Neffe ohne Gepäck nach Taškent, nur mit dem Allernötigsten, weil er in die Wärme fuhr und nicht damit rechnete, allzulange zu bleiben, allenfalls bis zum Frühling. Sachen zum Verkaufen oder zum Tauschen nahm er keine mit. Natürlich hatte er noch etwas Geld aus den Verkäufen in Čistopol', aber er war nicht in der Lage, mit

Geld umzugehen, und gab es mit vollen Händen aus. So kaufte er zum Beispiel in Moskau Bücher bei Kručënych, der allerdings nicht seine eigenen, sondern fremde Bücher weiterverkaufte und damit ein zusätzliches Einkommen hatte. Auch unterwegs verausgabte Mur sich kräftig, und Taškent mit all seinen Verführungen leerte erst recht den ohnehin nicht allzu gut gefüllten Geldbeutel. Er schreibt nach Moskau mit der Bitte, Sachen zu verkaufen; Lilja und Zina tun es und schicken ihm das Geld. Er lebt von einer Überweisung zur anderen, und wenn sie sich verspäten, hat er längere Zeit überhaupt nichts. Dann nimmt er still und heimlich irgendwelche Sachen von der Alten, bei der er ein Eckchen gemietet hat, trägt sie auf den Basar und verkauft sie billig, ungeschickt, weil er die Preise nicht kennt, vielleicht auch aus Angst oder Scham. Für das Geld kauft er Fladen; er ißt sich satt und schreibt in sein Tagebuch: »... zwölf Fladen gegessen, aber was weiter? ...« Ob er dachte, die Alte bemerke den Verkauf nicht? Vielleicht dachte er auch überhaupt nichts und *wollte nur essen*! Er kann sich von niemandem Geld leihen, und bis die nächste Anweisung kommt, muß er sich mit Mühe und Not durchschlagen. In den ersten Monaten lebt er isoliert und pflegt mit niemandem Umgang. Um ihn herum sind nur Schüler, und von Schülern kann man kein Geld borgen, außerdem erlaubt das sein Stolz nicht. Danach kommt er aus seiner freiwilligen Einkerkerung heraus und überwindet seinen Hochmut. Er wendet sich an den Schriftstellerverband, sein Leben regelt sich irgendwie. Den Tanten schreibt er:

»... und jetzt zu den Taškenter Angelegenheiten. Wie ich erwartete, hat sich meine Lage in der usbekischen Hauptstadt zum Guten gewendet. Während ich vorher – ungefähr bis März – sozusagen im ›Elfenbeinturm‹ gelebt habe, d.h. mit niemandem Umgang hatte und mich um nichts gekümmert habe (aus Unlust oder natürlichem

›Konservativismus‹), so habe ich nun im Verlauf eines Monats einiges erreicht. Mittlerweile kennt mich der ganze Schriftstellerverband, ich habe mir einen Ausweis für die Kantine des Litfond verschafft und bekomme ›Spezialversorgung‹. Auch habe ich Verbindung aufgenommen mit der ›Kommission Hilfe für evakuierte Kinder‹ des Volkskommissariats für Bildung der Usbekischen SSR, insbesondere mit E. P. Peškova (der ersten Frau Gor'kijs). Diese Kontakte tragen bereits Früchte – ich habe Seife bekommen, zwei Paar Socken und Wäsche, und im Juni wird man mir eine passende Arbeit suchen. Ich habe eineinhalb Liter Baumwollsamenöl erhalten, und man hat mir noch mehr versprochen. Für all das braucht man nicht eine Kopeke zu bezahlen, das ist das Wichtigste. Ich versuche auch noch, wenigstens etwas Geld von ihnen zu bekommen. Sie sind mir gegenüber ausgesprochen freundlich. Bald werden gute Bekannte von mir nach Moskau kommen, die Ihnen alles über mich erzählen können; vielleicht gebe ich ihnen einen Brief mit.

In der Schule geht es ganz gut. Ich habe das dritte Quartal erfolgreich beendet, obwohl es sehr schwer war. Ich habe auch die ›Allgemeine militärische Ausbildung‹ bestanden (das war bei weitem das Schwierigste für mich).

In Taškent wohnt die Achmatova, umgeben von der unermüdlichen Fürsorge und Hochachtung aller, besonders A. Tolstojs; hier leben die Pogodins, Tolstoj, Utkin, Lavrenëv; aus Ufa ist Kornelij Zelinskij gekommen, der sich sogleich beeilte, mir zu erklären, daß der Vorfall mit dem Buch von M. I. ein ›Mißverständnis‹ war usw.; ich habe ihm großmütig ›verziehen‹. Übrigens, er ist in seiner Art so perfekt und vollkommen, daß wir bestens miteinander auskommen, er ist schließlich ein sehr kluger Mensch.

Also, vorläufig lerne ich; dann wird man weitersehen. Ich habe Verbindung mit Mulja aufgenommen ...«

»Spezialversorgung« – das hört sich großartig an! Für solche Marken bekam man fast nichts. Und die allgemeine militärische Ausbildung war für Mur tatsächlich eine Qual. Jede beliebige sportliche Betätigung oder physische Arbeit erschöpften ihn, und er litt sowohl physisch als auch moralisch.

Jetzt zeigte sich, wovor Mulja ebenso wie Tarasenkov und andere Marina Ivanovna gewarnt hatten: Mur wird es in der Armee schwer haben, wenn er keinen Sport treibt!

Izmail Muzafarov, ein Klassenkamerad Murs, schrieb, daß Mur wenn irgend möglich alle jungenhaften Streitereien und Raufereien vermied; er hielt sich abseits und scheute Auseinandersetzungen. Er mochte keine Versammlungen der ganzen Klasse und zog den »engen Freundeskreis« vor. Aber hatte Mur Freunde? In seinem Tagebuch findet sich häufig der Name Izmails, bei dem er auch zu Hause verkehrte. Die Schwester Izmails erinnerte sich daran, wie Mur zum ersten Male in einem eleganten Jackett bei ihnen auftauchte, aber als er das Jackett auszog, zeigte sich, daß das Futter nur noch an einem Faden hing und an vielen Stellen zerrissen war. Er trug blankgeputzte Schuhe mit durchgelaufenen Sohlen. Mur ging oft mit Izmail ins Theater, weil Izmails Mutter kostenlose Eintrittskarten bekam. Neujahr 1942 verbrachte Mur zusammen mit Izmail und dessen Vetter.

Murs Aufzeichnungen dazu:

»Weder in der Schule noch sonstwo habe ich Freunde oder Kameraden. Die Schule ist sehr schlecht, so daß das verständlich ist, die ›Intelligenten‹ aber (die jungen) sind unglaublich langweilig und denken unoriginell und unselbständig ... So ist mein ›Aktionsfeld‹ äußerst begrenzt. Nebenbei bemerkt, ich beklage mich nicht und gebe mich mit der Gesellschaft der ›erwachsenen Hochstirnigen‹ und meiner eigenen zufrieden ...«

»Mein Leben verläuft sehr langweilig; übrigens war das immer schon so ...« Die Langeweile wird in seinen Briefen mehr als einmal angesprochen, ihm ist langweilig sowohl mit Schülern als auch mit jungen Intellektuellen oder mit Schriftstellern. Im Grunde nimmt er seine Mutter zum Vorbild. Ihr war schließlich auch fast immer langweilig: In jeder Gesellschaft, in jeder Umgebung fühlte sie sich einsam. Sie konnte sich für andere begeistern, aber nicht für die Menschen, wie sie waren, höchstens so, wie sie sie sich selbst schuf. Mur kann das nicht und leidet darunter. Er schreibt Mulja: »Es ist außerordentlich schwierig allein – und ich bin vollkommen allein. Ich bin zu früh in das Meer der Einsamkeit geworfen worden. In Taškent konnte ich zu niemandem eine engere Beziehung knüpfen. Sehr viele Leute sind freundlich zu mir, auch habe ich viele Bekannte, drei, vielleicht vier Leute haben mir konkret geholfen und helfen mir noch, aber enge Vertraute, Seelenverwandte habe ich nicht. Ich möchte so gerne jemanden liebgewinnen, etwas für jemanden tun, jemanden ehren, ja mich einfach nur für jemanden interessieren – aber es gibt niemanden. Alle Leute sind irgendwie allzu leicht zu durchschauen und fade ...«

Auch darin drückt sich seine Erziehung aus, hatte Marina Ivanovna ihn doch von Kindheit an von Altersgenossen ferngehalten – sie wollte ihm alles sein, ihm alle ersetzen! Er war noch keine drei Monate alt, als sie schrieb: »... heute habe ich mich dabei ertappt, daß ich schon von einer Insel mit ihm träume, einer echten, damit er NIEMANDEN (anerkennen Sie den Kleinmut!) lieben könnte außer mir. Aber er wird natürlich alle Schauspielerinnen lieben, (keine ›Dichterinnen‹, dafür verbürge ich mich, und nicht etwa deshalb, weil er genug hat von mir, sondern aus einem *anderen* Grund – ich werde ihm den Geschmack daran verleiden), alle Schauspielerinnen der Reihe nach, und irgendwann wird er zu den Soldaten gehen. Vielleicht wird er sich auch mit der Revolution beschäftigen – oder mit der Konterrevolution (was bei meinem Temperament das Gleiche ist) – und im Gefängnis sitzen, und ich werde ihm Sachen bringen. Mit einem Wort – terra incognita. Und diese terra incognita in Händen zu halten! ...«

Als terra incognita erwies sich ihr Sohn, er, der mehr *der ihrige* war als Alja die ihrige, auf die sie »als Kind stolz war, mit der ich sogar prahlte; ihn liebe ich – *leidenschaftlich*«. Sie wollte einen Sohn mit dem gleichen Ungestüm, mit dem sie übrigens alles im Leben wollte. Mit einer wahrhaft männlichen Leidenschaft wollte sie das Geschlecht der Cvetaevs fortführen und in *ihrem* Sohn ein Ebenbild ihrer selbst schaffen! Sie geriet in Verzweiflung, als ihr schien, daß er nicht ihr Sohn sein würde, und schrieb an Ol'ga Černova-Kolbasina: »... Mein Sohn verhält sich in meinem Leib ungewöhnlich ruhig, woraus ich schließe, daß auch er nicht nach mir geraten wird! – Ich meine es ernst. – Natürlich, S[ergej Jakovlevič] hat bessere Augen (und einen besseren Charakter!) und so weiter, aber das heißt trotzdem an jemand anderem arbeiten, und ich wollte an mir selbst ...«

Und als Mur noch nicht geboren war: »Manchmal ertappe ich mich beim Gedanken an eine Njanja, doch dann denke ich: Und wenn er plötzlich diese Njanja mehr lieben wird als mich? – Und sofort: Eine Njanja ist nicht nötig! Aber dann: eine Vision *schrecklicher* Morgende, ohne Gedichte, mit Windeln – und wieder cri de coeur: eine Njanja! Natürlich wird es keine Njanja geben, und natürlich wird es Gedichte geben, – andernfalls wäre mein Leben nicht meines, und ich wäre nicht ich.«

»Diesen Jungen habe ich mir herausgewollt, bestellt ...«, schrieb sie, und als er schon zwei Monate alt war: »Er ist mir sehr ähnlich, folglich – dem Liebhaber.«

Und Sergej Jakovlevič schrieb: »Unser Sohn würde

Ihnen sehr gefallen. Kein einziger Zug von mir, dafür alle von Marina: Augen, Nase, Lippen, Hände, Brauen und so weiter. Ein kleiner Marin Cvetaev ...«

Mur sah Marina Ivanovna in der Tat sehr ähnlich und war in vieler Hinsicht auch dem Charakter nach ihr Ebenbild; obwohl ihr das auch manches Mal Probleme bereitete, freute sie sich über diese Doppelung und war stolz darauf: *meiner*, wie *ich*. Sie gab sich offensichtlich keine Rechenschaft darüber, wie er als solcher – wie sie – in diesem Leben ohne ihren Genius leben sollte, ohne ihre Möglichkeit, beständig über den Wolken zu schweben, nur hier und da auf die Erde hinabsteigend, um dann erneut weit fortzueilen vom realen Leben. Aber Mur begann ihr auch in dieser Beziehung bereits nachzueifern, schon in Taškent beginnt er zu »schaffen«. »Ich zeichne nicht, aber ich schreibe allerlei – Gedichte und ›Essays‹, es ist schon ein ganzer Sammelband zusammengekommen. Ich schreibe Gedichte, ich zolle den Jahren und der Tradition Tribut ...« Er schrieb, wie auch seine Mutter, in ordentliche, durchnumerierte Hefte[35]. An diese Hefte erinnern sich der Dichter Valentin Berestov, der sich als damals Fünfzehnjähriger in Taškent befand, und Izja Kramov, der älter war als Mur und bei einer Werkzeitung arbeitete. Mur gab ihm seine Hefte mit Gedichten zu lesen, geschrieben mit deutlicher Handschrift, und auf dem Umschlag stand schön gemalt »Federprobe«. Mur besuchte einen Literaturzirkel im Pionierpalast und hielt dort sogar Vorträge über Poesie. An den Literaturzirkel erinnert sich Valentin Berestov, den Anna Achmatova mit Mur bekanntmachte. Berestov schreibt über Mur, er sei gutaussehend:

»... von hohem Wuchs, kräftig, mit schwarzen Augenbrauen. Er schien mir ganz erwachsen. Manchmal kam Mur zur Sitzung des Literaturzirkels im Pionierpalast, aber ich erinnere mich nicht, daß er dort etwas Eigenes vorgetragen hätte. Ich erinnere mich auch nicht, daß er an Diskussionen teilgenommen hätte. Dafür konnte man ihn auf den Straßen Taškents in angeregter Unterhaltung mit einem von uns treffen. Er betrachtete aufmerksam die schreibenden Schüler der oberen Klassen, verglich uns untereinander, wollte feststellen, wer von uns der Talentierteste sei. So sagte er auch: ›von uns‹.

Er las mir Seiten aus seinen Tagebüchern vor. Er war irgendwie unrussisch ordentlich, und seine Manuskripte sahen aus wie Bücher, hatten durchnumerierte Seiten, einen freien Rand, und, soviel ich mich erinnere, keinerlei nachträglich angebrachte Verbesserungen oder durchgestrichene Stellen. In einem Tagebuch fand ich eine Notiz über Achmatova, die mir sehr gefallen hat, Überlegungen zum Europa der Zukunft, d.h. nach dem Sieg (Mur hoffte, daß die Freundschaft zwischen den Verbündeten sich auch in Friedenszeiten erhalten würde), Aussagen bekannter Leute, die er getroffen hatte. Alles das sollte ihm für seine zukünftige Arbeit nützen. Er schrieb zwei Romane gleichzeitig: einen über das Leben in Frankreich (er beginnt mit einer Unterhaltung in einem Café nach dem Apéritif), den anderen über das Leben in Rußland. Mur träumte davon, sein ganzes Leben der Propagandierung (das war sein Wort) der französischen Kultur in Rußland und der russischen Kultur in Frankreich zu widmen. Auszüge aus dem ›russischen‹ und dem ›französischen‹ Roman sind mir keine im Gedächtnis geblieben. Mur bemühte sich, ein fremdes Leben objektiv und seinem eigenen nicht ähnlich darzustellen. Er schrieb verständlich, recht ausführlich und ohne die geringsten Spuren eines lyrischen Stils.

Eingeprägt hat sich mir die Ordnung in seinem Zimmer, in den Büchern und Papieren.

Bei unseren Unterhaltungen berührten wir unser persönliches Schicksal überhaupt nicht. Manchmal zitierte er Gedichte seiner Mutter oder anderer Dichter. Ich sprach nie mit ihm über sie.

Er wunderte sich, daß ich seine beiden französischen Lieblingsschriftsteller noch nicht gelesen hatte: Jules Romains und Montherlant. Er gab mir *Die Junggesellen* von Montherlant zu lesen, schwärmte vom Humor und von der kunstvollen Konstruktion der Intrige bei Jules Romains.

Mur strahlte immer Unabhängigkeit und eine für sein Alter typische Energie der Selbstbestätigung aus, in den Augen anderer und vor allem in seinen eigenen. In allem wollte er vollkommen erwachsen sein und scheinen.«

An die beiden Romane, die Mur schrieb, erinnert sich auch Lidija Grigor'evna Bat'. Und Izja Kramov schreibt in einem Brief aus jener Zeit, er habe einen interessanten jungen Burschen kennengelernt, den Sohn der Cvetaeva. Es gefällt ihm, daß jener »die Zukunft im Visier hat«, das heißt, weiß, was er mit seinem Leben machen will, daß er schreiben wird und bereits schreibt.

Mur hat den Kameraden gesagt, sie sollten Fotografien sammeln, Unterhaltungen aufzeichnen und Papiere aufbewahren; alles das werde eines Tages wichtiger sein als das, was wir uns ausdenken und schreiben könnten.

Mur liest viel: »Dostoevskij, Grin, gerade lese ich mit Vergnügen Cronins wunderbares Buch *Die Zitadelle* (Übersetzung aus dem Englischen). Ich schreibe selbst viel, vorzugsweise Gedichte, einfach so, der Übung halber. Ich habe mich an das grundlegende Studium der Regeln der französischen Grammatik gemacht; ich beabsichtige, mich erneut mit der englischen Sprache zu beschäftigen, das ist unumgänglich. Eine Zeitlang habe ich Französisch geübt, mit Madame Tolstoj: Sie ist eine sehr liebe Frau ...«

Er liest »Zola, Čechov, und natürlich meinen geliebten Mallarmé und seinen Kreis (Baudelaire, Verlaine, Valéry, Gaultier)«. Er vermißt die Stolešnikov pereulok, wo sich damals die Bibliothek für ausländische Literatur befand: in Taškent sind französische Bücher schwer zu bekommen.

»Jetzt habe ich mir Saltykov-Ščedrin vorgenommen; es gibt Erzählungen, die beinahe Čechov-Qualität haben. Übrigens hat Anna Achmatova auf meine Frage, ob sie Ščedrin liebe, mit ja geantwortet, sie liebt ihn als Phantasten(!): ›Lesen Sie seine *Zeitgenössische Idylle*.‹ Werden wir, werden wir. Mit großem Vergnügen habe ich noch eimal *Kontrapunkt des Lebens* von A. Huxley gelesen, ein außerordentlich kluges und trauriges Buch ...«

Über die Schule schreibt Mur: »Ich lerne nachlässig und mit Unterbrechungen – die selbständige Versorgung und verschiedene Scherereien und Laufereien sind nicht förderlich für einen normalen Unterrichtsbesuch. Aber noch geht alles gut. Mathematik macht mir Sorgen, aber es ist nicht mehr so schlimm ...«

Am 8. Mai 1942 schreibt er den Tanten: »Die Überweisung von 300 Rubeln habe ich erhalten; ich danke Ihnen sehr. Mir geht es in Anbetracht meiner Kräfte und Möglichkeiten nicht schlecht. So, wie es aussieht, wird es mir gelingen, die neunte Klasse abzuschließen, trotz einiger Verschickungen auf die Kolchose usw. Und Sie werden zugeben, daß das überaus wichtig ist ... Es kann sein, daß ich im Sommer in einem Bildhaueratelier des Künstlerverbands oder etwas Ähnlichem arbeiten werde. Eigentlich interessiert mich das überhaupt nicht, aber ich muß im Sommer arbeiten, damit man mich nicht auf die Kolchose schickt ...«

»Bald wird die siebte Symphonie von D. D. Šostakovič aufgeführt: mal sehen, was das gibt! ... Hier sind sehr viele Leningrader, ich werde immerzu gefragt, ob ich nicht aus Leningrad sei. Aber ich bin ein Moskauer Patriot ... Ich hatte ernsthafte Angebote, im Kino und im

Theater zu arbeiten, aber aus irgendeinem Grunde habe ich eine Aversion dagegen.«

»Im Moment ist meine Hauptsorge der Umzug in eine neue Wohnung. Damit beschäftigen sich Leute aus dem Sovnarkom*; es ist gut, daß ich früher eine Ecke gemietet hatte, doch jetzt werde ich ein eigenes Zimmer haben oder zumindest den Teil eines Zimmers, abgetrennt mit einer Sperrholzwand. Außerdem kämpfe ich um die Möglichkeit, die neunte Klasse zu beenden und darüber eine entsprechende Bescheinigung zu erhalten. Ich glaube, das alles wird gelingen. Anna Achmatova wird bald einen Gedichtband mit dem Auszug eines neuen Poems herausgeben; ich bemühe mich, Ihnen ein Exemplar als Streifband zu schicken.«

Am 25. Mai schreibt er an Mulja nach Kujbyšev, wo dieser arbeitet: »Lieber Mulja, gestern habe ich Deine Überweisung von 150 Rubeln bekommen; ich habe sehr darauf gewartet; sie hat 20 Tage gebraucht. Vielen Dank – sie kam im rechten Moment.

Ich bin immer noch nicht umgezogen, werde das aber dieser Tage tun, wahrscheinlich ins Haus der Schriftsteller in der ulica Marksa. Dort wohnt die Achmatova, die mir sehr hilft und sich als ein Mensch erwiesen hat, der durchaus nicht seinem Ruf der ›Undurchdringlichkeit‹ entspricht: Wenn man sie gut kennt, merkt man, daß sie ein scharfsinniger, nüchterner, kultivierter und sehr beschlagener Mensch ist, durchaus keine ›Sphinx‹ oder ›Göttin‹. Daß sie gute Gedichte schrieb und schreibt und ein Mensch mit Geschmack ist, ist allen bekannt. Schreib, was Alja schreibt.

Auch L. G. Bat' hilft mir sehr (Du kennst sie anscheinend); Dejč ist ein erstaunlicher Mensch, ein bißchen lächerlich.

* Sovet narodnych komissarov (Rat der Volkskommissare).

Kurz gesagt – das Leben ist schwierig, materielle Fragen zehren an meinen Kräften. Aber ich weiß sehr gut, daß das eine temporäre Erscheinung ist, und daß sich alles zum Besseren wenden wird. Deshalb lasse ich den Kopf nicht hängen.

Ich lese Taine und Bergson auf französisch und gehe häufiger als früher ins Kino oder ins Theater (ich habe eine hervorragende *Maskerad* gesehen, eine mittelmäßige *Geschichte einer Liebe* von Simonov usw.).

Mit den Prüfungen habe ich begonnen, bald hoffe ich eine Bescheinigung über die Beendigung der neunten Klasse zu bekommen. Schreib mir, was Du für zweckmäßiger hältst – hierzubleiben oder noch woandershin zu fahren.

Dein Mur.«

Zum Sommer erhält Mur schon regelmäßig Überweisungen. Mulja schrieb Alja ins Lager, daß er Mur monatlich 300 Rubel schicke und Lilja ungefähr 200; insgesamt bekommt er also ungefähr 500 Rubel. Aber für dieses Geld war es in jenen Jahren schwer, satt zu werden. Entscheidend war nicht das Geld, sondern die Versorgung, Verteilstellen, Rationen, Kategorie A, Kategorie B. Zwar gab es die Kantine der Schriftsteller, es gab ein Mittagessen, und irgend etwas konnte man auf Lebensmittelkarten kaufen. Mur hatte sich mittlerweile auch selbst beigebracht, etwas zu kochen. Das Wichtigste für ihn war jetzt, eine Wohnung zu bekommen, nicht mehr nur eine Ecke bei einer Alten zu mieten und dafür auch noch Geld zu bezahlen. Am 22. Juli schreibt er an Lilja: »Nun bin ich endlich in das Haus der Schriftsteller umgezogen, in ein eigenes Zimmer. Darin steht die Hitze, fast 40 Grad, aber das ertrage ich sehr gut, zum großen Erstaunen der Moskauer laufe ich munter durch die Stadt. Ich lese viel, verkehre mit zwei, drei Leuten, obwohl ganz Taškent aus Bekannten besteht. Von den Jugendlichen kenne ich niemanden. Das Leben ist kompliziert, aber das macht nichts, es wird schon noch.

... Als ich nach Taškent kam, hatte ich mir zum Ziel gesetzt, die neunte Klasse zu beenden, koste es, was es wolle. Und ich habe sie beendet. Damit kann ich etwas anfangen: In Moskau hätte ich das kaum machen können.«

Alles schien sich irgendwie zu regeln, alles lief mehr oder weniger normal. Aber irgendwann im Juli, vielleicht auch gegen Ende Juni, entdeckte die Alte den Verlust der Sachen und erstattete Anzeige bei der Miliz. Es wurde eine Untersuchung eingeleitet, und Mur bekam eine Vorladung. Er gab alles zu und versprach, der Alten eine von ihr festgesetzte Summe zu bezahlen. Die Alte nannte für alle Sachen einen Wert von 3000 Rubel und verlangte die Rückzahlung des Geldes bis November. Mur war einverstanden. Er hatte die Sachen offenkundig für einen äußerst niedrigen Preis verkauft, an eine solche Summe hätte er nicht einmal zu denken gewagt, auch werden die Sachen so viel Geld kaum wert gewesen sein – aber er war mit allem einverstanden, wenn es nur ohne Gerichtsverhandlung abging. Er schreibt den Tanten nach Moskau verzweifelte Briefe, gesteht alles ein und fleht sie an, Sachen zu verkaufen und ihm das Geld zu schicken. Er bittet sie, niemandem außer Mulja von dem Vorfall zu erzählen.

Mulja schreibt an Alja: »... in seinem Brief vom 16. Juli erwähnt Mur, er stecke in einer kleinen finanziellen Klemme, man habe ihm eine geringe Summe gestohlen. Der Junge hätte den Kopf hängen lassen, aber ich habe ihm schon ein Eiltelegramm und die notwendige Unterstützung geschickt. So schwer das auch ist, aber mir scheint, daß es ihm zum Winter hin gelingen wird, gemeinsam mit den Tolstojs wieder nach Moskau überzusiedeln, wo er bei mir unter ständiger Aufsicht sein wird ...«

Am 7. August schreibt Mur an Lilja: »Ich habe immer

noch nicht mit den Rückzahlungen an die Wirtin begonnen. Im übrigen ist sie vorläufig noch ziemlich friedlich gestimmt. Ich werde ihr jeweils 300-500 Rubel bezahlen, nicht weniger (wir haben das so vereinbart), aber bisher war es mir noch nicht möglich. Ich bin oft bei der Miliz; die Lage ist unverändert. Das Wichtigste ist, endlich mit den Zahlungen anzufangen, dann wird die Wirtin nicht mehr so genau auf die Frist achten. Schicken Sie bitte die 500 Rubel sobald Sie können, eben, damit ich *anfangen* kann; es ist sehr wichtig, sowohl gegenüber der Untersuchungsbehörde als auch der Miliz sagen zu können: ›Ich habe schon mit den Rückzahlungen begonnen.‹ Solange das nicht der Fall ist ...«

Am 8. September schreibt Mulja an Alja: »Ich teile Deine Sorge um Murzil durchaus, aber, wie ich bereits in einem der vorhergehenden Briefe geschrieben habe, ist er sehr standhaft und prinzipienfest, ganz zu schweigen davon, daß er im positiven Sinne klug ist. Es steht außer Frage, daß ich ihm geholfen habe und auch weiterhin ständig helfen werde, bis alles in Ordnung ist. Momentan schicke ich ihm monatlich 300 Rubel, das deckt die notwendigsten Bedürfnisse zur Hälfte; zusätzlich muß er noch etwa 300 Rubel monatlich als Schuldentilgung bezahlen. Ich rate Lilja, daß sie etwas von Sergejs Sachen verkaufen soll, um Murs finanzielles Problem zu lindern.

Meine Mutter ist unerwartet arbeitsunfähig geworden, und ich muß sie vollständig unterhalten.«

Für Mur beginnt eine schwierige Zeit. Der Albtraum der monatlichen Rückzahlung verfolgt ihn beständig. Er spart Geld beim Essen ein, er hungert, das Mittagessen in der Verbandskantine macht nicht satt. Er magert stark ab, sein Körper ist mit Furunkeln bedeckt, die aufgeschnitten werden müssen, er liegt im Krankenhaus; eisenhaltige Präparate, die die Temperatur erhöhen, quälen ihn. Schließlich bekommt er Rotlauf am Bein mit Fieber bis zu

40 Grad. Allein liegt er in einem winzigen fensterlosen Kämmerchen. Er schreibt:

»Wenn man hier eintritt, bricht einem der Schweiß aus. Ich fühle mich häufig elend, besonders morgens, es fällt mir schwer, aufzustehen, die Beine sind wie Lappen. Es ist schwierig, sich mit der Wäsche zu arrangieren; mir, dem Gecken, fällt es schwer, schmutzige Hosen zu tragen.

Ich wohne im Haus der Schriftsteller; oberflächlich bin ich mit allen bekannt. Sie sind alle sehr freundlich zu mir (alleinstehend, Mutter gestorben usw.), aber durch meine Unabhängigkeit und Höflichkeit verunsichert. Verstehen Sie, alle wissen, wie traurig ich bin und wie schwer ich es habe, sie sehen mich in ausgetretenen Schuhen herumlaufen, aber dabei sehe ich so aus, als hätte ich mich gerade neu eingekleidet.

Sie erwarten von mir Verlegenheit, wenn ich den schweren Eimer in Schlafanzug und Gummischuhen hinaustrage, aber sie wundern sich über meine Gelassenheit und schauen mich an wie ein Stachelschwein (ich mache mich lustig: ein ›überkulturelles Stachelschwein‹) ...«

Das ist alles Dumme-Jungen-Selbstbewunderung. Ich bin überzeugt, niemand hat ihm auch nur die kleinste Aufmerksamkeit geschenkt, wenn er den Eimer hinaustrug, und niemand erwartete, daß er in Verlegenheit geriet. Alle trugen Spüleimer hinaus. Aber natürlich ist das nicht das Wichtigste, nicht diese alltäglichen Kleinigkeiten quälen Mur, bedrückend ist die Rückzahlung der Schuld.

Am 22. September schreibt er an Lilja: »... wie steht es um den Verkauf der Bibliothek? Die Sache ist die: Dank einer kurzfristigen Hilfe, die mir Mulja gewährt hat, habe ich der Wirtin 1000 Rubel zurückbezahlt. Dadurch gelang es, die gerichtliche Untersuchung einzustellen und den ganzen offiziellen Teil der Sache zu begraben. Aber dennoch muß ich die noch ausstehenden zwei Drittel meiner Schuld bezahlen – mit anderen Worten, 2000. Sie müssen wissen, daß ich die 1000 Rubel nicht nur dank Muljas Hilfe zurückzahlen konnte, sondern auch, indem ich ständig und systematisch bedeutende Beträge von den äußerst sporadischen Mitteln beiseitegelegt habe, die mir der Litfond für den Lebensunterhalt bewilligte. So daß ich von meiner Seite aus das Menschenmögliche getan habe und weiterhin tun werde, um die Schuld so bald wie möglich zu tilgen. Aber Sie verstehen, daß der ›Grundstock‹ der Rückzahlung nicht die erbärmlichen Beträge sein können, die ich von dem zum Lebensunterhalt dringend notwendigen Geld abzweige; sie helfen nur bei der Abzahlung, runden sie ab. Ich muß auch so hungern, ich war krank und lag im Krankenhaus, ich laufe mit Geschwüren an den Armen herum und mit einem geschwollenen und wunden Bein: Das alles ist eine Folge der ›Einschränkung‹. Natürlich muß ich mir selbst die Schuld zuschreiben, ich weiß, aber das ist kein Ausweg aus der Situation. Ständig Mulja ›auszunutzen‹, das ist nichts für mich – aus ethischen Gründen (er hat mir auch so schon genug geholfen), und für ihn auch nicht – aus materiellen Gründen. So bleibt nur eins – der Verkauf der umfangreichen und wertvollen Bibliothek, die sich bei den Sadovskijs befindet. Ich hoffe, sie werden nicht abstreiten, Bücher von Marina Ivanovna zu haben. Das alles muß schnell geschehen, denn die Wirtin drängt, und schließlich muß aufgrund meiner schriftlichen Erklärung bis Mitte November *alles* zurückbezahlt sein.«

Am 30. September schreibt Mulja an Alja: »Ich habe einen Brief von Murzil bekommen. Al'ka, ich habe so viel wie möglich gespart, aber ich bin gezwungen, Dich um Hilfe zu bitten. Lilja und Zina stehen unter dem Eindruck der Schwierigkeiten des vergangenen Winters und verhalten sich in Angelegenheiten, die Mur betreffen, nicht sehr einsichtig. Ninka hat es auch versucht, aber keinen Erfolg gehabt. Murzil steht mit 2000 Rubel in der Kreide, die er, koste es was es wolle, bis Dezember zurückzahlen muß. Das, was Lilja und ich schicken, reicht kaum für ein bescheidenes Essen. Mur ißt sich nicht satt, während die Alte hartnäckig bleibt und sich nicht von Serëžas Sachen trennen will ...«

Einige Zeit später, es ist bereits Januar, teilt Mulja Alja mit: »Wahrscheinlich weißt Du schon, daß Dein Brief an Lilja Wirkung gezeigt hat ...«

Noch im Dezember schickt Mur ein Telegramm an Lilja: »500 Rubel erhalten, dankbar, 2000 abbezahlt, gehe weiter zur Schule. Schreiben Sie häufiger, sehr einsam, Gruß, Georgij.«

Izja Kramov hat mir erzählt, daß Mur, nachdem er die Vorladung zur Miliz erhalten hatte, zu ihm in die Redaktion der Betriebszeitung in der ulica Navoj gelaufen kam. Dort war im Gebäude des Polygraphischen Kombinats oder Instituts ein Teil einer Flugzeugfabrik untergebracht. Die Fabrik war aus Moskau evakuiert worden, und hier wurden Motoren für Jagdflugzeuge zusammengebaut. Mur war häufig in dem Zimmer, das der Redaktion zugewiesen war, und sie schwatzten stundenlang über Literatur, über Musik und Kunst. Die einzige Frage, die sie nie berührten, war Politik. Sie verhielten sich nach Izjas Worten wie zwei verschiedensprachige, aber einander achtende Staaten. Sie hatten zu allem absolut verschiedene Ansichten, ein unterschiedliches Verständnis der Ereignisse, einen unterschiedlichen Geschmack, sie stritten, und jeder blieb bei seiner Meinung. In Murs Tagebuch finden sich hier und da Einträge wie: war bei Izja; mache mich auf zu Izja; habe mit Izja gesprochen. Izja war sechs Jahre älter als Mur, er besuchte schon das IFLI, als der Krieg ausbrach. Er konnte es nur schwer verkraften, daß fast alle seine Freunde, sowohl Jungen als auch Mädchen, an die Front gingen, während er zwangsevakuiert wurde. Er hatte eine schwere Form von Tuberkulose. In

Taškent war er vollständig »am Ende«, er hungerte, arbeitete als Wächter, vertrug das Klima nur schlecht. Der Arzt schickte ihn nach Samarkand ins Militärhospital, von dort kehrte er mit nur einer Lunge nach Taškent zurück. Damals erhielt er das Angebot, die Betriebszeitung zu redigieren.

Mur und er hatten sich bei Lidija Grigor'evna Bat' kennengelernt, die mit Dejč zusammenlebte. Izja eilte zu ihnen, um zu fragen, was unter dem Layout einer Zeitung oder einem Fahnenumbruch zu verstehen sei; er hatte nicht die geringste Vorstellung davon, wie man eine Zeitung macht, und wußte nicht, was er mit dem Material anfangen sollte, das er in den Betriebsabteilungen gesammelt hatte. Aber allmählich ließ er sich von der Arbeit mitreißen und erreichte eine solche Fertigkeit darin, daß seine Betriebszeitung die beste in der Republik wurde.

Man muß Mur Gerechtigkeit widerfahren lassen: auf Leute verstand er sich. Izja scheint der einzige in Taškent gewesen zu sein, an den er sich in seiner Not wandte. Als Mur kurzfristig eine bestimmte Summe für die Rückzahlung an die Wirtin brauchte, borgte Izja ihm seinen ganzen Lohn. Izja sagte mir, der Diebstahl habe ihn weder erstaunt noch schockiert: Alle stahlen, angefangen bei den hohen Chefs, die immer ungeschoren davonkamen, bis hin zu den Jungen und Mädchen, die in den Montagehallen arbeiteten. Tagtäglich wurde in der Kontrollbude irgend jemand dabei ertappt, wie er ein Fläschchen Alkohol hinauszuschmuggeln versuchte, denn für Alkohol konnte man alles haben: Brot, Heizmaterial und Kleidung.

Die Taškenter Kameraden – Muzafarov, Berestov, Kramov – haben Mur ein gutes Andenken bewahrt, ebenso wie der Sohn Aleksej Tolstojs. Darüber schreibt Mulja im Sommer 1942 an Alja: »Murzil ist außergewöhnlich geduldig und verständig. Unmittelbar vor meiner Abreise aus Kujbyšev kam Mitja Tolstoj zu mir, der Sohn des Schriftstellers. Er ist mit Murzil befreundet und ihm sehr wohlgesonnen, ebenso wie die Achmatova. Murzil kommt im März mit Tolstoj, sobald es möglich ist.«

Die Jungen hatten genug Feingefühl, Mur niemals nach dem Tod der Mutter zu fragen, was man von den »Damen« nicht behaupten konnte. Diese brannten darauf, ihre Neugierde zu befriedigen und herauszufinden, was vorgefallen war. Aber Mur reagierte unfreundlich, gab unwirsche Antworten und beendete die Nachforschungen, indem er ihnen über den Mund fuhr und ihre Schluchzer und ihr Mitgefühl im Keim erstickte. Sogar die liebe, harmlose Liza Tarachovskaja konnte nicht verstehen, daß man ihn nicht nach Marina Ivanovnas Tod fragen durfte, und war beleidigt, als er ihr eine Abfuhr erteilte. Sie schreibt in ihren Erinnerungen: »Als ich im Wohnheim der Schriftsteller in Taškent wohnte, hörte ich plötzlich, daß Marinas Sohn Mur in Taškent angekommen sei, und lud ihn zu mir ein. Herein kam eine junge, rotwangigige, schlanke Marina in Hosen. Er war in Paris geboren und hatte keine Ahnung von Rußland. Mur war ein typischer Snob, ein Skeptiker; er begegnete dem Krieg und Rußland mit vollkommener Mißachtung. Als ich ihn nach dem tragischen Tod seiner Mutter fragte, antwortete er kalt und ruhig: ›Sie mußte das tun, um mich zu retten. Sie war in eine Sackgasse geraten, aus der es keinen Ausweg gab, und hinterließ eine Notiz, daß die Schriftsteller in Čistopol' ihre Sachen verkaufen und mich nach Taškent schicken sollten. So hat sie gehandelt, und nur dadurch bin ich hierhergekommen.‹ Weder in seinen Antworten noch in seiner Miene zeigte sich auch nur das geringste Bedauern über den schrecklichen Tod seiner Mutter. Die Begegnung mit Mur hat bei mir einen traurigen Eindruck hinterlassen. Dieser von sich selbst überzeugte

Jüngling hat mir Abneigung eingeflößt, aber desungeachtet habe ich ihm, wie alle Bewohner des Wohnheims, zu essen gegeben und ihm jede nur mögliche Hilfe erwiesen. Man sagt, er habe sehr interessante Prosa auf französisch geschrieben. Ich habe sie nicht gelesen und kann mir kein Urteil darüber erlauben. Er war im dienstpflichtigen Alter und wurde einberufen; er fiel an der Front. Ich glaube an Vergeltung und denke, daß sein tragisches Schicksal die Strafe für sein Verhalten der Mutter gegenüber war, die ihn anbetete und seinetwegen ihrem Leben selbst ein Ende gesetzt hat.«

Die Tarachovskaja hat ihre Erinnerungen diktiert, als sie schon ganz krank und blind war; mehr als zwanzig Jahre nach ihrer Begegnung mit Mur war sie wohl kaum in der Lage, seine Worte genau wiederzugeben. Er wird ihr das gesagt haben, was er allen gesagt hatte – Marina Ivanovna hat richtig gehandelt, sie hatte keinen anderen Ausweg.

In ihren Erinnerungen an Boris Leonidovič schreibt die Bildhauerin Maslennikova: »Mur war ein schöner, verwöhnter, über seine Jahre hinaus entwickelter Junge, offensichtlich sehnte er sich nach Elabuga. Einmal sagte Marina zu ihm: ›Mur, ich bin ein Hindernis für Dich, aber ich will das nicht, Hindernisse müssen beseitigt werden.‹ Mur antwortete: ›Darüber muß man nachdenken‹, und ging spazieren. Als er zurückkehrte, fand er die Mutter erhängt ...«

Und die Močalova, zu der Mur ein höchst ironisches Verhältnis hatte, verbreitete weiß der Teufel was über ihn: Er, Mur, habe in Taškent »ein ausschweifendes Leben geführt, getrunken und die Absicht gehabt, ein internationaler Spion zu werden«.

Über Marina Ivanovna schreibt sie: »Sie wurde im Herbst 1941 mit einer Gruppe von Schriftstellern evakuiert und nahm den Sohn und einen goldenen Ring mit.

Die Schriftsteller stiegen in Čistopol' aus, wo MC ein Gespräch mit einem führenden Mitglied der Organisation hatte (Tichonov?[36] Aseev?): ›Nach dem, was Sie mir sagten, bleibt nur noch, zu gehen und mich aufzuhängen ...‹ ›Gehen Sie und hängen Sie sich auf‹, war die Antwort. MC ging in Elabuga an Land, wo sie nach einigen Schwierigkeiten eine Stelle als Geschirrspülerin in einer Kantine fand. ›Störe ich dich mit meinem Emigrantenstempel?‹ fragte sie Mur, und er bestätigte das ...«

Die Močalova gab unter anderem Boris Leonidovič die Schuld, Marina Ivanovna nicht vom Selbstmord abgehalten zu haben; es stellte sich heraus, daß er zu der Zeit in Čistopol' war. »Wie konnten Sie zulassen, daß Marina evakuiert wurde?« wandte sie sich an Boris Leonidovič, und der scheint ihr geantwortet zu haben: »Diese Frage stellen mir viele. Aber was konnte ich ausrichten? Wir hatten selbst nichts, haben wer weiß was gegessen! ...« Boris Leonidovič hatte jedoch in Moskau vom Tode Marina Ivanovnas erfahren und war erst am 10. Oktober in Čistopol' angekommen.

Mag sein, daß auch die Jakovleva Mur nicht mochte. Nach dem Tod Marina Ivanovnas erinnerte sie sich an deren Erzählung darüber, daß Bal'mont einmal gesagt hatte: »Mur ist Dein Staatsanwalt!« Die Jakovleva hegte (von sich aus) die Vermutung, ob nicht Mur seine Mutter zum Erhängen verurteilt habe. Bal'monts Worte, vom einen zum anderen weitergegeben, wurden zu einer Bestätigung und erhielten prophetische Bedeutung.

Mur hat nur so kurz gelebt, aber wie viele Gerüchte sind über ihn im Umlauf. Noch während er im Krieg kämpfte, wurde in Moskau schon erzählt, er sei nicht bis zur Front gekommen, im Zug habe ihn ein Hauptfeldwebel erschossen, den er mit seinem flegelhaften Benehmen in Rage gebracht hätte. Es gab ein Gerücht, daß man ihn an der Front wegen Ungehorsams erschossen habe. Und in den sechziger Jahren hörte ich, daß die Nikitina, eine Sammlerin literarischer Archive, behauptete, Mur sei zu den Deutschen übergelaufen.

Und erst kürzlich fiel mir eine ausländische Zeitschrift mit einer Rezension von Roman Gul' in die Hände, in der er behauptet, Mur sei erschossen worden, weil er seine Einheit verpaßt habe, und nicht »an der Front umgekommen«, wie N. Berberova in den von ihm besprochenen Erinnerungen schreibt.

Ich habe Mur in Taškent nur ein einziges Mal getroffen. Wir sind uns am Abend vor meinem Abflug nach Moskau zufällig auf der Straße begegnet. Ich wußte damals nicht, daß wir eine Zeitlang sogar zusammen in einem Haus gewohnt hatten. Mein Zimmer hatte einen separaten Ausgang zur Straße, und alle Bewohner gingen über den Hof. Ich lebte sehr zurückgezogen und hatte kaum Kontakte. Am Vorabend meiner Abreise nach Moskau also ging ich vom Schriftstellerverband nach Hause. Ich lief über die Straße, ohne jemanden zu bemerken, und kam an einem jungen Mann vorbei, dessen Gesicht mir bekannt vorkam. Ich drehte mich instinktiv um, und auch er schaute zurück.

»Mur?!«

Wir blieben beide stehen. Er hatte sich sehr verändert und war kaum wiederzuerkennen. Er war sehr mager, nicht mehr der frühere, rundliche, übermäßig korpulente Bursche, der elegant, sorgfältig gebügelt, selbstzufrieden oder scheinbar selbstzufrieden dahergekommen war und unter dieser Selbstzufriedenheit seine Unsicherheit verborgen hatte. Vor mir stand ein langer, magerer junger Mann mit mürrischem Gesicht, in zerknitterten Hosen und einem schmutzigem Hemd. Die geraden Brauen waren über der Nasenwurzel zusammengezogen, die schmalen Lippen fest zusammengepreßt, seine Augen blickten kalt und wachsam. Es schien, als wolle er mich mit seinem ganzen Äußeren gleichsam abwehren. Die unerwartete Begegnung und seine für mich so ungewohnte Schroffheit brachten mich aus der Fassung. Es schien, als lägen unsere Moskauer Begegnungen hundert Jahre zurück – hatten sie überhaupt stattgefunden? Und waren das wir? Ich fand keine Worte, jede Bemerkung schien sinnlos und unangebracht. Ich erinnere mich nur, daß ich sagte, daß ich am nächsten Tag nach Moskau flog, und fragte, ob er seinen Verwandten etwas ausrichten lassen wollte. Er bedankte sich und erwiderte, jemand von den Tolstojs sei vor kurzem ebenfalls nach Moskau gefahren, und ihm habe er einen Brief an die Tanten mitgegeben. Nach ein paar Bemerkungen über die Hitze schützte ich Reisevorbereitungen vor und beeilte mich, fortzukommen.

Heute scheint mir, er fürchtete die taktlosen Fragen über Marina Ivanovna, die ihm gewöhnlich bei der ersten Begegnung gestellt wurden, er fürchtete, ich könnte ihm meine Teilnahme und mein Mitgefühl aussprechen, und igelte sich vorzeitig ein, indem er mich abwies. Aber vielleicht ging es ihm zu dieser Zeit auch einfach schlecht; oder ihm, dem Gecken, war es unangenehm, daß ich ihn in einem so unansehnlichen Zustand sah. Ich weiß es nicht, aber diese Begegnung, die die letzte sein sollte, hinterließ bei mir eine beklemmende Erinnerung für das ganze Leben. Ich fragte ihn nicht einmal, wo er wohnte. Erst heute habe ich aus seinen Briefen erfahren, daß er schon in der »Arche Noah« in der ulica Karla Marksa 7 wohnte.

Mur träumte damals, im Sommer 1942, davon, ebenfalls nach Moskau zu fahren. Tolstoj versprach Mur, nach Beendigung der Schule eine Einladung zu organisieren, doch er mußte noch einmal in Taškent überwintern. Er zeichnete Plakate und Karikaturen auf einen riesigen geweißten Zaun hinter der Universität in der ulica Karla Marksa.

Das Jahr 1943 beginnt für Mur in völliger Einsamkeit, nach seinen Worten hängt er in seinem Kämmerchen Erinnerungen nach. Er sagt jetzt häufig voller Bitterkeit, er habe, wie ein Greis, nur die Vergangenheit, weil ihn »die Gegenwart sozusagen hereingelegt hat«.

Am 2. Januar fährt er zum Kriegskommissariat in die Altstadt – sein Jahrgang, 1925, wird einberufen. Marina Ivanovna hatte einen Monat vor seiner Geburt, überzeugt davon, sie würde einen Sohn zur Welt bringen, geschrieben: »Ich bin schon eifersüchtig (ganz besonders bis er drei ist, – nein, bis sieben, aber dann weniger) und denke schon an seine Einberufung (Ehrenwort!) ...«

Mur wird im Kriegskommissariat in die Arbeitstruppen eingeteilt und bereitet sich auf seine Weise darauf vor – mit Izjas Hilfe tauscht er sogar das Jackett gegen eine Wattejacke; aber die Arbeitstruppen übergehen ihn. Am 12. Februar schickt er der Tante einen Brief:

»Teure Lilja!

Ich habe Ihre Postkarte erhalten. In der letzten Zeit habe ich nicht geschrieben, weil ich unentwegt beschäftigt war wegen der Einberufung; einen ganzen Monat, vom 2. Januar bis zum 2. Februar, mußte ich täglich mit der Abkommandierung zur Arbeitstruppe rechnen. Erst am 2. habe ich endgültig erfahren, daß ich bis auf weiteres der Reserve zugeteilt bin und daher weiter zur Schule gehen kann.

Am 4. bin ich schwer an Rotlauf erkrankt – erneut! –, die gleiche Art wie beim ersten Mal. Jetzt bin ich auf dem Wege der Besserung, und am 15. gedenke ich schon wieder am Unterricht teilzunehmen. Diese ganzen Tage habe ich gelegen und bin nicht hinausgegangen.

Mein unsinniger Appetit, der mit der Genesung zurückkehrt, macht mir Sorgen! Aber macht nichts – irgendwie werden wir es überleben. Und Siege, welche Siege! Das Leben wird leichter und fröhlicher ... Bleiben Sie gesund; ich wünsche Ihnen Kraft und Gesundheit. Ich küsse Sie herzlich. Ihr Mur.«

Dann eine Woche später:

»19/II-43

Teure Lilja!

Heute habe ich Alja, Ihnen und Mulja geschrieben. Mein Leben geht wieder seinen normalen Gang. Ich gehe wieder zur Schule und lerne; vorgestern war ich sogar im Kino, ich habe *Walzermelodie* gesehen, einen ›neuen‹ amerikanischen Film.

Aber ich bin mißtrauisch und mir scheint, daß das die Ruhe vor dem Sturm ist. Von welcher Seite dieser Sturm kommen wird, und wie er aussehen wird, weiß ich nicht, aber aus irgendeinem Grunde kommt es mir so vor.

Mein Geld gebe ich ausschließlich für Nahrung aus; die ganze Tragik liegt darin, daß es hier alles gibt. In Moskau hätte ich mich in der Bibliothek vergraben, davon träume ich, aber hier ist es ganz unmöglich, den Appetit zu vergessen und sich die notwendige Ablenkung zu verschaffen.

Aber ich habe die feste Absicht – sofern sich an meinen Militärangelegenheiten nichts ändert –, nach Abschluß der zehnten Klasse im Sommer nach Moskau zurückzukehren und in die Hochschule einzutreten. Bildung geht über alles. Und bis dahin muß ich ›durchhalten‹. Ich gehe am Stock, eine Folgeerscheinung der Krankheit, hoffe aber, daß ich bald ganz gesund werde. Schreiben Sie mir ausführlich von sich, ich habe große Sehnsucht nach Ihnen.

Ich umarme Sie. Ihr Mur.«

Im April ist er erneut sehr krank, und wieder liegt er allein in seinem Kämmerchen mit hohem Fieber und hat niemanden, der sich um ihn kümmert, ihm Wasser bringt, Essen zubereitet oder ihm ein gutes Wort sagt.

»I/IV-43

Teure Lilja!

Ich bin erneut sehr krank, und das ist kein Aprilscherz. Schon wieder Rotlauf, das fünfte Mal seit dem Herbst, wieder das gleiche Bein; wieder beginnt es mit Fieber, 39 bis 40 Grad, Schüttelfrost, Zähneklappern und Zittern; am folgenden Tag sinkt die Temperatur, ich liege ungefähr vier Tage, nehme Streptozid ein, die Rötung geht zurück, und ich stehe wieder auf – solange, bis durch eine widerspenstige Mikrobe die ganze Prozedur von vorn beginnt. Das ist geradezu ein böses ›Schicksal‹! Eigentlich müßte man klären, ob dabei nicht Tbc eine Rolle spielt, aber das ist schwierig herauszufinden, bei einem solch chaotischen Leben und mit derart schlechten Ärzten.

Ich habe das dritte Quartal des Schuljahrs erfolgreich beendet. Das war schwierig, wegen der Einberufung und der Krankheit. Wie früher halte ich Kurs auf Moskau: auf den Rat der Frau von A[leksej] N[ikolaevič Tolstoj] hin habe ich eine Eingabe an den Schriftstellerverband gemacht; A. N. unterstützt sie, und eine Einladung scheint äußerst wahrscheinlich (obgleich ich an diese Reise nach Moskau erst dann glaube, wenn ich die entsprechenden Papiere in Händen halte).

Ich lese sehr viel; ich übersetze Valérys *Ansichten über die moderne Welt* ins Russische (zur Übung und zum eigenen Vergnügen).

Im August soll die MGU* nach Moskau kommen; ich habe die Absicht, mich dort einzuschreiben. Alja und ich stehen weiterhin im Briefwechsel. Einen Gruß an Zina.

Ich umarme Sie. Ihr Mur.«

Am 12. Juni schreibt Mulja an Alja: »Heute morgen hat Lilja mir eine angenehme Neuigkeit überbracht. Die Tolstojs haben für Mur die Erlaubnis erwirkt, nach Moskau

* Moskovskij Gosudarstvennyj Universitet (Moskauer Staatliche Universität).

zurückzukehren und ihm das Dokument schon geschickt. Am Dienstag, dem 15., ist Lilja zu den Tolstojs gefahren, um für Murzil eine Wohngelegenheit zu organisieren, und auch ich habe meine Pläne ...«

Die Genehmigung für Moskau hatte Mur erhalten, er beendete die zehnte Klasse, und es sah so aus, als ob alles gutgehen würde. Aber mitten in den Prüfungen wurde Mur erneut ins Kriegskommissariat bestellt. Er mußte jetzt jeden Tag in die Altstadt fahren und auf die Abkommandierung warten. Der Schriftstellerverband machte eine Eingabe mit der Bitte um Aufschub bis zum Abschluß der Prüfungen. Der im Verband damals wichtigste Moskauer Schriftsteller war Ležnev, und für die militärischen Angelegenheiten war Michail Golodnyj zuständig; sie rieten Mur, nicht zum Kriegskommissariat zu fahren, sondern sich mit seinen Prüfungen zu beschäftigen, weil sie jeden Moment mit einer Antwort rechneten, die ihm natürlich den Aufschub gewähren würde. Doch andere Bekannte redeten Mur nachdrücklich zu, täglich zum Kriegskommissariat zu fahren und dort die Ergebnisse abzuwarten. So steckte Mur jeden Tag in der Altstadt, anstatt sich auf die Prüfungen vorzubereiten. Im Kriegskommissariat waren Tausende von Leuten, es herrschte ein völliges Durcheinander. Ich habe es selbst erlebt – ich sah Massen von Usbeken, die mit Frauen, Kindern, Müttern und Vätern aus ihren Dörfern kamen, wochenlang unter freiem Himmel lebten und darauf warteten, daß sie zur Front geschickt wurden.

Nachdem er einen Monat mit Warten verloren hat, erfährt Mur am 5. Juli schließlich, daß er vorläufig in der Reserve bleibt. Am 12. schreibt er:

»Teure Lilja!

Ich habe Ihnen lange nicht geschrieben, ich bin einfach nicht dazu gekommen: Scherereien mit dem Kriegskommissariat und in der Schule. Ich habe einen Aufschub bis zum 1. September bekommen. Eine Bescheinigung über die zehn Klassen hat man mir nicht ausgestellt, weil ich nur drei Prüfungen bestanden habe. Die anderen habe ich nicht bestanden, weil ich täglich damit rechnete, abkommandiert zu werden, weil ich vorgeladen wurde usw. und mir nicht nach Schule zumute war. Aber das Fehlen der Bescheinigung wird mich nicht daran hindern, in die Hochschule einzutreten. Ich hoffe, daß die Tolstojs mir dahingehend in Moskau behilflich sein werden. Sehr beunruhigend ist meine Situation hinsichtlich der Abreise: Mein Passierschein gilt bis zum 15. August, aber ich kann nicht fahren, weil es unmöglich ist, eine Fahrkarte zu bekommen. Ich wollte mit den Dramatikern fahren, aber wie sich herausstellte, ›reicht der Platz nicht einmal für unsere Leute, geschweige denn ...‹. Ich weiß nicht, was ich tun soll, niemand weiß es. Ich ›sondiere‹ bei der Achmatova, möglicherweise unternimmt sie etwas. Vorläufig wohne ich ›zwischen Himmel und Erde‹, das heißt, ich bemühe mich zu fahren und kann nicht. Das Leben kommt mir so irreal vor. Ich umarme Sie. Ihr Mur.«

Mur konnte nicht nach Moskau reisen, weil die Reevakuierung im Gange war: Aus Taškent und anderen Städten kehrten die Unternehmen, Anstalten, Institute, Akademien, Theater nach Moskau zurück. Für Alleinstehende war es genauso schwierig, eine Fahrkarte zu bekommen, wie in den Tagen der Evakuierung aus Moskau. Mur lief von einer Stelle zur anderen, aber keine Institution nahm ihn mit; und die Schriftstellerfamilien waren noch nicht an der Reihe, nur einigen wenigen gelang es abzureisen.

In diesen Monaten geht es Mur sehr schlecht, er hungert. Im Juni steckt er tagelang in der Altstadt im Kriegskommissariat und kann nicht einmal in der Kantine des Schriftstellerverbandes zu Mittag essen. Eben in diesen Tagen begeht er die Tat, über die er im Tagebuch schreibt, das sei schlimmer als Diebstahl, das sei *Verrat*: Er trennt sich von seiner einzigen Habe, von Marina Ivanovnas Gedichtbänden, die sie ihm geschenkt hatte. Er verkauft sie.

Izja Kramov erzählte mir, er habe Mur in seinem Kämmerchen besucht, wo kaum Platz für das Klappbett und das Tischchen aus Stroh war. Über dem Tischchen war ein kleines Regal angebracht, auf dem schmale Bändchen standen: *Handwerk*, *Werstpfähle*, *Mädchen-Zar*. Mur las ihm laut vor, und hinter der Sperrholzwand erhoben sich beifällige Stimmen und baten fortzufahren.

Von diesen Büchern also mußte Mur sich trennen.

Am 25. August schreibt er in sein Tagebuch, daß er immer noch keine Fahrkarte hat und deshalb nicht aus Taškent abreisen kann, daß aber sein Passierschein bis zum 15. September verlängert wurde. Wann er schließlich aus Taškent abgefahren und wann er in Moskau angekommen ist, läßt sich schwer feststellen. Nach dem 25. August gibt es keine weiteren Eintragungen. Das Tagebuch bricht damit ab.

Bei seinen Papieren findet sich eine Bescheinigung vom Kriegskommissariat des Bezirks Krasnopresnenskij, datiert vom 11. Oktober. Das bedeutet, daß er zu jenem Zeitpunkt schon bei Elizaveta Jakovlevna in der Merzljakovskij pereulok gemeldet und im Kriegskommissariat registriert war. Außerdem ist da noch der Antrag des Schriftstellerverbandes mit der Bitte, Mur vom Arbeitseinsatz in der Industrie zu befreien. Im November trat Mur ins Literatur-Institut ein.

Im Archiv des Literatur-Instituts befindet sich eine dünne Mappe mit der Aufschrift »Student des 1. Kurses Georgij Ėfron«. In dieser Mappe liegen einzelne vergilbte Blätter:

– Die Beurteilung der Taškenter Schule, in der es heißt, Mur zeige »gute akademische Leistungen und eine große

Begabung für Geisteswissenschaften und Sprachen, was mehrfach bei Sitzungen des Pädagogischen Rates hervorgehoben wurde. Er war aktiv an der Arbeit des literarischen Zirkels beteiligt und erfüllte alle ihm aufgetragenen gesellschaftlichen Arbeiten gut.«

– Ein Brief von A. N. Tolstoj auf dem Formular eines Abgeordneten des Obersten Sowjets der UdSSR an den Institutsdirektor Fedoseev mit der Bitte, Mur in die Fakultät für Übersetzer aufzunehmen.

– Ein kurzer Lebenslauf Murs: »Ich, Georgij Sergeevič Ėfron, wurde am 1. Februar 1925 in Prag (Tschechoslowakei) geboren. Bis zum Jahre 1939 lebte ich mit meiner Mutter in Paris. Im Jahre 1939 kehrten wir in die UdSSR zurück, wo ich 1943 das zehnte Schuljahr beendete. Zum gegenwärtigen Zeitpunkt arbeite ich in einer Fabrik, wohin ich angesichts meiner Nichteinberufung in die Rote Armee geschickt wurde.« Der Lebenslauf ist datiert vom 12. November 1943.

– Schließlich der Antrag an den Direktor des Literatur-Instituts Fedoseev: »Ich bitte um Aufnahme als Student an Ihrem Institut an der Fakultät für Prosa.« Der Antrag trägt ebenfalls das Datum vom 12. November, und der Entscheid des Antrags – »Als Student in den 1. Kurs aufnehmen« – dasjenige des 26. November 1943.

Anscheinend arbeitete Mur auch weiterhin, denn bei seinen Papieren fand Alja eine Bescheinigung, ausgestellt am 20. Dezember, die Mur als Wohnheimverwalter der Fabrik »Proletarische Arbeit« ausweist. Die Arbeit als Verwalter hat ihn offenbar nicht am Besuch der Vorlesungen gehindert. Es gibt Mitschriften von den Fächern Geschichte der VKP/b/*, Sprachwissenschaft, altgriechische und römische Geschichte.

In der schmalen Mappe aus dem Literatur-Institut be-

* Vsesojuznaja Kommunističeskaja Partija / bol'ševikov / (Kommunistische Allunionspartei / Bolschewiken /).

finden sich auch einige literarische Werke Murs. Sie sind von Hand auf verschiedenformatige Blätter geschrieben: *Aufzeichnungen eines Wahnsinnigen* und *Einmal im Herbst*, zwei Erzählungen, dazu *Aufzeichnungen aus Paris*. Es handelt sich um sehr schwache, imitierte Werke, lediglich Entwürfe, Notizen ohne Eigenständigkeit. In seinen Briefen ist Mur bei weitem interessanter und origineller. Doch hier versucht er über Dinge zu schreiben, die er nicht kennt, darüber, was er bei André Gide gelesen hat, bei Jules Romains oder einem anderen Franzosen. Auch sprachlich wirken die Texte eher wie Übersetzungen aus dem Französischen.

*Aufzeichnungen aus Paris* scheint jener Roman aus dem französischen Leben zu sein, an den sich auch Lilja Bat' und Valentin Berestov erinnern. Ihre Erzählungen stimmen vollkommen mit dem Inhalt dieser *Aufzeichnungen* überein: Ein einsamer junger Mann zieht, enttäuscht vom Leben, in Paris umher, geht in ein Café, trinkt Pernod, knüpft Zufallsbekanntschaften an und führt belanglose Unterhaltungen. »Die Metro konnte nicht mehr an sich halten und erbrach – zum wievielten Male! – eine Menge, die zielstrebig nach oben zum Ausgang drängte. Zusammen mit ihr geriet ich auf die Erdoberfläche ...« So schrieb Mur.

Die Gerüchte über ein verlorengegangenes Romanmanuskript sind nicht haltbar. Allein aus zeitlichen Gründen wäre es für Mur unmöglich gewesen, einen Roman zu schreiben. Er hat diesen einen Teil geschrieben, vielleicht als erstes Kapitel oder als Einleitung. Ihn hat er auch vorgelegt, als er ins Institut eintrat, und so wird er im Archiv aufbewahrt.

Interessant ist die Notiz, die Mur seinen Manuskripten beifügte:

»Kleine Erklärung.

Einige einleitende Worte zum Vorliegenden. Zunächst

einmal bin ich eher Übersetzer als Prosaiker. Prosa zu schreiben ist mir nicht eine solche ›innere Verpflichtung‹ wie das Übersetzen. Ich lege hier als sogenannte ›schöpferische Arbeiten‹ zwei Sachen* vor, die für mich fragmentarischen Charakter haben. Sie sind mir wertvoll und notwendig als Beitrag zu etwas Größerem; ich zweifle nicht daran, daß ihre eigenständig-künstlerische Bedeutung sehr gering ist. Sie zeigen nur einen Teil meines ›Spektrums‹; sie sind nicht zufällig, aber einseitig. Kurz gesagt – cela donne pour ce que sa vaut.

Zu meinen fertiggestellten Arbeiten gehören noch ein Märchen und zwei Übersetzungen aus dem Französischen. Ich lege sie nicht bei, denn ich bin noch nicht dazu gekommen, eine Reinschrift anzufertigen.«

Winter 1943-1944. Dezember, Januar, Februar. Lidija Grigor'evna Bat' sagte mir, daß sie Mur irgendwann im Dezember im Haus der Schriftsteller auf der ulica Vorovskogo getroffen habe. Im Eichensaal sollte eine Abendveranstaltung stattfinden; es war nicht geheizt, und alle saßen in ihren Pelzen herum. Der Saal war fast leer. Sie wechselte einige Sätze mit Mur und lud ihn ein vorbeizukommen, aber er ging nie hin.

Er nahm noch an einer anderen Veranstaltung im Literatur-Institut teil, ebenfalls im Dezember oder November. Davon hat mir Irina Valentinovna Burova erzählt. Sie war mit dem Studenten Saša Lacis dort. Dieser war eben irgendwohin verschwunden, als nebenan zwei junge Leute in fließendem Französisch lustige, ziemlich freimütige Witze erzählten. Irina Valentinovna konnte sich nicht zurückhalten, lachte los und warnte die jungen Leute, daß sie alles verstünde. Sie wurden verlegen und setzten sich weiter weg von ihr. Als Lacis zurückkam, fragte sie ihn,

* Die beiden Sachen, die Mur sehr viel bedeuteten, sind offenbar *Aufzeichnungen aus Paris* und *Einmal im Herbst,* in denen es um einen einsamen jungen Mann geht.

wer die jungen Leute seien. Der eine stellte sich als Sohn der Cvetaeva heraus, der andere war Dima Sezeman. Als sie nach Hause kam, erzählte Irina Valentinovna ihrem Mann Andrej Konstantinovič Burov davon. Sie wußte, daß er während seiner Reise durch Europa im Jahre 1935 Marina Ivanovna kennengelernt hatte. Sie selbst war ihr nur einmal begegnet, im Jahre neunzehn auf der Beerdigung von Stachovič.

Als Lacis das nächste Mal zu den Burovs kam, schrieb Burov eine ihm in Erinnerung gebliebene Zeile aus einem Gedicht des kleinen Mur auf: »Je suis assis à l'ombre du pilier« (Ich sitze im Schatten des Brückenpfeilers) und bat, sie diesem zu übergeben. Mur war sehr verblüfft – wer in Moskau konnte seine Kindergedichte kennen? Lacis hielt ihn am Anfang zum besten und verriet nicht sofort, daß ihn die Burovs eingeladen hatten. Irina Valentinovna sagte, Mur sei sogleich gekommen und dann bei ihnen ein- und ausgegangen.

Burov war zu seiner Zeit ein sehr bekannter und erfolgreicher Architekt. Nach seinen Entwürfen wurden Gebäude errichtet, und er wurde sogar ins Ausland geschickt, was damals eine Seltenheit war.

Er liebte Gedichte, interessierte sich für Poesie und verkehrte nach dem Krieg bei uns in der Konjuškovskij bol'šoj pereulok. Tarasenkov las ihm seine Lieblingsgedichte von Marina Ivanovna vor. Aber ich könnte mich nicht erinnern, daß Burov irgend etwas von Mur gesagt hätte. Vielleicht habe ich eine Gedächtnislücke, es mag aber auch sein, daß davon einfach nicht die Rede war. Burov hatte, seinem Tagebuch nach zu urteilen, Marina Ivanovna am 22. November 1935 in Paris kennengelernt: »Abends waren alle bei einem Architekten, wo man uns Marina Cvetaeva sozusagen ›vorführte‹.« Aber davon, daß er sie zu Hause besuchte, davon, daß der kleine Mur ihm seine Gedichte vorlas, ist nicht die Rede; entweder hat er das nicht notiert, oder es wurde nicht gedruckt. Marina Ivanovna schenkte ihm damals ihr Exemplar von Stendhals *Rot und Schwarz* mit der Widmung: »Ich liebe es nicht, aber gebe es wie einen Hund in gute Hände.«

Leider erfuhr ich zu spät, daß Mur bei den Burovs verkehrt hatte: Andrej Konstantinovič war zu der Zeit schon verstorben.

Mur verbrachte das Neujahrsfest 1944, sein letztes, bei ihnen in der ulica Gor'kogo 25, in einem Haus, das nach Burovs eigenen Entwürfen errichtet worden war. Das vierte Kriegsjahr war hungrig und kalt. Im Zimmer von Irina Valentinovna, das voller alter Möbel und Bilder war – sie stammte aus der Familie des Künstlers Dubovskij –, stand in den Kriegsjahren ein Öfchen, an dem sich alle aufwärmten. Brennholz holten sie nachts im Hof der nahegelegenen Augenklinik. Dieses Mal hatte Irina Valentinovna Glück gehabt – sie hatte eine Leiter angeschleppt, und Burov zersägte sie in Holzscheite. Im Zimmer war es warm. Die Gäste brachten ihr Essen selbst mit. Marija Karlovna Levina, eine Französischübersetzerin, die mich mit den Burovs bekannt gemacht hatte, brachte einen Laib Schwarzbrot mit, jemand schleppte eine riesige Schüssel mit Sauerkraut an, es gab Kartoffeln, und für selbstgebrannten Schnaps war auch gesorgt. Die Aufmachung war erlesen, was man vom Menü nicht behaupten konnte. Eine Menge Leute waren gekommen, es ging fröhlich und laut zu. Irina Valentinovna konnte sich später nicht daran erinnern, ob Mur mit Lacis oder mit Dima Sezeman gekommen war. Mur legte die Maske, die er gewöhnlich trug, ab und parlierte ununterbrochen auf französisch, um so mehr, als er ein Publikum hatte. Er erzählte von Frankreich, rezitierte französische Gedichte und bemerkte, er fühle sich wie in Paris. Außer der Levina war noch eine Französischübersetzerin anwesend, und die Burovs sprachen ebenfalls französisch. Vielleicht war das

Murs letzter und einziger glücklicher Abend in den Kriegsjahren. Man saß bis zum Morgen zusammen und wartete das Ende der Sperrstunde ab (die Sperrstunde dauerte von 11 Uhr abends bis 5 Uhr morgens).

Mur hatte auch nach Neujahr noch Kontakt zu den Burovs. Am 26. Februar wurde er in die Armee eingezogen und in das unweit von Moskau gelegene Alabino abkommandiert. Doch schon von dort erhielten die Burovs drei Briefe, in denen Mur sie anflehte, ihn herauszuholen. Nach den Worten Irina Valentinovnas waren das eher kurze Notizen. Aber sie zeigten sie mir nicht. Anfangs wollte Irina Valentinovna sie mir zu lesen geben, entschloß sich aber dann, zunächst ihren Sohn um Rat zu fragen; daraufhin erklärte sie mir, man dürfe diese Notizen niemandem zeigen, weil Mur dort entsetzliche Sachen schreibe. Und überhaupt hätte sie mir nicht von diesen Aufzeichnungen erzählen dürfen. Sie hatte in ihrem Leben schon viel durchgemacht: Ihr Vater war im Jahre 1928 verhaftet worden. Aber sie wollte mir aufrichtig behilflich sein und versprach, obgleich das jeder Logik entbehrte, die Aufzeichnungen Murs nochmals zu lesen und mir genau wiederzugeben.

»Verehrte Burovs«, begann Irina Valentinovna mit der Nacherzählung, »helfen Sie mir, hier herauszukommen. Hier sind lauter Diebe und Mörder, sie sind alle Verbrecher, gerade aus Gefängnissen und Lagern entlassen. Die Unterhaltungen drehen sich nur um Rationen und darum, wer wie lange gesessen hat. Grobes Fluchen ist an der Tagesordnung. Alles wird gestohlen. Sie spekulieren, tauschen, nehmen einem alles weg. Mir gegenüber führen sie sich entsetzlich auf und machen sich lustig darüber, daß ich ein Intellektueller bin. Die Arbeit besteht hauptsächlich aus schwerer physischer Tätigkeit: Holz abladen, Schneeräumen. Der Rotlauf am Bein beginnt wieder ...« Er bat um Geld, Brot und Nahrung.

Eigentlich fügte das den Informationen, die ich schon aus einem zur gleichen Zeit an Elizaveta Jakovlevna geschickten Brief hatte, nichts Neues hinzu. Darin schreibt Mur: »Ich brauche Nadel und Faden und die beiden Holzlöffelchen, die ich vergessen habe, oder wenigstens einen. Vorzugsweise Geld, das kann kaum gestohlen werden, Lebensmittel dagegen muß man bei sich tragen (andernfalls werden sie gestohlen). Wenn man über den Schnee kriecht, ist das sehr unbequem. Aber ich schleppe ›mannhaft‹ alles mit mir herum; man braucht *alles*. Natürlich, die Burovs und Alëša* bemühen sich um eine Änderung meiner Situation, denn gegenwärtig ist es, so sehr ich mich auch zusammennehme, ein *Albtraum* ... Vielleicht sind Sie unangenehm überrascht, daß ich so beharrlich Beistand für mich beanspruche und auf häufigeren Besuchen bestehe, aber man wird Ihnen von mir erzählen, und der Brief wird auch einiges verständlich machen.«

Diese Notiz, mit einem roten Stift hingekritzelt, überließ mir Zinaida Mitrofanovna Širkovič zum Abschreiben, zusammen mit weiteren Briefen und Dokumenten.

Wahrscheinlich waren diese Aufzeichnungen und der Brief an Elizaveta Jakovlevna, den ich nicht zu lesen bekam – und vielleicht hatte Mur sonst noch jemandem geschrieben – der Anlaß dafür, daß sich in Moskau das Gerücht verbreitete, Mur sei als Sohn eines politisch verfolgten Vaters in ein Strafbataillon geraten. Diese Gerüchte haben sich bis zum heutigen Tag gehalten. Und wer gerne dick aufträgt, fügt noch hinzu, daß er aus eben diesem Grunde auch an die Front geschickt wurde, obwohl er als Student nicht von der Mobilmachung betroffen gewesen wäre.

Das stimmt nicht. Das Literatur-Institut hatte keine

* Offenbar A. V. Sezeman, Dima Sezemans Bruder.

Freistellung vom Militärdienst, und keiner der Studenten wurde von der Mobilmachung ausgenommen.

Nun zum »Strafbataillon«. Aus Gesprächen mit anderen, ungefähr gleichzeitig Einberufenen erfuhr ich, daß sich auch in anderen Einheiten ehemalige Sträflinge befanden. Offensichtlich war damals eine große Gruppe von Verbrechern vorzeitig entlassen worden. Man brauchte Nachwuchs an der Front. Mur hatte Pech: In Alabino waren es mehr als in anderen Einheiten. Daher auch die Diebstähle und die Gaunersprache. Die schwere körperliche Arbeit war keine Schikane – zu der Zeit hatten Fabriken und Kindereinrichtungen in Moskau kein Heizmaterial, und aus Alabino wurden Rotarmisten in das Rjazaner Gebiet geschickt, um Holz für Moskau zu fällen. Noch eine Bemerkung zum Fluchen: Einer von denen, die zufällig zu der Zeit Feldwebel waren, ein Bursche von der Kolchose, der nicht einmal die siebte Klasse beendet hatte und weder von Mallarmé, noch von Bergson oder Taine jemals gehört hatte, jedoch durch die militärische Schule gegangen war und den ganzen Krieg bis Berlin mitgemacht hatte, sagte mir:

»Du lieber Gott, ohne Fluchen wäre es gar nicht gegangen. Vielleicht herrscht heutzutage eine andere Ordnung in der Armee, aber damals! ... Da war doch alles mögliche Volk, manch einer hätte ein Kommando gar nicht verstanden, wenn man es ihm nicht auf gut Russisch erklärt hätte! Fluchen wärmt die Seele und verjagt die Furcht! Du sprichst alles aus wie es sich gehört – und das hilft irgendwie. Und wenn es zur Attacke geht und *er** mit dem Maschinengewehr knattert, kannst du dich gar nicht von der Erde losreißen ... Es ist natürlich für die Heimat, für Stalin und überhaupt ...«

Zweifellos verfaßte Mur seine Aufzeichnungen und

* Hier sind die deutschen Soldaten gemeint.

Briefe, wie er später selbst seinen Tanten erklärte, unter dem momentanen Eindruck. Er übertrieb sogar noch etwas, in der Hoffnung, man werde ihn bedauern und befreien. Aber natürlich konnte ihm niemand helfen. Man hätte ihm Geld schicken, hätte ihn besuchen können – doch das tat niemand, und die Tanten waren krank und schwach. Aus einem Brief vom 18. Mai wird vieles klar:

»Teure Lilja und Zina!

Seit meiner Ankunft aus Rjazan habe ich zwei Postkarten von Ihnen bekommen. Ich verstehe sehr gut, welche Schwierigkeiten Sie mit der Hilfe für mich haben, ich weiß auch, daß Sie nichts schicken können, abgesehen davon, daß es niemanden gibt, durch den man etwas schicken könnte. Wenn ich Ihnen einen ›Hilferuf‹ geschickt habe, so geschah das ausgesprochen ›unter dem momentanen Eindruck‹, und Sie brauchen sich keine Vorwürfe zu machen, daß es nicht gelang, etwas in der Richtung zu unternehmen. Die Möglichkeiten sind äußerst beschränkt, und ich falle Ihnen wahrscheinlich schon zur Last, wofür ich Sie um Verzeihung bitte.

Daß weder Alëša noch Mulja etwas tun werden, war mir schon lange klar – oder zumindest fast klar; wenn ich mich um ihre Hilfe bemüht habe, dann lediglich zur Beruhigung des Gewissens und wiederum unter dem Eindruck dieses verdammten ›momentanen Eindrucks‹, wobei ich mich im Grunde längst hätte an alles gewöhnen müssen, anstatt die anderen, die in der Beziehung Glücklicheren, zu beneiden. Wer weiß, was andere alles bekamen, dafür haben sie weder Mallarmé noch vieles andere, das ich habe, so daß ich niemanden zu beneiden brauche. Verzeihen Sie mir nochmals, daß ich Sie bemüht habe. Wenn irgend jemand, Sie eingeschlossen, mir Vorwürfe wegen meiner Bitten gemacht und diese Vorwürfe damit begründet hätte, daß ich Ihre Lage und die äußerst begrenzten Möglichkeiten schließlich sehr gut kennen müßte, so wäre ich vielleicht beleidigt und wütend gewesen; ich habe einen solchen Charakter. Aber ich bin selbst auf diesen Vorwurf gekommen und habe Ihnen damit in einem gewissen Grad die Notwendigkeit erspart, mich auf den rechten Weg zu führen, besser gesagt, auf den Weg der Zurückhaltung. Ich hatte schließlich angenommen, daß Alëša und Mulja in jedem Falle und die Burovs vielleicht helfen würden, doch dazu gibt es weiter nichts zu sagen. Also verzeihen Sie, daß ich Ihnen damit nochmals in den Ohren liege, und machen Sie sich vor allem keine Gedanken darüber, daß Sie beinahe nichts ausrichten konnten – ich hätte mich nicht vom ›momentanen Eindruck‹ mitreißen lassen und Sie mit all dem behelligen dürfen. Aber ich bin aus irgendeinem Grunde daran gewöhnt, sofort zu handeln, aufs Geratewohl, ohne mich um die Folgen zu kümmern und mich vollständig meinem Wunsch hingebend; das Leben wird mich wahrscheinlich noch lehren zu warten, zu schweigen, zu sparen und vieles mehr, was es mich zu lehren bisher noch nicht imstande war. Das alles habe ich sozusagen als einführende Bemerkungen geschrieben, gewissermaßen als Abrechnung mit dem Alten. Das Neue besteht darin, daß ich in ungefähr zwei Tagen (Minimum) endgültig an die Front gehe: die Zeit für den Abmarsch ist gekommen. Allerdings werde ich kaum (jedenfalls nicht bis zum allerletzten Moment) erfahren, ob ich auf der Liste stehe oder hier bleibe. Ich persönlich glaube jedoch, daß ich zusammen mit den anderen abmarschieren werde. Auf diese Weise wird meine bunte Biographie eine neue Wendung nehmen. Wenigstens können Sie aufhören, sich um meine Lebensmittelversorgung Gedanken zu machen; das ist unbestritten die nützliche Seite der Angelegenheit. Es ist trotz allem erstaunlich, wie ›einmütig‹ alle sogenannten Freunde nicht schreiben, weder Raja* oder Mulja, noch

* Wer Raja war, ist nicht bekannt.

Alëša oder die Burovs. Raja weiß in Taškent anscheinend überhaupt nicht mehr, wo ihr der Kopf steht, und hat wohl auch die Hoffnung auf einen Passierschein ganz aufgegeben; Mulja bläst allem Anschein nach Trübsal und hat sich ganz von uns zurückgezogen; die Burovs haben einmal geschrieben, sie haben viel zu tun und ihnen ist nicht nach mir zumute. Alëša hat zu tun ... Das alles wird mir eine Lehre sein, allerdings eine schlechte Lehre, eine inhumane, egoistische, die einen trockenen und verbitterten Menschen heranzieht, der sich nur auf sich selbst verläßt. Darin liegt nichts Gutes.

Ich schreibe ziemlich ausführlich, weil dieser Brief möglicherweise der letzte sein wird, bevor ich eine andere Serie von Briefen anfange; wann sie beginnt, ist noch ungewiß. Auf Wiedersehen, bis zu einem neuen Brief, grüßen Sie Dmitrij Nikolaevič [Žuravlëv]. Ihr Mur.«

Mur wurde Ende Mai oder Anfang Juni 1944 an die Front geschickt. Die Verstärkung stieß zum 437. Schützenregiment der 154. Schützendivision im Gebiet Sirotino, wo am linken Ufer der westlichen Dvina gekämpft wurde. Mur gehörte zur siebten Schützenkompanie des dritten Bataillons. Im folgenden einer seiner Briefe von der Front, möglicherweise auch der erste – er ist undatiert.

»Teure Lilja und Zina!

Ich habe Ihnen lange nicht geschrieben – aber das Leben an der Front ist unruhig, und außerdem ist das Papierproblem, wie man so sagt, immer noch äußerst akut.

Was soll ich Ihnen schreiben? Das ist auch ein Problem; man will nicht zuwenig schreiben, man darf nicht zuviel schreiben, aber schreiben muß man. Ich will über die Seiten meines jetzigen Lebens schreiben, die unstreitig und unbedingt positiv sind. Natürlich ändert sich alles, besonders hier, aber vorläufig ist es erstens nicht kalt, zweitens kommen regelmäßig Zeitungen und Nachrichten, und drittens leben wir vergleichsweise ruhig. Das letztere ist natürlich eine vorübergehende Erscheinung, dafür aber um so wertvoller.

Gewöhnlich schreibt man über Kameraden, über Freunde, die man an der Front gewonnen hat. Allerdings wechseln die Leute hier so schnell und gehen von einer Einheit in die andere, daß, kaum hat man sich mehr oder weniger an jemanden gewöhnt, dieser ›jemand‹ schon wieder in einer anderen Kompanie oder einem anderen Zug ist. Natürlich wird dieser Übergangsprozeß zu seiner Zeit auch ein Ende haben, und dann wird sich vielleicht in der Atmosphäre des Kampfes die Freundschaft ergeben, über die ich so viel gehört, die ich jedoch bisher noch nicht gefunden habe, obgleich ich sie finden wollte. Sie können sich vorstellen, mit welch großer Freude ich die Nachricht von der Eröffnung einer zweiten Front vernommen habe. Und nicht nur ich allein: Die langersehnte Mitteilung beflügelte die Hoffnungen aller. Ich hatte recht: Ich hatte die ganze Zeit hartnäckig behauptet, man werde bestimmt eine zweite Front eröffnen.

Ich schreibe, und die Mücken stechen unverschämt und frech. Aber letzten Endes gewöhnt man sich daran, wie an vieles andere auch.

Außer Zeitungen lese ich natürlich nichts. ›Natürlich‹ deshalb, weil es keine Bücher gibt. Ich schreibe auch nicht, gleichfalls ›natürlich‹, weil es nämlich kein Papier gibt.

Was mache ich denn konkret? Eine Zeitlang war ich Kompanieschreiber, dann passierten allerlei verwirrende Dinge mit dem Ergebnis, daß ich selbst nicht mehr ganz verstand, wer ich eigentlich bin. Vielleicht werde ich bald wieder Schreibarbeiten machen, wenn es eine Kompanie gibt, aber möglicherweise werde ich auch direkt mit den anderen losmarschieren (vielleicht auch das eine und das andere). Auf jeden Fall trage ich eine Maschinenpistole, eine ungewöhnlich handliche, wirkungsvolle und vollkommene Waffe.

Wir kochen ›Bul'ba‹*, reinigen die Waffen, arbeiten mit der Schaufel (oh je, letzteres gelingt mir nur sehr schlecht!), wir haben Dienst, müssen antreten ...

Das ist vorläufig alles.

Herzlichen Gruß. Ihr Mur.«

Es gibt noch Ausschnitte aus anderen Briefen:

»Ich übernachte jetzt auf dem Dachboden eines zerstörten Hauses. Komisch: Der Dachboden ist ganz geblieben, das Untere ist eingestürzt. Überhaupt sind alle Holzhäuser fast unbeschädigt, die steinernen dagegen zerstört. Die Gegend hier ähnelt einer Bilderbuchlandschaft – Häuschen und Wiesen, Bäche und ab und zu kleine Bäume, Hügel und Lichtungen ...«

Am 17. Juni schreibt Mur an Alja:

»Liebe Alja! Ich habe Dir lange nicht geschrieben, weil ich Deine Adresse nicht kannte; erst gestern erhielt ich eine Postkarte von Lilja, in der sie mir Deine Adresse mitteilt ... Morgen gehe ich in den Kampf ... Ich bin absolut überzeugt, daß mein Stern mich unversehrt aus diesem Krieg heraustragen und der Erfolg unbedingt kommen wird; ich glaube an mein Schicksal, das mir in der Zukunft sehr viel Gutes verheißt ...«

Morgen – das war der 18. Juni, offensichtlich war das auch der erste Kampf, an dem Mur teilnahm. Nach Zeugenaussagen war es ein schwerer, aufreibender Kampf, der sich den ganzen Tag hinzog. Es gab viele Tote und Verletzte. Nach Berichten des Sovinformbjuro** waren es heiße Tage an dem Frontabschnitt, die Offensive war im Gange, ein Kampf folgte auf den anderen.

Alles, was wir über die Kriegstage Murs wissen, verdan-

* Ukr. Kartoffeln.

** Sovetskoe informacionnoe bjuro (sowjetisches Informationsbüro).

ken wir Stanislav Vikent'evič Gribanov. Er war Flieger und gleichzeitig journalistisch tätig, schrieb für Zeitungen und Zeitschriften und wechselte später ganz zur Redaktionsarbeit über. Eines Tages war er in Zossen und hörte zufällig, daß Andrej Belyj 1922 dort gelebt hatte und daß die Cvetaeva ihn mit ihrem kleinen Töchterchen von Berlin aus besucht hatte. Da Gribanov sich sowohl für Belyj als auch für die Cvetaeva interessierte, ist es nur natürlich, daß er bei Alja in der Aėroportovskaja ulica auftauchte. Alja konnte nicht anders, als an Mur zu denken und ihrem Schmerz darüber Ausdruck zu verleihen, daß sie über die näheren Umstände von Murs Tod nichts wußte.

Stanislav Vikent'evič konnte das Schicksal des neunzehnjährigen Jungen nicht kaltlassen, der unbekannt im Krieg gefallen war. Er begann, Nachforschungen anzustellen. Es war eine langwierige und mühselige Arbeit, die sich mehr als ein Jahr hinzog. Wieviele Briefe wurden geschrieben, wieviele Archive durchwühlt, wieviele Leute befragt! Und als er schließlich erfuhr, in welche Division, in welches Regiment und in welche Kompanie Mur eingeteilt gewesen war, mußte man noch die wenigen Überlebenden ermitteln, die gleichzeitig mit Mur an den gleichen Orten gekämpft hatten. Über alles das schrieb Gribanov einen Artikel, und Alja gab ihm Ausschnitte aus Murs Frontbriefen an die Tanten und an sie selbst. Den Artikel hat sie noch gelesen, sein Erscheinen jedoch nicht mehr erlebt. Sie starb am 26. Juli 1975, und die Zeitschrift erschien im August.

Die Heere der Ersten Baltischen Front führten im Juli 1944 die Offensive im Raum Polock und drängten die Deutschen zurück.

Mur schrieb den Tanten:

»In der letzten Zeit machen wir nichts anderes als vorrücken, vorrücken; fast ununterbrochen marschieren wir nach Westen. In zwei Tagen haben wir mehr als 130 Kilometer hinter uns gebracht! Und auch beim Halten schlafen wir nur, damit wir weitermarschieren können ...«

Und eine Woche vor seinem Tode:

»Teure Lilja und Zina! Am 28. habe ich Ihre Karte bekommen und mich außerordentlich darüber gefreut ... Briefe helfen an der Front sehr, man freut sich unsagbar darüber wie über einen Feiertag ... Übrigens habe ich zum ersten Mal in meinem Leben Tote gesehen: Bisher habe ich mich stets geweigert, Verstorbene anzusehen, M. I. eingeschlossen. Jetzt bin ich dem Tod unmittelbar begegnet. Er ist furchtbar, abstoßend; die Gefahr ist überall, aber jeder hofft, daß es ihn nicht trifft ... Es stehen schwere Schlachten bevor, da die Deutschen sehr heimtückisch, listig und ausdauernd sind. Aber ich glaube, daß der Tod an mir vorübergeht, hingegen ist es sehr gut möglich, daß ich verletzt werde ...«

Und er wurde verletzt: tödlich. Am 7. Juli in der Nähe des Dorfes Drujka.

Nach der Schlacht wurde im Protokoll des Regiments eingetragen: »Rotarmist Georgij Ėfron am 7.7.44 im Sanitätsbataillon an einer Verletzung gestorben.«

Das ist das Letzte, was wir von Mur wissen.

Das Regiment rückte kämpfend vor. Im Bericht des Sovinformbjuro für den 7. Juli heißt es, daß an diesem Frontabschnitt dreißig Ortschaften von unseren Heeren eingenommen wurden. Eine davon war das Dorf Drujka.

Mur träumte davon, Schriftsteller zu werden, er hatte ein »Ziel« im Leben. Er speicherte alles im Gedächtnis, in Notizbüchern; alles hätte ihm für die spätere Arbeit von Nutzen sein können. Er schrieb: »Ich führe das Leben eines einfachen Soldaten, teile seine Strapazen und Schwierigkeiten. Die Geschichte wiederholt sich: J. Romains, Duhamel und Céline waren auch einfache Soldaten, und das macht mir Mut!«

Die Geschichte hat sich für ihn nicht wiederholt.

Die Geschichte hat sich für ihn nicht wiederholt.

»Ich bin froh, daß ich einen Bruder habe und keine Schwester, ein Bruder ist irgendwie verläßlicher«, meinte die kleine Alja, als Mur geboren wurde, »er ist ein Glückskind, weil er an einem Sonntag geboren wurde, er wird sein Leben lang die Sprache der Tiere und Vögel verstehen und Schätze finden ...«

»Alja hat nicht einen einzigen *meiner* Wesenszüge außer der allgemeinen Klugheit ...«, sagte Marina Ivanovna. »Ich bin die Letzte in diesem weiblichen Geschlecht. Alja steht gänzlich in der weiblichen Linie der Familie Ėfron, sie ist eine Cousine für Serëžas Schwestern ... Die weibliche Linie kann wieder einsetzen bei Murs Tochter, ich kann noch einmal auferstehen, noch einmal an die Oberfläche kommen ...«

# Nachwort

»Als statt des ersehnten, vorentschiedenen, fast herbeibefohlenen Sohnes Aleksandr *ich* zur Welt kam, unterdrückte die Mutter einen selbstmitleidigen Seufzer und sagte: ›So wird aus ihr wenigstens eine Musikerin.‹ Und als dann mein erstes, ebenso sinnloses wie klar artikuliertes voreinjähriges Wort ›Gamma‹, Tonleiter, war, meinte die Mutter nur, bekräftigend: ›Das wußte ich doch‹, und begann auch schon mit dem Musikunterricht ...«[1]

Eine Musikerin ist aus Marina Cvetaeva trotz des Musikunterrichts und offensichtlicher Begabung zwar nicht geworden, dafür aber eine der bedeutendsten Dichterinnen unseres Jahrhunderts.

Sie wird am 26. September (8. 10. nach dem neuen Kalender) 1892 in Moskau in nicht ganz unkomplizierte Familienverhältnisse hineingeboren. Es ist die zweite Ehe ihres Vaters, des Historikers und Altphilologen Ivan Vladimirovič Cvetaev, und der Schatten der ersten Frau, die erst vor kurzem gestorben ist, »der ersten und einzigen Liebe, der ewigen Sehnsucht meines Vaters« – so Marina Cvetaeva –[2], hängt über dem ganzen Haus. Aus der ersten Ehe gibt es zwei Halbgeschwister, Valerija und Andrej, und viele Jahre später schreibt Marina Cvetaeva:

»... meine Halbschwester Valerija, die eigentliche Erbin der Pimenschen Leidenschaften, vorab des Nichtverzeihens, kann meiner Mutter (gestorben 1906) bis heute nicht vergeben, daß sie den Platz *ihrer* Mutter (gestorben 1890) im Hause übernommen hatte, und haßt sie selbst in Asjas und meiner Stimme, in unsern Gesichtern, Gesten, ja *Buchstaben!*, haßt so, wie man nur etwas hassen kann, das *zweimal* auferstanden ist ...«[3]

Der Vater gibt sich ganz seiner Wissenschaft hin, und

die Mutter, Marija Aleksandrovna Mejn, dominiert den Haushalt. Sie mußte auf eine Karriere als Pianistin verzichten und will das Versäumte an Marina und ihrer zwei Jahre jüngeren Schwester Anastasija (Asja) nachholen. Der Alltag wird bestimmt durch die Musik: »Die Mutter überschwemmte uns mit Musik. (Aus dieser Musik, die sich in Lyrik verwandelte, sind wir nie mehr aufgetaucht, ans Tageslicht!)«[4] Der Laut kommt vor dem Wort, und überhaupt sieht die Lektüre der Töchter anders aus, als es in gebildeten russischen Familien zu der Zeit üblich ist. Anstatt russischer Klassiker und vor allem Lyrik lesen sie ausländische Literatur, französische oder deutsche Jugendromane, die deutschen Romantiker. Die Mutter bringt ihnen das nahe, was ihr selbst am liebsten ist: »Mamas Jugend, wie auch ihre Kindheit, war einsam, schmerzlich, aufrührerisch, ganz zurückgezogen. Die Helden: Wallenstein, [der Schauspieler Ernst] Possart, Ludwig von Bayern. Eine Reise zum mondbeschienenen See, wo er starb. Von ihrer Hand rutscht ein Ring – das Wasser nimmt ihn an – eine Verlobung mit dem toten König. Als Rubinstein ihr die Hand schüttelte, nahm sie zwei Tage lang ihren Handschuh nicht ab. Die Dichter: Heine, Goethe, Schiller, Shakespeare. Mehr ausländische Bücher als russische.«[5]

1902 erkrankt die Mutter an Tuberkulose, und die Familie verbringt die nächsten Jahre im Ausland – in Italien, in Lausanne, dann in Freiburg im Breisgau. Valerija und Andrej bleiben in Moskau, und Marinas engste Gefährtin in den nächsten Jahren ist ihre Schwester Asja. Da der dreijährige Aufenthalt in Mitteleuropa Marija Aleksandrovna keine gesundheitliche Besserung gebracht hat, kehren sie 1905 nach Rußland zurück, um den Winter auf der Krim zu verbringen. 1906 stirbt die Mutter. Die Familie zieht nach Moskau, und die nächsten Jahre besucht Marina – unwillig – das Gymnasium, das sie 1911 ohne Abschluß verläßt.

Trotz des musikalisch dominierten Haushalts hat Cvetaeva mit sechs Jahren angefangen, Gedichte zu schreiben. Im Jahre 1905, dem Jahr der ersten russischen Revolution, nimmt sie leidenschaftlich Anteil an den politischen Ereignissen und schreibt begeisterte Heldenlyrik, später, 1908, liest sie Edmond Rostands *Der junge Adler*, ein heroisches Versdrama über Napoleons Sohn mit Marie Louise von Österreich, und gibt sich ganz einem Napoleon-Kult hin: Sie übersetzt *Der junge Adler* ins Russische und gestaltet ihr Zimmer im napoleonischen Stil um. Diese Wandlung von der leidenschaftlichen Revolutionärin zur bonapartistischen Monarchistin ist bezeichnend für Cvetaeva, denn mehr als um politische Inhalte geht es ihr um das individuelle, heroische Moment. 1909 verbringt sie die Sommerferien allein in Paris, schwelgt dort in ihrem Napoleon-Kult und schreibt im Anschluß daran eine Reihe romantisch gefärbter Gedichte.

Etwa um die Zeit hat sie erste Kontakte mit literarischen Kreisen, und 1910 läßt sie ihren ersten Gedichtband, *Abendalbum,* auf eigene Kosten drucken, 1912 folgt ein zweites Buch, *Laterna Magica*. Beide Bücher sind bestimmt durch Kindheitserinnerungen und die Eindrücke erster Liebe. *Abendalbum* wird von der Kritik positiv aufgenommen, Valerij Brjusov schreibt:

»Die Gedichte von Marina Cvetaeva [...] gehen immer von irgendeinem realen Faktum aus, von etwas, das sie tatsächlich erlebt hat. Da sie sich nicht fürchtet, das Alltägliche in die Lyrik einzuführen, greift sie auf das Leben selbst zurück, und das verleiht ihren Gedichten etwas erschreckend Intimes. Bei der Lektüre des Buches fühlt man sich ab und zu unangenehm berührt, es ist, als ob man schamlos durch ein halboffenes Fenster in eine fremde Wohnung blickt und eine Szene beobachtet, die Außenstehende nichts angeht.«[6]

Der Dichter und Maler Maksimilian Vološin, dem die

Gedichte gefallen haben, sucht die junge Dichterin auf und freundet sich mit ihr an. Er fördert ihr dichterisches Talent und hilft ihr, weitere literarische Kontakte zu knüpfen. Den Sommer 1911 verbringen die Cvetaeva-Schwestern in Vološins Künstlerkolonie in Koktebel auf der Krim, wo Marina Sergej Efron kennenlernt. Im Januar 1912 heiraten Marina und Sergej, sie ist 19 Jahre alt, er 18. Im September wird ihre Tochter Ariadna (Alja) geboren. Die nächsten Jahre leben sie in Moskau und in Koktebel.

1913 stirbt der Vater, ein Jahr nach der Vollendung seines Lebenswerks, der Eröffnung des Alexander-III.-Museums der Schönen Künste (Cvetaeva beschreibt das Ereignis später in *Die Eröffnung des Museums*, 1934). Im selben Jahr erscheint die Sammlung *Aus zwei Büchern*, in der Cvetaeva ihre Lieblingsgedichte aus *Abendalbum* und *Laterna magica* zusammenstellt. Ihre Einleitung gleicht einem Bekenntnis:

»Meine Gedichte sind ein Tagebuch, meine Lyrik ist eine Lyrik der Eigennamen.

Wir lassen alles hinter uns. In 50 Jahren werden wir alle unter der Erde sein. Neue Gesichter werden unter dem ewigen Himmel leben. Deshalb möchte ich denen, die noch leben, zurufen:

Schreibt, schreibt mehr! Haltet jeden Moment, jede Geste, jeden Atemzug fest! Doch nicht nur die Geste – auch die Form der Hand, die sie ausführte; nicht nur den Atemzug – auch die Öffnung der Lippen, durch die er, kaum sichtbar, entweicht.«[7]

Im Oktober 1914 lernt Cvetaeva die lesbische Dichterin Sofija Parnok kennen, und die nächsten anderthalb Jahre verbindet die beiden Frauen eine stürmische Liebesbeziehung, die das Schaffen beider Dichterinnen nachhaltig beeinflußt hat. Um der ehelichen Krise zu entfliehen, meldet Sergej Ėfron sich 1915 freiwillig an die Front, und

Cvetaeva und Parnok leben den Frühling und Sommer dieses Jahres zusammen. Im Winter fahren sie gemeinsam nach Petrograd, wo Cvetaeva eine Reihe Petrograder Dichter kennenlernt, unter anderem Osip Mandel'štam, mit dem sie im nächsten Jahr eine enge Freundschaft verbindet. Im Februar 1916 findet das Verhältnis zwischen Cvetaeva und Parnok ein abruptes Ende, Cvetaeva bezeichnet es als »die erste Katastrophe in meinem Leben«.[8] Unmittelbaren Ausdruck fand die Beziehung in dem Zyklus *Freundin*, der bis heute in der Sowjetunion nicht vollständig abgedruckt wurde.

Im April 1917 kommt die zweite Tochter Irina zur Welt, und im gleichen Jahr schließt Sergej Ėfron sich der Weißen Armee an. Die nächsten fünf Jahre verbringt Cvetaeva alleine mit ihren Töchtern in furchtbarer Armut in Moskau; ihre Eindrücke hält sie in Tagebuchprosa fest:

»Ich schreibe auf meinem Dachboden, es ist, scheint es, der 10. November – seit alle nach dem neuen Kalender leben, weiß ich nie das Datum.

Seit März weiß ich nichts von S., das letzte Mal sah ich ihn am 18. Januar 1918, wie und wo – das werde ich irgendwann einmal sagen, jetzt bringe ich es nicht übers Herz.

Ich wohne mit Alja und Irina (Alja ist 6, Irina 2 Jahre und 7 Monate alt) in der Boris-und-Gleb-Gasse, gegenüber von zwei Bäumen, im Dachzimmer, ehemals das von Sereža. Mehl haben wir keins, Brot haben wir keins. Die ca. 12 Pfund Kartoffeln unter dem Schreibtisch, der Rest von einem Pud, das uns die Nachbarn ›liehen‹, sind unser ganzer Vorrat! [...] Ich lebe von den kostenlosen Mittagessen (für die Kinder).«[9]

1918–1919 hat Marina Cvetaeva zum ersten – und einzigen – Mal eine feste Anstellung, sie arbeitet in der »Informationsabteilung des Kommissariats für Nationalitätenfragen«, doch nach knapp einem halben Jahr gibt sie die Stelle auf:

»25. April 1919.

Ich verlasse das Kommissariat. Ich gehe, weil ich keine Klassifikation zusammenstellen kann. Ich habe es versucht, mit aller Kraft – es geht nicht. Ich *verstehe* es nicht. Ich verstehe nicht, was sie von mir verlangen: ›Stellen Sie zusammen, vergleichen Sie, sortieren Sie aus ... Zu jeder Abteilung – eine Unterabteilung.‹ Alle sagen ein und dasselbe, als hätten sie sich verschworen. Ich habe alle befragt: vom Abteilungsleiter bis zum elfjährigen Laufburschen. ›Das ist ganz einfach.‹ Und vor allem, niemand glaubt mir, daß ich es nicht verstehe, sie lachen.

Endlich habe ich mich an den Tisch gesetzt, habe die Feder in die Tinte getaucht und habe geschrieben: ›Klassifikation‹, dann, nach etwas Nachdenken: ›Abteilungen‹, dann, nach weiterem Nachdenken: ›Unterabteilungen‹. Rechts und links auf die Seite. Dann erstarrte ich.«[10]

Im Februar 1920 stirbt Irina an Unterernährung.

Trotz der schweren Zeit hat Marina Cvetaeva in jenen Jahren in Moskau viele literarische Kontakte und Freundschaften, sie schreibt sehr viel und probiert neben der Lyrik auch andere Gattungen aus: Prosa, Drama, lange epische Dichtungen. Durch den Dichter Pavel Antokol'skij kommt sie mit dem »Dritten Studio« des Künstlertheaters in Kontakt, wo sie neue künstlerische Impulse bekommt, viele enge Freundschaften schließt und auch die Schauspielerin Sonja Holliday kennenlernt, der zum Andenken sie später *Die Erzählung von Sonečka* schreibt. Aus der Zeit stammen ihre sechs romantischen Versdramen: *Das Abenteuer, Fortuna, Der Schneesturm, Phönix, Der steinerne Engel, Herzbube.*

Durch Brjusov, der von 1918 bis 1922 den staatlichen Verlagen vorsteht und der sie, wie sie sagte, »nicht ertragen kann«, hat Cvetaeva Schwierigkeiten, ihre Werke zu ver-

öffentlichen. Sie bereitet einen Band *Jugendgedichte* vor, doch gelingt es ihr nicht, ihn zu publizieren:
»Es war das Jahr 1919 – das elendigste, schwärzeste, tödlichste all jener Jahre in Moskau. Irgend jemand, ich weiß nicht mehr, wer, ich glaube, Chodasevič, hat mich auf die Idee gebracht, einen Band mit Gedichten zur Lito [Literaturabteilung] zu bringen. – ›Lito druckt nichts, aber sie kaufen alles.‹ Ich: ›Wunderbar.‹ – ›Die Abteilung wird von Brjusov geleitet.‹ – ›Auch wunderbar, aber schon weniger. Er kann mich nicht ertragen.‹ – ›Sie nicht, aber doch Ihre Gedichte. Ich garantiere Ihnen, daß er sie kauft. Immerhin – fünf Tage Brot.‹

Ich schrieb die ›Jugendgedichte‹ (1913–1916) und ›Werstpfähle I‹ (die dann 1922 beim Goslitizdat erschienen) ab, packte mit der rechten Hand – meine damals fünf Jahre alte Tochter Alja, mit der linken – das Manuskript und ging los, um beim Lito mein Glück zu versuchen. Ich glaube, es war auf der Nikitskaja? Brjusov war nicht da, und ich gab das Manuskript jemand anderem. Ich gab es ab und wir verschwanden – sowohl die Gedichte als auch ich.

Es verging ungefähr ein Jahr. Ich lebte, die Gedichte lagen herum. Ich erinnerte mich mit unabänderlicher Feindschaft an sie, wie an eine Verpflichtung, nach der ich mich nicht rechtzeitig erkundigt hatte und die deshalb – schon nicht mehr meine Sache war. Trotzdem raffte ich mich dann doch auf. Ich gehe zum Lito: Leere: Budancev. – ›Ich bin gekommen, um mich nach den beiden Büchern mit Gedichten zu erkundigen, die ich vor ungefähr einem Jahr hier abgegeben habe.‹ Leichte Verlegenheit, ich komme ihm zu Hilfe: ›Ich würde die Manuskripte sehr gerne zurückbekommen – denn es hat doch wohl, offensichtlich, nicht geklappt?‹ Budancev, erfreut: ›Nein, es hat nicht geklappt, nein, unter uns – Valerij Jakovlevič [Brjusov] ist *sehr* gegen Sie eingestellt.‹ – ›Dazu bedarf es wenig.

Aber die Manuskripte – sind doch unversehrt?‹ – ›Unversehrt, unversehrt, ich gebe sie Ihnen sofort.‹ – ›Wunderbar. Das ist mehr, als ein Dichter heutzutage verlangen kann.‹

Also, nach Hause mit den Manuskripten. Zu Hause packe ich sie aus, blättere sie durch, und – was für eine Überraschung – das zweite Autogramm, das ich in meinem Leben von Brjusov bekommen habe! Ein Gutachten von ganzen drei Zeilen – mit der Hand geschrieben!

›Die Gedichte von M. Cvetaeva, die nicht zu ihrer Zeit gedruckt wurden und die Wirklichkeit nicht widerspiegeln, sind nutzlos.‹«[11]

1922 erscheint *Werstpfähle I* mit Gedichten von 1916, 1921 war *Werstpfähle II* mit Gedichten von 1917–22 erschienen. In *Werstpfähle I* zeigt sich der Einfluß ihrer Freundschaft mit Osip Mandel'štam; Cvetaeva hatte dem eher westlich orientierten Petersburger Dichter während seiner Besuche in Moskau die Stadt und ihr russisches Erbe nahegebracht, und die Beschäftigung mit der eigenen Kultur schlug sich in *Werstpfähle I* nieder – auf der einen Seite der Zyklus »Gedichte über Moskau«, auf der anderen Seite die Zyklen an die Petersburger Dichter: »Gedichte an Blok«, »Gedichte an Achmatova«. *Werstpfähle II* ist Anna Achmatova gewidmet, die Cvetaeva sehr verehrt und mit der sie erst im Juni 1941 persönlich zusammentrifft. Dieser Band setzt den Anfang ihres Briefwechsels mit Boris Pasternak, der ihr, als sie die Sowjetunion schon verlassen hat, einen begeisterten Brief nach Berlin schreibt.

Die 1917–20 geschriebene Gedichtsammlung *Das Lager der Schwäne*, die das Geschehen der Revolution und des Bürgerkriegs umfaßt, kann wegen der Verherrlichung der Weißen Truppen erst 1957 in München veröffentlicht werden. Der zentrale Held und Adressat der Gedichte ist Sergej Ėfron. Wie in all ihren Werken sieht Cvetaeva auch hier das aktuelle politische Geschehen durch ein romantisches Prisma. »Ich liebe das Leben an sich nicht, für mich erlangt es erst Bedeutung, d. h. Sinn und Gewicht – wenn es umgestaltet ist, d. h. – in der Kunst ... Ich brauche das Ding *an sich* nicht.«[12]

In den letzten beiden Jahren vor ihrer Emigration schreibt sie drei Poeme, deren Motive der russischen Folklore entnommen sind: *Das Zarenmädchen* (1922), wo sie in das gleichnamige russische Volksmärchen den Mythos von Phädras inzestuöser Liebe zu ihrem Stiefsohn Hippolyt einwebt, *Seitengäßchen* (1923), deren Vorlage eine russische Byline ist, und *Der Recke* (1924), ebenfalls nach einer russischen Märchenvorlage. 1935 schreibt sie dazu in einem Brief an Jurij Ivask: »Wenn Sie die Sachen nicht mögen – dann sind Ihnen die russichen Volkselemente einfach fremd [...] Ich soll dem Russischen das Blut aussaugen? ihm die Seele rauben? [...] Ich selbst bin das Volk, und ein anderes Volk außer mir – habe ich nie gekannt, ich hatte noch nicht einmal eine russische Kinderfrau ... – und ich habe nicht in einem russischen Dorf gelebt – niemals. In der russischen Natur – ja.«[13]

1921 macht Il'ja Ėrenburg Sergej Ėfron in Prag ausfindig, und im Mai 1922 verlassen Cvetaeva und Alja Moskau. Sie wollen Ėfron in Berlin treffen, das zu der Zeit ein Zentrum russischer Emigrantenliteratur war, und Cvetaeva hofft, ihre Gedichte und ihre Prosa dort bei Verlagen unterzubringen. Ihren Gedichtband *Handwerk,* der für 1922 in Rußland angekündigt war, nimmt sie mit in die Emigration, er erscheint im selben Jahr in Berlin. »*Handwerk* – das ist der Beginn der reifen, tragischen Cvetaeva. Es ist ein Buch des Abschieds: von der Jugend, der Muse, der Bewegung der Weißen, von Rußland.« (Viktorija Švejcer)[14]

1923 erscheint *Psyche,* dessen Gedichte zum Großteil schon vorher erschienen waren. »Psyche [...] habe ich unter dem Gesichtspunkt *offenkundiger* Romantik zusammengestellt.«[15] Ein geplanter Band mit Tagebuchaufzeichnungen von 1917 bis 1920 unter dem Titel *Irdische Zeichen* kommt nicht zustande; doch Auszüge daraus werden in Zeitschriften abgedruckt.

1922 bis 1925 lebt die Familie in der Tschechoslowakei, meist in kleinen Dörfern bei Prag. Da Sergej Ėfron studiert, leben sie von einem Stipendium, das Cvetaeva von der tschechischen Regierung bekommt. Im Dezember 1925 kommt Georgij (genannt »Mur«, nach E. T. A. Hoffmanns Kater Murr) zur Welt. Im nachhinein erscheint Cvetaeva die Zeit in der Tschechoslowakei als ihre schönste Zeit in der Emigration – ihre Gedichte wurden gedruckt, sie hatte viele literarische Kontakte, und sie hatten ausreichend Geld zum Leben.

Im Oktober 1925 fährt Cvetaeva mit den Kindern nach Paris, wo sie mit Interesse von den literarischen Emigrantenkreisen aufgenommen wird; im Februar 1926 wird eine Lesung veranstaltet, die als literarisches Ereignis des Jahres gehandelt wird. Ėfron kommt nach, und die nächsten Jahre leben sie in oder bei Paris. Doch Sergej Ėfrons politische Tätigkeiten (er schließt sich der Gruppe der »Eurasier« an, die der Meinung sind, daß Rußlands Lage zwischen Asien und Europa ein autokratisches Regime erfordert; die Gruppe wurde von sowjetischen Agenten durchsetzt) und einige Unstimmigkeiten zwischen Marina Cvetaeva und der Pariser Emigrantenszene (unter anderem ihr Artikel *Der Dichter über die Kritik*, 1926, in dem sie einige namhafte Kritiker der Emigration angreift) führen dazu, daß sie allmählich aus den führenden literarischen Kreisen ausgeschlossen wird. 1927 schreibt sie an ihre Prager Freundin Anna Tesková: »Abgesehen von wenigen Ausnahmen haßt man mich in Paris, man schreibt alle möglichen Scheußlichkeiten über mich, übergeht mich auf jede mögliche Weise usw. Es ist der Haß auf die Anwesenheit in Abwesenheit, denn ich halte mich *nirgendwo* in der Öffentlichkeit auf und äußere mich *auf keine Weise zu irgend etwas.*«[16]

Zunächst lebt die Familie von Cvetaevas tschechischem Stipendium, das weitergezahlt wird, dann von der Unterstützung einiger Freunde. Oft befinden sie sich am Rande des Existenzminimums.

Ab Mitte der zwanziger Jahre schreibt Cvetaeva einige Poeme (unter anderem *Das Poem vom Berg* und *Das Poem vom Ende, Der Rattenfänger, Das Poem von der Luft*) und zwei Dramen, *Phädra* und *Ariadne*. Nach dem Mißerfolg von *Ariadne* gibt Cvetaeva ihren ursprünglichen Plan, eine Dramen-Trilogie zu schreiben *(Phädra – Adriane – Helena)*, auf. 1928 erscheint ihr letzter Gedichtband zu Lebzeiten, *Nach Rußland,* in Paris, er umfaßt Gedichte aus dem Zeitraum 1922–1925. Bei den zeitgenössischen Kritikern fanden die Gedichte wenig Anklang, heute dagegen wird *Nach Rußland* als die reifste und vollkommenste Gedichtsammlung der Cvetaeva anerkannt. »Viele Schriftsteller und Kritiker konnten mit der ständigen Entwicklung ihrer Lyrik nicht Schritt halten. Cvetaevas Anwachsen als Dichterin von 1916 (die Sammlung *Werstpfähle I*) bis 1926 *(Poem von der Treppe)* ging so schnell vor sich, daß viele Leser es als verwirrend empfanden. Sie selbst verglich den Prozeß mit immer neuen Windungen eines Flusses. Wie es häufig mit sehr originellen Schriftstellern der Fall ist, verlor Cvetaeva mit jeder neuen ›Flußbiegung‹ einen Teil ihrer Leserschaft.«[17] Cvetaeva selbst schreibt dazu in einem Brief an Anna Tesková: »Finanziell sieht es schlecht aus. Ich habe den ganzen Sommer über nichts veröffentlicht (ich habe drei kurze Poeme geschrieben: Vom Meer, Versuch vom Zimmer, Die Treppe – das letzte erscheint in Der Wille Rußlands), von den Zeitgen. Annalen habe ich mich ganz getrennt – sie wollen Gedichte der *früheren Marina Cvetaeva,* d. h. aus dem Jahre 16. Vor kurzem habe ich einen Brief von einem der Redakteure bekommen. ›Sie, eine Dichterin von Gottes Gnaden, verstümmeln sich entweder selbst oder Sie halten das Publikum zum Narren.‹«[18]

Ab 1930 schreibt sie fast nur Prosa, wenig Lyrik, denn obwohl sie Lyrik als das ihr eigene Element ansieht, läßt sich ihre Prosa leichter veröffentlichen. Nur einige Titel seien genannt – der Essay über die Malerin *Natalja Gončarova* (1929), die autobiographische Prosa: *Das Haus beim Alten Pimen* (1934), *Mutter und die Musik* (1935), *Der Teufel* (1935); die literarischen Erinnerungen: *Lebendiges über den Lebendigen* (1933) über Maksimilian Vološin, *Ein gefangener Geist* (1934) über Andrej Belyj; die literaturtheoretischen Essays: *Der Dichter und die Zeit* (1932), *Die Kunst im Lichte des Gewissens* (1932); die Puškin-Studien *Mein Puškin* (1936) und *Puškin und Pugačev* (1937); die beiden Prosastücke über lesbische Liebe: das auf französisch geschriebene *Mon frère féminin. Lettres à l'Amazone* (geschrieben 1932–34, veröffentlicht 1979) und *Erzählung von Sonečka* (1938). »... die Prosa war für Cvetaeva eine Fortsetzung der Lyrik, nur mit anderen Mitteln [...] Der Leser hat es die ganze Zeit über nicht mit einer linearen (analytischen) Abfolge zu tun, sondern mit einer sich kristallisierenden bildhaften (synthetischen) Entwicklung der Gedanken«, schreibt Iosif Brodskij über Cvetaevas Prosa.[19]

Ihr Privatleben dreht sich größtenteils um Mur, den sie hegt und pflegt. Zu der Zeit beginnt Ėfron, auf die Rückkehr nach Rußland zu drängen; er arbeitet für den »Verband der Heimkehrer«, der vom sowjetischen Geheimdienst finanziell unterstützt wurde. 1937 kehrt Alja nach Moskau zurück. Im selben Jahr ist Ėfron an einem politischen Attentat beteiligt – von dem Cvetaeva keine Ahnung hatte –, was zu seiner Flucht in die Sowjetunion führt. Im Juni 1939 verlassen Cvetaeva und Mur Paris, um in die Heimat zurückzukehren.

Schamma Schahadat

## Anmerkungen

1 Dieser Eintrag findet sich in Ariadna (Alja) Ėfrons Heft. Sie hat diese Gewohnheit wohl von ihrer Mutter übernommen: Marina Cvetaeva schrieb ihre Gedichte, ihre Gedanken und Briefentwürfe in Schreibhefte, daher Heft, nicht Notiz- oder Tagebuch.

2 Der dritte Akt ihres Dramas *Phönix* (1919) erschien 1922 unter dem Titel *Das Ende Casanovas* in Moskau mit einer Widmung für Alja »Meiner Tochter Ariadna – ihren venezianischen Augen«.

3 russ. »vešč'« (Ding, Sache, Gegenstand) wird von Marina Cvetaeva sehr häufig in der Bedeutung »Werk, Text« gebraucht.

4 Sergej Ėfron war im September 1937 maßgeblich an einem politischen Attentat des GPU (Gosudarstvennoe političeskoe upravlenie, Staatliche politische Leitung, ab 1943 NKVD, ab 1953 KGB) beteiligt, er flüchtete danach in die Sowjetunion. Aufgrund des »erfolgreichen Abschlußberichts« über dieses Attentat wurde Sergej Ėfron und dann auch Marina Cvetaeva und Mur die Rückkehr in die Sowjetunion erlaubt.

5 Inzwischen wurde der ganze Bezirk um den Kuzneckij most, einschließlich Nr. 24, abgerissen, ebenso um die Pušečnaja ulica. Dort steht jetzt ein riesiger Gebäudekomplex.

6 Den Schriftstellern wurden für den Aufenthalt im Schriftstellerhaus Kurkarten (»putëvka«) ausgestellt, die auf einen bestimmten Zeitraum begrenzt waren.

7 Diesen Auszug fügte Alja nachträglich in Cvetaevas Autobiographie ein, die in einem Band mit der französischen Übersetzung ihrer Gedichte von Elsa Triolet abgedruckt ist (Paris 1968).

8 Marina Ivanovna kannte Blok nicht persönlich. Auf einer Dichterlesung 1920 übergab die kleine Alja Blok die Gedichte, die die Cvetaeva ihm gewidmet hatte. Mit der Achmatova traf sie im Juni 1941 zum ersten Mal zusammen.

9 Marina Cvetaeva wohnte niemals im Schriftstellerhaus, sie ging nur zu den Mahlzeiten dorthin.

10 In der »Prager Diele« versammelten sich die emigrierten russischen Schriftsteller und die sich auf der Durchreise befindenden Schriftsteller aus Rußland. Ėrenburg war dort Stammgast. Ganze Nächte wurde hier über Literatur diskutiert. Andrej Belyj nannte diese nächtlichen Gespräche im Café Prager Diele »pragerdielowieren«.

11 Sergej Jakovlevič konnte Marina Cvetaeva nicht in Berlin abholen,

er wurde in Prag aufgehalten, und in dieser kurzen Zeit entflammte ihre Liebe für den Herausgeber von Helikon, Višnjak.

12 Marina Cvetaeva und Sergej Ėfron wurden in den Wirren des Bürgerkrieges im November 1917 getrennt. Erst im Sommer 1921 fand Ėrenburg Ėfron in Prag, und durch Pasternak ließ er Marina Ivanovna eine Nachricht überbringen.

13 Marina Cvetaeva wollte ihren Sohn Georgij (Mur) ursprünglich Boris nennen.

14 Im Russischen ein nicht zu übersetzendes Wortspiel: zamora-ži-va-etsja (es gefriert) – ot-tai-va-et (taut auf) – Cve-ta-eva.

15 Diesen Brief zeigte mir Tagers Frau, Elena Efimovna, ich konnte ihn nur flüchtig lesen. Ich zitiere aus der Erinnerung. (M. B.)

16 Ich zitiere aus der Erinnerung. (M. B.)

17 Die Bibliothek des Rumjancev-Museums legte nach 1925 den Grundstock für die heutige Lenin-Bibliothek.

18 Schon im Sommer hatte Marina Cvetaeva davon gesprochen, daß sie Baudelaire übersetzen wollte.

19 Die Briefe sind, nach Aussagen Vil'monts, nicht erhalten.

20 1939 wurden in der Zeitschrift *Revue de Moscou* Nr. 10 drei Gedichte von Lermontov veröffentlicht, die Marina Cvetaeva ins Französische übersetzt hatte.

21 Frau von Amenchotep III. (1455–1419 v. Chr.). – In Vološins Atelier in Koktebel' befand sich ein Abdruck ihres Kopfes aus dem Berliner Museum. (M. B.)

22 Diese Passage ist im Russischen zweideutig: Das Verb »est'« bedeutet sowohl »sein«/»haben« als auch »essen«, d. h., es gibt mehrere Möglichkeiten der Übersetzung. Die gewählte Übersetzung ist eine Interpretation der Übersetzerin aus den möglichen Varianten.

23 Einen Teil dieses Eintrages hat Ariadna Ėfron 1969 in der Zeitschrift *Novyj mir* (Neue Welt) veröffentlicht.

24 In einem Brief an P. Pavlenko schreibt Marina Cvetaeva 10. November.

25 In einem Brief an E. Ja. Ėfron schreibt Marina Cvetaeva, sie wohne im 5. Stock. Beides war richtig: Das Haus hatte fünf Wohnetagen, mit der Sockeletage sechs.

26 Mulja wollte Alja im Lager besuchen, die Reise kam jedoch nicht zustande.

27 Das war offensichtlich Stepan Spicyn. Und wenn ihn die Mutter »gestern kennengelernt hat«, so war jener Abend bei Marija Vešnëva, Jaropolks Schwester in der Kropotkinskaja, wo Marina Cvetaeva Gedichte vorgetragen hat, der 30. Mai 1941.

28 O. Berggol'c, A. Tarasenkov und noch einige andere, die sich während der Blockade in Leningrad und an der Leningrader Front aufhielten, wer genau, weiß ich nicht mehr. (M. B.)

29 Marina Cvetaeva kannte die Form des Poems, wie es heute vorliegt, nicht; sie bekam nur die erste Fassung zu hören. (M. B.)

30 Im 3. Band der Reihe *Treffen mit der Vergangenheit* (Vstrěci s prošlym), Moskau 1973, S. 304, wird eine Eintragung aus A. Kručënychs Heft zitiert, derzufolge Mur und seine Mutter am 17. in Elabuga ankamen.

31 Im Tagebuch schreibt Mur, daß nicht die Direktorin des Internats, A. S. Stonova, ihm Mitteilung von dem Telegramm machte, sondern der Vertreter des Litfond in Čistopol', Chochlov.

32 Es ist heute schwierig festzustellen, was Marina Ivanovna genau aus ihrem Archiv mitgenommen hat. Der Großteil wurde bei Sadovskij deponiert, und Mur brachte es dann zu E. Ja. Ėfron in die Merzljakovskij pereulok; das schrieb Mur an Alja. In ihrem letzten Brief erwähnt Marina Cvetaeva, daß sich »in der Truhe einige Manuskriptbüchlein mit Gedichten und ein Packen Prosa-Erstdrucke befinden«. Alja, die eigentlich von E. Ja. Ėfron wissen mußte, was Mur aus Elabuga mitgebracht hatte, erinnert sich an eine Truhe oder einen Koffer mit dem Archiv, jedoch nicht an einige Hefte oder Erstdrucke.

33 Aseev konnte nicht auf das Wort »Pasternak« stoßen, weil Marina Ivanovna in ihren Heften stets Abkürzungen benutzte, aber er konnte einen in das Heft übertragenen Brief an Boris Pasternak gesehen haben oder irgendeine Notiz, aus der er erraten konnte, von wem die Rede ist.

34 Im Museum gibt es keine Notiz von Aseev, auch ist es bisher nicht gelungen, sie bei einem Sammler ausfindig zu machen.

35 Ein Heft mit Gedichten und zwei Hefte mit den Taškenter Tagebüchern sind verloren.

36 Tichonov war während des ganzen Krieges in Leningrad.

### *Nachwort*

1 *Mutter und die Musik.* In: *Mutter und die Musik. Autobiographische Prosa.* Aus dem Russischen und mit einem Nachwort von Ilma Rakusa. Suhrkamp Verlag Frankfurt am Main 1987. S. 7.

2 *Das Haus beim Alten Pimen.* Ebd., S. 91.

3 Ebd., S. 147.

4 *Mutter und die Musik,* S. 24.

5 Brief an V. V. Rodzevič vom 8. 4. 1914. Zit. nach: Anna Saakjanc, *Marina Cvetaeva. Stranicy žizni i tvorčestva* (1910–1922). Moskau 1986. S. 63.

6 Zit. nach: *Stichotvorenija i poėmy*. 4 Bde. New York 1980–1983. Bd. 1, S. 278.

7 Ebd., S. 289.

8 Sofija Poljakova, *Zakatnye ony dni. Cvetaeva i Parnok*. Ann Arbor 1983. S. 125.

9 *Dachbodennotizen*. In: *Auf eigenen Wegen. Tagebuchprosa. Moskau 1917–1920, Paris 1934*. Übersetzung und Nachwort von Marie-Luise Bott. Suhrkamp Verlag Frankfurt am Main 1987. S. 111.

10 *Meine Arbeitsstellen*. Ebd., S. 88.

11 *Geroj truda*. In: *Izbrannaja proza v dvuch tomach*. New York 1979. Bd. 1, S. 192–193.

12 *Pis'ma k Anne Teskovoj*. Prag 1969. S. 37.

13 Zit. nach: *Stichotvorenija i poėmy*. Bd. 4, S. 380.

14 Ebd., Bd. 2, S. 363.

15 Ebd., S. 345.

16 *Pis'ma k Anne Teskovoj*, S. 51.

17 Simon Karlinsky, *Marina Tsvetaeva. The Woman, her World and her Poetry*. Cambridge 1985. S. 179–180.

18 *Pis'ma k Anne Teskovoj*, S. 45.

19 *Poėt i proza*. In: *Izbrannaja proza*. Bd. 1, S. 8.

## *»Ein halber Kilometer Kiefern«*

# Editorische Notiz

*Die letzten Jahre der Marina Cvetaeva* ist eine stark gekürzte Fassung des russischen Originals. Die Kürzungen sind mit Einverständnis der Autorin vorgenommen worden. Für die Transkription der russischen Namen wurde, in Anlehnung an internationale Gepflogenheiten, die wissenschaftliche Transkription gewählt.

Die ursprünglichen Fußnoten und der Anmerkungsapparat sind von den Übersetzerinnen für die deutsche Ausgabe erweitert worden. Eckige Klammern im Text bedeuten eine Ergänzung bzw. eine Auslassung durch die Übersetzerinnen.

Marina Cvetaevas Prosa ist sehr elliptisch, oft sprunghaft, was noch viel mehr für die Briefe und Notizen gilt, die nicht zur Publikation vorgesehen waren. Die Übersetzung versucht, dem russischen Original treu zu bleiben, und behält daher die ungewöhnliche Cvetaevasche Syntax und Interpunktion bei.

Die ersten neun Kapitel sind übersetzt von Schamma Schahadat, das Kapitel »Mur« ist übersetzt von Dorothea Trottenberg.

## Biographien
## in den suhrkamp taschenbüchern

Ball, Hugo: Hermann Hesse. Sein Leben und sein Werk. st 385

Ball-Hennings, Emmy: Das flüchtige Spiel. Wege und Umwege einer Frau. st 1502

– Hugo Ball. Sein Leben in Briefen und Gedichten. Mit einem Vorwort von Hermann Hesse. st 1811

– Ruf und Echo. Mein Leben mit Hugo Ball. Mit einem Nachwort von Christian Döring. st 1726

Der Cimarrón. Die Lebensgeschichte eines entflohenen Negersklaven aus Cuba, von ihm selbst erzählt. Nach Tonbandaufnahmen herausgegeben von Miguel Barnet. Aus dem Spanischen von Hildegard Baumgart. Mit einem Nachwort von Heinz Rudolf Sonntag und Alfredo Chacón. st 346

Baumann, Gerhart: Erinnerungen an Paul Celan. st 1985

Bell, Quentin: Virginia Woolf. Eine Biographie. Aus dem Englischen von Arnold Fernberg. st 753

Bendix, Reinhard: Von Berlin nach Berkeley. Deutsch-jüdische Identitäten. st 1797

Bertaux, Pierre: Friedrich Hölderlin. st 686

Brecht, Walter: Unser Leben in Augsburg, damals. Erinnerungen. st 1368

Brinnin, John Malcolm: Die dritte Rose. Gertrude Stein und ihre Welt. Mit einem Vorwort von John Ashbery. Aus dem Amerikanischen von Maria Wolff. st 1820

Carossa, Hans: Ungleiche Welten. Ein Lebensbericht. st 521

Chalfen, Israel: Paul Celan. Eine Biographie seiner Jugend. st 913

Crick, Bernard: George Orwell. Ein Leben. Aus dem Englischen von Friedrich Polakovics unter Mitwirkung von Harald Raykowski. st 1778

Eliade, Mircea: Erinnerungen 1907–1937. Aus dem Rumänischen von Ilina Gregori und Heinz Hermann. st 1877

Felder, Franz Michael: Aus meinem Leben. Mit einer Vorbemerkung von Peter Handke und einem Nachwort von Walter Methlagl. st 1353

Fitch, Noel R.: Sylvia Beach. Eine Biographie im literarischen Paris 1920-1940. Aus dem Amerikanischen von Angelika Schleindl. Mit Abbildungen. st 1702

Freedman, Ralph: Hermann Hesse. Eine Biographie von Ralph Freedman. Aus dem Amerikanischen von Ursula Michels-Wenz. st 1827

Freund, Gisèle: Drei Tage mit James Joyce. Fotografiert von Gisèle Freund. Mit einem Vorwort von Philippe Sollers. Aus dem Französischen von Franz-Heinrich Hackel. st 929

260/1/4.92

## Biographien
## in den suhrkamp taschenbüchern

Gandhi, Mahatma: Mein Leben. Herausgegeben von C. F. Andrews mit einem Nachwort von Curt Ullerich. Aus dem Englischen übertragen von Hans Reisiger. st 953

Gespräche mit Marx und Engels. Herausgegeben von Hans Magnus Enzensberger. st 716

Gibson, Ian: Lorcas Tod. Deutsch von Fritz Vogelgsang. st 197

Hellman, Lillian: Eine unfertige Frau. Ein Leben zwischen Dramen. Aus dem Englischen von Kyra Stromberg. Mit zahlreichen Abbildungen. st 292

– Eine unfertige Frau. Ein Leben zwischen Dramen. Aus dem Englischen von Kyra Stromberg. Mit einem Nachwort von Ruth-Esther Geiger. st 1910

Hesse, Hermann: Kindheit und Jugend vor Neunzehnhundert. Hermann Hesse in Briefen und Lebenszeugnissen. 1. Band: 1877-1895. Ausgewählt und herausgegeben von Ninon Hesse. st 1002

– Kindheit und Jugend vor Neunzehnhundert. Hermann Hesse in Briefen und Lebenszeugnissen. 2. Band: 1895-1900. Herausgegeben von Ninon Hesse. Fortgesetzt und erweitert von Gerhard Kirchhoff. st 1150

Hermann Hesse in Augenzeugenberichten. Herausgegeben von Volker Michels. st 1865

Hildesheimer, Wolfgang: Marbot. Eine Biographie. st 1009

– Mozart. st 598

– Zeiten in Cornwall. Mit sechs Zeichnungen des Autors. st 1866

Horváth-Chronik. Von Traugott Krischke. stm. st 2089

Huch, Ricarda: Michael Bakunin und die Anarchie. st 1493

Kaus, Gina: Von Wien nach Hollywood. Erinnerungen von Gina Kaus. Neu herausgegeben und mit einem Nachwort versehen von Sibylle Mulot. st 1757

Kleine, Gisela: Zwischen Welt und Zaubergarten. Ninon und Hermann Hesse: Leben im Dialog. st 1384

Korte, Hermann: Über Norbert Elias. Das Werden eines Menschenwissenschaftlers. st 1558

Kühn, Dieter: Josephine. Aus der öffentlichen Biografie der Josephine Baker. st 587

Dieter Kühn. Herausgegeben von Werner Klüppelholz und Helmut Scheuer. st 2113

Lagercrantz, Olof: Strindberg. Aus dem Schwedischen von Angelika Gundlach. st 1086

Lützeler, Paul Michael: Hermann Broch. Eine Biographie. st 1578

260/2/4.92

Biographien
in den suhrkamp taschenbüchern

Mayer, Hans: Ein Deutscher auf Widerruf. Erinnerungen. Band I. st 1500
– Ein Deutscher auf Widerruf. Erinnerungen. Band II. st 1501
Mitscherlich, Alexander: Ein Leben für die Psychoanalyse. Anmerkungen zu meiner Zeit. st 1010
Muschg, Adolf: Gottfried Keller. st 617
Painter, George D.: Marcel Proust. Eine Biographie. 2 Bde. Deutsch von Christian Enzensberger und Ilse Wodtke. st 561
Payne, Robert: Der große Charlie. Eine Biographie des Clowns von Robert Payne. Deutsch von Jakob Moneta und Werner Koch. Mit einem Nachwort von Werner Koch und 21 Abbildungen. st 1623
Razumovsky, Maria: Marina Zwetajewa. Eine Biographie. st 1570
Ruy Sánchez, Alberto: Octavio Paz. Leben und Werk. Eine Einführung. Aus dem Spanischen übersetzt von Thomas Brovot. st 1894
Schur, Max: Sigmund Freud, Leben und Sterben. Aus dem Englischen von Gert Müller. st 778
Semprún, Jorge: Yves Montand: Das Leben geht weiter. Aus dem Französischen von Uli Aumüller. st 1279
Simon, Alfred: Beckett. Aus dem Französischen von Michael Bischoff. st 1798
Tomalin, Claire: Katherine Mansfield. Eine Lebensgeschichte. Aus dem Englischen von Eike Schönfeld. st 1973
Unseld, Siegfried: Begegnungen mit Hermann Hesse. st 218
Wagner-Martin, Linda: Sylvia Plath. Eine Biographie. Ins Deutsche übertragen von Sabine Techel. st 1986
Wahnsinnsfrauen. Herausgegeben von Sibylle Duda und Luise F. Pusch. Erstausgabe. st 1876
Zeemann, Dorothea: Einübung in Katastrophen. Leben zwischen 1913 und 1945. st 565
– Jungfrau und Reptil. Leben zwischen 1945 und 1972. st 776

260/3/4.92